창조경제시대의

경영학

최수형 · 추교완 · 김학수

머리말

글로벌 시장의 석유, 천연가스, 철강 등 산업재는 중국의 급격한 성장과 더불어 끝없이 가격이 오르기만 했다. 그러나 최근 들어 미국에서 셰일 석유와 가스의 개발로 유가가 하락하여 글로벌 경기침체가 가속화되면서 디플레이션의 공포가 다가오고 있다. 내수시장이 작은 우리나라는 수출의존도가 큰 경제구조에서 해외시장에 대한 수출 감소로 주력 산업인 자동차, 전자, 조선 등의 대표적 기업들의 실적이 악화되고 있다.

따라서 우리나라 정부는 "창조경제"를 통해 국내 산업의 체질을 제조업 중심에서 고부가가치 창출 산업으로 바꾸기 위한 정책을 전략적으로 추진하고 있다.

본 책은 경영학의 핵심인 고객 가치를 극대화하고 고객의 희생을 최소화하는 새로운 공유가치 창출 전략을 지향하면서 창조경제를 통해 고부가가치를 창출하는 기업 경영의 패러다임이 변하는 시기에 맞추어 쓰여졌다. 즉, 전통적인 자원을 강조하는 경영학이 아니라 새로운 자원준거적 관점에서 작성되었으며 미래의 경영학의 발전과정까지 담으려고 노력했다.

본 책은 총 3부로 이루어져 있다.

1부는 기업과 경영환경으로 창조경제, 경영의 의미, 21세기의 경영자, 경영의 발자취, 기업의 창업과 벤처경영, 경영환경에 대해서 다루었으며, 경영전략과 글로벌 경영을 통해 기업의 생존을 위한 전략수립과 경쟁전략 유형, 글로벌 경영에 대해 논의하였다.

2부는 경영의 기본 관리활동으로 계획화, 조직화, 지휘화, 의사결정, 통제화로 구성되어 있다.

3부는 경영 기능별 선략으로 경영학 각론을 다루고 있다. 경영을 구성하는 세 요소들을 중심으로 인적자원관리, 마케팅, 생산시스템, 경영정보시스템, 지식경영으로 구성하였다.

본 책은 경영학의 다양한 과목에서 사용할 수 있도록 쉬우면서도 압축적으로 쓰려고 노력했지만 막상 편집을 마쳤을 때 기쁨보다도 부족하고 미비한 점이 너무나 많아 부담감을 지울 수 없었다. 하지만 본 책은 꾸준히 새로운 자료를 통해 업데이트할 것을 저자 공동으로 약속드린다.

항상 넘치는 에너지를 가진 피앤씨미디어 박노일 사장님과 심성보 이사님 외 편집부 여러 분들에게 진심으로 감사를 드린다.

2016. 1.

금정산을 바라보는 연구실에서 저자 일동

차례

PART 1
기업과 경영환경

Chapter 01 창조경제시대의 경영학

Chapter 02 경영의 기초

Chapter 03 경영의 흐름

Chapter 04 기업과 경영

Chapter 05 경영과 환경

Chapter 06 경영전략

Chapter 07 국제경영과 글로벌화

PART 2

경영의 기본관리 활동

Chapter 08 계획화

Chapter 09 조직화

Chapter 10 지휘화

Chapter 11 의사결정

Chapter 12 통제화

PART 3

경영기능별 전략

Chapter 15 생산관리와 경영정보시스템

1

PART 1

기업과 경영환경

Chapter 1

창조경제시대의 경영학

제 1 절

창조경제의 개념

지난 2013년 2월 25일은 한국의 18대 대통령이자 최초의 여성대통령인 "박근혜 정부"가 공식 출범한 날이다. 한국의 새로운 5년이자 우리의 미래가 걸린 새로운 시대가 시작되었다.

박근혜 대통령이 후보자 시절부터 지속적으로 강조한 슬로건은 바로 '창조'였다. 이 장의 주제인 '창조경제'에서 살펴볼 점은 두 가지이다. 첫 번째가 '창조경제의 개념'이며 두 번째로 '대한민국의 창조경제'이다.

'창조경제'란 용어를 처음 듣는 사람은 '창조적인 경제정책' 또는 '창조를 우선시 하는 경제' 정도로 쉽게 생각할 수 있지만, 실제로 그 이상의 많은 의미를 내포하고 있다. 이 주제에 대한 정확한 분석은 박근혜 정부의 정책과 방향을 올바르게 분석하는 첫 단계이며, 더 나아가 앞으로 5년이란 새로운 시대를 통해 변하게 될 한국의 미래모습을 예측해 볼 수 있는 단서이다.

"창조"와 "경제"의 단어 조합이 나타내는 의미는 상당히 광범위하고 추상적

창조경제의 어원

AUSTRALIA

90년대 중반

정부보고서 : '창조산업'

ENGLAND

1997년

토니블레어 : 문화미디어체육부(DCMS)

개인의 창의성(기술, 재능)을 이용하여 지적재산권을 설정하고 활용하여 부와 고용을 창출할 수 있는 산업

이다. '창조경제'라는 단어는 아직 명확히 정의가 내려지지 않은 단어이다. 이로 인해 창조경제에 대해서도 학자 간에 현재 논란이 많은 상황이며 광범위한 해석의 여지 역시 상당하다.

그렇다면 과연 "창조경제"란 무엇일까? 우리나라보다 앞선 다른 선진국들의 창조경제들의 흔적들을 먼저 살펴볼 필요가 있다.

1990년대 중반, 호주(Australia)의 정부 보고서에서 '창조산업'이라는 단어가 첫 사용된 이래, '창조경제'의 역사는 1997년 영국(England)으로까지 거슬러 올라간다.

영국의 '창조산업정책'은 1997년 토니 블레어 총리가 집권하면서 내놓은 정책이다. 당시 영국 문화미디어체육부(DCMS)의 보고서는 창조산업을 '개인의 창의성(기술, 재능)을 이용하여 지적재산권을 설정하고 활용하여 부와 고용을 창출할 수 있는 산업'으로 정의하였다. 아울러 창조산업에 포함되는 13개 분야의 산업으로서 '광고, 건축, 미술품과 골동품, 공예, 디자인, 패션, 영화 및 비디오, 양방향 오락 소프트웨어, 음악, 공연예술, 출판, 소프트웨어 및 컴퓨터 게임, 텔레비전 및 라디오'를 들었다(출처: 한국콘텐츠진흥원, 영국 창조산업의 정책 흐름과 향후 방향, 김재범).

이때까지만 해도 '창조경제'라는 개념보다는 '창조적 산업'에 대한 산업 육

창조경제의 어원 The Creative Economy

영국의 경영전략가인 존 호킨스(John Howkins)가 2001년 펴낸 책 <*The Creative Economy*>에서 처음 사용한 말로, 그는 「창조경제한 새로운 아이디어, 즉 창의력으로 제조업과 서비스업, 유통업, 엔터테인먼트산업 등에 활력을 불어넣는 것」이라고 정의했다.

2013년 2월 25일 공식 출범한 박근혜 정부가 최우선 국정운영 전략으로 창조경제를 강조하면서, 이 용어가 큰 주목을 받았다.

출처: 네이버 백과사전, 창조경제

창조경제의 어원

Core cultural expression
Literature
Music
performing arts
Visual arts

Other core creative industries
Film
Museums, galleries, libraries
Photography

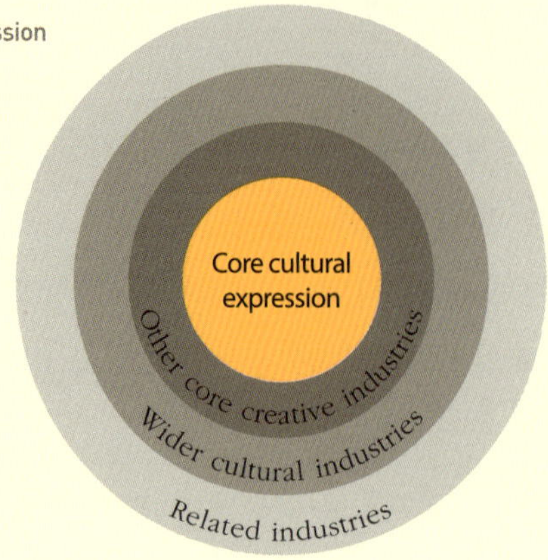

Related industries
Advertising
Architecture
Design
Fashion

Wider cultural industries
Heritage services
Publishing and print media
Television and radio
Sound recording
Video and computer games

성 및 진흥적 개념이 뚜렷했다. 또한 '창조산업'의 범위에 문화, 콘텐츠 관련 산업이 대량으로 포함된 '문화산업정책'의 일환이기도 했다. 이후 영국의 창조산업 정책은 영연방 국가와 아시아의 여러 국가 등에 가장 큰 영향력을 끼친 '문화산업정책'이라는 평가를 받고 있다.

2000년 미국 하버드대 정치경제학자인 리처드 케이브즈가 펴낸 〈창조산업? 예술과 상업 사이의 계약〉이란 저서에서 창조산업을 7개의 경제적 특성으로 규정하며 예술 중심으로 창조산업에 접근하였다.

이처럼 창조산업의 시작은 '창조적 역량'을 통해 문화, 콘텐츠, 예술 등 '무형의 자산'을 생산해 내는 산업에 보다 초점이 맞춰져 있었다.

위와 같이 창조산업에 대한 기대와 육성에 대한 노력들이 결합된 '생태계'에서 탄생한 결과물이 '창조경제'라고 보아도 무방할 것이다. 그렇다면 보다 지금 우리가 보고 있는 '창조경제'라는 용어는 언제부터 도입이 되었던 것일까?

'창조경제'의 어원은 2001년 존 호킨스(John Howkins)의 저서에서 가장 먼저 찾아 볼 수 있다. 그는 저서에서 '창조경제란 새로운 아이디어, 즉 창의력으로 산업에 활력을 불어넣는 것'이라고 주장하였다.

창조경제에 보다 본격적인 관심을 기울이고 연구에 착수한 이들은 국제연합무역개발협의회(UNCTAD)였다. UNCTAD와 유엔개발계획(UNDP)의 개발도상국간 협력을 위한 특별부서가 만들어낸 정책 지향 보고서인 〈창조경제보고서 2010〉에서는 UNCTAD의 '창조경제'에 대한 개념을 아래와 같이 보여주고 있다.

UNCTAD에서는 Creative Industries(창조산업), Cultural Industries(문화산업), 이 두 묶음에 대해서, 즉 문화 속에서 부가가치가 창출되고 그 대표적인 것이 Entertainment라고 하였다.

이를 종합해 보면, 원래의 '창조경제'란 현재 우리가 집중하고 있는 '창조경제'와는 사뭇 다른 느낌이다. 보다 광범위하며 보다 추상적이다. 더욱이 현재 우리는 '창조경제'를 주로 ICT(Information & Communication Technology) 측면에서 접근한다면, 원류 '창조경제'는 CT(Culture Technology)계열로의 접근이 주를 이룬다.

예를 들어, 지극히 평범한 자동차가 있다고 가정해 보자. 부품들을 조립하면 완성차가 되고, 완성차를 파는 '자동차 산업'은 전형적인 '하드웨어' 산업이다. 이 전형적인 하드웨어 산업에 '창조'가 끼어들 여지가 없다 생각할 수 있지만, '디자인'이라는 감성이 추가되면 지극히 '창조'적인 산업이 될 수 있다. 고전을 면치 못하던 기아자동차가 전 폭스바겐 디자이너 '피터 슈라이어'를 영입한 뒤 디자인을 통한 적극적 감성 마케팅을 통해 성공한 사례도 '창조경제'의 대표적인 사례로 볼 수 있다.

또한 영국의 인기 있는 '고전'인 셜록 홈즈 시리즈를 현대적으로 재해석하여, 인기 있는 TV시리즈로 만들어낸 '셜록'의 사례도 창조경제의 좋은 예라고 할 수 있다 .

따라서 창조경제를 '문화창조산업'이라고도 부른다. 따라서 산업에 있어 어디까지를 창조산업으로 분류해야 하는지가 문제다. "창조경제보고서 2010"은 UNCTAD의 분류를 따랐는데, UNCTAD가 정의한 창조경제의 분류는 다음과 같다.

- 전통적·문화적 표출을 포함한 문화적 유산
- 시각 자료와 공연 예술
- 시청각 산업
- 출판·인쇄·매체

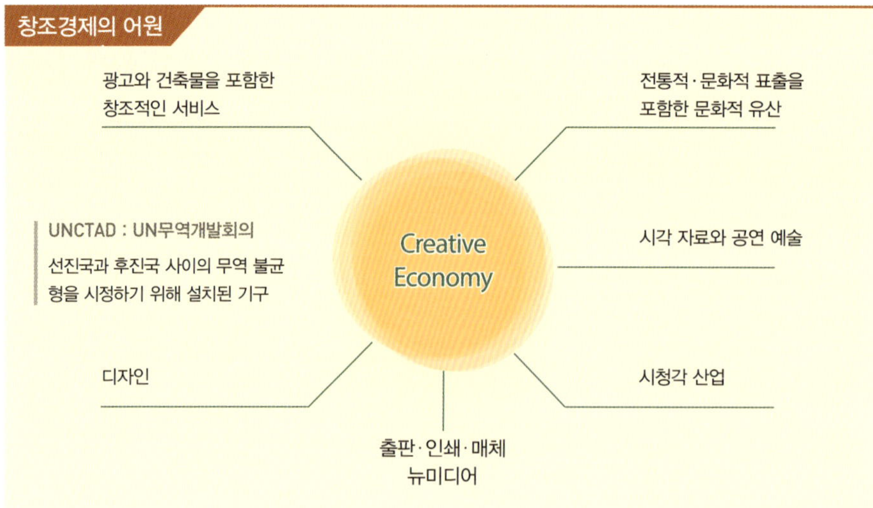

- 뉴미디어
- 디자인
- 광고와 건축을 포함한 창조적인 서비스

이처럼 창조경제란 아직은 정확한 학술용어가 아닌 '비전'의 일환으로 보는 것이 타당하다. 또한 '창조적 역량'을 필요로 하며, '혁신' 및 '아이디어'가 핵심이 되는 모든 산업으로써 무형의 자산을 '창조해내는' 모든 산업은 '창조산업'이며, '창조경제'의 테두리에 포함될 수 있다.

여기서 한 가지 주목할 점은, 위에서도 언급하였듯 우리나라의 '창조경제' 비전에 빠짐없이 'ICT'라는 단어가 포함되고 있다는 점이다.

종전의 '창조산업'이나 '창조경제'를 다룬 보고서나 저서들에서도 ICT라는 단어는 문화-콘텐츠 사업과 비중을 나란히 하며 창조산업의 하나로 거론되었다. 하지만 특이한 점은, 우리의 '창조경제'에서는 'ICT'라는 단어가 거의 빠짐없이 모든 곳에서 언급되고 있다는 점이다. 그만큼 정부가 ICT를 중시하고 있다는 반증일 수도 있다. 그 이유는 무엇일까?

2007년 1월 9일 애플의 공동창업자 스티브 잡스가 세상에 '아이폰'을 처음 공개하였고, 2009년 11월 28일 '아이폰3GS'가 한국에 첫 상륙을 하였다. 하지만

창조경제의 어원 창조경제타운

창의적 아이디어가 성장엔진이 되는 경제!

창의성을 경제의 핵심 가치로 두고 새로운 부가가치·일자리·성장 동력을 만들어 내는 경제

국민의 창의성과 과학기술, ICT의 융합을 통해 산업과 산업이 융합하고 산업과 문화가 융합해 새로운 부가가치를 창출함으로써 새로운 성장 동력과 일자리를 만들어내는 경제

창조경제타운 :

미래부·특허청·한국과학기술정부연구원

온라인 대민 교류·협력·홍보 사이트

www.creativekorea.or.kr

모두가 함께하는 창조경제

모두 각자의 자리에서 창조경제의 주어진 역할을 함께 수행합니다.

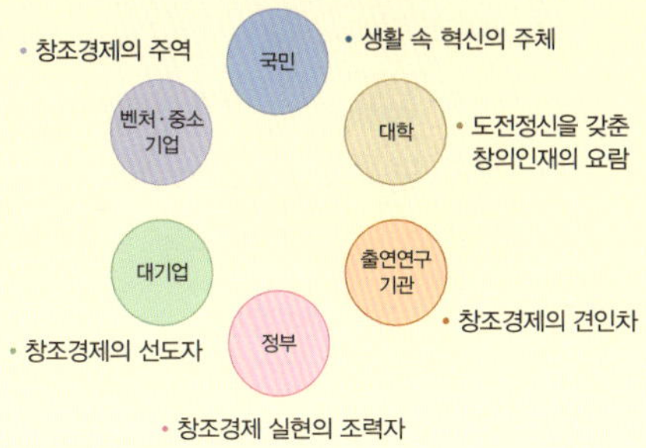

당시까지만 해도 '우물 속 개구리'였던 한국 정보통신산업계는 'IT 강국'만을 자부하며 '아이폰 쇄국정책'을 펼쳤었다. 갈피를 잡지 못하고 우왕좌왕하던 삼성전자는 한동안 애플 앞에서 정신을 차리지 못하였다.

'스마트폰'의 등장 이래 우리에게 불어닥친 '혁신'의 열풍은 아직도 식을 줄 모른다. 혁신은 이제 어디에서나 쓰이는 중요한 개념이 되었다. 시대의 흐름이 바뀌어 정보통신(ICT·Information & Communication Technology)산업은 어느 시대

창조경제의 어원

창조경제 : 상상력과 창의력이 곧 경쟁력이 되는 시대

국민의 상상력과 창의성을 과학기술과 ICT에 접목하여 새로운 산업과 시장을 창출하고 기존산업을 강화함으로써 일자리를 만들고 궁극적으로 희망과 새 시대를 여는 새로운 정책 패러다임

기본방향

국가 성장동력의 양대 축인 과학기술과 ICT를 창조경제의 원천으로 활용하여 일자리를 창출하고 미래 먹거리를 적극 발굴

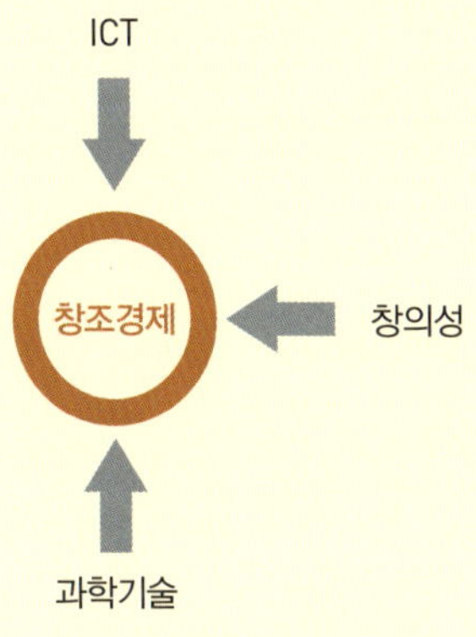

출처: 미래창조과학부 업무 계획

창조경제의 어원

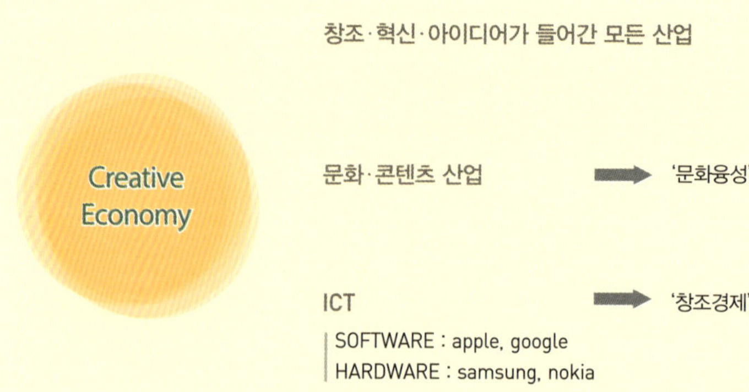

보다 주목을 받으며 '창조경제'의 새로운 패러다임으로 자리매김하였다. 하드웨어 산업뿐이 아니라 '무형의 자산'인 소프트웨어 시대가 도래하면서 일부 대학들은 소프트웨어 교육을 필수과목으로 채택하고 있다.

우리가 이처럼 유독 ICT에 신경을 쏟는 것은, 다행스럽게도 새로운 한 시대인 '스마트' 시대에 잘 적응하며 선전을 보이고 있는 삼성전자나 LG전자 등의 국내 기업들 덕분일 수도 있고, IT에 지능적이고 개방적인 우리의 문화적 여건 등 다양한 사회적 분위기의 반영일 수도 있다.

한번 더 정리하면 '창조경제'란 엄밀히 말해 '경제' 용어가 아닌, 우리가 '스마트' 혹은 '혁신'으로 대변되는 미래의 새로운 패러다임의 맥락으로 받아들이는 것이 맞다.

'창조경제'의 기본적인 두 축은 '문화-콘텐츠 산업(CT)'과 'ICT산업'이며 우리의 국정지표인 '창조경제'는 주로 ICT산업에서 주목을 보이고 있다. 문화-콘텐츠 산업의 육성은 '문화융성'이라는 별도의 국정기조를 통해 지원하고 있는 중이다.

하지만, 항상 지적을 받듯, 우리의 산업은 ICT산업 중에서도 창조산업의 핵심이라 할 수 있는 '소프트웨어' 산업보다는, '하드웨어 산업'에 치중되어 있다. 물론 하드웨어 산업이 필요 없다는 의미는 아니다. 하지만, 보다 높은 부가가치에 보다 높은 효율성을 가지고 우리에게 맞는 새로운 '패러다임'을 찾기 위해서라면, 미국의 애플이나 구글과 같은 강력한 '소프트웨어' 선진 업체도 우리에게 나오는 것이 바람직할 것이다.

그렇다면 국정지표이자 국정기조로서 '창조경제'를 선택한 현 정부는 아직은 추상적인 '창조'비전을 어떻게 재해석하고 응용하여 범정부적 차원에서 적용하고 있는 것일까.

제 2 절 국정이념으로서의 창조경제

모든 사람들에게도 각자의 좌우명이 있고, 학교마다 교훈이 있듯 정치에 있어서도 '이데올로기'란 모든 행동과 사업의 기본이 된다. 앞에서 언급하였듯이 '창조경제'라는 개념의 분석도 경제학적 접근보다는 정치적 접근이 우선되는 것이 옳다고 본다.

국정이면으로써의 창조경제

IDEOLOGY

김영삼 : 문민정부 : 5공 이후 탈 군사정권 강조
김대중 : 준비된 정부 국민의 정부
노무현 : 참여정부
이명박 : 실용정부 경제정부 : 2008 세계 금융위기

덩샤오핑 : 삼개유리(三個有利) 흑묘백묘 개혁개방
배고픈 것은 사회주의가 아니다
장쩌민 : 삼개대표(三個代表)이론
후진타오 : 화해사회
맹목적 선부론 비판, 빈부격차 병폐해소
시진핑 : 중국몽(中國夢) 중국의 꿈
중국의 부흥 초강대국 야망

우리의 창조경제란?

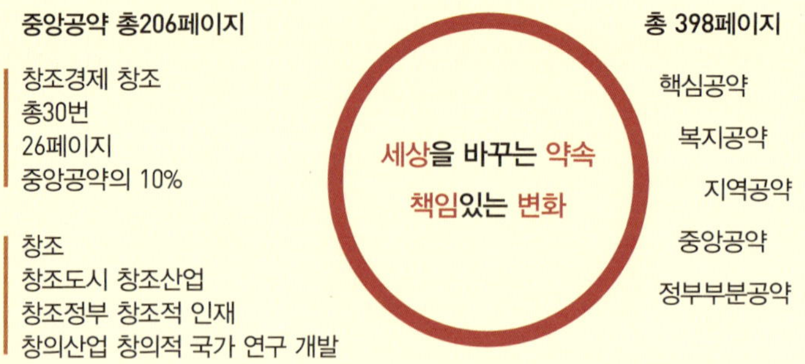

우리나라의 역대 정부를 살펴보면, 5공 이후 탈 군사정권을 강조한 김영삼 정부는 '문민정부', 김대중 정부는 '준비된 정부', '국민의 정부', 노무현 정권 시절은 '참여정부', 2008년 세계 금융위기를 겪고 한껏 기대를 받으며 출범한 이명박 정부는 '경제'를 중요시한 '실용정부'를 표방하였다.

'정치 사상'이라면 가장 가까운 사회주의 국가 중국을 빼놓을 수 없다. '배고픈 것은 사회주의가 아니다'며 문호개방을 강하게 추진한 덩샤오핑의 '삼개유리(三个有利)'와 개혁개방, 장쩌민의 '삼개대표(三个代表)'이론, 개혁개방 이후 줄곧 '선부론'을 주장하며 경제개발에만 몰두하던 중국이 극심한 빈부격차와 극도로 악화된 경제체질의 벽에 부딪히자 후진타오 정권은 사회적 병폐의 해소를 주장하는 '화해사회(和諧社會)'를 외쳤다. 세계 초강대국의 반열에 올라서고 있는 지금 중화 부흥의 새로운 야망를 다지고 있는 중국은 시진핑 정부의 '중국몽(中國夢)'이라는 슬로건으로 표현되고 있다. 따라서 첫 번째 접근으로, '창조경제'란 박근혜 정부의 방향성을 제시하는 국정기조이며 이번 정부가 내세우는 국정지표이자 '슬로건'임을 우선 명확히 짚고 넘어가는 것이 중요하다.

영국에서도 '창조산업'의 육성정책을 펼쳤지만, 단지 산업육성 정책의 일환일 뿐이었다. 대만, 중국, 싱가포르 등 아시아 국가들을 중심으로도 창조산업정책은 널리 퍼져 나갔으며 많은 국가들이 창조경제, 창조산업을 국가적 아젠다로

우리의 창조경제란?

UNCTAD, "창조경제, 맞춤형 정책으로 연결해야"

국제연합무역개발협의회(UNCTAD)는 창조경제 활성화를 위해 정부가 우선적으로 해야 할 일로 '맞춤형 정책으로 연결되는 메커니즘 구축'을 꼽았다.

12일 기획재정부가 국문번역을 마친 UNCTAD의 '창조경제보고서 2010(Creative Economy Report 2010)'에 따르면, 창조산업 시장에서 우선적으로 필요한 것은 창의성·창조적 능력·혁신 등을 장려하는 맞춤형 정책을 연결할 효과적인 메커니즘을 구축하고 작동시키는 것이다.

특히 수직적이지 않은, 수평적이고 횡단적인 시스템을 구축하는 것이 정부의 역할이다.

▲ 창의성·창조적 능력과 혁신을 이어줄 정책적 매커니즘

▲ 수평적 구조

▲ 창조적 사업의 배양과 유치

▲ 경제·사회·문화·기술 및 환경 간 능동적 정책연계

▲ 지적재산권 보호

출처: 정책브리핑

설정했지만 창조산업정책을 받아들이는 깊이나 방식들은 각 국가마다 차이가 있었다. 우리나라처럼 '창소경제' 비전을 범정부차원에서 중앙국정기조로 삼아 응용하고 나서길 자처한 곳은 선례가 드물다.

선례가 적은 만큼 어떻게 창조경제라는 단어를 해석해내고 실천에 옮기느냐는 전적으로 우리 자신에게 달린 것이다. 그렇다면 단순히 창조경제라는 어휘의 정의에서 벗어나 조금 시야를 넓혀 볼 필요가 있다. 현 정부가 국정기조이자 국정목표로 내세우는 '창조경제'는 정확히 무엇을 원하는 것일까.

시선을 다시 원점으로 돌려 '창조경제와 일자리 창출정책에 대한 평가'라는 주제에 입각하여 '창조경제'의 분석에 가장 기초가 될 수 있는 박근혜 정부의 과거 대선공약부터 검토해 보도록 하자. 대선공약은 총 398페이지 분량으로, 핵심공약, 복지공약, 지역공약, 중앙공약, 정부부문공약 등 5개 파트로 나뉘어져 있으며, 핵심이라 할 수 있는 중앙공약은 총 206페이지 분량이다. 중앙공약을 살펴보면, '창조경제' 및 '창조' 관련 단어가 총 30번, 약 26페이지를 차지한다. 중앙공약의 10%가 넘는 분량이다. 눈여겨볼 점들은 '창조경제'에서 말미암아, '창조도시', '창조산업', '창조정부', '창조적 인재', '창의산업', '창의적 국가 연구개발' 등 '창조'라는 단어가 공약집 전반에 두루 사용되고 있다는 점이다. [행복한 일자리]-[일자리 늘리기] 공약에선 '창조경제와 동반고용으로 좋은 일자리가 늘

어납니다', [창의산업] 공약에선 '창조경제와 함께 우리 모두의 삶에 국민행복기술이 피어납니다' 등과 같이 '창조경제'가 세부공약의 구호로까지 쓰인 것을 볼 수 있다.

중앙공약 총 14가지 중 주제와 관련하여 눈여겨볼 공약은, [행복한 일자리], [창의산업], [정보통신], [정부개혁]이다.

그러면 현 정부는 '창조경제'의 실현을 위해 구체적으로 어떤 정책을 구상하고 있을까? 이를 알기 위해선 현 정부 '창조경제'의 가이드라인 격인 UNCTAD의 〈창조경제보고서 2010〉을 다시 살펴볼 필요가 있다.

앞서 살펴본 UNCTAD 〈창조경제보고서2010〉을 다시 살펴보자. 기획재정부는 '최근 창조경제에 대한 관심이 높아짐에 따라, 창조경제 개념을 이해하는 계기로 활용하고자 번역 작업을 진행'하였다고 이유를 밝힐 만큼 범정부차원에서 주목하고 있는 보고서이며, 국정기조 '창조경제'의 가이드라인이 될 수 있는 문건이라 할 수 있다.

이 보고서에서는 ▲ 창의성, 창조적 능력과 혁신을 이어줄 정책적 매커니즘 ▲ 수평적 구조 ▲ 창조적 사업의 배양와 유치 ▲ 경제, 사회, 문화, 기술 및 환경 간 능동적 정책연계 ▲ 지적재산권 보호 등을 거론하였다. '창조경제'와 '창조산업'은 한마디로 정의하긴 힘들지만 독창성과 창의성이 그 핵심이라고 보고서는 지적했다.

핀란드는 글로벌 모바일 기업인 노키아 의존도가 매우 큰 나라였습니다. 하지만 2007년을 기점으로 노키아의 경영실적이 악화되면서, 핀란드 경제 전체에 부정적인 영향을 미쳤습니다. 핀란드가 어려움을 극복하기 위해 추진한 것은 바로 창업 촉진이었습니다. 정부와 대학이 창업을 위한 기반 조성에 앞장서고, 노키아 또한 구조조정된 퇴직 근로자의 창업·재취업 등을 지원하는 Bridge 프로그램을 운영했습니다. 그 결과, 노키아 출신 직원들이 설립한 300여 개 기업, 세계적 모바일 게임인 'Angry Bird'를 만든 'Rovio Entertainment' 등 많은 고성장 중소기업이 생겨나면서, 노키아의 공백을 거뜬히 메우게 되었습니다. 뿐만 아니라 노키아에 대한 과도한 의존에서 벗어나 경제의 변동성을 크게 줄인 것도 성과라 하겠습니다. 핀란드의 사례를 감안하면, 창조경제란 상상력과 창의성을 가진 창의적 인재들이 과학기술과 ICT를 접목하여 새로운 창업을 활발히 일으킴으로써 좋은 일자리가 생기고 경제가 성장하는 것이라 할 것입니다.

제 3 절

창조경제에서 창조산업

'창조경제'의 핵심개념은 '창조산업'이며 창조산업에 가장 먼저 관심을 기울인 나라는 영국이라는 점을 우리는 살펴보았다. 지난 1998년 영국의 문화미디어스포츠부(DCMS)는 창조산업을 신경제의 최전방에 배치하고 지식정보서비스를 적극적으로 활용한 개인의 창조성과 지적재산권을 강조했다. OECD 주요 5개국(호주, 캐나다, 프랑스, 영국, 미국) 창조산업의 GDP 기여도가 3%를 웃도는 가운데 영국의 전체 창조산업은 2006년 기준 573억 파운드로 GDP 비중은 1996년 4.6%에서 2006년 6.4%로 증가하여, 1997~2006년 동안 6.9% 성장(동기간 영국 GDP 성장률 3%)했다. 또한 동기간 영국의 창조산업 수출규모는 연평균 9.5% 성장하여 2006년 전체 수출의 4.3%인 160억 파운드를 기록했다. 고용의 경우 2007년 약 200만 명으로 1996년 전체 고용인구에서 차지하는 비중이 6%에서 2007년에는 7%로 상승했다(출처: 한국콘텐츠진흥원, 창조경제국가 육성을 위한 방송영상산업 분야의 재평가).

왜 창조인가? 신성장 동력으로써의 창조산업

ENGLAND

	1996	→ 2006	
창조산업 기여도	4.6%	6.4%	537억 파운드 (9,200억)
고용기여	6%	7%	200만 명 (전체인구 약6,000만)

창조산업 수출규모

연평균 8.9% 고성장
수출액 규모 160억 파운드
동일 기간 영국 GDP 성장 3% 불과

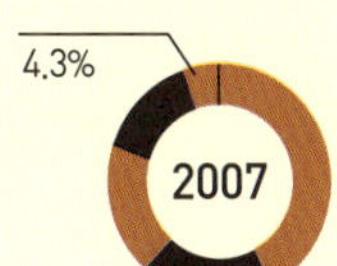

UNCTAD(2010)의 〈Creative Economy Report 2010〉에 따르면, 지난 2000년부터 2005년까지 전 세계 창조적 재화나 서비스의 거래, 즉 창조산업은 연평균 8.7%씩 성장해 왔으며, 2003년도 유럽 전체의 창조산업은 산업 평균 성장률을 12% 이상 상회하고 있고 총 생산규모 6,540억 유로에 470만 명의 고용을 창출한 것으로 나타났다. 유럽이 꾸준히 '창조산업'의 비중을 늘려가고 있지만 미국은 여전히 창조산업의 주도국이다. 존 호킨스의 창조경제 분류 15가지 중 하나인 연구개발(R&D) 부문의 규모는 타의 추종을 불허할 정도다. 중국과 비교해 보면 연구개발은 미국(3,300억 달러)이 중국(170억 달러)의 거의 20배, 소프트웨어는 미국(4,100억 달러)이 중국(30억 달러)의 136배나 될 정도다(출처: 정책브리핑, 예술분야 독주 속에 정보통신 새로 부각). 비단 R&D가 아니더라도, 할리우드의 영화산업이나 '미드'만 생각해도 미국의 창조산업 우위가 얼마만큼인지 실감할 수 있을 것이다.

이처럼 90년대 중반부터 미국과 유럽은 민간과 정부육성, 양 측면에서 고루 창조산업에 대한 기여도를 늘려왔으며, '성장엔진'이 꺼진 선진국의 명실상부한 신성장동력으로 자리매김하여 왔다.

이 시점에서 우리가 '창조경제'를 중시해야만 하는 이유를 되새겨 볼 필요가 있다. 이는 기획재정부가 발간한 UNCTAD 〈창조경제보고서 2010〉의 보도

왜 창조인가? 신성장 동력으로써의 창조산업

세계적으로 창조산업은 고개발 국가들에 의해 팽창 중!(단위: 억 달러)

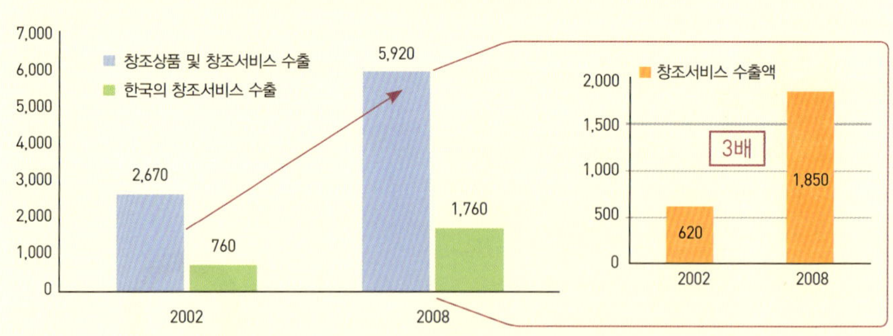

출처: UNCTAD, 창조경제보고서2010

자료에서 다시 한번 단서를 찾을 수 있다.

지난 10년 동안 창조산업은 세계무역에서 가장 역동적으로 성장한 분야 중 하나였다. 선진국, 개발도상국 모두 다 해당되는 positive-sum game이었다. 창조상품과 창조서비스 수출은 2002년에는 2,670억 달러였는데, 2008년에는 5,920억 달러였다. 거의 146%의 연간 성장률을 보였다. 특히 창조서비스의 경우, 2002년 620억 달러에서 2008년 1,850억 달러로 무역액이 무려 3배나 증가하였다.

한국의 창조서비스 수출은 2002년 760억 달러에서 2008년 1,760억 달러로 크게 증가하였고 이는 전체 창조산업무역의 약 43%에 달하는 수치다. 하지만 이보다 더 주목해야 하는 점은 창조적인 상품의 수출이 같은 기간 내 세계 연평균 성장률보다 높게 매년 13.5% 증가했다는 점이다. 이러한 성장이 앞으로도 계속될 것으로 예측할 수 있으므로 창조경제를 육성, 보호, 진흥할 필요성이 대두된다(출처: 기획재정부, UNCTAD 〈창조경제보고서 2010〉 요약본 및 보도자료).

앞서 설명하였듯 '창조경제'의 두 핵심은 문화-콘텐츠와 ICT(과학기술)이다. 불과 몇 해전 스마트폰의 등장과 함께 우리는 미국 실리콘밸리발 애플표 '혁신' 열풍을 맞이하였다는 사실을 알 것이다.

그렇다면 우리는 이미 '창조경제' 후발국이며, 전망이 그리 밝지 못한 것일

왜 창조인가? 신성장 동력으로써의 창조산업

| 한국의 창조산업은 이미 세계의 43%

까? 그렇지 않다. 비록 정부차원에서의 주목은 늦은 감이 있지만, 이미 시장에서는 자발적으로 창조산업에 대한 기여도를 꾸준히 늘려오고 있었다. 우리의 세계 시장에서 창조산업의 점유율은 43%에 달하며, 연평균 13.5%의 성장률을 기록, 세계 평균 창조산업 성장률 대비 높은 성장세를 이루어왔다. 이미 자연적으로 잘 조성이 된 창조경제의 여건에서 범정부적 지원과 추진이 이루어진다면, 우리의 창조산업과 창조경제는 충분한 시너지효과를 이룰 수 있을 것이다.

이제는 어딜 가나 혁신이 중시되는 사회이다. 관료주의와 구체제에 얽매여 있는 사람보단 새로운 생각과 새로운 패러다임을 이끌어 낼 인재가 중시된다. ICT 산업의 중요성은 ICT 자체에 있는 것이 아니다. ICT를 통해 작은 생각 새로운 혁신의 씨앗 하나가 시대적 조류를 바꾸고 새로운 패러다임을 만들 수 있는 막강한 잠재력을 가졌기 때문이다. 어느 것 하나 경시 할 수 없는 구조이다.

우리와 자주 비교되곤 하는 핀란드의 예를 보면 보다 명확해진다. 핀란드 경제연구소에 따르면 노키아는 1998~2007년까지 핀란드 국내총생산(GDP)의 25%, 수출의 20%, 연구개발 투자의 30%, 법인세의 23%를 차지하였다. 하지만 글로벌 금융위기와 함께 '스마트폰'의 등장으로 노키아는 깊은 수렁에 빠지고 끝내는 마이크로소프트에 매각을 당하는 처지에 이르게 된다.

핀란드의 노키아는 종종 한국의 삼성으로 비유된다. 그만큼 경제규모에 비

왜 창조인가? 기존구조 탈피 및 위험분산 대책으로서의 창조산업 육성

NOKIA의 쇠락

노키아와 핀란드 경제(단위: %연율, 분기별경제성장률)

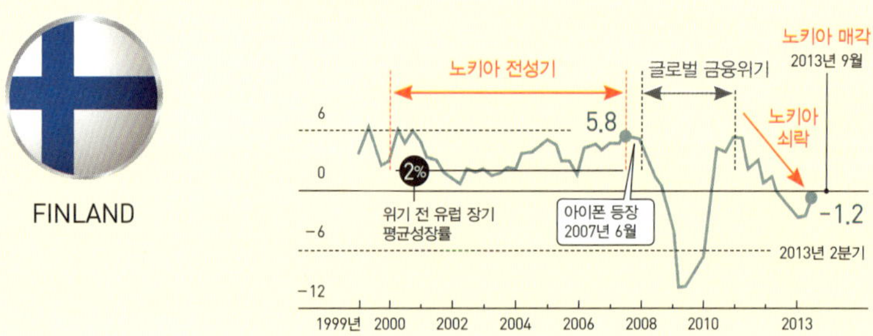

출처: 블룸버그

해 한 기업이 차지하는 비중이 크다는 뜻이며, 한 기업에 대한 경제의존도가 높다는 뜻이다. '애플'이 몰고 온 '폭풍'급의 패러다임 변화에서 삼성은 패러다임 변화 적응에 성공으로, 핀란드는 노키아의 공백을 '벤처'로 헤쳐나갔다. 두 나라는 같은 상황에서 각기 다른 방법으로 국면을 헤쳐나간 셈이다.

스마트폰 앱 중 '앵그리버드'라는 유명한 게임을 대부분 알고 있을 것이다. 핀란드 '벤처신화'의 대표적인 예이다. 대학생 3명이 세운 핀란드 무명 게임사였던 '로비오 모바일'은 이 게임 하나로 일약 스타덤에 오르며 4,200만 달러나 되는 투자금을 끌어들였고, 2012년 지난해, 1억5,220만 유로(약 2,215억원)의 매출을 올렸다. 순이익은 5,550만 유로(약 800억원)로 전년(2011년)대비 60% 가까이 늘었다. 매년 2배 가까이 꺾이지 않는 성장을 이어오고 있는 셈이다.

로비오 모바일의 신화와 같은 실적이 그저 얻어진 것은 아니다. 노키아의 쇠락이 가시화될 무렵 노키아는 퇴직자들의 창업을 적극 도왔다. 창업자금을 지원하고 특허도 거저 쓸 수 있게 했다. 노키아의 인재 독점이 저절로 풀리면서 젊은이들도 창업 대열에 가세했다. '스타트업 사우나'로 불리는 대학생 창업 지원 프로그램에 인재들이 몰렸다.

핀란드 정부도 발벗고 나섰다. 노키아에 대한 집착을 버리고 창업 지원에 정책을 집중하였다. '한 개의 노키아 대신 100개의 작은 노키아를 만들자'는 구

왜 창조인가? 기존 구조 탈피 및 위험분산 대책으로서의 창조산업 육성

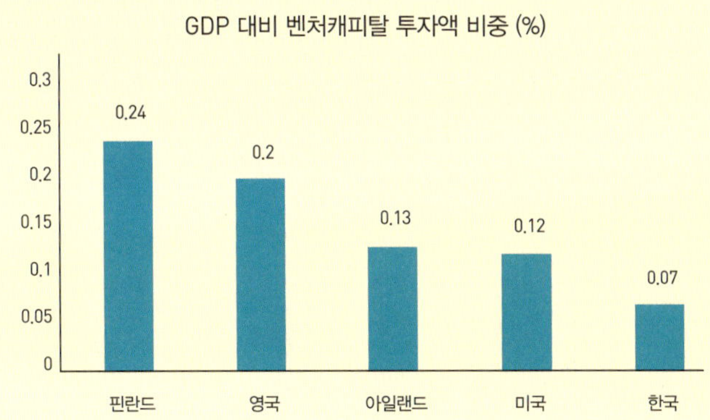

출처: OECD, 2008년

호를 내걸었다. 남아 있던 규제를 과감히 걷어내는 동시에 직접 벤처캐피털을 조성했다. 매년 퇼성부른 아이디어와 기술을 가진 창업자 3,500여 명씩을 지원했다. 대학과 연구기관, 금융기관 등도 적극 협력했다. 돈을 대주면서 담보나 보증을 요구하는 일은 애당초 없었다. 그 결과 '로비오' 같은 기업들이 잇따라 탄생했다(출처: 중앙일보, 노키아 없는 핀란드 vs 삼성 없는 한국).

비단 핀란드의 벤처신화뿐만 아니다. 우리의 '뽀로로'는 브랜드 가치가 3,800억원에 달하고 경제효과가 5조7천억원에 육박한다. 뽀로로 관련 상품의 매출도 2010년 기준 180억원에 다다르며, 2009년까지 기준을 잡더라도 누적 로열티가 약 332억원, 누적 매출액이 약 8,297억원에 이른다. 유명한 '해리포터' 시리즈도 영화 단일 상품으로만 7조원의 매출을 기록하였다.

핀란드의 벤처신화와 더불어 '경제 체질 개선'이 우리에게 시사하는 바가 크다. 당초 파이낸셜 타임즈를 비롯한 외신들은 핀란드가 노키아의 붕괴로 인해 구소련 붕괴 당시 겪었던 심각한 경기와 동일한 국면을 맞이하게 될 것이라 예측하였다. 우리도 자원부존도가 낮고 대외지향적이며 수출의존적인 경제구조를 가지고 있다.

몇 해 전 나온 통계자료에 따르면 우리의 대외의존도는 G20국가들 중 이미 1위를 차지하고 있다. 뿐만 아니라 내수의존도는 G20국가들 중 17위를 차지

왜 창조인가? 열악한 대내요건, 높은 대외의존도

- 좁은 영토로 인한 천연자원의 부재, 인구규모의 한계 : 대외지향적, '두뇌자산' 중요
- 우리의 대외의존도는 G20국가들 중 이미 1위
- 뿐만 아니라 내수비중은 G20국가들 중 17위를 차지. 사실상 '꼴찌'
- 한국은행에 따르면, 2012년 3분기 우리나라 GDP 대비 수출비중이 57.3%를 기록 사상 최대치를 갱신

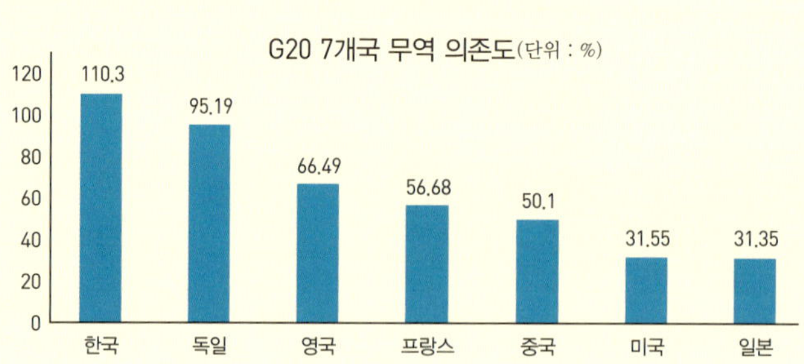

출처: OECD, 중국해관총서 2011년 기준.

하며 거의 '꼴찌' 수준을 기록하며 우려 섞인 분석이 잇따라 쏟아졌다. 한국은행에 따르면, 2012년 3분기 우리나라 GDP 대비 수출비중이 57.3%를 기록하며 사상 최대치를 갱신하였다. 이는 외환위기 직후보다도 높은 수치이다. 높은 대외무역의존도와, 낮은 내수비중 자체가 문제인 것은 아니다. 이러한 경제구조를 가지게 된 데에는 우리의 자연 환경적 요인이 크다. 북한과의 교역 단절로 육로교역이 막힌 사실상 '섬'국가이며, 작은 영토로 천연자원 부존이 부족하고, 가질 수 있는 인구규모에도 한계가 있다. 이런 경제체제하에선 인적자본과 지적재산에 대한 의존도가 높으며 유형의 자본이 아닌 언제나 창조해낼 수 있는 '두뇌 속 자본', 무형의 자본이 중요하다.

핀란드와 한 가지 더 공통점이 있다면, 지나친 1기업 의존형 경제구조라는 식이다. 1국가의 1기업에 대한 의존도가 20%를 넘는 경우 그 기업에 대한 국가경제의 '과잉의존'이라고 한다. 아래 도표에서 보면 한국의 삼성에 대한 의존도는 이미 18%로, 20%에 근접한 수치를 보여준다. 2015년 현재는 20%를 넘었을지도 모르는 일이다. 대기업이 있다는 것이 무조건 나쁘다는 뜻이 아니다. 한 국가의 견인차 역할을 할 기업은 반드시 존재하여야 하고 장려 받아 마땅하다. 문제는 한 기업의 쇠락이 곧 국가 전반의 경제에 큰 영향을 줄 수 있다는 데에 있다.

핀란드는 노키아의 쇠락을 슬기롭게 잘 헤쳐 나갔고 우리는 다행스럽게도

왜 창조인가? 열악한 대내요건, 높은 대외의존도

지나친 1기업 의존형 경제구조

핀라드의 NOKIA, 한국의 삼성

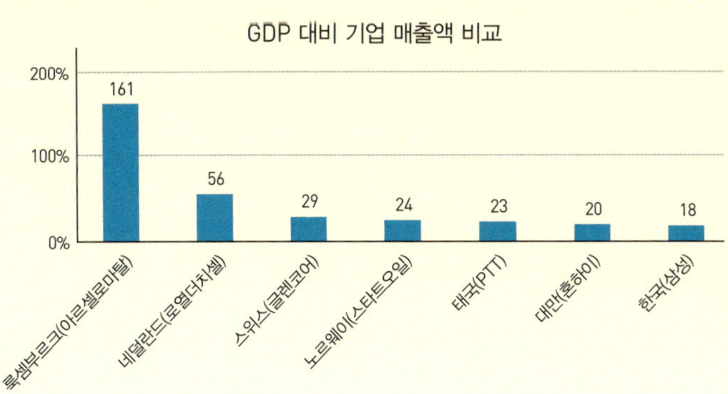

삼성이 '쇠락'하지 않았지만, 언제 핀란드와 같은 국면을 맞이하게 될지 알 수 없다. 하루가 다르게 변화하는 시대의 흐름에서, 만약 핀란드가 아닌 우리의 삼성이 쇠락하였다면 과연 우리는 슬기롭게 헤쳐나갈 수 있었을까? 지나치게 관료주의적이고 경직적이라 줄곧 지적 받는 우리의 경제에선 '창조 혁신'은 기대하기 힘들다는 것이 현 시점에서 모두가 공통으로 가지는 회의점이다.

빠른 시대의 흐름에 비해, 경직되고 낮은 혁신역량을 가진 우리의 경제 '체질'도 하나의 문제가 될 수 있다. 일례로 삼성과 구글 안드로이드 OS와 관련한 유명한 일화를 들 수 있다.

당시 앤디 루빈은 '누구나 쓸 수 있는 스마트폰 운영체제를 개발해 제조사에 무료로 공급한다'는 아이디어를 바탕으로 회사를 세운 뒤 전 세계의 휴대전화 제조사를 상대로 프레젠테이션을 다니고 있었다. 청바지 차림의 루빈은 삼성전자의 중역 20여 명 앞에서 계획을 설명했다.

하지만 발표를 마친 후 삼성전자의 담당 본부장은 "지금 당신 회사에 8명이 있다고 했는데, 우리는 그 분야에 2,000명을 투입하고 있다"고 했다. 10명도 안 되는 사람들이 개발하는 운영체제에는 관심이 없다는 말이었다. 루빈은 몇 달 후 같은 내용을 구글 경영진 앞에서 발표했다. 구글은 안드로이드를 사들이기로 결정했고 6년 후 안드로이드는 세계 스마트폰 시장 점유율 1위 OS가 됐다(출처: 조선비즈 '안드로이드 걷어찬 삼성, 품에 안은 구글').

안드로이드 OS를 거절한 삼성은 한동안 애플에 고전을 면치 못하며 '노키아 이전의 노키아'가 될 뻔 하였다. 삼성은 이건희 회장이 다시금 부임하여 진두지휘하에 절치부심에 나섰고 뼈를 깎는 노력에서야 시대의 흐름을 놓치지 않을 수 있었다. 다행이 지금은 애플과 맞서는 일류 '하드웨어' 기업으로 거듭나 변화에 성공하였지만 진정한 세계적 초일류 기업이 될 기회를 놓친 것은 자명하다. 아직도 삼성의 약점으로 꼽히는 것은 경직된 사고와 '소프트웨어' 부문이다. 위에서 예로 든 기사는 불과 몇 년밖에 되지 않았다. 그 사이에 애플에게 '추월을 당하려던' 노키아는 MS에 회사 매각이 완료되었고, 승승장구하던 애플마저 스티브 잡스의 사망 이후 성장세가 주춤하며 구글에게 시장의 상당부분을 내어주고 있다.

이처럼 1년이 다르게 판도가 바뀌는 세계시장에서 흐름을 놓치지 않고, 과

왜 창조인가? 빠른 시대 흐름, 낮은 혁신 역량과 경직된 사회분위기

> 한 해가 다르게 바뀌는 세계 시장
> 시대에 도태되지 않고 살아 남기 위해서,
> 앞을 내다보는 혜안과 미래를 개척하는 역량은 '창조'로부터 나온다.

삼성, 애플 습격 받고서야 '아차!'

안드로이드는 앤디 루빈이라는 사람에 의해 만들어진 회사다.

당초 이들은 삼성에 찾아가 자신의 프로그램을 소개했지만 삼성에서 퇴짜를 맞았고 이후 이 프로젝트를 제안받은 구글이 안드로이드를 인수했다.

이후 삼성전자는 제조사로써 중요한 위치에 올라왔지만 소프트웨어에서는 그다지 좋은 성적을 거두지 못했다.

애플의 아이폰의 습격이 있고 나서야 소프트웨어의 중요성을 새삼 크게 깨달은 바 있다.

이후 안드로이드는 애플에 맞서는 세력으로 확장됐다.

스마트폰 시장에서 애플이 노키아를 꺾고 이제는 안드로이드가 애플을 넘어서려고까지 하고 있다.

만약 삼성이 안드로이드를 인수했다면 지금과 전혀 다른 상황으로 변했을 수도 있다.

스마트폰OS 시장 점유율

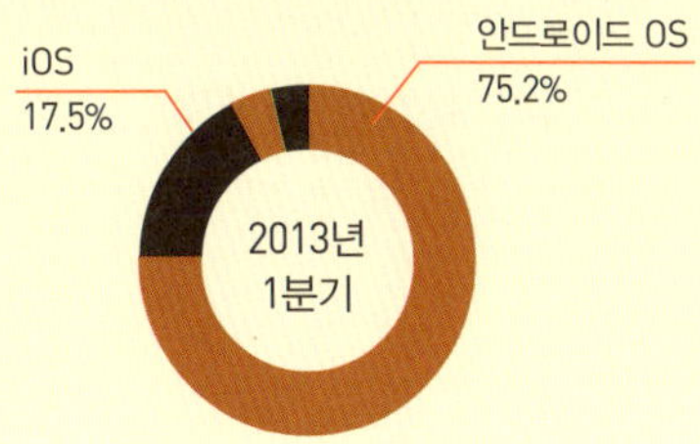

출처 : SA

거 삼성처럼 제2의 실수를 범하지 않으려면, 더 나아가 세계 시장에서 주도권을 쥐는 진정한 선진국 반열에 오르려면 '창조경제'를 통한 '창조역량'의 제고가 필수불가결하다 여겨진다.

개발도상국에서 벗어나 선진국 반열에 접어들고 있는 지금 시점 우리의 경제성장률은 점차 고개발국가들의 성장률과 수렴하는 현상을 보이고 있다. 경제성장률의 하락으로 저성장 기조가 본격화되고, 성장이 일자리 창출로 이어지지 않으면서 '고용 없는 성장' 위기에 직면하고 있다. 앞서 미국 및 유럽의 예를 살펴보았듯이 우리에게도 성장을 이어나고 지속적인 고용발생과 경제순환이 이루어질 수 있도록 '창조경제'를 통해 '신성장동력'을 찾아야 할 시점이다.

종합하여 보면, 이미 선진국 반열에 접어든 우리 경제에 있어, '새로운 먹거리'의 발굴은 매우 시급한 현실이다. 더욱이 우리의 좁은 영토와, 육로교역이 차단되어 버린 지리적 여건 등을 생각해보면, 대외지향적인 경제성장은 필수적이며, 이미 지나치다 싶을 수 있을 정도로 대외지향적 경제체질이 되어 버렸다.

이러한 경제 상황에서 우리에게 약점이 될 수도 있는 점은 지나친 1기업 의존형 경제구조라는 사실이다. 삼성이 무너지길 기대하는 사람은 없겠지만, 무너지지 않을 것이라 낙관하는 것 또한 문제이다. 언제 삼성이 노키아처럼 될지 모르며, 언제 우리나라가 핀란드처럼 될지도 모르는 것이 현실이다. 비교적 경직

되고, 낮은 혁신 역량을 가진 우리의 경제 체질을 고려해 보건데, 대단히 빠른 경제흐름의 변화는 한시라도 우리가 긴장을 늦출 수 없게 한다.

설령 삼성이 붕괴되더라도 우리가 핀란드처럼 슬기로운 돌파구를 찾을 수 있다고 장담할 수 있을까?

이런 이유로 우리의 경제 패러다임에 있어 '창조'의 도입은 매우 시급하며, 매우 적절하다고 볼 수 있다.

제 4 절 창조경제의 청사진

정부는 우선 '창조경제'의 구체적 실천계획으로 향후 5년간의 '3대 목표, 6대 전략'을 발표하였다. '창조경제를 통한 국민행복과 희망의 새 시대 실현'을 중심 비전으로 삼으며

대한민국 창조경제 청사진

창조와 혁신을 통한 새로운 일자리와 시장 창출
세계와 함께하는 창조경제 글로벌 리더십 강화
창의성이 존중되고 마음껏 발현되는 사회 구현

6대전략

01 창의성이 정당하게 보상받고 창업이 쉽게 되는 생태계를 조성하겠습니다.

02 벤처·중소기업이 창조경제의 주역으로 우뚝 서고 글로벌 기업으로 성장하도록 지원하겠습니다.

03 새로운 산업과 시장을 창출하여 미래의 성장동력을 만들겠습니다.

04 꿈과 끼, 도전정신을 갖춘 글로벌 창의인재를 키워가겠습니다.

05 창조경제의 기반인 과학기술과 ICT 혁신역량을 강화하겠습니다.

06 국민과 정부가 함께하는 창조경제문화를 조성하겠습니다.

창조경제계획 6대 전략 및 예산

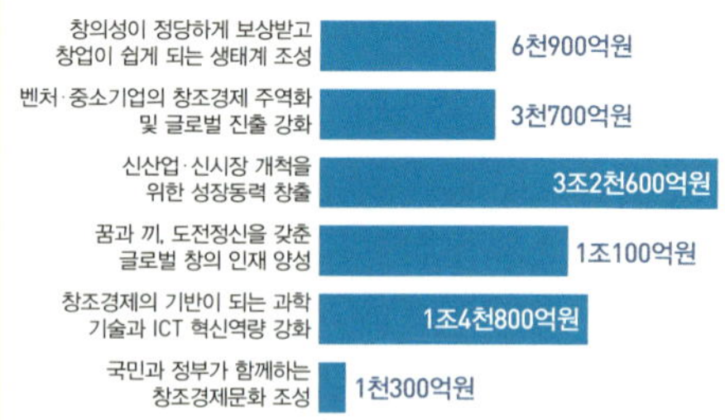

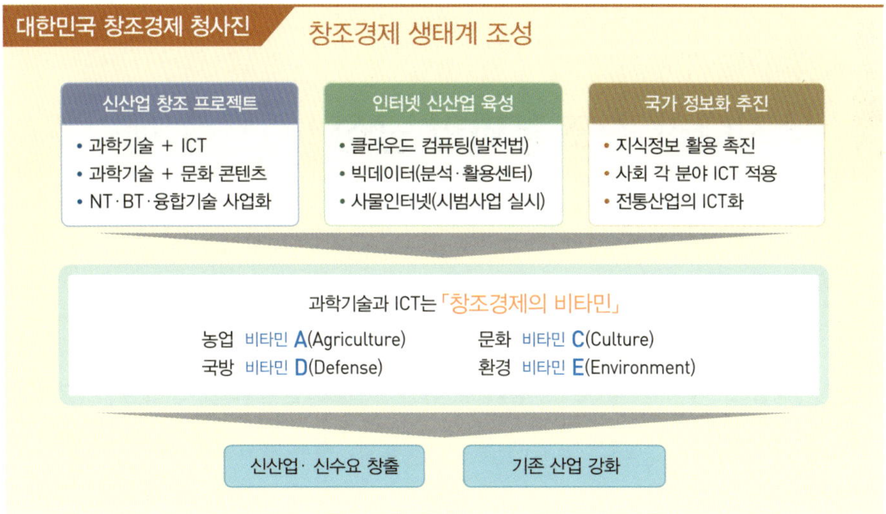

- 창조와 혁신을 통한 새로운 일자리와 시장 창출
- 세계와 함께하는 창조경제 글로벌 리더십 강화
- 창의성이 존중되고 마음껏 발현되는 사회 구현

등을 '3대 목표'로 내걸었다. 이를 실현하기 위한 '6대 전략'으로는

- 창의성이 정당하게 보상받고 창업이 쉽게 되는 생태계 조성
- 벤처, 중소기업의 창조경제 주역화 및 글로벌 진출 강화
- 신산업, 신시장 개척을 위한 성장동력 창출
- 꿈과 끼, 도전정신을 갖춘 글로벌 창의인재 양성
- 창조경제의 기반이 되는 과학기술과 ICT 혁신역량 강화
- 국민과 정부가 함께하는 창조경제문화 조성 등을 제시하였다.

제 5 절

우리나라 창조경제의 단점

우리 경제는 대외의존도가 높고 내수비중이 낮아 외부로부터의 충격에 굉장히 취약한 구조였다. 이는 '창조경제' 추진과 '창조산업'의 육성에 당위성을 부여하는 역할도 하지만 동시에, 경기에 민감한 '창조산업'으로 말미암아 경제구조가 더 취약해질 수 있는 '양면의 날'과도 같다. 창조산업이란 결국 폭넓게 보자면 '콘텐츠 산업'이고 콘텐츠란 '광의적 문화생활'에 소비되는 재화를 이야기한다. 스마트폰 어플리케이션이나 게임, 영화 같은 문화콘텐츠 재화들은 경기가 어려워지면 소비를 해도 그만, 안 해도 그만인 재화이다. 다시 말해 창조산업의 재화에 대한 소비탄력성이 낮은 때문이다.

경기의 영향을 많이 받는 '창조산업'은 경기 침체의 여파를 크게 받게 되고, 창조산업을 성장 주축으로 삼고 있는 경제는 다수의 산업이 동시다발적으로 위축되는 결과를 맞이하게 된다. 경제성장에 미치는 충격도 불가피하다. 우리처럼 대외 충격에 취약하고 대외의존도가 높은 구조라면, 2008년 국제 금융위기처럼

우리의 창조경제, 그 단점

1. 외부 타격에 취약한 구조

세계적 불황이 불어닥칠 경우에 추정 피해 규모는 매우 커질 수 있다. '창조적 역량'을 키워 경제의 체질만 바꾼다고 해서 능사가 아니다.

창조경제의 어원에서도 설명하였지만 창조경제는 정확한 개념을 지칭하는 전문용어라기보다는 이데올로기 내지는 비전쯤으로 간주될 법하다. 그 역사도 채 20년이 되지 않았고 실증적으로 분석할 만한 데이터도 없다. 그러니만큼 갑론을박, 이런 의견 저런 의견, 각자 주장만 많을 뿐, 비슷한 듯하면서 각기 다른 주장을 내세우고 있고 통일된 관점은 없다.

현대경제연구원은 2013년 6월 발표한 '국내 창조산업의 신성장동력 가능성 평가' 보고서에서 "국내 창조산업의 부가가치와 취업자 수가 다른 산업과 견줘서 빠르게 증가하고 있지만, 최근 국내총생산(GDP) 대비 창조산업의 부가가치 비중이 줄고, 취업자 수 증가율도 정체하고 있다"며 국내 창조산업이 빠른 속도로 성장하고 있음에도 국내 경제에서 차지하는 중요성은 갈수록 약화하고 있다는 주장을 내놓았다.

국내 창조산업 규모는 2005년 부가가치 기준 58조8,000억원에서 2011년 87조6,000억원으로 연평균 6.9%씩 증가했다. 하지만, GDP 대비 창조산업 부가가치는 2005년 6.8%에서 2008년 7.5%까지 상승했다가 2011년에는 7.1%로 하락한 상태다. 보고서는 또 국내 창조산업이 전체 산업평균보다 높은 생산성 수준

우리의 창조경제, 그 단점

2. 명확하지 않은 '대한민국의 창조경제'

- 각기 다른 로드맵 각기 다른 개념 - 동상이몽
- 정부 : 좀 더 구체화된 명확한 비전 제시 필요

3. 양날의 칼, 지적재산권

- 벤처 창업에 대한 규제와 리스크가 여전함
- 이런 환경에선 지적재산권은 벤처 창업자의 보호보다는 거대 자본을 이용, 신기술을 우후죽순 쏟아내는 대기업에게만 '철옹성'

4. 실속이 없어지는 우리 '창조'

- 국내 창조산업의 부가가치와 취업자 수가 다른 산업과 견줘서 빠르게 증가하고 있지만, 최근 국내총생산(GDP) 대비 창조산업의 부가가치 비중이 줄고, 취업자 수 증가율도 정체하고 있다.
- GDP 대비 창조산업 부가가치는 2005년 6.8%에서 2008년 7.5%까지 상승했다가 2011년에는 7.1%로 하락
- 산업간 생산성 격차가 크며, 국내 창조산업 내 산업 간 부가가치와 고용 유발효과 격차가 큼

을 유지하고 있지만, 산업간 생산성 격차가 크며, 국내 창조산업 내 산업 간 부가가치와 고용 유발효과 격차가 크고, 일부 특정 산업은 전 산업 평균에도 미치지 못하고 있다고 평가했다(참고: 이데일리, 현대硏 "창조산업 부가가치 비중 축소·취업자 증가율 정체").

물론 여론의 일각이긴 하겠지만, 현재 우리가 추진해 나가고 있는 '창조경제'가 예상만큼 실익을 거두지 못하고 있다는 반증일 수도 있다. 신성장 동력이자, 새로운 고용창출원, 더 나아가 국제시장에서 우리나라가 캐치업(catch-up) 국가에서 트렌드세터가 되기 위해선 더 실효성 있는 방안들이 탐구되어야 할 것이다.

3D 프린터로 만든 전기차, 창조경제란 이런 것…

로컬모터스의 조 로저스 최고 경영자(CEO)는 군에서 근무하던 시절 전우들이 자동차 폭발사고로 사망하는 것을 목격하고 저렴하지만 튼튼한 자동차를 만들기로 결심했다.

2007년 회사를 설립한 그는 컨베이어 벨트 대신 세계 최초로 3D 프린터를 이용해 44시간 만에 완성하는 단단한 모양의 전기차를 선보였다. 2014년 영화 '트랜스포머'에도 나온 이 전기차는 올해부터 예약 판매된다. 가격은 2만5,000~3만 달러다.

대한무역투자진흥공사(KOTRA · 코트라)는 24일 기발한 아이디어로 출발해 업계의 커다란 혁신을 가져 온 중소기업 제품을 소개한 '세계의 번뜩이는 99개 혁신상품' 보고서를 펴냈다. 코트라는 126개 해외무역관을 총동원해 발굴한 전 세계 164개 상품 가운데 선별했다.

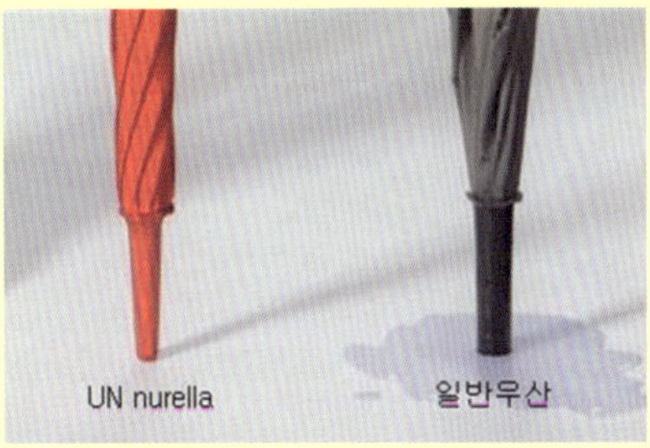

'젖지 않는 우산'은 지난해 '도쿄 기프트 쇼'에서 '여심을 사로잡는 선물용품 콘테스트' 대상을 차지했다. 기존 원단보다 3~5배 높은 밀도의 가는 실을 사용해 만든 이 우산은 흔들면 겉면에 묻은 물방울들이 바로 떨어진다. 젖은 우산을 담는 비닐봉지나 거치대가 필요 없는 이 우산의 예정 가격은 5만6,000원이다.

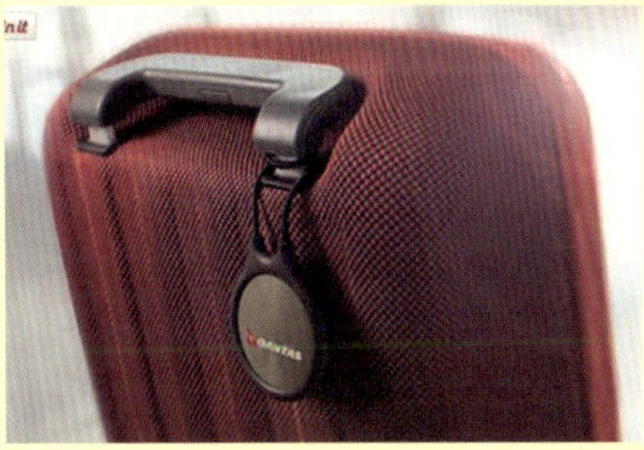

호주 항공사 콴타스는 중소업체 버즈가 개발한 전자태그를 이용해 입출국 시간을 획기적으로 줄였다. 탑승객들의 수하물에 전자태그를 부착해 탑승 수속 시간을 크게 줄였고 무선으로 수하물 추적도 할 수 있게 됐다. 콴타스는 이 기술을 국내선 전 구간에 적용했고 국제선으로도 확대할 계획이다.

공기를 주입해 높낮이를 조절하는 패드를 설치한 미국 기업 스마트노라의 베개는 코를 골지 않도록 자는 사람의 목 높이에 맞출 수 있다. 스마트 노라는 지난해 10월 이 상품의 아이디어를 공개한 지 두 달 만에 83만2,500달러(약 10억원)의 투자를 받았다. 제품은 5월 출시 예정이다.

보고서를 보면 혁신상품에서도 중국이 우리를 앞서 갔다. 여기 소개된 제품은 중국 제품이 18개로 가장 많았고 미국(12개), 인도(6개), 독일 · 일본(각 5개) 순이다. 김재홍 코트라 사장은 "우리 중소기업의 혁신상품 개발을 지원하기 위해 이 같은 사례를 매년 소개할 계획"이라고 말했다.

출처: 한국일보, 2016.1.24.

Chapter 2

경영의 기초

경영이란 말은 이제 일상생활 어디에서나 들을 수 있다. 식당을 경영한다, 기업을 운영한다 등 본래의 의미뿐 아니라 병원경영, 학교경영 심지어 국가경영에 이르기까지 다양하다.

경영은 우리가 흔히 쓰는 운영 또는 관리와 유사한 말이다. Management의 어원에 대한 여러 이야기가 있는데 프랑스어인 lemain(손)에서 왔다고도 하고 이탈리아어 mannegiaire에서 왔다고도 하며 혹자는 man-age-ment로도 풀이한다. 손으로 잘 주무르다 또는 정리정돈의 의미가 있으며 또는 사람이 나이 들어 지혜로워지면서 할 수 있는 행동으로 해석되어 경영의 심오한 의미가 어느 정도 와 닿는다. 또한 말타기(horse riding)에서 왔다고도 한다.

경영하는 방법을 본격적으로 공부하기 전에 우선 이 장에서는 경영에 대한 기초를 학습한다. 우선 경영이란 무엇인가, 경영에는 무엇이 필요한가 등에 대해 살펴보고 경영자가 하는 일, 경영자에게 필요한 자질을 살펴볼 것이다. 그리고 경영의 주 대상인 기업과 환경에 대해서도 알아보고자 한다.

제 1 절

경제민주화와 경영

1.1 경제민주화

'경제민주화'를 단어 그대로 해석하면 '경제활동을 국민이 주도함', 즉 '국민이 경제활동의 주체가 됨'을 의미한다. 따라서 경제활동과 주체에 대한 해석에 따라 경제민주화의 개념이 달라진다. '경제민주화'라는 말의 유래는 독일어의 Wirtschaftsdemokratie(economic democarcy)라는 설이 유력하다. 독일에서는 '이사회를 통한 노동자의 경영참여'라는 의미로 쓰이고 있고 한국에서는 '재벌 때리기'나 '협력업체와의 상생'으로 또는 '양극화 해소'나 '일자리 창출'의 뜻으로 쓰이고 있다. 대한민국 헌법 119조 2항을 보면 "국가는 균형 있는 국민경제의 성장 및 안정과 적정한 소득의 분배를 유지하고, 시장의 지배와 경제력의 남용을 방지하며, 경제주체 간의 조화를 통한 경제의 민주화를 위하여 경제에 관한 규제와 조정을 할 수 있다"라고 경제민주화에 대해 명시하고 있다.

정치권에서는 각자의 편의대로 경제민주화를 해석하고 관련된 정책을 개발하고 있다. 보수진영에서는 경제민주화를 헌법 119조 1항에 명시된 자유롭고 창의적인 경제질서, 즉 시장경제에 대한 보완적인 수단으로 인식한다. 이는 시장경제를 채택하다 보니 어쩔 수 없이 민주적이지 못한 경제, 즉 경제적 평등이 깨지고 그 결과 소득분배가 적정하게 이뤄지지 않는 문제, 즉 국민 간 소득격차가 발생한다고 주장하고 있다. 따라서 보수진영에서는 불평등한 경제를 시장경제체제에서 불가피하게 발생하는 현상으로 보기 때문에 부가가치를 창출하는 과정으로 시장경제체제는 어쩔 수 없다고 믿고 있다. 대신에 시장경제로 인해 어쩔 수 없이 발생하는 불평등한 경제를 해소하기 위해 주로 재정과 복지에서 사후적인 정책대안을 찾는다, 따라서 보수진영은 경제민주화를 국민 간 소득격차 해소와 같은 것으로 보고 이미 발생한 소득격차를 국민이 소득을 수령하기 전에 줄여주는 재정정책, 국민이 이미 수령한 소득에서 발생한 격차를 다양한 복지수단으로 보안해주는 정책을 선호한다.

반면, 진보진영은 경제민주화를 시장경제와 대립적인 개념으로 인식한다. 시장경제와 경제민주화는 동시에 추구해야 하는 두 가지 목적으로 보고 있다. 진보진영은 불평등한 경제를 시장경제를 실시하는 과정에서 불가피하게 발생하는 현상으로 보지 않고 불평등한 경제가 원천적으로 나타나지 않도록 시장경제를 조정해야 한다고 믿는다. 따라서 진보진영은 보수진영이 선택하는 재정정책과 복지정책을 쓰기 전에 원천적인 대안으로 시장경제체제를 수정하는 정책을 선호한다. 시장경제는 부가가치 창출과 분배 시스템이고 그것은 기업, 가계, 정부로 구성되어 있다. 불평등한 경제를 발생시키는 원인으로 기업, 특히 재벌그룹으로 지칭되는 대기업을 지목하고 이들의 활동을 부가가치 창출 이전에 원천적으로 제한하는 규제정책을 선호한다. 다시 말해서 진보진영은 국민 간 소득격차의 원인을 대기업의 시장 왜곡과 경제력 남용, 즉 한국경제에 대한 재벌지배 문제로 해석하고 상호출자나 순환출자, 일감 몰아주기와 같이 형평성에 맞지 않는 관생은 원천적으로 불법이므로 당연히 금지해야 하며, 여기서 더 나아가서 금산분리, 독과점 규제, 출자총액 제한과 같은 부가가치 창출 이전 단계에 대한 산업적 규제에서 정책대안을 찾고 있다.

다음은 서울대 조동성 교수의 자본주의의 발전과정이다. 이제까지 나타난 다섯 가지 자본주의 유형을 오른쪽에 시장지배, 왼쪽에 정부지배를 나타내는 수평선 위에 표시해보면 다음과 같다. 먼저 시장의 능력을 믿는 '자본주의 1.0'은 오른쪽 끝에, 정부의 능력을 믿는 '자본주의 2.0'은 왼쪽 끝에 놓인다. 그다음으로 '자본주의 3.0'은 중간과 오른쪽 끝 사이에, '자본주의 4.0'은 중간과 왼쪽 끝 사이에 놓여 완화된 모습을 나타낸다. 마지막으로 공유가치 창조를 주장하는 '자본주의 5.0'은 한가운데에 놓이게 된다.

자본주의 1.0인 애덤 스미스의 국부론은 자유방임에 기초한 것으로 '시장'의 형성을 초래했다. 이후 세계적인 대공황을 맞으면서 케인스(Keynes) 학파가 이야기하는 수정주의 학파, 자본주의 2.0이 나왔다. 이것은 공리주의적 색채가 강했다. 이것이 다시 변하면서 소위 금융자본주의를 형성하게 된 신자유주의,

그림 2-1 자본주의의 발전과정

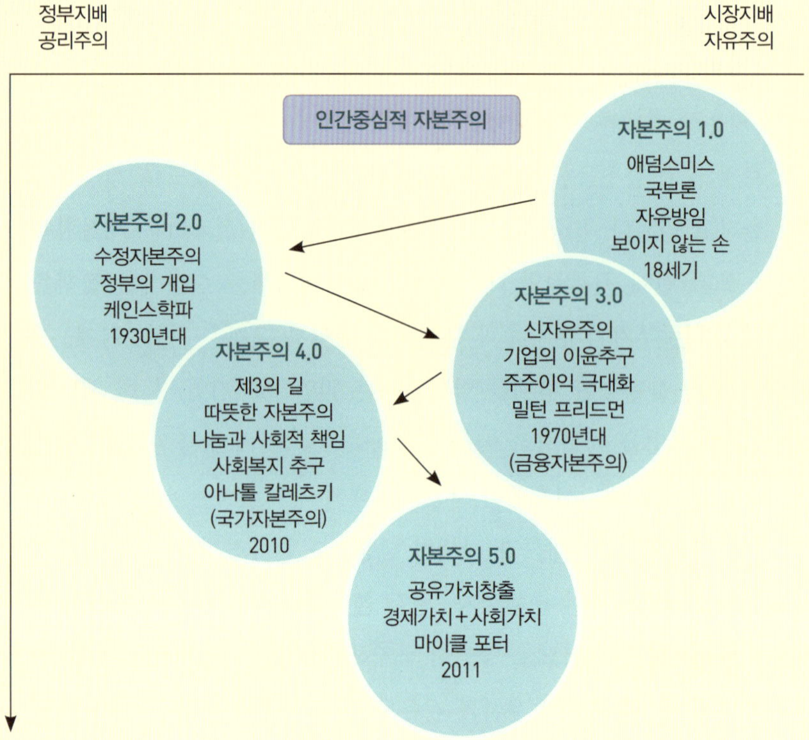

출처: 조동성, DBR 2013, No.122, p.74.

즉 자본주의 3.0이 나왔다. 밀턴 프리드먼(Milton Friedman)와 같은 학자들이 '주주이익이 기업의 목적이다'라고 얘기했던 것이 이 시기다.

그러나 모두가 알다시피 지나친 인간의 탐욕은 금융자본주의의 몰락과 월스트리트의 실패를 가져왔다. 그러다 보니 '제3의 길' 혹은 '국가자본주의'라고 불리는 목소리가 높아져 사회복지와 사회안전망의 확대를 강조하기 시작했다. 자본주의 4.0이다. 하지만 이런 길을 표방하던 유럽 국가들의 실패는 우리로 하여금 또 다른 길을 모색하게 만들고 있다. 이제는 국가 못지않게 비대해진 경제계가 보다 큰 책임감을 가지고 경제가치뿐 아니라 사회가치를 추구해야 한다. 그럼으로써 자유민주주의를 기반으로 한 시장자본주의가 좀 더 성숙하고 지속

가능하게 될 것이다. 그것이 자본주의 5.0이다.

자본주의의 역사를 다시 자세하게 설명하면, 1970년 미국 시카고대 교수 밀턴 프리드먼이 제시한 기업이익 중심의 '자본주의 3.0'은 1990년 기업에 다양한 모습으로 관계를 맺고 있는 이해관계자들을 고려해야 한다고 주장하는 버지니아대 교수 에드워드 프리먼의 '자본주의 3.5'로부터 도전받았다. 프리먼에 의하면 기업은 사회적 권한을 가진 만큼 사회적 책임도 져야 한다는 것이다.

이어 1998년 영국 런던정경대 교수 앤서니 기든스가 주창한 '제3의 길(The Third Way)'이 등장했다. 그 내용은 진보 진영에서 추구하는 복지사회를 보수 진영에서 추구하는 시장자본주의로 구현하자는 것이었다. '자본주의 4.0'으로 명명된 이 주장은 '천사의 모습을 가진 자본주의'로 여러 나라에서 다양한 방식으로 나타났다. 한국에서도 뉴라이트 운동을 비롯해서 보수 성향의 NGO들이 이 취지에 찬동했고, 이명박 정부도 이 노선을 채택했다.

2008년 미국에서 촉발된 금융위기 속에서 금융권 지배 세력에 불만을 품은 군중이 벌인 '월스트리트 점령(Occupy Wall Street)' 운동은 대중으로부터 폭발적인 지지를 끌어냈다. 이들은 '자본주의 3.0'이 천사의 모습을 한 악인들의 포장술에 불과하였다고 주장하며, 시장 논리에 근거하여 고삐가 풀어졌던 금융산업에 대한 규제를 강화하는 동시에 대기업의 탐욕을 억제하는 적극적인 정책을 정부에 요구하였다. 아나톨 칼레츠기가 〈자본주의 4.0〉이란 책에서 갈파한 것처럼, 사회는 대기업이 마지못해 동냥같이 제공하는 책임으로는 더 이상 만족하지 못하게 된 것이다. 요원의 불길처럼 전 세계로 퍼져 나갔던 이 운동은 구체적인 정책 대안을 개발하지 못한 채 끝나고 말았지만, 이제 지구촌은 자본주의가 더 이상 자유라는 명분으로 평등을 가로막지 못한다는 인식을 확실하게 갖게 되었다.

이런 세계적인 전환기에 나타난 새로운 움직임이 '공유가치 창출'이다. 이 운동은 기업이 천사의 모습만 보이지 말고 '천사의 마음을 가진 자본주의'로 사회를 받아들여야 한다고 주장한다. 세상에 존재하는 수많은 사업 기회 중에는 기업가치와 사회가치를 동시에 추구할 수 있는 방안이 반드시 있다는 전제하에 두 가치를 동시에 증진하는 것이 이 주장이 추구하는 핵심이다. 이미 피터 드러커는 '인간 중심 자본주의'라는 이상사회를 제시하면서 "오늘날 사회적이고 세계적인 모든 이슈는 숨겨진 사업 기회이다"라는 표현으로 공유가치 창출(CSV) 시대가 도래하리라고 예견했었다. 이렇듯 공유가치 창출 방향으로 나아가는 자본주의를 '자본주의 5.0'이라고 부를 수 있다.

기업의 사회적 활동은 생존, 자기만족, 이미지 제고, 경쟁력 강화 등 추구하는 목적에 따라 크게 4단계로 구분할 수 있다. 처음 두 단계, 즉 생존과 자기만족을 위한 사회적 활동은 기업이 손해를 감수하고서라도 추진하는 경향이 있기 때문에 '기업의 사회적 책임(CSR · Corporate Social Responsibility)'이라고 볼 수 있다. 반면 이미지 제고와 경쟁력 강화를 목표로 하는 나머지 두 단계의 사회적 활동은 사회와 기업 모두가 이익을 창출할 수 있기 때문에 '기업의 사회적 기회(CSO · Corporate Social Opportunity)'라고 볼 수 있다. 이 네 가지 단계 중 마지막 단계인 경쟁력 강화를 위한 기업의 사회적 활동이야말로 '기업의 공유가치 창출(CSV · Creating Shared Value)이 궁극적으로 추구하는 목표라고 할 수 있다.

1단계: 생존을 위한 사회적 활동(CSR for Survival)

미국의 시민운동가들은 2000년 스타벅스의 불공정 거래로 개발도상국 농부들이 정당한 노동의 대가를 못 받는다며 대규모 항의시위를 벌이려 했다. 이에 스타벅스는 공정무역 인증 커피를 구매하기로 약속하며 시민단체의 요구를 반영했다. 스타벅스 사례처럼 기업은 사회적 압력에 의해 또는 사회적 반발을 사전에 예방하기 위해 비자발적으로 CSR를 이행한다. 큰 손실을 본다고 해도 CSR를 이행해야 한다고 느끼기 때문에 사회적 활동 비용은 어쩔 수 없는 지출로 여긴다.

2단계: 자기만족을 위한 사회적 활동(CSR for Self-satisfaction)

최고 경영자(CEO)나 기업의 도덕적 철학을 따르는 '도덕적 만족형', 봉사활동을 통해 얻는 자기만족을 위해 CSR를 펼치는 '자아 도취형'이 여기에 포함된다. 기업 철학에 따라 지역사회를 위한 봉사활동을 펼치거나 CEO의 특명 아래 장학재단을 설립하는 것 등이 대표적 사례다. 기업은 CSR를 통해 자기만족을 얻기 때문에 재정적 손실이 발생한다고 해도 이를 감수하고 활동을 지속한다. 기업이 입는 손해가 '생존을 위한 CSR'보다 적더라도 어느 정도 손해를 감수한다는 점은 앞 단계와 마찬가지다.

3단계: 이미지 제고를 위한 사회적 기회 창출(CSO for Image)

기업의 사회적 활동을 대중에게 노출해 '착한' 이미지로 기업 브랜드 가치 제고를 추구하는 전략이다. 기업은 브랜드 이미지 제고를 통한 이익 증진을 꾀하며 기업의 사회적 활동은 자발적으로 이뤄진다. 이때 기업이 명심해야 할 점은 시장에는 '착한 것에 호감을 느끼는 사람' 못지않게 가격 대비 가치를 따지는 '합리적인 소비자'가 많다는 점이다. 설령 마음속으론 착한 기업을 선호하더라도 정작 구매 시점에서는 가격과 품질 면에서 경쟁력 있는 제품을 선택하는 소비자도 많다. 따라서 제품의 경쟁력이 높지 않으면 이 단계의 사회적 활동이 큰 효과를 내지 못할 수도 있다.

4단계: 경쟁력 강화를 위한 사회적 기회 창출(CSO for Competitiveness)

사회적 활동을 기업의 전략과 융화해 기업의 본업 또는 제품의 경쟁력을 높이는 전략이다. 이 단계에서는 '생산효율성 향상'과 '차별화'라는 두 가지 측면에서 경쟁력 강화 효과를 기대할 수 있다. 기업은 사회적 활동을 통해 원가를 줄이고 생산효율성을 높여 경쟁력을 강화할 수 있다. 월마트의 포장감축 정책, 코카콜라의 에너지 효율적 자판기 설치 등이 대표적인 사례다. 또 토요타가 세계 최초로 내놓은 하이브리드 자동차 '프리우스'는 CSO가 차별화 전략으로 발현돼 기업의 경쟁력 강화에 기여했다. 토요타는 미국 시장의 엄격한 자동차 배기가스 규제를 장애물이 아닌 기회로 보고 전기 자동차 연구에 매진해 1997년 프리우스를 내놓았다. 이로 인해 토요타는 '친환경 자동차의 선구자'라는 독보적인 위치를 차지할 수 있었고 기존 가솔린 자동차와 전혀 다른 기술 및 경쟁의 장을 열어 시장에서 입지를 강화했다.

4단계 경쟁력 강화를 위한 CSO는 사회와 기업이 더 큰 가치를 함께 만들어 나간다는 측면에서 포터 교수가 주장한 CSV와 맥을 같이한다. CSV는 원칙이 친기업적이기 때문에 기업들도 지속적으로, 그리고 더욱 효율적으로 사회적 활동에 참여하게 된다. 이렇게 혜택을 받는 사회는 다시 기업의 경쟁력을 높이는 데 도움을 주기 때문에 지속 가능한 선순환 구조가 형성될 수 있다.

CSV는 기존 CSR(Corporate Social Responsibility)과는 어떻게 다를까? '공정거

래커피(fair trade coffee)'라는 것을 들어보았을 것이다. 이런 커피를 살 때 소비자는 10% 정도의 비용을 더 지불하는데, 이는 현지 농부들의 삶의 질을 크게 변화시키지 못했고 기업 입장에서도 양질의 커피를 다량 확보하기 어려웠다. 하지만 네슬레(Nestle)는 코트디브와르에서의 코코아 생산, 인도에서의 우유생산 과정에서 기업이 가진 역량을 통해 새로운 품종과 농사짓는 기술, 가공기술을 현지 농부들과 공유했다. 이런 공유가치 향상을 통해 수익을 300% 증가시켰다.

경영자는 이 위치에서 시장과 정부를 균형 잡힌 시각으로 보면서, 기업과 사회 간의 조화로운 협력관계를 이끌어가게 된다. 이제 미래를 지향하는 경영자라면 기업가치와 사회가치를 동시에 구현하는 공유가치 창출을 핵심전략으로 삼아야 한다.

사회적 발전과 기업의 경제적 이익을 동시에 추구함으로써 사회와 기업이 공유하는 가치는 기업이 새로운 성장 모멘텀을 찾을 수 있는 기회를 제공한다. 사회 구성원 누군가가 입는 피해 속에서 자신의 이익창출에만 집착하던 대기업들, 특히 제품이 소비자에게 도움이 되는지, 안되는지도 모르는 소비자로 하여금 맹목적으로 더 많은 소비를 하게 만들었던 기업들이 이제는 달라지고 있고 사회와 공유하는 가치의 중요성을 조금씩 이해하기 시작했다. 새로운 제품과 시장에 대해서 재구상하고, 가치사슬에서 발생하는 생산성을 재정의해보며, 지역 클러스터 단위의 개발을 가능하게 함으로써 기업들은 공유하는 가지를 현실화하는 기회를 발견할 수 있다. 공유가치를 현실할 수 있는 기회는 모든 기업에게 동등하게 주어진 것이기에 기업은 자발적인 노력을 통해 공유가치를 창출할 기회를 찾아냄으로써 자신의 경쟁력을 높일 수 있다.

CSR과 CSV를 비교해 보면 다음과 같다.

자본주의 5.0은 드러커가 표현한 대로 인간 중심 자본주의(people-centered capitalism)이고 그런 의미에서 오늘의 화두인 경제민주화의 핵심 내용이다. 더 이사 기업의 사회적 책임을 이익의 일부를 할애해서 사회봉사를 하는 협의의 개념으로 보지 말아야 한다. 기업의 사회적 책임을 광의의 개념으로 해석해서 공유가치 창출로 보아야 한다. 사회가 기업을 창조한 이유에 부합하는 모습, 즉 '사람의, 사람에 의한, 사람을 위한(Of the People, By the People, For the People)'

표 2-1 CSR과 CSV의 비교

CSR(Corporate Social Responsibility)	이름	CSV(Creating Shared Value)
선행(doing good)	가치	투입비용 대비 높은 사회경제적 가치
시민의식을 전제로 한 자선활동	활동	기업과 공동체 모두를 위한 가치창출
이윤극대화와 관계없는 활동	인식	이윤극대화를 위한 필수요소
기업의 CSR예산(매출액 대비 1% 미만)에 한정	예산	기업전체 예산(매출액 전체)에 CSV 반영
기존 조직과 병렬적인 별도 조직 (수직적 조직구조)	담당조직	별도 조직이 따로 없이 모든 조직에 녹아 들어가 있음(수평적 조직구조)
사회적 물의를 일으킨 회사가 하는 경우 사회는 냉소적 입장이 됨	진정성	사회가치 창출활동이 따로 없이 모든 조직에 녹아 들어가 있음(수평적 조직구조)
손실이 발생하는 순간 올 스톱	지속성	그때그때의 이익손실에 관계없이 진행

출처: 조동성, DBR 2013, No.122, p.74.

조직으로 기업을 거듭 태어나게 하자. 1863년 게티스버그 연설을 남긴 링컨 대통령의 정신을 오늘날 계승해 기업에 적용하는 노력이야말로 경제민주화 시대를 만난 기업 경영자가 능동적으로 추구해야 할 과제이다.

1.2 경영(Management)

경영의 기원과 노동의 기원은 때를 같이한다. 인류의 역사가 수십 만년이 되었건 그 이상이건 최초의 인간이 태어나서 생산 활동, 즉 노동(채취나 수렵 활동)을 하지 않았더라면 아마도 굶어 죽었을 것이다. 물론 오늘날의 생산은 먹는 것에만 국한되지 않고 의복, 신발에서 취미, 영화, 금융, 우주여행 프로그램까지 그 범위가 너무나 넓고 폭도 다양해졌다.

경영(經營)과 Management는 사실 같은 뜻이 아니다. Management는 미국에서 온 영어로 미국의 역사적 배경과 관련이 있는 말이다. 즉, 미국은 신대륙으로서 유럽의 이민을 통해서 이루어진 매우 다양한 인종이 함께 만든 나라이다. 광활한 토지와 막대한 자원을 보유한 대국으로서 과거부터 현재까지 자원은 풍부하나 노동력이 부족한 국가이다. 따라서 미국 정부는 지금도 우수한 외국 인력을 수용하여 미국의 발전을 위해 노력하고 있는 반면 단순 노동력을 갖춘 외국 인력에 대해서는 높은 장벽으로 진입을 막고 있다. 이런 배경에서 나온 Management는 부족한 노동력을 최대한 잘 활용하여 생산에 투입하기 위한 뜻을 가지고 있다. 반면에 우리가 사용하는 경영은 본래 조선의 국가 이데올로기를 만든 정도전의 '經國大典'에 나오는 말로 백성들을 배불리 먹이고 헐벗지 않게 나라를 다스리는 국왕의 마음을 담고 있는 말이다. 이렇게 완전히 다른 뜻을 가진 경영과 Management는 미국에서 일본을 거쳐 한국으로 넘어 오는 과정에서 비슷한 뜻을 가진 단어를 찾아서 만들어진 개념이다.

원래 우리 인간은 땀 흘려 일하기를 싫어했기 때문에 가능하면 노동은 적게, 산출은 많이 하려고 머리를 썼고 이를 위해 두 가지 커다란 발명을 이루게 된다.

첫째, 인간은 다른 동물과는 달리 효율적인 생산을 위해 도구를 사용하게 되었다.

둘째, 인간은 본래 혼자서는 힘도 약하고 이빨도 날카롭지 못하여 맹수와 싸울 힘이 없었다. 이를 위해 인간은 개별적으로 노동하지 않고 서로 모여서 일을 나누어서 하는 분업(division of labor)을 하였다.

최초로 분업을 학문적으로 연구한 사람은 영국의 아담 스미스(A. Smith)인데, 그는 〈국부론(國富論)〉에서 국가의 부의 근원은 생산력의 증대에 있고 이는 분업을 통해서 가능하다고 했다. 분업은 어떤 일을 할 때 서로 다른 개인들이 자기의 역할을 전문화하여 각자 수행한 다음에 이를 교환하고 통합하는 행위이다.

경영의 정의는 학자마다 대단히 다양하나 간단하게 설명하면 다음과 같다.

> "제한된 자원으로 무한한 인간의 욕구를 충족시켜 줄 수 있는 재화 및 서비스를 생산하는 과정"

1.3 조직과 경영

우리는 태어나서 죽을 때까지 혼자서 생활하지 못한다. 태어날 때는 산부인과 의사와 간호사의 도움으로 이 세상에 나오고, 죽을 때도 여러 사람의 도움으로 이 세상을 떠난다. 〈로빈슨 크루소 표류기〉 같은 소설에서 보듯이 혼자 사는 "고독"은 인간들에게 가장 견디기 힘든 고통 중의 하나이다.

사람들은 외로움을 달래기 위해, 원하는 목표를 보다 쉽게 이루기 위해 여러 사람이 함께 모여서 조직을 만들고 생활한다.

개인→집단→조직→사회→국가 →세계

조직은 어떤 구체적인 목적을 달성하기 위해 사람들을 의도적으로 모은 것이다. 조직(Organization)의 어원은 organic(살아 있다)에서 유래한다. 조직의 특성은 다음과 같이 요약된다.

① 두 사람 이상의 모임이다.

② 공동목표(common goal)가 있다.

③ 각자가 일을 나누어 맡는다(분업: division of labor).

④ 나누어진 일들이 서로 긴밀하게 연결되었다(조정: coordination).

⑤ 일을 나누고 연결하는 약속이 있다(권한체계: hierarchy of authority).

위와 같은 특성이 조직이 무엇인가에 대한 정의의 중요한 부분이지만, 조직의 개념은 변화하고 있다. 모든 조직이 명확하게 확인할 수 있는 부문 또는 부서 그리고 업무 단위를 가진 삼성전자, 현대자동차, SK텔레콤 등 대기업과 같이 조직될 것이라고 가정하는 것은 더 이상 적절치 않다. 실제로 GM 계열사인 Saturn Corporation은 유연한 작업 배치, 종업원 작업 팀, 개방된 의사소통 제도, 그리고 공급자 제휴 요소를 가진 현대 조직의 모습을 더 잘 보여주고 있다. 다음은 전통적 조직과 다른 새로운 조직의 특성을 보여주고 있다.

표 2-2 변화하는 조직

전통적 조직	새로운 조직
• 안정적	• 역동적
• 경직	• 유연
• 직무에 초점	• 기술에 초점
• 일은 직위에 의해 정의됨	• 일은 수행 과업에 의해 정의됨
• 개인지향	• 팀지향
• 정규직	• 임시직
• 지시지향	• 참여지향
• 경영자가 항상 의사결정을 함	• 종업원이 의사결정에 참여함
• 규칙지향	• 고객지향
• 상대적으로 동질적인 인적자원	• 다양한 인적자원
• 일과는 오전 9시~오후 5시로 규정됨	• 일과에 시간 경계가 없음
• 위계적 관계	• 수평적 네트워크 관계
• 일은 지정된 시간 도안 조직의 시설에서 이루어짐	• 일은 어느 곳 어느 때나 이루어짐

출처: Robbins & Coulter, Management, p.18.

1.4 경영마인드

1.4.1 Business와 Management

기업 활동은 영어로 비즈니스(business)라고 한다. 비즈니스의 어원은 busy(바쁘다)에서 왔으며 사람들이 생존과 발전을 위해 매우 바쁘게 움직이고 있음을 암시한다. 비즈니스라 하면 언뜻 떠오르는 것이 사업, 회사, 경영, 직업, 장사, 고객, 이윤 등의 단어들일 것이다. 비즈니스란 경제세계에서 제품과 서비스를 생산, 판매하여 이윤을 창출하는 일체의 기업활동이다. 모든 비즈니스의 중심에는 생산자(seller)와 구매자(buyer)의 교환거래가 있는데 구매자는 돈을 지불하여 상품과 서비스를 얻고 생산자는 그것을 판매하여 이윤(profit)을 얻는다.

여기서 이윤은 중요한 의미를 가진다. 생산자는 사람, 기술, 기계 정보 등을 이용하여 상품과 용역(서비스)을 만들어 구매자가 원하는 욕구를 충족시켜서

〈조직〉

〈경영〉

〈목표/목적〉

교환의 대가로 이윤을 얻는다. 이때에 이윤은 대신 손해를 볼 위험도 있기 때문에 위험을 택한 대가로서의 이윤이다. 회사는 이윤을 바라고 생산품의 품질을 높이거나 사업을 확장시키려 한다. 이윤이야말로 비즈니스 활동이 존재하도록 하는 근본 동기가 되는 것이다. 이러한 비즈니스 활동을 효율적으로 운영해 나가는 것이 경영(management)이다.

그런데 비영리조직(nonprofit organization)도 경영의 대상이다. 교회와 사찰 등의 종교단체, 한국전력, 대학교, YMCA 등 많은 조직들 역시 기업의 비즈니스 활동과 비슷하게 운영되고 있기 때문이다. 즉, 고객에게 지하철 운행, 전력 생산, 교육 서비스 등 용역을 제공하고 그에 따른 요금을 받는다. 그러나 이들은 그 기업의 주인(국가 또는 단체)에게 이익을 챙겨주는 것이 주목적이 아니라 일반 국민에게 공공서비스를 제공하기 위해 만들어진 조직이다.

영리조직은 이윤을 많이 내기 위해서 또한 비영리조직은 공공고객에게 최대의 편리를 공급하기 위해서 조직의 비즈니스 활동은 잘 운영되어야 하는데, 이러한 비즈니스를 효율적으로 운영하는 것을 경영이라고 할 수 있다.

표 2-3 Business와 Management의 차이

	Business	Management
대상	기업	모든 조직
동기	이윤	이윤, 봉사
원리	효과성(Effectiveness)	효율성(Efficiency)

1.4.2 경영마인드

경영마인드(business mind)란 경영자가 기업의 목표를 달성하기 위해 자원을 가장 효율적으로 활용하고 최대의 효과를 얻으려고 생각하며 노력하는 마음이라고 할 수 있다. 즉 어떻게 하면 가장 효과적으로 목표를 달성할 수 있을까, 어떻게 하면 가장 효율적으로 일을 할 수 있을까 등과 같은 문제에 대한 해답을 찾으려 노력하는 자세이다. 그러므로 오늘날 모든 조직의 경영자, 예를 들면 대통령, 사장, 사령관, 병원장, 총장뿐만 아니라 팀장, 계장, 중국집 사장, 가정주부에 이르기까지 모두 경영마인드를 가져야 한다. 특히 기업체 사장이나 부서의 리더에게는 필수적인 것이다. 경영마인드 중에서도 가장 중요한 것은 고객중심(customer-centered)이다. 경쟁사회에서 회사의 사사로운 이익을 챙기기 위해 고객이 불편을 느끼거나 불만족한 상황을 만든다면 고객을 잃고 만다. 최종소비자인 고객에게 잘하기 위해 사내의 연결부서, 거래처와 협력업체 모두 고객으로 간주하고 서비스를 철저히 해야만 최종고객에게 최대의 후원이 가능하다. 자본의 원천인 주주, 소비자, 그리고 그것을 뒷받침하는 종업원 모두 고객으로 간주하여 최선의 정책을 펴는 고객마인드가 절실하다. 그것이 바로 효율적인 경영의 기초가 되기 때문이다.

〈현대자동차 고객중심 웹사이트〉

1.5 경영프로세스

경영에는 무엇이 필요한가? 이를 경영자원 혹은 경영의 구성요소라고 한다. 조직은 기업이건 병원이건 군대이건 상품과 서비스를 생산한다. 무엇이 있어야 생산을 하는가? 그것이 생산요소인데 그 생산요소를 잘 관리하는 것이 효율적 경영이다. 따라서 경영의 대상은 생산요소가 된다.

그런데 과거 산업사회에서는 생산의 요소가 토지, 노동(인간), 자본이었다. 그러나 오늘날 경쟁이 심해지고 지식정보사회가 되면서 토지에서 쌀을 생산하는 것보다 머리에서 아이디어를 생산하는 것이 더 중요하게 되었다. 그래서 정보나 전략을 경영의 구성요소에 포함하게 되었다.

① 자원(resources): 토지, 산림, 공장입지, 천연자원 등 자연상태인 것도 있지만 정보나 기술 같은 것도 생산의 원재료가 될 수 있다. 특히 요즘 같은 정보화시대에는 정보와 지식이 가장 중요한 자원이 되었다.

② 자본(capital): 돈(금전)은 필수적 생산요소이다. 자본은 자체적으로 마련할 수도 있으며 주식을 발행하든지 외부에서 차입해서 이용할 수 있다. 이를 잘 다루지 못하면 부도가 나든지 이자만 물어주고 손해를 볼 수 있다.

③ 인간(human resources): 경영을 하는 사람도 생산을 하는 사람도 이이디어를 내는 사람도 모두가 인간자원이다. 가장 중요하면서도 가장 소홀하게 생각하는 것이다. 인사(人事)는 만사(萬事)라는 말을 명심하자.

④ 전략(strategy): 기업이 어떤 방향으로 나아가야 할지 또는 목표수행을 위해서 어떤 방식이 더 효과적인지에 대한 계획과 결정이 잘못되면 경영은 실패한다. 그러므로 전략도 경영활동의 중요한 고려 대상이다.

⑤ 기업가정신(entrepreneurship): 위험을 무릅쓰고라도 사업을 하려는 의지가 없다면 이 땅에 회사나 공장이 생길 수 없고 생산도 없다. 따라서 기업(企業)을 세우고 신제품을 개발하고 위험이 따르더라도 효율적이고 혁신적인 사업 방향으로 이익도 더 내어 보겠다는 起業家精神(기업가정신)을 모든 구성원에게 심어주는 경영도 필요하게 되었다.

경영 프로세스 = 계획→조직→지휘→조정→통제

제 2 절

21세기 경영자

2.1 경영자의 유형

경영을 하는 사람, 즉 경영의 주체가 바로 경영자이다. 조직이 국가이건, 동창회이건, 학교이건, 대기업이건, 관계없이 그 조직이 잘 돌아가도록 계획, 조직, 지휘, 통제기능을 맡고 있는 사람이면 모두가 경영자이다.

왜 조직에는 경영자가 필요한가? 경영자란 조직목표 달성을 위해 모든 경영활동(계획, 조직, 지휘, 조정, 통제)을 수행하는 과정에서 중요한 의사결정을 하고 조직구성원들의 활동을 지휘·조정하는 권한과 책임을 지닌 사람이라고 할 수 있다.

경영활동의 내용이 많아지고 복잡해지면 한 사람의 경영자로서는 불충분하고 여러 명의 경영자가 서로 다른 경영기능을 나누어 맡을 수밖에 없는데, 이들 집단을 경영층이라고 한다. 그들이 가진 권한의 크기에 따라 하위 경영층, 중간 경영층, 최고 경영층으로 나누어 볼 수 있다.

① 하위 경영층(Supervisor): 자기가 맡은 실무 담당자의 과업을 감독하고 조언, 조정해준다. 감독자, 반장, 대리 등의 직급으로서 다른 경영자의 활동은 감독하지 않는다.

② 중간 경영층(Middle Manager): 최고 경영층에서 결정한 방침과 계획을 하위 경영층에게 전달하고 지휘하며 중간에서 상하 경영층의 요구사항을 조율해 주는 역할을 한다. 팀장, 부장, 과장 등의 직급으로서 경영자율화에 따라서 점차 중요성이 더해가고 있다.

③ 최고 경영층(CEO): 조직의 전반적 경영을 책임지는 위치에서 조직의 외부환경과 상호작용하는 업무를 주로 맡는다. 회장을 비롯하여 사장 혹은 대표이사, 전무, 상무, 이사 등의 중역이 이에 해당한다.

2.2 경영자의 기술

우리는 일반적으로 경영자라면 조직이 나아갈 비전을 세우고 주어진 정보를 체계적으로 분석하여 심사숙고한 끝에 최종판단을 내리는 그러한 일을 하는 사람들이라고 생각한다. 그러나 민쯔버그(H. Mintzberg)라는 학자는 여러 경영자들의 일상 활동을 가까이에서 관찰한 결과 그렇지 않다는 결론을 내렸다. 그들의 하루 일과는 장기계획을 짜고 비전을 창조하고 중요한 정보를 분석하는 등의 일보다 사람들과 만나서 얘기하고 회의하고 전화하고 외출하고 여행하는 데 모두 소비하더라는 것이다. 그렇다면 경영자들이 사람들을 만나고 대화하면서 하는 일이 무엇일까?

다음 세 가지 역할로 요약된다.

2.2.1 대인관계 역할(interpersonal rolcs)

경영자라면 자기가 맡고 있는 기업의 내부 사람들뿐만 아니라 그 조직의 외부사람들과 관계를 하는데 다음의 기능을 수행하기 위해서이다.

① 대표자: 사장이라면 회사를 대표하여 경조사에 참여하기도 하며 팀장이라면 다른 팀장이나 고객을 만나서 자기 팀의 사정을 대변한다.
② 지도자: 경영자는 자기 조직의 구성원들에게 일을 분배하고 잘하도록 가르치며 열심히 하도록 부추겨야 한다.
③ 연결자: 조직이 목표를 효율적으로 달성할 수 있도록 필요한 외부조직(고객, 협력업체, 경쟁사, 정부 등)과 연결하여 일이 돌아가게 한다.

2.2.2 정보전달 역할(informational roles)

회사의 모든 활동은 닥치는 대로 하는 것이 아니라 정보를 바탕으로 계획과 결정이 이루어진 뒤에 실행하는데 일반 사원들은 각자 자기가 맡은 일에만 충실하다보면 얻는 정보도 없고 결정 권한도 적다. 따라서 과장, 팀장 등의 경영자가 이를 수집하여 필요한 사람에게 제때에 제공해 줘야 한다.

① 모니터링: 가만히 앉아서 저절로 굴러 떨어지는 정보만으로는 부족하기 때문에 경영자는 필요한 정보를 찾아 다녀야 될 뿐만 아니라 수집된 정보는 선별 분석, 정리하여 언제라도 내부 구성원에게 공급할 준비를 갖추고 있어야 한다.

② 분배자: 수집한 정보를 내부의 해당 구성원에게 제공하는 일에 인색해서는 안 된다. 경영자가 모든 정보를 자기 머릿속에 저장한 채 나가버린다면 그 구성원들은 아무런 결정도 못한다.

③ 대변인: 자기 조직의 정보를 원하는 많은 외부조직이 있는데 이때 경영자가 그 전달자 역할을 해야 한다.

2.2.3 의사결정 역할(decisional roles)

조직활동은 실행에 앞서 결정이 먼저 이루어지는데 물론 수집된 정보를 토대로 결정되는 것이 보통이며 어떤 경영자는 자신의 경험과 육감으로 결정하기도 한다.

① 혁신자: 새로운 과업을 계획하거나 하던 일을 더 효율적으로 하기 위해 방법을 바꾸거나 새로운 전략을 도입하는 역할을 담당한다.

② 문제 해결자: 일을 하다 보면 예상치 못한 일이 자주 발생한다. 예측되고 계획됐던 문제는 이미 해결방식이 정해졌기 때문에 아무나 해결해도 되지만 예상치 못한 문제가 발생하면 경영자만이 이에 대처하고 해결할 정보와 권한을 갖고 있는 것이다.

③ 자원 분배자: 조직 내 여러 사람과 부서들이 각각 일의 수행을 위해서 인적·물적 자원이 필요하다. 이때 한정된 자원을 놓고 서로 다툴 수 있는데 경영자가 그 분배량을 결정해 줘야 한다.

④ 협상자: 경영자는 조직을 위해 외부인과 계약을 체결하기도 하고 노사협상을 하기도 한다. 자기 조직과 외부조직과의 갈등상태에서 자기 조직을 대표하여 적당한 선에서 양보와 타협을 결정한다. 뿐만 아니라 내부 구성원들과도 업무분담, 임금협상 등 협상자로서 의사결정하는 경우도 많다.

2.3 CEO가 하는 일

오늘날의 기업은 수많은 사람들로 구성되어 있고 각자 자기가 맡은 분야에서 크고 작은 일을 담당하고 있다. 그중에서 기업의 사장이나 중역들처럼 중추적 역할을 담당하는 사람들을 최고 경영자(CEO · Chief Executive Officer)라고 하는데 조직의 운명은 이들의 손에 달렸다고 해도 과언이 아니다. 경영자(manager)라는 말을 넓은 의미로 사용할 때는 기업 안의 근로자를 지휘 · 감독하는 관리자로부터 가장 중요한 의사결정을 담당하는 최고 경영자에 이르는 집단을 총칭하지만 좁은 의미로 경영자는 바로 최고 경영자를 가리킨다.

최고 경영자는 다른 경영자와 달리 오늘날의 조직에서 막대한 사명을 가진다. 최고 경영자의 영향력과 책임은 일선 하위관리자의 그것과 비교할 수 없이 크고 또한 최종적인 의사결정자라는 특수한 위치에 있으므로 급격한 경영환경의 변화 속에서 대기업을 이끌어 가기 위해 특수한 역할이 추가되어야 한다.

① 혁신가: 슘페터(J. Schumpeter)는 자본주의의 발전은 창조적 파괴를 통하여 이뤄진다고 말하고 창조적 파괴의 주동자가 바로 기업가(起業家)이며, 이들의 창조적 파괴정신이 기업가정신이라고 한다. 즉 계속해서 새로운 일(業)을 일으키고(起) 만드는 것을 계속해야 한다는 것인데 이를 가리켜 혁신(innovation)이라고 부르기도 한다.

② 환경관리자: 조직이 생존과 번영을 위해 주변 환경과 성공적인 교류를 갖도록 주도하고 책임을 져야 하는 역할이 최고 경영자의 몫이다. 즉 최고 경영자는 조직내부요소와 외부의 환경요소들을 연결해주는 연결자(linker)역할 또는 조직의 대변자 역할을 하면서 환경과 교류한다.

③ 동기부여자: 기업의 구성원들이 각자 맡은 일을 성실하게 수행하고 서로 간의 업무적 연락관계도 효율적으로 가진다면 그 기업은 소기의 목적을 잘 달성할 수 있는데 그러기 위해서는 구성원들의 능력도 필요하지만 높은 동기부여도 필요하다.

④ 통합관리자: 일선 관리자들은 각자 자기분야에만 집중해서 관리하기 때문에 관리자들끼리의 충돌도 있을 수 있고 전체의 목표에 해를 끼치는 경영활동이 있을 수도 있는데 최고 경영자는 이를 통제하고 서로 조화시키는 통합적 지휘자 역할을 담당해야 한다. 기업의 자원인 자금, 인력 설비 등을 분배할 때에도 최소의 자원으로 시너지 효과를 최대한 발휘할 수 있도록 적절하게 배분해야 한다.

미국 역사상 최고의 CEO로 포드자동차의 창업자인 헨리 포드, 최악의 CEO는 리먼브라더스의 딕 펄드 회장이 선정됐다는 기사를 접했다. 포트폴리오닷컴이 경영대학원 교수들과의 협의를 통해 최고 CEO순위를 20위까지 매겼다고 한다.

그 기준은 '가치 창출과 파괴, 혁신, 경영 기술' 등

1위부터 10위까지 순위를 나열해본다.

1위: 헨리 포드 (포드자동차): 조립 라인 혁신을 통한 대량생산으로 자동차 대중화

2위: JP모건 (JP모건): 대공황의 구제

3위: 샘 월튼 (월 마트): 검소함, 싸게 팔기, 지역의 상업화, 물류의 기술적 혁신

4위: 알프레드 슬론 (GE): 브랜드를 세분화하고 인구통계학적 세부 그룹마다 서로 다른 차를 디자인

5위: 루 거스트너 (IBM): 산발된 사업부를 통합하고, 효율성을 개선

6위: 록펠러 (스탠다드 오일): 석유 사업 흡수 합병을 통한 독점과 가난한 자들에 대한 박애

7위: 스티브 잡스 (애플): 카리스마적 성향, 불가능한 수준의 표준, 초인적 감각

8위: 제프 베조스 (아마존): 온라인 거래의 잠재력 인식과 세세한 점까지 관리

9위: 앤드류 카네기 (카네기 스틸, 이후 US 스틸로 개명): 세계의 평화와 교육을 위해 거의 전재산을 바친 박애

10위: 빌 게이츠 (마이크로소프트): 엄청난 수익창출, 다른 경쟁사와 비교할 수 없는 독점적 거인

이들은 수많은 사람들의 욕구를 그들 나름의 방법으로 충족시켰다.

그들이 높게 평가받은 이유는 이익 창출과 함께 인간 삶에 기여한 역할이 컸기 때문일 것이다(인간 삶에 기여했다는 관점은 보는 이마다 다를 수 있다).

훌륭한 CEO가 되기 위해서는, 가치창출과 파괴, 혁신, 경영 기술이란 — 피터 드러커는 경영이란 인간에 관한 것이라고 정의하였다. 따라서 경영 기술이란 인간에 관한 기술이라 할 수 있다 — 인간을 이해하는 것에서부터 출발해야 한다는 점을 이해해야 하겠다.

출처: 최고의 CEO들의 가치 창출(작성: 김환욱).

2.4 경영자에게 필요한 자질

〈R. L. Katz〉

경영자 역할이 다르듯이 경영자가 어느 경영층에 속해 있느냐에 따라서 담당하는 기능이 다르므로 요구되는 자질이 다를 수 있다. 카츠(R. L. Katz)는 경영자의 자질을 세 가지로 나누어 경영층의 위치에 따라 각 자질들의 비중이 다르게 요구된다고 하였다.

① 개념적 자질(상황판단능력: conceptual skills): 최고 경영자라면 조직을 전체적으로 파악하면서 조직 내 각 부문들은 서로 어떤 연관이 있으며 한 부문에서의 변화가 조직전체에 어떤 영향을 미칠 것인가를 예측할 수도 있어야 한다. 또한 주어진 정보의 분석 시에는 장기적이고 모든 분야를 동시에 고려하는 능력이 필요한데 이러한 능력들은 최고 경영층일수록 더 필요할 것이다.

② 인간관계 자질(대인관계능력: human skills): 경영자라면 구성원들과 원만한 관계를 유지하면서 그들의 사기를 북돋아주고 서로 조정해주며 협조를 이끌어 내는 탁월한 인간관계능력이 가장 필수적이라 할 수 있다. 우리나라의 경우 인간적 소탈함이 특히 많이 요구된다.

③ 전문적 자질(현장실무능력: technical skills): 이는 업무적 자질, 기술적 자질이라고도 할 수 있는데 일선 경영자가 과업 담당자에게 지시하고 충고·감독하기 위해서는 실무기술이나 자기가 맡고 있는 전문 분야의 업무에 능통해야 할 것이다.

HBR 2015년 세계 100대 CEO

덴마크의 헬스케어 기업인 노보 노르디스크의 라스 레비엔 소렌센 대표가 세계 100대 CEO 중 1위에 올랐다.

소렌센이 이끄는 노보 노르디스크는 당뇨병 치료에 집중하는 기업이다.

하버드 대학의 경영 저널인 〈하버드 비즈니스 저널〉은 13일 이같은 내용의 세계 CEO 100인을 발표했다.

2위는 미국 네트워크 통신업체 시스코시스템스의 존 챔버스 회장이다.

그 다음 3위는 패션 브랜드 자라를 소유한 인디텍스의 파블로 이슬라 회장이 차지했다.

이어 독일 자동차부품 업체 콘티넨털의 엘마 데겐하르트 회장이 4위에 올랐다.

영국 광고그룹 WPP의 마틴 소렐 회장은 5위에 랭크됐다.

HBR의 랭킹 산정 기준은 지난해 까지만해도 시가총액이나 주주 수익률과 같은 주식시장의 수치가 주류를 이루었다.

그러나 올해부터는 환경 및 사회 기여도, 지배구조(ESG), 지도력까지 평가하는 방식으로 바뀌었다.

폴크스바겐의 마르틴 빈터코른 전 CEO는 20위에 올랐다.

이번 평가는 물론 폴크스바겐 스캔들이 터지기 전에 이뤄진 것이다.

아마존닷컴의 창업자 제프 베조스는 87위에 올랐다.

지난해 1위에서 무려 86계단이나 떨어졌다.

근로자들에게 악명 높다는 평가가 반영된 탓으로 보인다.

여성 CEO 중에서는 부동산 투자업체 벤타스의 데브라 캐파로와 할인소매업체 TJX의 캐럴 메이로비츠 등 두 명이 100인 명단에 포함됐다.

한국인은 한 명도 없었다.

지난 2012년에는 윤종용 전 삼성전자 부회장과 정몽구 현대차 회장이 각각 3위와 6위에 오른 바 있으나 올해는 명단에 없다.

출처: 매일경제.

Chapter 3

경영의 흐름

우리는 역사를 왜 배우는가?
학교에서 배운 국사 교과서나 TV의 상도, 대장금 같은 사극에서도 우리는 많은 것을 배울 수 있다. 우리는 역사에서 조상의 땀과 숨결을 느낄 수 있다.

현재의 우리보다 앞서 살았던 역사 속의 선인들은 나름대로의 가치관과 사고방식으로 그 당시에 직면한 문제를 해결하고 잘살기 위해 노력했다.

즉 우리는 역사를 통해 삶의 지혜를 배우고 현재 우리에게 당면한 문제를 해결할 수 있는 타산지석을 얻는 것이다.

이번 장에서는 경영학이 어떻게 만들어진 학문이며 경영학의 학문적 특성, 경영학의 역사적 변천을 살펴보고 미래의 경영학의 발전방향도 함께 생각해 본다.

제 1 절

경영학의 발전

1.1 경영학의 발자취

1.1.1 경영학이란?

투입되는 자원을 활용하여 훌륭한 산출물이 나오게 하는 최선의 방법을 찾는 일이 경영학자들이 하는 일이지만 경영학원론을 배우면서 모든 조직을 경영학의 대상에 넣고 연구하기가 쉽지는 않다. 이 책에서 다루는 경영학의 내용이 모든 조직에 공통적으로 적용될 수는 있지만 경영학도의 주요 관심은 기업에 국한되는 것이 일반적이고 또한 실제로 대부분 경영학자들의 관심도 기업에만 집중되어 있다. 그 이유는 첫째, 기업은 어떤 조직보다도 경영활동이 가장 복잡하고 왕성하게 실현되고 있으며, 둘째, 이 땅에는 기업조직의 수가 가장 많이 존재하면서 일반인의 생활과 가장 밀접하게 연결되어 있기 때문이다.

현대 경영학은 미국식 경영학인 경영관리학(Business Management)과 독일식 경영학인 경영경제학(Betribs Wirtschats Lehre)으로 구분할 수 있으며, 우리나라에서는 미국식 경영학을 주로 연구하고 있다. 하지만 미국과 우리나라는 여러 가지 조건에서 다른 나라이고 문화도 다르기에 한국적 경영학을 정립하기 위한 노력을 경영학계에서 추진하고 있다.

경영학의 정의는 다음과 같다.

"경영이란 문제를 체계적이고, 객관적으로 다루는 학문"

1.1.2 경영학의 필요성

경영학은 조직체를 효과적으로 운영하는 지식을 습득하는 학문이다. 개인 혼자서는 이루어질 수 없는 많은 일들이 조직에 의해 이루어지고 그것이 개인생활에 도움이 된다. 그러므로 모든 조직들이 자기 목표를 효과적으로 달성한다면 인간 생활은 그만큼 나아지게 된다. 예를 들어, 우리가 경영학을 배우게 되면 성공적인 기업경영을 통하여 사회가 요구하는 충분한 제품과 서비스를 값싸게 제공하여 그들의 삶의 질을 향상시킬 수 있을 뿐만 아니라 기업 조직 속에서 일하고 있는 종업원들의 직무만족까지 증대시켜서 결국 인간의 삶에 공헌할 수 있다.

경영학의 필요성은 다음과 같다.

> "경영학은 병원, 학교, 기업, 군대 등의 조직의 체계적인 원리(질서)를 발견하여 조직 목표의 합리적인 달성을 위해 필요하다."

학교도 기업처럼 한다

일본의 공립 고등학교들 사이에 학교경영에 기업의 경영방식을 채용하려는 움직임이 확산되고 있다.

손익계산서와 대차대조표를 작성해 수익·비용 개념을 분명히 하고 진학률 등 실적목표를 공표하는 등 느슨한 학교경영에 변화를 주자는 취지다. 기업 경영자에 해당하는 교장에게 재정적인 재량권을 대폭 확대해, 강력한 리더십을 발휘하도록 하는 움직임도 일고 있다.

도쿄 도립교육위원회는 최근 내년부터 도립고등학교를 대상으로 손익계산서, 대차대조표 등의 작성을 의무화해, 이를 홈페이지에 공표하도록 했다. 단계적으로 전 도립학교로 확산시킬 방침이다.

도쿄 도립교육위원회는 " 교장에는 '학교 경영자'로서 자각을 촉구하고 교사들에게도 비용개념을 갖도록 하는 의식개혁 차원"이라고 배경을 설명했다.

올해부터 도쿄 도립고등학교 가운데 7개교가 시범 시행하고 있다. 이 가운데 히비야(日比谷) 고등학교는 최근 공표한 지난해 결산보고서에서 학교경영에 연 10억2,192만 엔의 비용이 들어갔고 학생 한 명당 교육 비용은 99만9,000엔이라고 발표했다. 히비야 고교 나가사와(長澤 直臣) 교장은 "손익계산서를 보면서 진학실적 등 비용에 걸맞은 '결과'를 내지 않으면 안된다고 마음을 가다듬게 된다"고 말한다.

출처: 매일경제.

1.1.3 경영학의 학문적 특성

① 이론과학이며 실천과학이다

경영학이 과학(science)이냐 기술(art)이냐에 대한 논란은 상당히 오래 계속되어 왔다. 경영학은 연구하는 대상이 아니라 실제로 적용하여 실천하고 익숙하게 숙달하며 테크닉을 개선해 나가면 그만이므로 일종의 지혜나 기술에 불과하다는 주장이 있다. 그러나 경영학이론을 개발하기 위해서는 과학적 접근법이 필요하며, 경제학, 사회학, 법학 등과 관련하여 사회 내에서 인간과 관련하여 일어나는 현상을 연구하는 학문이기에 사회과학의 한 분야로 간주된다.

② 종합학문이다

경영학의 연구대상은 기업조직 같은 것이고 기업조직 안에는 복잡한 인간행동이 모두 얽혀 있는 곳이기에 그 속에는 심리, 경제, 법률, 공학 심지어 문화인류학이나 철학의 문제까지 존재한다. 그러므로 경영학은 다른 관련 학문분야의 연구결과를 토대로 하여 독자적인 학문분야를 구축하려는 종합 과학적 또는 학제적(interdisciplinary) 성격을 가지고 있다. 경영학은 그 인접과학인 사회학, 경제학, 통계학, 심리학, 법학, 문화인류학 등의 분야 중에서 조직 내 인간활동을 다룬 분야를 선택하여 이들을 원용하고 종합하여 조직효율화에 도움이 되는 새로운 이론을 정립해 나가는 학문이다.

③ 특수성과 보편성의 동시추구

동서고금을 초월하여 모든 조직이나 모든 기업에 적용될 수 있는 가장 합리적인 경영방식(universal solution)을 찾아내고 발전시키는 것이 경영학이 추구하는 궁극적인 목표임에는 틀림없다. 그러나 현실에서 기업이나 그 구성원들이 시대와 국가에 따라 처한 환경이 다르고 이들의 가치관이나 행동양식이 다르기 때문에 보편타당한 유일한 경영원칙(one best way)을 개발해 내기란 불가능한 일이다. 오히려 특정사회나 특정국가에 가장 합당한 경영방식을 개발하는 것이 유익하고 현실적이다.

결과적으로 그동안 경영학자들이 추구해온 학문적 방향은 '경영학의 정글(management theory jungle)'로 불리어질 만큼 다양한 접근이 시도되었고, 미국·독일·일본식 경영 등이 탄생되었다. 그러나 경영학이 하나의 학문으로 발전하기 위해서는 특수한 원리를 추구하는 데 그쳐서는 안 되며 모든 시대, 모든 국가에 적용 가능한 보편성을 추구해야 한다. 그러나 보편적 이론은 여러 특수한 현실상황을 일반화한 것이므로 특수성과 보편성이 상호보완 관계에 있음을 인정하고 이를 동시에 추구하는 것이 바람직하다.

1.2 경영학의 발전과정

1.2.1 고대

이집트의 기자에 있는 쿠프왕의 피라미드는 아주 오랜 옛날(BC 2551~2528)에 세워졌지만 그 규모는 어마어마하다. 사방 230m 정사각형 넓이에 146m의 높이로 무게가 215t의 돌을 약 250~300만 개를 쌓아 만들었다. 더욱 놀라운 것은 그 돌들이 모두 사흘 길이나 되는 돌산에서 약 8,800명의 채석단에 의해 채석되어 운반되었다는 사실이다. 현대의 과학자들은 이러한 규모의 피라미드 한 개를 건설하는 네 연 인원 10만 명의 인부가 20년 동안 노동을 해야 한다고 한다. 이를 볼 때, 경영이란 말은 존재하지 않았어도 경영활동은 존재했던 것이 분명하다. 경영활동이 있었기에 오늘날까지 그 피라미드는 내부붕괴 없이 우리에게 그 정교함을 보여주고 있으며 그 돌기둥들이 거만한 자태로 우뚝 서 있는 것이다.

BC 500년에서 AD 500년에 이르는 천 년간 서양역사의 중심이었던 그리스, 로마 양대 국가에 존재했던 통치제도와 사상들은 현대 경영이론에서 지적하는 것들과 많이 상통한다.

1.2.2 중세

이 시기는 주로 고대와 마찬가지로 지방의 소도시에서 재래적 시장이 열리면서 농축산물의 생산 및 교환이 고작이었다. 국가적으로 공산품보다는 농업생산에 전력을 기울였고 다른 분야의 경제활동은 농축산물 생산의 성패에 의존하고 있었으며 도시 상공업자들의 기업운영도 경제체제하에서 몇몇의 귀족이나 은행가의 투자와 자금공급에 의존해 있었다고 볼 수 있다.

한편 중세 유럽의 장원이 평화로운 집단생활을 유지할 수 있었던 까닭은 오늘날 산업화 초기국가의 기업이나 중소기업에서 볼 수 있는 가부장제(家父長制: paternalism) 관리덕분이었다.

십자군전쟁 이후 상업도 성행하여 이탈리아 상인들이 고안한 복식부기 회계방식이나 베네치아 공화국의 목조군함의 분업적 생산라인 방식은 현대 경영의 굳건한 토대가 되었다고 볼 수 있다. 십자군전쟁의 실패는 유럽인들의 신본주의를 인본주의, 과학주의로 만들어 새로운 기계를 많이 발명하게끔 하였고 수차례의 예루살렘 원정으로 중동의 물질문명이 암흑세계에 살던 유럽인들의 물질 수요를 창조하였으며 전쟁에 편승한 무역업자들의 활동으로 동서교류가 확대되었다.

1.2.3 산업혁명기

산업혁명은 가내수공업자들이 물품을 한두 개씩 만들어 시장에서 교환하던 가게(shop)경영을 대량으로 생산하는 공장(factory)경영 시스템으로 바꾸어 놓았고 경영활동도 과거에 숙련공 기술자 몇몇에 의존하던 것을 이제 기계적 생산을 도와주기만 하는 미숙련공들에게 의존하게 되었다.

공장은 대규모 생산으로 규모의 경제에서 오는 이익과 함께 기계 설비를 24시간 쉬지 않고 가공할 수 있었기에 더욱 많은 생산을 할 수 있었다. 기업활동이 확장되어 감에 따라 원료 구매단위를 늘리고 한 사람의 노동자에게 한 가지 일만 전문적으로 맡김으로써 작업의 효율성을 높일 수도 있었다. 농업생산도 기계화되고 수많은 공장들이 도시에 세워지면서 산업혁명의 속도는 유럽과 미국을 중심으로 1800년대 말까지 점점 가속화되고 철 생산의 증가로 인한 철도, 교량, 철선, 증기 기관차의 증가는 물류수송의 효율화도 가져오게 된다.

20세기의 현대적 경영의 직접적인 뿌리는 산업혁명 후에서 19세기 말까지의 많은 선진 학자들의 연구에 있다고 할 수 있는데 그중에서도 분업론의 창시자 아담 스미스(A. Smith), 수학자 찰스 배비지(C. Babbage), 공상적 사회주의자 로버트 오웬(R. Owen) 등 세 사람의 공헌이 크다.

아담 스미스의 분업

〈아담 스미스〉

〈국부론〉에서 분업을 강조한 아담 스미스가 어느 날 옷핀 만드는 소규모 공장을 방문했다. 기능공 열 명 각자가 똑같은 작업을 하고 있는 것이 아주 비능률적으로 보였다. 그래서 아담 스미스는 각자 일을 나누어 맡아 전문화하도록 하였다. 후에 찾아가 보니 전에는 열 명이 하루 240개를 만들었는데 이제 하루 48,000개의 옷핀을 만들고 있었다. 어떻게 가능했을까? 철사 자르는 사람은 온종일 철사를 자르다 보니 숙달이 되어 자 없이도 정확히 자를 수 있었고 도구를 들었다 놓았다 할 필요도 없고 어디 두었는지 찾아다니면서 시간 낭비할 필요도 없었다. 나머지 사람들도 마찬가지였다. 이것이 분업의 위력이다.

1.2.4 미국의 독립과 자본주의의 발달

19세기 후반까지 수많은 기업들이 유럽과 미 대륙에 나타나게 되는데 이들은 상업성이 높은 제품의 생산에뿐만 아니라 새로운 제조 기술의 도입에 주저함 없이 붐을 이루면서 현대적 경영의 물꼬를 트는 데 많은 공헌을 하였다.

모건(J. P. Morgan), 카네기(Andrcw Carnegie) 등은 새로운 사업이라면 앞장서서 기업을 만들던 대사업가들이었다. 록펠러(John D. Rockefeller)는 책방을 해서 돈을 모아 정유업에 투자하였으며 31살에 세계 최고의 부자가 되었고 인류역사상 가장 거대한 기업을 만들었다.

때마침 유럽에서 미 대륙으로 끝없이 이민행렬이 이어져 노동의 공급이 충분한 가운데 당시의 산업은 거의가 노동집약산업인 석탄, 철강, 섬유분야 등 낮은 기술수준을 요구하였기 때문에 기업을 운영하기에 충분한 조건이었으므로 기업가정신은 더욱 활성화될 수 있었다.

1.3 현대 경영학의 발달

그림 3-1 현대 경영이론의 공존

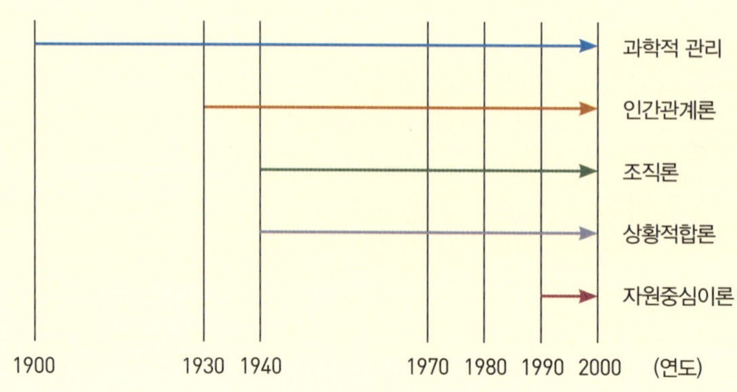

1.3.1 고전학파

(1) 경영학의 시조 — 테일러(과학적 관리론)

20세기 초 미국을 중심으로 대규모 공장과 대기업, 그리고 철도, 도로, 통신 등 산업화를 가속시키는 사회간접시설이 급격하게 증가하였다. 그러나 당시 대부분 근로자들의 교육수준은 아주 낮은 상태에다가 경영자들도 특별히 정리된 경영지식을 접할 기회도 없었고 단지 상식과 경험에 의해 기업을 운영하였다.

이러한 상황 속에서 미드베일 철강회사의 엔지니어인 테일러(F. Taylor)의 눈에는 비능률적 요소가 너무 많아보였다. 그는 1911년 현대 경영학의 효시를 이룬 〈과학적 관리(*The Scientific Management*)〉의 저자답게 "과학적인 삽질법"이라는 논문까지 발표하면서 합리적인 관리방식과 작업방식을 주장하여 '현대 경영학의 아버지'로 불리고 있는데, 그의 이론은 다음과 같다.

① 과학적 작업방식의 연구: 능률적 작업을 위해 작업방식을 면밀히 분석하여 시간연구와 동작연구를 통해 가장 합리적 방법을 찾는다(산업공학).

② 과학적인 근로자 선발: 근로자 선발부터 그 작업에 알맞은 체격과 성격을 소유한 사람을 선발(인사관리)

③ 차별 성과급제도: 시간제 임금보다는 생산량에 따라 임금을 차등 지급(동기부여)

④ 분업: 한 감독자가 모든 근로자를 관리하는 것이 아니라 감독자도 과업 성격에 따라 기능별로 나누어 맡긴다(관리의 전문화).

뿐만 아니라 길브레스(F.B. Gilbreth) 부부의 동작연구(motion study)에 의해 벽돌공장 인부들의 작업 활동은 느리고 긴 동작에서 빠르고 짧은 동작으로 능률을 올리게 되었으며 간트(H. Gantt)는 작업시간 단축을 위한 시간연구(time study)의 일환으로 작업공정의 순서를 표시하는 간트 차트(Gantt chart)를 만들어 작업경영을 과학화하였다.

그 후 포드(H. Ford)의 자동차 생산관리방식은 과학적 관리의 꽃이라고 할

Taylor의 과학적 삽질법

〈F. Taylor〉

베들레헴 철강회사에서 1898년부터 3년간 일을 하게 되었는데, 여기서 유명한 삽작업 연구를 발표하게 된다.

그때 당시 철강회사에는 많은 운반 작업이 있었는데 각종 운반대상물이 동일한 삽으로 취급되고 있었다. 이들 중에는 목탄과 같이 한 삽의 무게가 4파운드도 되지 않는 것이 있는가 하면, 철광석과 같이 한 삽에 40파운드 가까이 나가는 무거운 것도 있었다.

테일러는 이를 분석하려 한 삽의 무게가 21.5파운드(약 10Kg) 정도 될 때 작업능률이 가장 높은 것을 발견하고 한 삽의 무게가 대략 이 값이 되도록 작업 대상물에 따라 삽의 크기를 다르게 만들어 주었다.

그 결과 1인당 하루 취급량을 16톤에서 59톤으로 늘릴 수 있었고, 3년 만에 종업원 수를 500명에서 140명으로 줄일 수 있었다. 이를 근거로 하여 종업원의 급료를 1일 1.15달러에서 1.88달러로 60% 이상 인상해 주고도 회사로서는 자재취급비를 100톤당 7.2달러에서 3.3달러로 50% 이상 줄일 수 있었다. 테일러는 또한 선철 운반작업의 일하는 방법, 작업속도 및 작업시간과 휴식시간의 비율 등을 연구하고, 작업자를 직접 선발하고 훈련시킨 결과 생산성을 대폭 높일 수 있었다.

출처: '프레데릭 테일러의 삽의 이론'.

수 있는 물품의 자동 이동장치인 컨베이어벨트 시스템을 사용한 소위 3S(간소화, 표준화, 전문화)를 실천하기에까지 이르렀다. 포드자동차 공장의 T형 자동차는 값싸고 튼튼하게 대량생산되어 박리다매로 대중화에 성공함으로써 과학적 관리가 경영이론으로 확고한 기반을 다지게 되었다.

그러나 당시 풍부한 노동력과 대기업자들의 원가(인건비)절감경쟁, 그리고 생산성과 작업능률만을 강조한 결과 작업자들의 인격은 무시되었고 테일러가 주장한 효율적 노동에 의한 이익의 공정분배와 노사협조의 취지가 자취를 감추게 된다. 그 결과 노동자들의 불만은 커지고 사방에서 '인간의 기계화', '경제적 동물취급', '노동착취'라고 말이 불거져 나오면서 과학적 관리법의 맹신에 회의를 품기 시작하였던 것이다.

(2) 페이욜의 일반관리론

〈H. Fayol〉

테일러의 과학적 관리법이 미국을 풍미하였다면 비슷한 시기에 프랑스의 페이욜(H. Fayol)이라는 경영자는 경영의 문제를 작업장이나 공장 직공들의 작업방식에 국한하지 않고 기업 전체, 또는 모든 조직체의 경영이라는 '일반관리(Industrial and General Management)'에 관심을 갖고 경영자는 어떤 일을 해야 하며 조직은 어떻게 구성해야 하며 바람직한 관리원칙은 무엇인지에 대해 연구를 했다.

페이욜은 원래 부유한 기업의 집안에서 태어나 어려서부터 최고 경영자의 입장에서 모든 것을 관찰했으며 일류대학 졸업 후 대규모 광산업체의 전무이사로 있으면서 단순한 작업감독자가 아닌 전체 관리자로서 경영을 이해하였던 것이다.

그는 우선 경영이라는 것은 기업뿐 아니라 정부, 가정, 병원 등 모든 조직의 보편적 활동이며 그 중요한 관리활동은 다음의 6가지로 요약된다고 하였다.

① 기술활동(technology): 생산, 가공
② 상업활동(commerce): 판매, 구매
③ 재무활동(finance): 자본조달, 자금운용
④ 회계활동(accounting): 대차대조표 작성, 손익계산, 재산평가

표 3-1 페이욜의 14가지 경영원칙

① 분업화	모든 작업은 분업화, 전문화한다.
② 권한과 책임	상급자는 명령권을 가져야 하되 책임도 따라야 한다.
③ 규율	사원들은 정해진 규율을 지켜야 한다.
④ 명령통일	어떤 일의 지시든, 한 사람의 상사로부터만 받아야 한다.
⑤ 지휘통일	하나의 목표를 완수하기 위해 한 사람의 상급자에 의해 하나의 계획으로 작성되고 지휘되어야 한다.
⑥ 조직목표 우선	개인목표가 조직목표, 단체목표보다 우선될 수 없다.
⑦ 공정보상	보상은 조직, 주주, 노동자 모두를 만족시키는 수준으로 적절하게 정해져야 한다.
⑧ 집권화	분권화와 집권화는 상황에 따라 적정수준으로 유지해야 한다.
⑨ 계층화	조직의 지시, 커뮤니케이션, 정보전달 등은 계층과 상하연결망을 통하여 이루어져야 한다.
⑩ 질서와 순서	조직 내 모든 인적, 물적 자원은 순서에 의해 질서정연하게 배치, 배분, 사용되어야 한다.
⑪ 공정	상급자는 모든 하급직원을 공정하게 대해야 한다.
⑫ 고용보장	이직률을 낮추고 사원들에게 고용안정을 확신시키는 것이 바람직하다.
⑬ 자율권 부여	구성원에게 자율과 결정권을 부여함으로써 만족과 창의력 개발을 유도한다.
⑭ 협동심 부여	구성원들의 단결과 조화를 유지함으로써 동기부여와 시너지 효과를 누리도록 한다.

⑤ 보전활동(security): 자산보전, 재고관리, 종업원보호

⑥ 경영활동(administration): 계획, 조직, 지휘, 조정, 통제

여섯 번째 항목인 경영활동은 오늘날 경영의 핵심을 이루고 있는 활동이다. 페이욜은 조직의 규모가 확대됨에 따라 업무담당자의 수가 늘어나고 실무자나 직공들을 별도로 관리할 필요가 있다고 생각하여 경영활동을 완수하기 위해 14가지 경영원칙(principles of administration)을 〈표 3-1〉과 같이 제시하였다.

1.3.2 인간관계론의 등장

경영의 인간측면에 관심을 두기 시작한 것은 인간관계운동, 행동과학, 산업심리학이 대두된 20세기 초 무렵부터라고 할 수 있다.

테일러, 페이욜, 베버 등 고전학파는 과업과 조직구조 등의 합리적이고 과학적인 설계가 조직의 핵심이라고 보았기에 인간이 그 중심이란 사실을 간과했으며 특히 인간은 기계나 과학과는 달리 사회적 동물이란 사실을 등한시했다. 이에 반하여 폴리(M.P. Follett)나 바나드(C. Barnard)는 조직의 사회적, 인간관계

적 측면을 강조한 초창기의 학자로서 1930년대가 되어서야 세간의 관심을 끌기 시작했다.

〈E. Mayo〉

〈Western Eletric co〉

때마침 미국의 서부전력회사(Western Eletric co.)의 시카고 호손(Hawthorne)공장에서 과학적 관리법이 과연 생산성을 증대시키는지 검증해 보려는 시도가 있었다. 하버드 대학의 메이요(E. Mayo)와 뢰슬리스버거(F. Roethlisberger)를 중심으로 1927년부터 1932년까지 5년여에 걸쳐 실험이 계속됐는데 많은 새로운 사실이 우연한 기회에 발견되었다.

인간관계론(Human Relations)에서 중시하는 내용을 다음과 같이 요약해볼 수 있다.

- 비공식집단의 중요성은 조직 내 규정, 제도에 의한 공식집단보다 중요한 역할을 한다.
- 개인의 행동동기는 단순한 경제적 욕구뿐 아니라 사랑, 미움, 소속감, 자부심 등 사회적, 인간적 욕구에 의해 지배된다.
- 인간중심의 경영, 즉 직무만족, 자율권 부여, 인정과 존중을 해주는 관리가 필요하다.
- 참여의 경영, 민주적 리더십, 하의상달적 커뮤니케이션이 필요하다.

그 후 인간관계론은 리더십과 소집단 행동에도 많은 영향을 미쳤으며 1940년대로부터 발전한 행동과학(behavioral science)의 기초를 마련하였다.

그러나 이러한 인간관계론도 몇 가지 한계점을 내포하고 있다. 감성적, 정서적 인간의 중요성을 발견한 것에 대해 흥분한 나머지 공식조직은 무시하고 비공식집단만을 강조했으며 합리적, 경제적 요소를 등한시하고 감정만족과 인간관계 유지에만 경영을 집중시키는 우(愚)를 범했던 것이다.

이와 같은 인간관계론의 한계점으로 인하여 인간에 대한 정교하고 과학적인 지식의 필요성을 절감하게 되었다. 이러한 지식들을 발전시키는데 당시의 「경영학 내부」에서는 한계가 있었기 때문에 심리학, 사회심리학 등 다방면의 인접과학들의 신세를 지게 되었고 상호교류를 하면서 인간행동에 대한 연구를 함께 추진하였는데 이를 통틀어 행동과학이라고 부른다.

1.3.3 인간에 대한 종합적 이해 — 행동과학

행동과학이란 "인간행동에 대한 체계적인 연구"로 정의할 수 있으며 인간의 행동에 중점을 두고 관리문제를 해석하려고 하는 것이다. 그래서 심리학, 사회학, 인류학 등의 지식을 동원하여 과학적으로 조직관리와 관련된 인간행동을 연구하며 경험적이고 실증적인 실험과 관찰, 그리고 사례연구도 중요시한다. 원래 행동과학은 1940년대 말에 시카고 대학에서 철학자, 심리학자, 사회학자, 생물학자, 정신병리학자들이 모여 생물학적 및 사회과학적 측면을 포함한 인간행동을 직접실험과 관찰을 통해 경험적으로 검증하여 일반이론을 전개할 수 있는지 없는지를 토론하고 대화를 나누는 것에서 비롯되었다고 한다.

모레노(J. Moreno)는 집단 구성원의 상호작용 분석기법을 창안하여 객관적 자료를 통해 집단연구를 하였으며 스키너(B.F. Skinner)는 학습이론을 회사원 훈련프로그램에 응용하는 방법을 제시했고, 그 밖에도 맥클레란드(D. McClellard), 허쯔버그(F. Herzberg), 피들러(F. Fiedler) 등은 모두가 인간행동에 대한 과학적 실험, 객관적 관찰과 조사로서 많은 것을 발견하고 경영자에게 실질적인 조언을 해준 사람들이다.

1.4 조직과 의사결정을 강조

1.4.1 바나드 혁명

〈C. Barnad〉

바나드(C. Barnad)는 합리적 경영과 인간적 경영을 연결한 사람으로서 경영학계에서 '바나드 혁명'이라고 부를 정도로 큰 영향을 미쳐 '근대조직론의 아버지'로 평가받고 있는 것이다. 뉴저지 벨(New Jersey Bell)의 사장으로서 자신의 경험으로 경영자의 직무를 분석하여 〈경영자의 역할(*The Functions of the Executive*)〉(1938)을 저술했는데 그 요점은 다음과 같다.

① 조직 내 구성원들은 서로 상호작용하면서 협동한다.
② 조직은 개인의 만족을 향상시킴과 동시에 조직의 목표달성도 꾀하여야 한다.
③ 경영자는 조직구성원들이 조직에 헌신하도록 유인요인을 제공해야 한다.
④ 조직의 명령은 구성원이 수용할 때 비로소 공헌으로 이어진다.
⑤ 조직은 외부환경(투자자, 협력업체, 소비자)과도 좋은 관계를 유지해야 한다.
⑥ 조직은 여러 하부, 상부 시스템들과 연결된 복합시스템이다.

1.4.2 사이먼의 의사결정이론(Dicision Making Theory)

〈H.A. Simon〉

사이먼(H.A. Simon)은 기업 내의 커뮤니케이션이나 의사결정이 합리적으로 이루어지느냐의 문제가 경영의 핵심이라고 보고 의사결정활동 자체를 바로 경영활동으로 인식하였다. 그래서 그는 경영자들의 의사결정행동을 분석하여 〈관리행동〉을 발표하였다. 경영자들이 의사결정을 하려면 가장 합리적인 방식도 비능률적이 되기 쉽고(왜냐하면 자료수집의 어려움과 비용), 그렇다고 아무렇게나 해서도 안 되므로 제한된 합리성(bounded rationality) 내에서 하는 것이 가장 현실적이라고 주장했다.

1.4.3 계량경영학(Quantitative Management)

2차 대전은 많은 과학적 발전이 이루어진 시기였다. 레이더의 개발, 탄도미사일의 개발에 많은 수학자의 도움이 컸다. 종전 후 이들 수학자들은 소비자 심리 파악이나 수요조사, 생산라인의 최적화 모형, 자원의 효율적 배분 등에 컴퓨터 시뮬레이션이나 계량적 의사결정모델을 사용함으로써 경영자의 의사결정에 가장 직접적으로 기여하였다.

1.5 환경의 중요성 부각

1.5.1 시스템이론(System Theory)

2차 대전 후 독일 생물학자 베르탈란피(L. Von Bertalanffy)가 과학과 사회가 발전할수록 여러 학문분야 간의 교류가 증진되어야 한다며 모든 분야를 통합할 수 있는 공통적인 사고의 틀로서 제시한 것이 시스템이론이다. 이것이 1950년대에 들어와서 여러 학문분야로 확산되었고 경영학분야에서는 로젠즈웨이그(J. Rosenzweig), 존슨(R. Johnson) 등이 이를 소개하여 일반시스템이론으로 응용하게 되었다.

시스템은 'Systema(여러 개의 조합)'가 어원이며 두 개 이상 여러 개의 단위가 서로 연결되어 상호작용하며 하나를 이루고 있는 것을 뜻한다.

이런 관점에서 경영활동을 다시 본다면 중요한 사실을 발견할 수 있다. 그동안 경영조직의 합리성과 구성원의 만족 등 조직 내부의 부분적 요인에만 초점을 두고 연구가 되어 왔는데 조직(예 기업)은 여러 요소들이 서로 얽혀서 상호작용하고 있기에 전체적으로 파악해야 한다는 것이다.

1.5.2 상황적합이론(Contingency Theory)

지금까지 살펴본 현대경영이론은 가장 합리적이고 보편적인 유일 최선의 경영방식(one best way)을 찾는 것이 목적이었는데 1970년대 이후 산업발전과 사회변동 그리고 기술혁신의 급진전에 의해서 경영환경이 급속하게 변화하고 다양화되었다. 이에 따라 모든 상황에 동일하게 적용될 수 있는 경영이론은 찾을 수 없다는 결론에 이르고 연이어 등장한 것이 상황적합이론이다.

오늘날의 조직은 과거보다 훨씬 복잡한 환경(상황) 속에 존재하기 때문에 매우 다양하고 따라서 조직을 관리하는 유일 최선의 방법은 없으며 회사의 규모나 시장상황, 사용기술이나 전략에 따라서 효율적 경영관리방식은 여러 가지가 나올 수 있다는 주장이 대두되었다. 그리하여 60년대 말에서 70년대 중반까지의 경영이론은 상황요인과 조직과의 적합성에 관한 연구에 집중되었을 뿐만 아니라 기업규모와 분업화, 시장의 변동성과 조직의 집권화 정도, 기술다양성 등에 관한 상관관계 이론을 재검증하고 더 세련되고 더 적합한 연결 관계를 찾아내는 데 학자들의 노력이 집중되어 있었다.

여기서 출발된 것이 전략경영, 글로벌경영 등이다. 상황을 먼저 파악하고 기업이 가지고 있는 자원 중에서 현재의 시장상황에 가장 강점이 될 수 있는 핵심자원을 활용하고 현재 상황에 가장 잘 대처할 수 있는 사업을 전개하는 것이 전략경영이라 할 수 있다. 또한 종전에 국가단위로 형성되어 있던 기업활동이 통신, 정보, 운송수단의 발달로 세계시장을 상대로 해야 하며, 그러다 보니 기업은 더욱 다양한 국가들을 상대하며 더 많은 상황변화에 대처해야 한다. 즉 전 세계 시장상황에 알맞은 제품, 기술, 자원의 활용과 개발을 하되 국경을 초월하여 기업을 운영하는 것이 글로벌경영이다.

1.5.3 자원중심이론(Resource Based Theory)

자원중심이론(자원기초이론 혹은 자원의존이론)은 기업의 활용 가능한 핵심자원에 초점을 두는 이론이다. 즉 해당사업 분야에서 경쟁적 우위를 점하기 위해 어떤 자원을 활용해야 하는가 또는 기존의 자원을 어떻게 활용하는 것이 가장 효과적인 방법인가를 찾아내려는 것이다. 이 이론은 사실 1960년대에 태동하여 1990년대 들어와 그 연구가 본격화되기 시작했는데 기업의 자원은 시장에서 쉽게 거래될 수 있는 자원과 쉽게 거래될 수 없는 자원으로 이루어져 있는 '자원의 집합체'로 보는 기업관을 가진다. 물론 자원이라면 물적 자원만을 의미하는 것이 아니라 조직이 기업활동을 수행하는 데 필요한 모든 것을 총칭하는 것이며 기업이 경쟁우위 또는 기업의 성과향상에 유용한 것이면 그 어떤 것도 될 수 있다.

자원 중에서 경쟁회사의 자원과는 이질적이고 모방하기 어려우며 대체 가능성이 없는 것이면 가장 좋은 자원일 것이다. 요즘 같은 지식경영의 시대에는 다른 기업에 없는 지식과 정보가 큰 자원이다. 21세기는 자본과 노동보다도 정보 지식이 가장 큰 기업의 자원이 되는데 기업은 이러한 지식자원을 어떻게 개발하고 투입하는 것이 좋은가, 기업내부의 지식공유방식은 무엇일까, 어떻게 지식을 수집하고 새롭게 창출할 것인가를 연구하는 쪽으로 몰리고 있다. 정보경영도 또한 지식정보의 효율적 관리에 초점을 둔 것이다. 이 모두가 자원의존적 경영이론이라고 할 수 있다.

제 2 절

새로운 경영이론

2.1 경영혁신이론의 등장

2.1.1 기술, 지식, 정보중심 시대

오늘날의 기업가가 성공하기 위해서는 기술의 위력을 모르고서는 불가능하다. 기술이 기업활동뿐만 아니라 세상 자체를 바꿔 놓고 있기 때문이다. 과학적 발견이나 발명지식을 기업경영에 적용시킨다면 생산라인을 축소시킨다거나 조직 효율성을 높일 수도 있지만 공장자동화나 사무자동화의 혜택을 볼 수 있고 경영 관련 정보의 보관과 분석을 컴퓨터에 맡길 수도 있다. 그러므로 경영의 초점이 이제는 정보나 지식을 활용하고 축적하고 발전시키는 방향으로 나아가게 되었다. 고객중심이 과거에는 손님에게 친절하고 A/S를 잘 해주는 것이었다면 오늘날의 고객중심은 고객이 놀랄 만한 신제품을 선보이고 연이어 새로운 신제품을 출시하여 고객을 감동시키려 한다. 인적자원관리도 사원들에게 노력과 헌신을 강요하기보다는 그들이 가지고 있는 기술정보를 개발하고 서로 공유하게 하여 그 지식이 더욱 증대되도록 하는 것이 주요 목표가 되었다. 경영자원 중에서도 정보와 지식만 있으면 자본과 시설은 쉽게 확보할 수 있기 때문에 이들이 가장 중요한 경영요소가 되었고 회사에서는 지식을 창출, 보관, 확장시키는 최고 지식경영자(CKO · Chief Knowledge Officer)를 두게 되었다. 소위 '지식경영'의 시대가 된 것이다. 혹자는 자본주의시대에 성공한 경영자를 재벌(財閥)이라 한다면 정보지식을 중시하는 뇌본주의(腦本主義)시대에 성공하는 경영자는 지벌(知閥)이 될 수 있다고 말한다.

2.1.2 소유와 경영의 분리

근대 기업이 나타나기 이전까지의 가내수공업 단계에서는 돈을 투자한 사람(소유자)이 직접 노동도 하고(노동자) 작업을 관리도 하는(관리자) 역할을 모두 담당하고 있었다. 그러나 점차 조직도 커지고 노동의 양도 늘어나고 따라서 노동을 관리하는 일도 복잡하게 되어 돈을 투자한 소유자는 노동에 직접 참여하지 않고 관리(경영)만 담당하고 노동은 임금을 받고 일만 해주는 근로자에게 맡기게 되는 이른바 '소유와 노동의 분리'가 일어나게 된다.

그 후에도 기업조직은 계속 발달하여 더욱 큰 기업이 생기게 되고 주인(투자자 혹은 소유자)은 노동에 직접 참여하지 않고 근로자와 작업을 관리하는 일만 담당해도 너무 벅차게 되어 이제는 노동뿐 아니라 관리까지 전문 관리자에게 맡겨버리는 소위 '소유와 관리의 분리' 현상이 나타나게 된다.

그러나 대규모 주식회사의 출현으로 기업은 더욱 대규모화되면서 소유권과 경영권까지도 분리될 수밖에 없었다. 그 이유는 크게 두 가지로 볼 수 있는데, 첫째 경영활동이 너무 복잡해지고 전문지식을 요하는 것이기에 소유자가 담당하기 어려웠으며, 둘째는 기업을 통째로 소유할 수 있어야 경영권도 가지는데 너무 큰 자본이 필요하기 때문에 한두 사람이 기업을 소유할 수 없어서 자본을 투자하는 주주들에게 소유를 맡기고 경영자는 관리만 맡게 된 것이다. 오늘날 주식회사 형태로 된 기업의 소유자는 그 회사의 주식을 산 다수의 군중이 되어 버린 것이다.

2.1.3 경영자 지배사회

존 번햄(J. Burnham)은 후기산업사회에서는 소유자가 아닌 전문경영자들이 사회의 새로운 지배계층으로 자리 잡을 것이라고 예언하였는데 경영자는 재산의 소유에 의해서가 아니라 자신의 경영능력에 의지하여 새로운 정책을 개발하고 추진함으로써 기업의 생산수단을 관리하기 때문에 기업을 통하여 이 세상에 영향력을 지배하는 자는 소유주가 아니라 전문경영자가 된다는 것이다. 결국 경영자는 기업이라는 수단을 통하여 자신의 의도대로 이 사회를 이끌어 간다는 소위 '경영자 지배사회'가 된다고 한다.

2.2 경영혁신이론의 소개

2.2.1 블루오션전략

프랑스 유럽경영대학원 인시아드(INSEAD)의 한국인 김위찬 교수와 르네 마보안(Renee Mauborgne) 교수가 1990년대 중반 가치혁신(value innovation)이론과 함께 제창한 기업경영전략론이다. 블루오션(blue ocean: 푸른 바다)이란 수많은 경쟁자들로 우글거리는 레드오션(red ocean: 붉은 바다)과 상반되는 개념으로, 경쟁자들이 없는 무경쟁시장을 의미한다.

〈블루오션전략〉

〈김위찬, Renee Mauborgne〉

2005년 2월 하버드대학교 경영대학원 출판사에서 같은 제목의 단행본으로 출간되자마자 세계적 베스트셀러로 주목받으며 26개 언어로 전 세계 100여 개국에서 번역 출간되었다. 한국에서도 삼성전자와 LG그룹이 블루오션전략을 경영전략으로 도입할 것을 선언하면서 정계·재계 지도자들의 필독서가 되었다.

〈블루오션전략〉은 두 교수가 1990년대부터 연구해 온 이론을 집대성한 책이다. 기업이 더 많은 가치를 창출하기 위해서는 경쟁시장이 아니라, 경쟁이 없는 새로운 시장을 창출해야 한다는 내용을 담고 있다. 즉, 블루오션전략은 산업혁명 이래로 기업들이 끊임없이 거듭해 온 경쟁의 원리에서 벗어나, 발상의 전환을 통해 고객이 모르던 전혀 새로운 시장을 창출해야 한다는 전략이다.

이 새로운 시장은 차별화와 저비용을 동시에 추구함으로써 기업과 고객 모두에게 가치의 비약적 증진을 제공하는 시장으로, 다른 기업과 경쟁할 필요가 없는 무경쟁 시장이다. 쉽게 말해 기존의 치열한 경쟁시장 속에서 시장점유율을 확보하기 위해 애쓰는 것이 아니라 매력적인 제품과 서비스를 통해 자신만의 독특한 시장, 곧 싸우지 않고 이길 수 있는 시장을 만들어 내는 전략을 말한다.

2.2.2 TRIZ이론(Theory of Inventive Problem Solving)

러시아에서 개발된 혁신기법이 국내 기업에서도 새로운 혁신활동도구로 주목받고 있다. 6시그마에 이어 새로운 경영혁신 도구로 떠오르고 있는 이 기법은 트리즈(TRIZ)이다. "발명 문제 해결이론"의 러시아어 머리글자를 딴 이름이다. 영어식 표현으론 TIPS(Theory of Inventive Problem Solving)라고 부른다. 원래 발명 방법론으로 개발됐으나 90년대초 미국에 소개된 이후에는 기업들이 설계, 연구개발(R&D), 제조, 안전 등 부문에서 주로 활용했다. 최근에는 공정 개선과 전략 기획 등 기업들의 혁신활동 수단으로 더 주목받고 있다. 포드, P&G, 크라이슬러, 3M, 일라이릴리, 필립스, 씨멘스, 이스트먼코닥 등과 6시그마의 원조인 모토롤라 등 주요 기업 대부분이 현장의 문제를 해결하고 미래기술개발을 위한 전략을 수립하기 위해 트리즈를 이용하고 있다.

트리즈는 러시아의 발명가 겐리히 알트슐러(1926~1998)가 지난 1940년대 개발한 체계적인 발명 방법론이다. 그는 발명은 천재만이 할 수 있는 것이 아니며 보편적인 발명원리를 찾아낸다면 다른 사람들에게 가르칠 수 있을 것이라고 생각했다. 그와 그의 후계자들은 이후 50년간 2백만 건 이상의 특허를 조사해 혁신적인 기술발전을 이룰 수 있는 방법론을 체계화했다. 알트슐러는 "최소한 하나 이상의 모순을 갖고 있으며 그 해결안이 아직 알려져 있지 않은 문제"를 "창의적 문제"라고 이름 붙였다. 여기에 최소의 자원을 투입해 모순을 극복하고 그를 통해 이상적인 수준을 증가시킴으로써 기술을 발전시킬 수 있다고 그는 믿었다.

그러니까 트리즈는 정반합(正反合)의 변증법적 사고방식, 즉 문제를 시스템으로 이해하고(정) 이상적인 해결안을 떠올리며(반) 모순을 해결하는(합)의 체계적인 방법론인 것이다. 연구가들은 트리즈를 "주어진 문제의 가장 이상적인 결과를 얻어내는데 관건이 되는 모순을 찾아내고 이를 극복함으로써 혁신적 해결안을 얻을 수 있는 방법론"으로 정의하고 있다.

국내에선 LG가 지난 96년 가장 먼저 도입했고 현재는 삼성전자 등 삼성계열사들이 많은 관심을 보이고 있다. 관련 소프트웨어를 구입해 시스템을 갖춘 기업이 20개가 넘는다.

2.2.3 TOC이론(Theory of Constraints: 제약이론)

이스라엘의 물리학자 Dr. Eliyahu M.Goldratt가 개발한 것으로 기업은 유한자원(제약)에 둘러싸여 있고, 모든 업무는 복잡한 사슬(Chain)로 구성돼 있다. 이 중 가장 약한 고리 하나가 '시스템 제약'에 해당하는 것으로 체인 전체의 성능을 결정한다. TOC(Theory of Constraints)는 시스템의 능력을 결정하는 시스템 제약을 집중개선 프로세스 (Focusing Improvement Process)로 하고, 당면한 문제들의 우선순위를 정하여 이에 집중함으로써 업무성과를 크게 개선한다.

1단계 목표: 제조원가 절감

제조원가 절감을 방해하는 제약조건이나 손실을 배제 또는 예방하여 이익을 낸다. 설비에 강한 운전원, 보전원을 육성해 경영에 공헌하는 방향으로 제조현장의 기초체력을 다진다. '설비의 바람직한 모습'을 구현해 제조현장의 재고, 편제, 준비, 불량, 고장 등을 절감할 뿐만 아니라 안전하고 밝은 직장환경을 만든다.

2단계 목표: 제품원가 절감

제품원가(총원가) 절감을 방해하는 제약 조건이나 손실을 배제, 예방하여 이익을 낸다. 제조현장의 기초체력을 더욱 강화하고, 부가가치를 확대하기 위한 개선활동 및 환경보전 활동을 추진한다. '제품원가=제조원가+에너지비+물류비+개발비+영업비+일반관리비' 생산시점으로부터 관련부문과의 연대를 강화해 생산과정 전체의 최적화를 추구한다. 1단계는 '만들면 팔리던 시대'로서 예측생산이 가능했지만, 2단계는 '팔리는 것을 만드는 시대'로서 불확실한 시장수요에 대응한 실수(實需) 생산이 요구된다.

'필요한 때, 필요한 물건을, 필요한 만큼'만들어야 한다. 보틀넥(Bottle Neck) 해결방안으로 첫째, 생산계획, 생산, 조달, 물류 리드타임을 교정하는 제약조건, 손실을 발굴해 개선한다. 둘째, 정보가공의 과정을 단축해 실수(實需) 정보를 다이렉트로 생산현장과 접목시킨다. 셋째, 실제수요의 변화에 맞춰 재고를 갖지 않고 대응할 수 있는 생산체제를 확립한다.

3단계 목표: Cash Flow의 향상

전사 Cash Flow의 향상을 방해하는 제약조건이나 손실을 배제, 예방하여 이익을 낸다. 1, 2단계에서는 주어진 매출(조업도) 속에서 얼마나 이익이 났느냐는 것이 과제였지만, 제품에는 라이프 사이클이 있어서 매출은 반드시 저하된다. 3단계에서는 매출이나 조업도 그 자체를 확대시킬 수 있는 혁신적인 신제품을 개발해 타이밍 좋게 재빠르게 실현한다. 그리고 팔리는 상태(매출) 그 자체를 '창조' 확대하여 이익발생을 추구한다.

'창조'란 첫째는 다른 곳에서는 볼 수 없고, 둘째는 이제까지 존재하지 않으며, 셋째는 새로움으로 가득 차 있다는 이미지를 걷는 것으로 BOS(Blue Ocean Stragety, 김위찬 & 마보안) 혹은 보라빛 소(Purple Cow, Seth Godin)에 해당한다.

블루오션전략에 대한 10가지 오해와 진실

블루오션전략에 대한 대표적인 오해는 이를 틈새시장전략으로 보는 것이다. 더 나아가 차별화와 동일하게 취급하는 시각이다. 하지만 거대시장 장악을 목표로 하고 차별화(differentiation)와 저비용(low cost)을 동시에 추구한다는 점에서 블루오션전략은 이들과는 다르다.

일반적으로 기업들은 기존 고객들의 입맛에 맞추기 위해 시장을 세분화(market segmentation)하고 맞춤형 상품을 선보이기 위해 애쓴다. 반면 블루오션전략은 대다수 구매자가 가치를 느끼는 혁신을 추구한다. 고객을 집단별로 세밀하게 나누지 않고 전체적으로 파악하는 데 역점을 둔다. 이는 기업으로 하여금 기존 고객층을 뛰어넘어 전에 없었던 새로운 대다수 고객층을 발견할 수 있게 한다. 포드의 '모델 T', 소니의 '워크맨' 같은 사례는 블루오션 기업들이 틈새시장이 아닌 거대시장을 추구한다는 점을 잘 보여 준다.

경쟁자를 누르기 위해 가치와 비용 가운데 하나에 집중해야 한다는 경쟁전략의 정설과도 거리가 있다. 경쟁전략은 많은 비용을 들여 고객들에게 월등한 가치를 제공하든지 아니면 적은 비용으로 적당한 수준의 가치를 창조해야 한다는 양자택일 관계를 강조한다. 이에 반해 블루오션전략은 차별화와 저비용을 동시에 추구해야 한다는 방향에서 접근하고 있다.

'레드오션전략은 버려야 한다'는 시각도 잘못된 접근이다. 블루오션전략의 기본 취지는 기업이 갑자기 경쟁하는 것을 멈추거나 경쟁 자체가 중단돼야 한다는 것이 아니다. 블루오션전략을 체계화하고 실행하는 과정을 레드오션에서 경쟁하는 것만큼 쉽게 만들자는 게 목적이다. 블루오션과 레드오션은 언제나 공존하기 때문에 기업은 두 전략 모두에 익숙해야 한다.

'마케팅 기법의 하나'라는 시각도 자주 접하는 오해다. 기업 활동의 전체 시스템을 포괄하는 전략적 접근이라는 점에서 블루오션전략은 기업가치창출 활동의 일부분만을 담당하는 마케팅과는 거리가 있다. 마케팅은 이미 만들어진 제품 및 서비스에서 새로운 가치를 찾아낸 뒤 광고·홍보 등을 통해 이를 알리는 데 주력하는 반면 블루오션전략은 효용·비용·인력 등 기업 활동 전체 시스템의 초점을 구매자와 회사의 가치를 향상시키는 데 맞춘다.

분석도구가 미흡하다는 지적도 있다. 이는 전략(strategy)을 6시그마와 같은 프로세스 혁신(Process Innovation)과 혼동했기 때문에 발생한 오해로 보인다. 기존에도 블루오션에 대한 논의가 있었지만 그것을 창출할 수 있는 실용적인 분석틀을 제시하지는 못했다. 반면 블루오션전략은 상품이나 서비스가 주는 가치를 고객의 시각에서 비교 평가할 수 있는 전략 캔버스, 구매자 효용성 지도 같은 분석 도구를 제공하고 있다.

고객 중심주의로 해석하는 접근도 있다. 하지만 블루오션전략은 기존 고객보다는 비(非)고객에 집중한다. 비고객이란 좁게 보면 우리 상품을 쓰지 않고 다른 회사 것을 쓰는 사람이다. 조금 더 넓히면 우리 업종에는 관심이 없고 다른 업종에서 욕구를 채우는 소비자들이다. 아주 넓게 보면 우리 상품의 존재조차 모르는 사람들까지 포함시킬 수 있다. 블루오션을 창출하기 위해선 비고객 가운데 우리 고객이 될 만한 집단을 찾아내고 그들이 공통적으로 느끼는 가치를 찾아내야 한다.

많은 사람들이 블루오션전략을 최근에 나온 이론으로 착각하지만 실제로는 지난 90년대 주창된 경영 전략론이다. 프랑스 인시아드 경영대학원의 김위찬, 르네 마보안 교수가 〈하버드 비즈니스 리뷰(HBR)〉 등에 가치 혁신(Value Innovation)이란 이름으로 처음 소개했다.

두 교수는 지난해 말 HBR에 '블루오션전략'이란 논문을 발표하고 올초 같은 제목의 단행본을 내면서 이전의 가치혁신론을 블루오션전략으로 집대성했다. 전문가들 사이에선 이미 10여 년 이상 검증된 이론이라는 얘기다.

'블루오션은 영원하다'는 오해도 자주 듣게 된다. 블루오션은 한 번 개척되면 대개 10~15년 정도 지속된 후 레드오션으로 바뀐다. 이때에 이르면 또 다른 블루오션의 창출이 필요하다. 또 기술 혁신이 반드시 블루오션 창출로 이어지는 것은 아니다. 구매자들에게 특별한 가치를 제공하지 못한다면 기술이 아무리 뛰어나더라도 대다수 고객을 끌어들이는 데 실패할 공산이 크다.

기업에만 적용되는 전략이라고 보는 시각도 잘못된 것이다. 공공 부문 및 개인에게도 적용 가능하다. 블루오션전략을 공공 부문이나 개인에게 적용할 때도 접근 방식은 기업과 크게 다르지 않다.

오해	진실
• 틈새시장전략	• 거대시장 장악 전략
• 차별화 전략	• 차별화와 저비용 동시 추구
• 레드오션전략은 버려야	• 레드, 블루오션전략 모두 숙달해야
• 마케팅 기법의 하나	• 기업 전체 시스템 포괄
• 분석도구 미흡	• 새 시장 찾는 정교한 분석도구 제공
• 고객 중심주의	• 비(非)고객까지 포괄
• 최근 나온 이론	• 10여 년 동안 검증된 이론
• 블루오션은 영원히 지속	• 길어야 10~15년간 지속
• 기술혁신하면 블루오션 창출	• 특별한 가치도 찾아야
• 기업에만 적용	• 공공부문 및 개인에게도 적용 가능

출처: 한국경제신문, 2005.10.19.

Chapter 4

기업과 경영

모든 종류의 조직이 경영의 대상이 되는 것은 틀림없지만 그 많은 조직 중에서 기업이 차지하고 있는 비중은 대단하여 보통 경영이라 하면 기업과의 관련을 빼놓을 수 없고, 특히 대학의 경영학과라고 하면 그 학문연구의 대상이 대체로 기업활동에 국한되어 왔다. 앞서 보았듯이 우리 주변에는 수많은 조직이 존재하고 있다. 이러한 조직 가운데 사적인 영리(이윤)를 추구하는 생산조직이 기업이다. 많은 조직체들 가운데 경영학의 대상으로 주로 기업을 거론하는 이유는 다음과 같다.

1. 기업은 오늘날 가장 많이 존재하는 대표적 조직이며 현대인들에게 가장 많은 영향을 끼치는 조직이다.
2. 기업은 제품과 서비스의 생산 이외에도 복잡한 조직시스템이 존재하기 때문에 기업에 대한 연구결과는 병원, 공공기관, 교회 같은 일반조직에 널리 응용될 수 있다.
3. 경영학 연구의 자료를 기업으로부터 가장 많이 얻을 수 있고 연구결과의 실험 대상이 되기도 하며 산학협동의 장이 되기도 한다.

따라서 이번 장에서는 기업의 정의와 유형, 특징, 기능 등에 대해 알아본다.

제 1 절

기업의 이해

1.1 기업의 의의와 유형

1.1.1 기업의 의의

기업이란 재화와 서비스의 생산과 판매를 통하여 최대의 수익을 올리기 위해 인위적으로 구성된 조직체이며 동시에 개인적으로서는 성취할 수 없는 목적을 여러 사람들의 협력을 통해 달성하려는 사회적·심리적 협동시스템이다.

이상의 정의 속에는 다음과 같은 의미가 함축되어 있다고 볼 수 있다.

- 경제시스템: 제품과 서비스를 생산하되 최소의 비용으로 최대의 산출을 얻으려 한다.
- 기술시스템: 자본, 인력, 원료를 제품과 서비스로 변환시키는 활동(기술)이 존재한다.
- 사회시스템: 기업은 사회에 대하여 고용을 창출해 주고 사회적 윤리를 실천한다.
- 심리시스템: 구성원들 상호간에 심리적 인간관계를 갖기 때문에 기업 안에는 항상 존경, 미움, 갈등, 사랑, 권력게임 등이 존재한다.

기업의 목적은 다음과 같이 나눌 수 있다.

① 경제적 목적

기업가는 기업을 운영하고 이익을 내야만 주주에게 배당하고 정부에 세금을 내고 그 기업의 미래 성장을 위한 적립을 할 수 있다. 따라서 기업이 이윤을 내기 위해서는 사회가 요구하는 재화와 용역을 최소의 비용으로 생산해야 하며, 그렇게 하려면 자원의 투입에서 산출까지 모든 과정을 경제적으로 경영해야 함은 언급할 필요가 없다.

② 사회적 목적

기업이 이윤을 극대화해야 한다는 경제적 목적만 인정한다면 부당한 경쟁이나 환경오염을 방치하면서라도 이윤만 추구하면 된다는 말을 인정하는 꼴이 된다. 그러나 기업은 사회가 기업에 기대하는 역할을 수행해야 한다는 사회적 목적도 가지고 있다. 이는 사회적 책임, 기업윤리 등으로 불리기도 한다. 사회적 목적을 소극적으로 달성하는 기업이라면 오염배출을 억제하고 외제품 판매로 돈 버는 일을 삼가려 하겠지만 사회적 목적의 적극적인 실현은 사회봉사, 고용안정, 예술 활동 지원 등에 앞장서는 것이다. 하지만 때로는 경제적 목적 실현과 사회적 목적 실현이 상충되는 때가 많은 것도 사실이다.

기업의 목적을 논할 때 단일목적론(single or simple goal theory)과 복수목적론(multiple or plural goal theory)으로 구분하기도 한다. 전자는 기업의 목적은 오직 그 기업을 최초로 만든 장본인인 기업가(자본가, 주주)의 목적을 달성시켜 주어야 한다는 것이다.

주주가 자기 돈을 투자하여 기업을 만든 이유가 바로 돈을 벌려는 것이기 때문에 기업은 이윤을 내서 주주에게 배당을 많이 주는 것만이 유일한 목적이라는 것이다. 후자의 입장은 기업의 이해관계자가 주주뿐만 아니라 소비자, 종업원, 정부, 은행, 거래처 등 다양하기 때문에 이들 각자의 목적을 골고루 달성시켜 주어야 한다는 것이다.

1.1.2 기업의 유형

기업의 유형은 관점에 따라 여러 가지로 나눌 수 있다. 예를 들면, 기업의 크기, 업종, 소유자, 법적 신분 등에 따라서 다양하게 분류할 수 있다. 예를 들어, 우리나라의 대부분의 기업은 개인 기업이다. 즉, 우리가 주위에서 쉽게 볼 수 있는 미장원, 슈퍼마켓, 약국 등은 개인이 사적인 이익추구를 목적으로 만든 개인기업이다. 반면에 삼성전자, 현대자동차 같은 대기업은 여러 명의 주주가 주인인 공동기업이다.

기업에 관한 법인 상법에 따른 분류에는 기업은 합명, 합자, 유한, 주식회사로 구분할 수 있다.

① 합명회사: 출자도 경영도 2인 이상이 공동으로 하고 회사 부채에 대해 끝까지 무한책임을 지는 형태

② 합자회사: 일부만 책임지는 유한책임자와 무한책임자가 공동 설립한 회사이다. 물론 무한책임자가 경영을 떠맡는다.

③ 유한회사: 모두가 유한책임 사원으로 출자만 하고 경영은 제3자가 하되 지분의 증권화나 타인에의 양도가 자유롭지 못한 것이 주식회사와 다른 점이다.

표 4-1 2015년 현재 세계 10대기업(2015년 말 Fortune지 선정) (단위: 억 달러)

순위	1	2	3	4	5	6	7	8	9	10
회사명	Wal-mart	Sinopec Group	Royal Dutch Shell	China National Petroleum	Exxon Mobil	BP	State Grid(中)	Volks wagen	Toyota Motor	Glencore
매출액 (억 달러)	4,844	4,529	4,469	3,864	3,752	3,523	2,591	2,456	2,372	2,353
순위	13	15	57	99	124	162	175	193	210	232
회사명	삼성전자	Apple	SK Holding	현대자동차	Google	Posco	LG전자	한국전력	현대중공업	Coca Cola
매출액 (억 달러)	1,489	1,003	702	622	489	484	432	392	389	288

미국 CNBC 방송이 앞으로 10년 후의 포춘 100대 기업을 예측한 결과를 발표했다. 이는 싱귤래리티대학교(Singularity University)의 살림 이스마일(Salim Ismail) 대사 일행이 지난 2014년 출간한 〈*Exponential Organizations*(기하급수적 성장 조직)〉에서 제시한 'ExO 지수(기하급수적 성장지수: Exponential Quotient Scores)'를 바탕으로 워싱턴대학이 조사한 결과다.

그 결과를 보면 지금과는 많은 변화가 있음을 알 수 있는데, 연구자들은 그 변화의 핵심으로 기술변화를 지목한다. 기업이 현재 가지고 있는 기술이 빠르게 소멸하고 쉴 새 없이 새로운 기술이 등장하고 있기 때문에 이에 대응해 나가지 않으면 도태된다는 것이다. 'ExO 지수'는 '기업이 보유한 인적자원과 조직 등을 점수로 가산하고 그들이 보유한 기술이 어느 정도 미래에 부상하는 기술인지를 분석하여 지수화한 것'이다.

순위는 구글, 아마존, 애플, IBM, Verizon, GE, Microsoft, Cisco, Disney, Oracle, Coca-cola,UPS 등의 순으로 예측되었다.

출처: 10년 후의 포춘 100대 기업 예측.

세계에서 가장 오래된 기업

순위	기업	설립연도	국적
1	곤고구미(건축)	578	일본
2	호시료칸(호텔)	718	일본
3	샤토 디 굴랭(포도농장)	1000	프랑스
4	폰데리아 폰티피시아 마리넬리(종 제조)	1000	이탈리아
5	바로네 리카솔리(포도주)	1141	이탈리아
6	바로비어 & 토소(유리 가공)	1295	이탈리아
7	호텔 필그림 하우스(호텔)	1304	독일
8	리차드 드 바(종이 제조)	1326	프랑스
9	토리니 피렌체(귀금속)	1369	이탈리아
10	안티노리(포도주)	1385	이탈리아

* 일부 설립 연도는 추정치, 현존하는 기업 기준.
출처: familybusinessmagazine.com

세계에서 가장 오래된 기업은 578년 백제인이 일본에 세운 건설회사인 것으로 나타났다. 영국의 경제주간지 이코노미스트는 최근호(12월 16~22일)에서 세계 장수 기업과 장수 비결 등을 소개하면서 설립된 지 1,426년 된 '곤고구미(金剛組)'가 세계에서 가장 오래된 기업이라고 보도했다.

윌리엄 오하라의 〈세기의 성공(*Centuries of Success*)〉이란 책을 인용한 이 잡지의 보도에 따르면 곤고구미는 일본 쇼토쿠(聖德)태자의 초청으로 백제에서 일본으로 건너간 곤고 시게미쓰(金剛重光.한국명 유중광)를 비롯한 세 사람의 장인에 의해 설립됐다. 당시 곤고구미는 일본 왕실의 명을 받아 사천왕사(四天王寺.오사카성) 등 사찰·신사·성 등을 지었다. 오사카(大阪)에 있는 사천왕사는 일본에서 가장 오래된 사찰이다. 현재 이 회사는 일본에서 사찰 신축뿐 아니라 아파트, 빌딩 등 현대식 건설 사업도 하고 있다. 다음으로 오래된 기업은 1981년 프랑스에서 설립된 장수 기업 모임인 '레제노키앙'회원인 '호시료칸(法師旅館)'이다. 일본 이시카와(石川)현 온천 지역에서 호텔업을 하고 있는 이 회사는 718년에 설립돼 46대째 이어오고 있다. 레제노키앙은 창세기에서 365세까지 산 것으로 알려진 카인의 장남 '에녹'의 이름을 따 설립된 친목 모임으로 최소 200년 된 기업들이 회원사다. 레제노키앙에 소속된 7개국 33개 회사 대표들은 매년 3일간 모여 회의하며 친목을 도모한다.

유럽에서 가장 오래된 회사인 프랑스의 '샤토 드 굴랭'이 세계에서 셋째로 오래된 기업이다. 1000년 포도농장에서 출발한 이 회사는 현재 박물관과 나비 농원 등도 운영하고 있다. 이코노미스트는 70년대 '포춘 500대' 기업 가운데 83년까지 3분의 1의 기업이 인수합병(M&A)되거나 부도났다며, 장수 기업의 비결은 신뢰·자부심·자금을 바탕으로 원칙을 고수하면서도 변화를 두려워하지 않았던 것이라고 분석했다.

도쿄(東京)대 기업역사학자인 레슬리 한나는 "20세기 대기업들의 평균 수명은 75년에 불과했다"며 "기업들이 초기에 무너질 가능성이 매우 크며 첫해가 가장 힘들다"고 말했다.

기업들의 창립과정 복잡한 역사 존재

이 기업들이 실제로 이렇게 오래도록 영업을 영위해왔는지 혹은 무역조합, 종교단체, 공동체 등 다른 모양새를 갖추고 있다가 근세에 와서 기업으로 거듭났는지는 확실치 않다. 실제로 샤토 드 굴랭이 진짜로 1,000년이 넘은 기업인지 혹은 포도주를 팔고 나비를 전시하는 낡은 성인지 현재 구분하기 힘든 상황이다.

영국 운송업체인 '쇼어 포터스 소사이어티'는 지난 1498년에 설립됐지만, 애버딘 마을의 공동체였으며, 1850년에서야 독립 기업이 됐다. 그렇다면 이 기업의 역사를 500년이 넘었다고 장담할 수 있는가.

가족 기업이 아닌 거대 복합 기업들의 나이를 산정하기도 쉽지는 않다. 미국의 엔지니어링 기업인 하스코는 기업 역사를 테일러 와튼으로 불리던 1742년으로 잡고 있다. 테일러 와튼은 독립전쟁 당시 조지 워싱턴의 부대를 위해 대포들을 만들던 회사로, 1953년 하스코에 의해 인수됐다.

현대 대기업은 산업혁명 이후 탄생

최근 대기업들의 역사는 산업혁명 이후 기술 진보를 바탕으로 탄생했으며, 그다지 오래되지는 않았다. 마이크로소프트(MS)는 1975년, 제너럴일렉트릭(GE)은 1876년에 탄생했다. 반면 대부분의 오래된 기업들은 전통적인 산업인 농업, 숙박업, 건축업 등의 산업 분야를 갖고 있다. 비교적 오래된 산업 가운데 최근까지 두각을 나타내는 것은 은행업이 거의 유일한 것으로 평가된다. 오래된 은행 중 영국의 로이드 TSB은행은 1765년, 씨티그룹은 1812년 설립됐다.

20세기 대기업 평균 수명 75년

기업들이 오래 살아남는 것은 힘들다. 1970년대 포천500대 기업에 포함된 기업 가운데 1983년까지 3분의 1의 기업들이 인수·합병(M&A)되거나, 부도가 난 것으로 집계됐다.

가족 기업은 장수의 기본

그렇다면 소수의 오래된 기업들이 살아남은 것은 무엇 때문일까. 오하라는 운이 중요했지만, 가족 기업이라는 요인이 컸다고 분석했다. 이들 가족 기업을 계승할 때 철저히 장자계승이라는 원칙을 세워 기업들이 분리되지 않았다. 그러나 현재에는 대부분의 가족 기업들이 장자에게만 물려주기에는 힘들다.

또 가족의 화합과 신뢰가 중요했다. 오래된 기업들은 여성들이 경영을 맡도록 하는 등 진보적인 측면도 있었으며, 창립자 가족의 자손이 없을 경우 법적인 입양을 통해 기꺼이 가계를 잇게 했다.

장수 기업의 세 가지 요인은 신뢰, 자부심, 자금

하버드 경영대학원 교수인 존 데이비스는 3대 이상 지속된 가족 기업들에 대한 저서에서 장수 기업의 세 가지 요인을 들었다. 각 세대는 말년에 신뢰, 자부심, 돈을 축적해 다음 세대들이 가족의 혼이 깃든 사업을 이어갈 수 있도록 했다는 것이다.

사업의 계승은 매우 어려우면서도 중요한 테스트였다. 대부분의 오래된 기업들은 시간이 흐를수록 기존 위치에 머무르기 보다 때에 맞게 변해갔다. 1630년에 설립된 일본 식품회사 기코망은 세계 유수의 간장 업체로, 최근에는 바이오테크에까지 업무 영역을 확장했다. 데이비스는 기업이 존속하기 위해서는 대담함도 필요하며 이는 신뢰, 자부심, 돈이 바탕이 돼야 한다고 강조했다.

원칙 고수와 함께 변화 모색

〈통찰력 있는 기업들의 성공하는 습관(*Built to last-Successful Habits of Visionary Companies*)〉의 공동 저자인 짐 콜린스도 생존 기업들은 한편으로는 원칙을 고수하는 데 매우 익숙하지만 다른 한편으로는 새로운 것에 변화를 끊임없이 모색해왔다고 밝혔다.

콜린스는 많은 그렇고 그런 기업들이 수십 년간 살아남고 있는 점도 있다며, 단순히 기업이 살아남는 것보다 어떠한 업적을 이루는가가 더욱 중요하다고 지적했다

출처: 머니투데이.

1.1.3 주식회사(Company Limited by Shares)

오늘날 대규모의 자본으로 높은 위험을 감수하면서 자동차, 석유화학, 정보통신 등의 대기업을 경영할 수 있는 것은 "주식회사"라는 제도 때문이다. 기업의 신용을 담보로 하고 기업이 책임을 지는 기업명의의 증서(증권 혹은 주식)를 발행하여 수많은 사람들에게 나누어주고 자본을 모아서 설립된 기업이 주식회사이다. 1602년 네덜란드의 동인도회사가 주식회사 형태의 효시로 전해지고 있으나 산업혁명 이후 대량생산체제로 진입하면서 초대형 기업의 필요성 때문에 거의 대부분의 기업들이 주식회사 형태를 취하게 되었다.

주식회사는 다음과 같은 특징을 가진다.

① 유한책임제도: 주식을 매입한 출자자(사실상의 소유자)들은 자신이 출자한 지분에 대해서만 유한책임을 지기 때문에 많은 사람들이 안심하고 자본을 투자할 수 있게 된다. 무한책임이라면 어느 누구도 선뜻 자본을 출자하려 하지 않을 것이기 때문이다.

② 주식제도: 출자의 단위가 되는 주식의 단위당 금액을 소액(5천원, 1만원 등)으로 균등화나 양도가 자유롭다. 그러므로 더 많은 사람들에게 출자를 유도할 수 있어서 주식회사로 자본이 집중되어 거대자본으로 회사를 운영할 수 있는 장점이 있다.

③ 소유와 경영의 분리: 주주들은 출자 비율만큼 회사에 대한 권한으로 갖지만 참여자본가의 수가 매우 크기에 일부의 주주들이 경영에 대한 결정권

표 4-2 주식회사의 장점과 단점

장점	단점
• 전문경영자 도입 • 소유권자의 유한자본조달 책임 • 장기 존속 가능 • 소유권 이전의 용이성 • 자본조달의 확대 가능	• 과중한 세금 • 설립의 복잡성과 비용 많이 듦 • 정부의 규제와 보고 의무 • 영업활동 비밀 공개 의무

을 갖기 어렵다. 따라서 경영은 전문경영인에게 위탁한 셈이 되고 출자자는 배당만 받으면 되기 때문에 경영능력이 없는 자본가들도 안심하고 투자를 할 수 있다. 그들은 또한 자신들보다 훨씬 경영능력이 뛰어난 전문경영자에게 회사 운영을 맡길 수 있다는 장점도 있다.

1.1.4 공기업(Public Enterprise)

정부나 지방자치단체 등 공공기관이 소유주로 되어 있는 기업을 공기업(公企業)이라고 하는데 공기업이 존재하는 이유는 다음과 같다.

① 재정수입: 정부나 공공단체도 공공복지를 위해 많은 지출을 필요로 하는데 국민이나 사기업의 세금만으로는 충당하기 어려워서 돈을 벌어 공공사업을 하기도 한다. 담배인삼공사의 수입, 한국전력공사 등이다.

② 거대한 자본: 어떤 사업은 너무 많은 자본이 들어가기 때문에 일반 증권투자가들이나 개인들이 모여 가지고는 불가능한 사업이 있다. 예를 들면, 부산시 지하철 사업, 신공항 건설사업 등은 국민을 위해 꼭 있어야 하지만 수조원의 자금을 댈 수 있는 자본가가 없는 것이 현실이다.

③ 손해지만 필요한 사업: 개인 사업가가 산간벽지에 사는 몇 사람을 상대로 버스사업이나 이동통신 사업을 한다면 손실은 불을 보듯 뻔한 사업이다. 그러나 그들도 한 민족이기에 누군가가 버스운행을 해 주고 통신안테나를 설치해 주어야한다. 이때 적자운영을 감수하고 정부나 지방자치단체가 회사를 설립하여 운영하는 것이다.

④ 안전, 국방사업: 국토방위와 사회 안전에 민감한 무기제조업이라든가 상·하수도 사업, 전기·가스 사업을 사기업이 맡게 되면 기밀유지도 어렵거니와 수시로 발생하는 파업 등으로 국민의 일상생활에 크게 지장을 초래할 수 있기에 아예 정부나 공공단체가 소유하고 운영하는 것이다.

위에 나열한 공기업의 필요성에도 불구하고 다른 나라와 마찬가지로 우리나라에도 적자에 시달리는 공기업들이 많이 있다. 부득이한 적자뿐만 아니라 방만한 경영이나 구성원들의 나태로 인한 경영손실은 국민의 세금으로 메워야만 한다.

표 4-3 우리나라의 대표적 공기업

은행	공사	회사
한국은행 한국수출입은행 KDB산업은행	한국조폐공사 한국도로공사 대한주택공사 한국방송공사 한국관광공사 대한석탄공사 대한광업진흥공사 대한무역진흥공사 농어촌개발공사 한국해외개발공사 서울지하철공사 도시철도공사	한국전력주식회사 국정교과서주식회사 한국증권거래소 한국선물거래소

따라서 사회주의 국가에서도 공기업 민영화가 가속화되고 있으며 우리나라에서도 주식 지분율 50% 이상을 정부가 소유하고 있던 은행이나 많은 공기업들의 민영화가 이뤄지고 있다.

제 2 절

기업윤리의 이해

2.1 기업윤리의 의의

기업경영과 관련한 윤리문제는 어제 오늘의 이야기가 아니다. 공자, 아리스토텔레스, 로마의 카이사르에서부터 임마뉴엘 칸트, 막스 베버에 이르기까지 수많은 사

람들이 상업 혹은 기업경영과 관련하여 윤리문제를 언급했다. 여기서 윤리(ethics)라는 개념은 기업 활동과 관련하여 공정, 정의, 양심, 선행, 에티켓, 도덕, 규범 등을 지키는 것이라고 폭넓게 간주한다.

기업윤리의 유형은 다음과 같이 분류할 수 있다.

① CEO의 윤리

- 주주에 대해: 자금 횡령, 부당한 배당
- 사원에 대해: 사원차별 대우, 위험한 노동의 강요
- 고객에 대해: 불량품 판매, 허위광고, 부당한 가격책정
- 타사에 대해: 부당한 인재 스카우트, 기술 노하우 절도

② 사원의 윤리

- 회사에 대해: 책임 불이행, 회사기밀 유출, 근무태만
- 사원에 대해: 부당한 고자질, 동료승진 방해
- 고객에 대해: 고객에게 물진절, 고객에 사기

③ 소비자의 윤리

- 회사에 대해: 부당한 반품, 가짜유사상품구입, 회사에 불리한 소문 누출
- 사원에 대해: 지나친 봉사 요구, 판매원 모욕
- 고객에 대해: 줄서는데 새치기, 공공물건의 독점사용, 품절가능한 물품 사재기

2.2 기업의 사회적 책임

사회활동을 많이 하고 사회적 책임을 다하는 기업들에 대해서는 고객이 갖는 인상도 좋고 고객으로부터의 평판이 좋으면 기업이 더 잘될 수 있다. 그러나 사회적 책임을 다하려면 이윤추구의 목적을 달성하지 못할 수도 있다. 과연 기업의 사회적 책임수행과 이윤추구의 행위는 상호 이율배반적 목표일까? 그러나 기업의 규모를 불문하고 어느 기업이라도 기업윤리를 외면하고서는 장기적으로 번성할 수 없다는 것이 오늘날의 정설로 되어 있다.

또한 기업의 윤리는 기업활동의 일차적 목적을 사회구성원의 복지향상에

두어야 한다는 사회적 책임과 궤를 같이한다. 하여튼 중요한 것은 윤리실천을 하면서 동시에 이윤이 생기는 일을 해야 한다는 묘한 위치에 있기 때문에 무엇보다도 양자 사이에서 균형을 잃지 않는 것이 경영자의 역할이다.

사회적 책임은 비슷한 두 개념인 사회적 의무와 사회적 반응성 등과 비교해 보면 더 쉽게 이해할 수 있다. 사회적 의무(social obligation)는 경제적, 법적 책임을 다하는 기업의 의무를 말한다. 여기서 기업은 단지 하도록 규정되어진 것만 행하며, 사회적 책임에 대한 고전적 관점을 반영하고 있다. 하지만 사회적 의무에 비해 사회적 책임과 반응성은 기초적인 경제적, 법적 기준을 충족시키는 것을 넘어선다. 사회적 반응성(social responsiveness)은 사회적 상황의 변화에 적응하는 기업의 능력을 말한다. 사회적 반응성은 관리자가 그들이 포함되어 있는 사회의 행동들에 대한 현실적인 의사결정을 내리는 것에 강조점을 두고 있다.

사회적으로 책임감 있는 기업은 일에 대한 관점이 조금 다르며, 법에 의해 규정된 것보다 더 나아가 해야 할 일들을 선택하는데, 이는 그것이 경제적으로 의미가 있기 때문이다. 그리고 사회를 개선하는 데 유익한 일들을 하는데, 이는 그것이 옳고 윤리적이며 해야 할 일이기 때문이다. 우리는 사회적 책임(social responsibility)을 사회에 유익한 장기적인 목표들을 달성하기 위해 경제적으로나 법적으로 요구하는 수준 이상의 것을 수행하는 기업의 의무라고 정의한다. 그러나 기업을 도덕적 대리인으로 규정하는 관점도 주의해야 한다, 즉, 사회를 위해 좋은 것을 추구한다 할지라도, 반드시 일 자체의 옳고 그름은 구별해야 한다는

표 4-4 사회적 책임과 사회적 반응성

	사회적 책임	사회적 반응성
주요 관심	윤리적	실용적
초점	마지막 끝	수단
강조점	의무	반응
의사결정 틀	장기적	중단기적

출처: Watrick & Cochran, "The Evolotion of the Corporate Social Performance Model," *Academy of Management Review*, October 1985, p.766.

것이다.

기업의 사회적 책임 이행과 윤리의 실천과 관련하여 다음과 같은 네 가지 방향에서 압력이 있을 수 있다. 개인적인 압력, 조직의 압력, 법적인 압력, 사회의 압력이 그것이다.

① 구성원 개인의 압력

조직의 구성원으로서 혹은 기업가나 주주 혹은 경영자로서 그들 개인이 가지는 윤리의식이 기업윤리 실천에 영향을 주는 것은 당연하다. 어떤 사람은 원래 매우 엄격한 윤리의식을 갖고 살아가는 데 반하여 또 어떤 사람은 양심의 가책 없이 비윤리적 행동을 일삼는다. 이렇게 다른 두 부류의 사람들이 회사의 중역이 되거나 경영자가 될 때 기업윤리를 실천하는 정도가 서로 다를 것이다.

② 조직의 압력

개인의 윤리의식은 그가 어떤 사회 속에 살아가느냐에 따라 달라지듯이 조직구성원의 윤리의식 또한 그가 속한 조직의 분위기에 따라 달라진다. 회사가 어떻게 대처하고 어떻게 의사결정하는가에 대한 회사방침, 공식제도, 내규, 규칙이 매우 중요하다. 몇몇 회사에서 만든 윤리강령은 그 회사의 윤리실천의지의 공시적 표명이라고 할 수 있다.

③ 사회의 압력

기업은 기업활동으로 얻은 이익을 주주, 소비자, 사원, 공공단체 등과 적당히 나누어 가질 책임이 있다. 즉 기업의 사회적 성과 측정은 주주에게 돌려주는 수당(배당)뿐만 아니라 전체 국민경제에 미치는 영향까지 고려한다. 이를 사회적 책임(social responsibility)이라고도 하는데, 그중에서 가장 우선적 책임이 고용과 관련된 것이다.

더 나아가 적극적 사회적 책임을 논한다면 마치 시민이 지역을 위해 봉사하듯이 기업도 불우이웃이나 장애인을 도와야 하며 소외계층에게도 취업기회를 제공해야 한다. 지역사회의 문화 예술 활동을 지원하고 환경보호기금을 기부하는 것도 모두 적극적 윤리실천의 한 예가 될 것이다.

④ 법적 압력

근로기준법, 평등고용법, 성희롱금지법은 물론이고 사원들의 의료보험, 연금보험, 상해보험료의 일부를 부담해야 한다. 우리나라에서는 공정거래위원회라는 기관이 있어서 기업이 소비자를 속이거나 기업 간에 과당경쟁으로 억울하게 피해를 본 기업이 있는지 찾아내어 벌을 주기도 한다.

2.3 그린(Green=환경친화적) 경영

사회적 책임이행이나 기업윤리의 적극적 실천의 일환으로 가장 중요한 이슈가 자연보호 활동으로 집중되고 있다. 왜냐하면 자연 환경 파손이 심각해지고 있으며 이러한 파손의 주범이며 동시에 가장 힘 있게 보호할 수 있는 주체가 기업이라는데 모두가 공감하고 있기 때문이다. 더 나아가서 앞으로는 어느 기업이건 자연친화적인 사업전략을 펴나가는 것이 소비자로부터 외면당하지 않고 오히려 경쟁에서 앞설 수 있는 가장 큰 핵심역량이 되리라는 연유에서 환경경영이라는 주제가 경영계의 중심으로 확대되고 있는 것이다.

환경책임 관련한 모형에서는 환경적 책임기업들이 택할 수 있는 또 다른 접근법을 나타내는 용어로서 녹색의 명암들(shades of green)을 사용한다.

첫 번째 접근법은 법적 접근법(legal approach)인데, 이는 단순히 법적으로 요구되는 것만 수행하는 것이다. 이 접근법에서 기업들은 매우 적은 환경적 민감성을 보여준다. 그들은 법, 규칙, 규제 등에 순응하며, 법에 도전적이지 않고 오히려 법들을 자신의 장점으로 활용하기까지도 한다. 예를 들어, 내구재 생산자나 원유 정제업자들은 이 법적 접근법을 채택하며, 환경적 법률이나 규제를 준수한다. 하지만 더 이상 나아가지는 않는다. 이 접근법은 사회적 의무를 잘 묘사하고 있는 것으로서, 기업들은 단순히 환경을 보호하고 오염을 방지하기 위한 법적 의무만을 잘 수행한다.

두 번째 환경적 이슈들에 대해 좀 더 민감하게 반응하는 기업들을 시장 접근법(market approach)이라 할 수 있는데, 이들은 고객들의 환경적 선호에 대해 반응하는 기업을 말한다. 고객들이 어떠한 환경 친화적인 제품을 원할 때에도 이를 충족시켜 주는 것이 바로 이러한 기업들의 목표이다. 예를 들어, Du pont은 전 세계 농부들이 연간 4천5백만 파운드의 화학약품 사용을 절감할 수 있는 새로운 제초제를 개발했다. 이 제품을 개발함으로써, 이 기업은 자신의 곡물에 대해 화학제품 사용을 줄이고 싶은 고객들(농부)의 필요를 충족시킨 것이다.

세 번째 접근법은 이해관계자 접근법(stakeholder approach)인데, 여기서 기업은 종업원, 공급자, 혹은 지역사회와 가튼 이해관계자들의 다양한 환경적 수요를 충족시키기 위해 노력하는 형태이다. 예를 들어, HP는 여러 개의 전사적 환경 프로그램을 갖고 있는데, 공급 체인(공급자), 제품 디자인 및 제품 재활용(고객 및 사회)에 갖고 있다. 시장 접근법과 이해관계자 접근법 모두 사회적 반응성의 사례를 잘 보여주고 있다.

마지막으로 기업이 만일 활동가적 접근법(activist approach)을 추구한다면, 그들은 지구와 자연환경을 보존하고 보호하기 위한 방법들을 찾을 것이다. 이 활동가적 접근법은 가장 높은 수준의 환경적 민감성을 보여주며, 사회적 책임의 좋은 사례이다. 예를 들어 자연산 비누에서 세척제를 생산하며, 재활용 가능한 원재료를 생산하는 벨기에 기업인 Ecover는 부산물이 전혀 발생하지 않는 공장을 운영한다. 이 녹색 공장은 환경적으로 멋진 공학적 불사의로서 여름에는 공장을 시원하게 하고 겨울에는 따뜻하게 해주는 거대한 초원 지붕을 갖고 있으며, 상하수도 처리 시스템은 풍력이나 태양력에 의해 움직인다. 이 기업은 이러한 형태의 공장을 자신들의 환경을 보존하고 보호하는 데 대한 깊은 몰입 때문에 선택했다.

ECO 그린경영이란 새로운 기업경영 패러다임으로서 '기업활동 전 과정에 걸친 환경경영성과를 개선함으로써 기업의 사회적 책임 완수와 경제적 수익성과 환경적 지속가능성을 동시에 추구하는 모든 경영활동'

세계에서 가장 윤리적인 기업

미국 금융 전문지 배런스(Barron's) 오피니언이 발표한 '2015년 세계에서 가장 존경 받는 100대 기업'에서 G2 국가를 자부하는 중국이 최하위에 머무는 치욕을 당했습니다.

이번 조사에서도 미국 애플이 1위를 차지했고, 이어 월트 디즈니, 버크셔 해서웨이, 비자, 구글, 존슨앤드존슨(J&J), 웰스 파고 등 다른 미 기업과 다임러, SAP, 로레알, 아스트라제네카, 액타비스 같은 유럽 기업들이 상위권을 차지했습니다.

반면 중국의 기업들은 알리바바(87위), 차이나 모바일(96위), 텐센트(99위), 중국건설은행(100위) 등 겨우 네 개의 기업만이 힘겹게 하위권을 차지했습니다.

미 경제 격주간지 포브스는 중국 기업들의 이번 순위에 대해 "몇 년 전에 비하면 상당히 나아진 것이지만 중국의 G2에 대한 자부심과 지난해 중국 주식시장의 뜨거운 열기를 놓고 볼 때 매우 실망스런 결과"라고 지적했습니다.

배런스가 월스트리트 투자자들을 상대로 매년 진행하는 이 조사는 '존경하지 않는다(1점), 약간 존경한다(2점), 존경한다(3점), 매우 존경한다(4점)'는 내용을 기준으로 하기 때문에 평가자의 주관이나 감정이 다소 개입될 수 있습니다.

포브스는 "기업이 투자자들 사이에서 존경을 받으려면 '강력한 경영', '건전한 비즈니스 전략', '기업윤리', '경쟁력, 매출·순이익 성장'이 모두 구비되어야 한다"고 충고했습니다.

출처: 아시아경제, 2015.7.1.

제 3 절

창업과 벤처기업

3.1 창업의 의의

20세기 경영의 중심은 대기업이었다. 경영학자들의 관심사나 연구대상들도 주로 대기업이었으며 경영교과서의 사례나 설명도 대기업에서 찾아낸 것들이었

다. 그러나 오늘날 선·후진국을 막론하고 기업의 95% 이상을 중소기업이 차지하고 있다. 환경변화속도가 더 급해지고 기업의 연륜이 점점 더 짧아지고 있는 가운데 하나의 기업이 탄생하여 대기업으로 성장하고 오랜 동안 존속하기가 더 어려워지고 어떤 측면에서는 반드시 그럴 필요가 없다. 시대에 맞게 필요한 기업이 금방 창업되었다가 자기의 사명을 다하고 고객의 욕구가 바뀌면 또 다른 기업이 나와서 신제품과 서비스를 공급한다. 그러므로 창업과 폐업의 주제가 과거보다 매우 중요한 위치를 차지하게 되었다.

한국에서 삼성, 현대가 대기업으로 자리 잡고 있을 때 빌 게이츠는 허름한 창고에서 시작하여 오늘날의 마이크로소프트를 만들었고, 세계적인 유통회사인 월마트의 창업자 샘 월턴은 미국의 아칸소 주 시골에서 구멍가게 하나로 출발했다.

창업(創業)이란? 기업을 처음 만드는 것이다.

개인 혹은 뜻이 맞는 몇 사람이 회사를 설립하려는 목적은 돈을 벌기 위해서이다. 그 돈을 어떻게 쓸 것이냐는 제외하더라도 우선 이윤을 내려는 목적에서 출발한다. 그러나 누구나 돈을 벌고 싶지만 아무나 창업할 수는 없다. 그 이유는 다음과 같다.

① 성공할 것 같은 아이디어가 없기 때문이며,
② 아이디어가 있어서 기업경영에 있어야 할 자원을 구입할 자본이 없기 때문이다.

아이디어란 다름 아니라 어떤 제품이나 서비스가 고객의 욕구를 충족시킬 수 있을 것인가, 아울러 어떤 방식으로 생산하여 충족시킬 것인가 등에 관한 지식과 정보와 기술이다. 고객이 원하지 않는 제품을 만들어서는 소용이 없으며 아무리 고객에게 어필할 수 있는 제품이라도 기술적으로 불가능하거나 비용을 너무 많이 쏟아야 생산되는 제품이라면 소용이 없다. 한편 기발한 상품이나 서비스에 대한 아이디어가 있고 기술적으로 생산이 쉽다고 하더라도 어느 정도의 자본은 있어야 할 것이다. 이를 창업자본이라고 하는데 몇 명의 직원과 임대사무실, 기계 혹은 컴퓨터 몇 대라도 있어야 하기 때문이다.

3.2 창업의 단계

위험부담과 수익이라는 이율배반적인 두 요소를 한꺼번에 감당해야 하는 창업자로서 섣불리 사업에 뛰어들기보다는 사전에 철저한 조사와 준비가 필요한데 창업이 최종적으로 실현될 때까지 대체로 다음의 순서를 밟는 것이 일반적이며 합리적인 행동이라고 할 수 있다.

1단계: 내부여건과 환경분석
2단계: 업종의 선택
3단계: 타당도 분석
4단계: 사업계획 수립

3.3 기업가정신

창업자의 자질로는 다음 요소들이 거론된다.

① 성취의욕: 일의 완수, 타인과의 관계에서 우월의식

② 자아의식: 운명보다는 자유 의지론자, 운명 개척론자, 자기유능감이 높은 자

③ 모험선호도: 위험부담 욕구, 불확실성에 대한 인내

④ 결단력과 진취력: 행동에 옮기는 실천의지, 미래지향적 사고

위와 같은 자질을 소유한 사람은 타인에 의한 통제나 제도나 규정에 얽매이는 것을 싫어한다. 회사의 창업 초기에는 제도나 규칙도 없고 상위 조직계층도 많지 않아서 창업을 주도하는 자들의 행동이나 생각에 제동을 거는 주체들이 드물다. 그러다가 회사가 성장함에 따라 하는 일이 습관화되고 제도화되며 간섭하는 관리계층도 많아지기 때문에 창업자들의 기업가정신(entrepreneurship)을 가로막는 요소가 많아진다. 그러므로 어떤 대기업에서는 회사를 다시 쪼개는 분사(分社)도 많이 이뤄지고 있으며 조직의 파괴, 직급의 파괴 등이 일어나기도 한다.

3.4 벤처기업 경영

벤처(venture=adventure)란 모험이라는 의미로 위험부담, 불확실성을 전제로 한다. 모든 기업의 창업이 위험부담을 전제로 하지만 벤처기업이란 첨단기술과 높은 위험부담의 의미를 포함한다. 즉 아이디어가 첨단기술과 관련이 많고 새로운 것이기 때문에 불확실하고 또 첨단이기에 변화속도와 전파속도가 빠르다. 그러므로 위험부담은 일반 기업에 비해 높을 수밖에 없으며 빠른 변화에 대응하기 위해 규모가 작을 수밖에 없다. 언제 무슨 일이 일어날지 모르기 때문이다. 즉 벤처기업이란 대기업이 하기 어려운 특수한 제품기술 분야를 담당하는 기업으로서 도산 위험이 높은 모험적 기업을 말하며 이러한 벤처기업을 설립하는 것을 벤처창업이라고 한다.

한편 벤처창업은 위험도가 높을 뿐만 아니라 일단 성공만 한다면 수익성의 폭발도 일반 기업에 비할 바가 아니다. 왜냐하면 유사 경쟁업체가 없는 신기술 제품이며 고객과 시장에 일반화되면 수많은 고객을 독점할 수 있기 때문이다. 이처럼 높은 실패 가능성과 막대한 이윤이라는 이율배반적인 상황 속에서 벤처창업의 묘미를 느낄 수 있는 것이다.

3.5 중소기업

중소기업(small and medium firms)은 규모가 작은 기업을 말한다. 그런데 규모를 측정할 때 자본금, 종업원 수, 매출액 등에서 무엇으로 기준을 삼을 것이냐의 문제가 있으며 기준이 정해졌다 해도 종업원 수의 경우 과연 몇 명을 소기업 혹은 중기업 혹은 대기업으로 볼 것이냐에 관해서는 그 국가의 정치, 경제, 사회적 여건에 따라 또는 시대에 따라 정의가 달라질 수 있다. 그러나 대기업, 중기업, 소기업, 영세기업으로 구분할 때는 어디까지나 상대적인 표현이기는 하지만 일반적으로 대기업에 비해 규모가 작거나 소규모인 사업체를 일컫는다. 우리나라에서는 주로 양적인 외형기준으로 구분하는데 제조업의 경우 상시종업원 수가 50인 이하이면 소기업, 300인 이하까지는 중기업이라 부르며 서비스업인 경우는 10인에서 20인까지가 중기업이 된다.

규모는 작지만 중소기업이 각 나라에서 차지하고 있는 비중은 매우 높아서 선·후진국을 막론하고 각국의 전체기업 수의 95~99%를 차지하고 있다.

표 4-5 대기업과 중소기업의 차이

대기업	중소기업
• 규모의 경제	• 반응적 유연성
• 범세계적 경쟁력	• 지역적
• 수직조직	• 수평조직
• 기계적 조직	• 유기적 조직
• 복잡성	• 단순성
• 안정적 시장 환경	• 틈새시장
• 제한된 조직인	• 기업가정신

벤처기업의 신화 – 스크린 골프의 (주)골프존

〈김영찬 대표〉

대한민국의 골프문화를 바꿔놓았다고 평가받는 기업이 있다. 그 주인공은 바로 스크린 골프 시뮬레이터 전문업체인 골프존(대표 김영찬, www.golf-zon.com). 골프존은 스크린 골프라는 또 하나의 골프를 사업모델로 대성공시켜 대한민국을 스크린 골프 종주국으로 만들어 놓았다. 그 결과 창업 8년 만에 매출 1,000억원대 벤처신화를 일궈냈다.

골프존이 주도한 스크린 골프붐은 누구도 예상하지 못했던 현상이다. 골퍼라면 당연히 필드에서 호쾌한 티샷을 하는 것이 꿈인데 갑갑한 실내에서 하는 가상게임이 이토록 큰 인기를 끌어낼 줄 누가 알았을까.

김영찬 사장은 1998년 외환위기 때 골프장에서 혼자 게임을 하다가 문득 영감을 받았다. '누구나 저렴하고 쉽게 골프를 즐길 방법은 없을까'. 극심한 불황으로 골프장이 거의 텅 빈 상황을 보면서 골프를 대중화할 방법을 고민하기 시작한 것이다. 그는 어느 날 레슨용으로 사용되는 골프 시뮬레이터를 보고서 무릎을 쳤다.

미국에서 제작된 골프 시뮬레이터는 대당 억대를 호가하는데다 외국 골프장의 그래픽만 나왔기 때문에 국내 골퍼들의 관심을 끌지 못하는 형편이었다. 그는 골프 시뮬레이터에 오락성과 현실감을 좀 더 가미하면 사람들이 좋아할 것이란 생각을 했다. 하루 라운딩에 20만~30만원을 쓰고 시간도 하루 종일 걸리는 골프를 실내로 끌어들이자는 계획이었다.

국내에서 시판되는 스크린골프 브랜드는 20여 개나 넘는데 골프존은 선두주자로서 차별화에 성공한 것으로 평가된다. 다른 기업들이 기술적 문제로 씨름하는 동안 골프존은 고객과 가맹점이 원하는 것이 무엇인지를 경청하고 요구사항을 수용하는데 집중했다. 그리고 스크린 골프에 대한 문화적 접근을 통해서 오락 게임이라고 무시하던 정통 골퍼들의 호감까지 이끌어냈다.

골프존은 올해 국내 시장에만 머물지 않고 해외법인을 대거 설립해 수출시장을 개척하는 데 집중할 예정이다. 일본, 중국, 중동 등 해외시장에 한국의 골프문화, 골프 한류를 전파한다는 계획이다.

출처: 한국재경신문.

Chapter 5

경영과 환경

일년 내내 맑은 날이 적은 영국 주택의 창문은 밖으로 돌출되어 햇빛을 조금이라도 더 받으려 하는 데 반해 열대 아프리카의 흙집은 출입구만 있고 아예 창문이 없다.

이처럼 모든 조직은 환경의 영향을 받고 있고 동시에 환경에 적응하며 살아가고 있다.

기업도, 학교도, 병원도, 국가도 모든 조직은 갖가지 환경에 둘러싸여 그들로부터 혜택을 받기도 하고 대항하기도 하며 생존 번영하고 있다.

이처럼 환경과 영향을 주고받는 조직을 개방시스템(open system)이라고 하는데 거의 모든 조직은 이에 속한다.

결국 경영환경(business environment)이란 기업 활동과 직·간접적으로 관련을 맺고 있는 기업 외부의 상황을 말하는데 이는 기업의 번영, 생존과도 직결되기 때문에 경영학의 관심이 되는 것이다.

이번 장에서는 조직의 경계(boundary) 밖에 있는 여러 환경요소들에 대해 살펴보고 경영과 환경요소간의 관계에 대해 알아본다.

제 1 절

경영환경의 의미

1.1 경영환경의 중요성

우리나라가 1997년 경험했던 외환위기는 많은 기업들과 사람들에게 고통을 안겨주었다. 하지만 이 위기에 적절히 잘 대체한 기업에게는 오히려 전화위복이 되었다. 이처럼 경영환경은 어떤 기업에게는 기회(opportunity)를 주고 또 어떤 기업에게는 위협(threat)을 주기 때문에 중요하다.

그러므로 경영학에서 경영환경을 연구하는 이유는 어떻게 하면 기회적 환경을 잘 이용하고 위협적 환경을 최소화하여 기업조직을 존속, 번영시킬 수 있을까에 관심이 있기 때문이라고 할 수 있다.

그림 5-1 기업의 이해관계자들

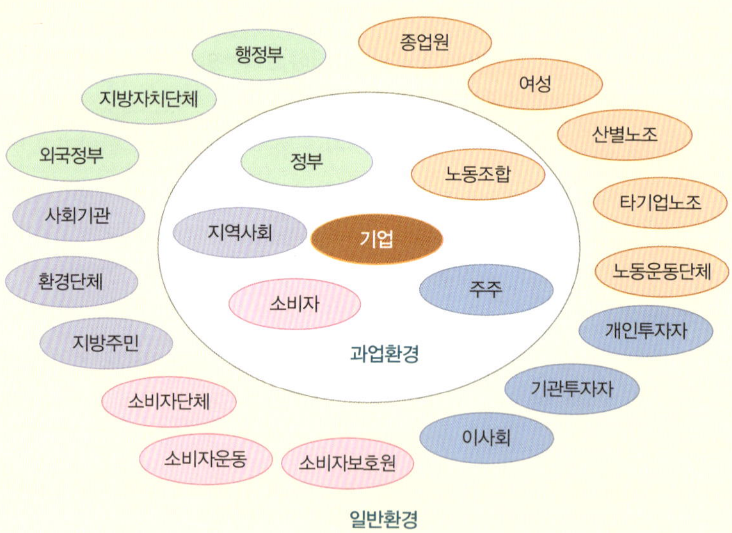

환경의 중요성이 현대경영학의 태동기부터 인식되었던 것은 아니다. 앞의 제2장의 경영학의 발전과정에서도 보았듯이 20세기 초만 하더라도 기업을 어디까지나 하나의 폐쇄시스템(closed system)으로 보고 기업내부의 재무, 영업, 회계, 생산관리만 합리적으로 잘하면 기업이 잘 되는 것으로 간주하여 오직 내부경영의 합리화만 집중적으로 연구하였다.

그러나 점차 사회는 복잡해지고 사람들의 인식도 바뀌고 생물학에서 연구되던 개방시스템 이론이 경영학에 도입되기 시작하면서 경영환경의 중요성이 부각되었던 것이다. 처음에는 기업의 환경으로 시장의 중요성만 고려하다가 그 이후 주주, 노조, 협력업체, 정부 등 이해관계자 집단의 영향력에 관심을 갖게 되었고 최근에는 국제적 환경, 세계 각국의 정세, 문화까지도 중요한 경영환경으로 인식하게 되었다.

1.2 경영환경의 유형

경영환경의 분류도 국내환경·국제환경, 외부환경·내부환경, 업무환경·거시환경 등으로 유형화하는데, 여기서는 기업 경영활동과 직접 관련되는 과업환경(구체적 환경 혹은 업무환경)과 외부에서 전반적으로 영향을 미치는 일반환경(또는 거시환경)으로 구분하여 살펴보자.

1.2.1 과업환경

회사의 업무와 직접 관계되는 환경들로서 다음과 같은 것들이 있다.

① 고객: 경쟁의 격화로 고객의 위상과 그 영향력은 그 어느 때보다도 높아졌다. 소비자들은 조직화되어 소비자고발센터, 공정거래위원회, 정부, 매스컴에 호소하기도 하고 인터넷 등을 이용하여 고객집단의 여론을 주도하기도 하여 고객은 왕, 기업은 신하가 되었다.

② 주주: 대주주 혹은 소액주주 집단은 주주총회에서 대표이사를 임명할 수 있을 뿐만 아니라 이사를 선출하여 경영활동의 방향을 주도하기도 한다.

③ 노조: 기업 구성원의 의견을 대표하는 노동조합은 파업이나 의견제시를 통하여 경영활동을 제약하거나 방향을 바꾸기도 한다. 물론 전국규모의 한국노총이나 민주노총의 주장은 기업에게 있어서 더 큰 환경요인이다.

④ 타기업: 경쟁업체와는 같은 시장을 놓고 시장점유율 확장의 각축을 벌이는 한편 협력업체는 원료공급과 제품유통과정에서 기업이 가장 신경을 쓰는 집단이다.

⑤ 정부와 법: 세법, 공정거래법, 독과점법, 공해방지법, 직업훈련법 등 많은 법과 규제가 기업활동을 지원하거나 제한하기도 하며 정부는 국민경제를 이끌면서 벤처기업 육성, 특별 금융지원, 공기업의 민영화, 임금가이드라인 제정, 외국인 투자허용, 규제완화정책 등 기업에 막대한 영향력을 발휘한다.

⑥ 지역사회와 압력단체: 지역시민의 영향력은 조경권 침해, 환경보호, 위락시설 설립반대 등의 형태로 최근 증대되고 있으며 NGO(비정부조직)의 환경운동, 참여연대의 소액 주주 운동, 재벌 상속세 개정법, 성희롱 방지법, 의약분업실시, 남녀 평등고용법 등은 모두 시민단체의 압력으로 정부에 의해 제정되어 경영활동에 직접 영향을 미치고 있다.

1.2.2 일반환경

특정 회사뿐 아니라 다른 모든 회사에도 간접적으로 영향을 미치는 환경요인으로서 다음의 것들이 있다.

① 경제적 환경: 기업에 직·간접적으로 영향을 미치는 경제적 환경은 물가수준, 산업구조, 경제개발정책, 경기변동, 재정정책과 재정상태 등 수없이 많다.

② 정치적 환경: 크게는 사회주의 체제인가 자본주의 체제인가에서부터 작게는 공무원들의 기업인들에 대한 마음가짐까지 선진국이나 후진국이나 할 것 없이 정치 환경은 기업경영의 중요한 환경요소이다.

③ 기술적 환경: 기술의 급격한 발전은 사무실의 사무기기, 공장의 생산시설에서부터 고객의 수요 패턴변화와 그에 따른 제품과 서비스의 유형변화

에 이르기까지 그 영향력은 실로 거대하여 세계적 대기업도 하루아침에 침몰시키고 무명의 소기업을 순식간에 세계적인 기업으로 탈바꿈시킨다.

④ 사회·문화 환경: 사회변동은 조직구성원들의 가치관 변화뿐만 아니라 고객들의 수요변화를 자극하며 국가 간의 문화차이는 글로벌 경영시대에 고려해야 할 필수분야가 되었다. 뿐만 아니라 여러 사회, 여러 국가의 사회적·문화적 환경도 기술 분야 못지않게 바뀌면서 기업경영에 기회와 위협을 안겨다 준다.

제 2 절

경영환경의 변화

2.1 경영환경의 변화방향

환경은 기업에 위협인 동시에 기회라고 했다. 문제는 미래의 환경이 확실해서 미리 예측을 하고 대책을 세울 수 있으면 위협을 기회로 바꿀 수도 있으며 최소한 손실은 줄일 수 있다.

표 5-1 환경의 차원과 불확실성

환경특성		환경의 복잡성	
		단순 또는 동질적	복잡 또는 이질적
환경의 동태성	안정적	• 소수의 동질적 환경요소 • 환경요소가 변화하지 않거나 변화의 속도가 느림	• 다수의 이질적 환경요소 • 환경요소가 변화하지 않거나 변화의 속도가 느림
	동태적	• 소수의 동질적 환경요소 • 환경요소가 지속적으로 변화함	• 다수의 이질적 환경요소 • 환경요소가 지속적으로 변화함

이처럼 환경의 불확실성(uncertainty)문제는 경영에서 가장 큰 이슈가 된다. 그런데 기업경영자의 능력이 일단 비슷하다고 할 때 환경 불확실성 정도는 환경 그 자체가 가지고 있는 속성에 의해 결정된다.

2.1.1 동태성 정도

어떤 환경은 해가 바뀌어도 변하지 않고 비교적 안정적이지만 어떤 환경은 일 년 동안에도 수없이 바뀐다. 예를 들어 의류판매기업의 경우 남성복 정장의 시장수요는 3,4년에 한번 바뀌지만 여성 캐주얼복 수요는 3,4개월도 못 가서 바뀐다. 고객뿐 아니라 경제, 기술, 정치 등 제반 분야에서 환경요소의 변화는 점점 더 동태적이 되어가고 있지만 아직까지 상대적으로 안정적인 환경을 가진 기업도 많다.

2.1.2 복잡성 정도

영향을 미치는 환경요인의 종류가 많더라도 그들이 대개 비슷하면 단순 환경이지만 서로 매우 이질적이라면 복잡 환경이다. 즉 경영활동을 잘 하기 위해 고려해야 하는 환경요소의 종류(수)가 많으냐 적으냐 그리고 환경요소들이 서로 유사하냐 이질적이냐에 따라 단순환경, 복잡환경이 정해진다.

2.1.3 풍부성 정도

기업조직은 환경으로부터 인력, 자금, 원료 등 여러 자원을 이용하는데 이러한 환경이 풍부할 때도 있고 부족할 때도 있다. 풍부할 때는 비교적 기업경영이 수월하겠지만 부족할 때 제대로 투입이 되지 않는다면 그 기업은 곤란을 겪을 것이다.

2.1.4 집중성 정도

기업에 영향을 주는 환경요인 간 영향력 가중치가 서로 비슷하면 집중성이 낮은 것이며 어느 한두 요인의 영향력만 대단히 크다면 집중성이 높은 것이다. 따라서 집중성이 높은 환경에서는 경영활동이 비교적 쉽다.

2.2 기업의 환경대응전략

조직이 환경에 대응하는 방법은 다양하지만, 다음의 두 개의 유형으로 구분할 수 있다.

첫째, 환경을 있는 그대로 놓아둔 채 조직 자체가 환경에 맞추어 나가는 유형(환경적응)과, 둘째, 조직의 구미에 맞도록 환경을 바꾸어 나가는 유형(환경통제)이 있다.

2.2.1 환경적응

톰슨(J. Thompson)의 이론에 국한하여 기업이 환경에 대응하는 몇 가지 방안이 있다.

① 완충활동(buffering): 기업이 환경으로부터 투입(input: 원료, 자금, 인력)받는 곳이나 산출(output: 판매)하는 곳에 예비자원을 많이 쌓아 놓으면 환경변화로 인한 타격이 적을 것이다.

② 경계활동(boundary spanning): 환경대응을 잘하기 위해서는 환경을 정확히 예측하는 것이 급선무이다. 이를 위해서 환경과 기업의 경계선에서 활동하는 종업원(경계활동담당자)들의 수를 늘리고 이들의 환경정보 수집활동을 적극 지원하면 어느 정도 미래예측이 쉬워진다.

③ 전문부서 설립: 특별히 전문기관이나 전문가를 두어서 항상 환경변화를 분석하고 예측하여 내부 구성원들에게 정보를 제공하게 하는 경우도 많다. 또는 마케팅부서, 연구개발부서, 회계부서 내에 환경요인만을 담당하는 또 하나의 작은 부서를 설립하여 환경을 예측하고 대책을 세우게 한다.

2.2.2 환경통제

기업의 환경이 기업에게 긍정적인 영향을 미치도록 혹은 적어도 부정적인 영향을 적게 미치도록 환경과의 관계를 바꾸어 놓든지 환경자체를 변경시키는 방법이다.

① 공동운영: 경쟁회사나 원료공급회사 혹은 판매대리회사 등과 합병하든지, 중역을 상호 겸임하게 한다면 그 회사들로부터 가해지는 위협은 감소되고 오히려 기회가 증대될 것이다.

② 광고: 기업의 광고는 소비자뿐 아니라 일반국민, 정부, 거래처 사람들을 설득시키고 변화시키는 데 사용될 수 있다. 소비자에게 광고하여 없는 수요를 창조할 수 있으며 공해 물질 산출에 대한 지역주민의 반발을 기업이미지 광고로 잠재울 수도 있다. 이처럼 광고는 기업에게 불리한 환경을 유리한 환경으로 변화시키는 데 많은 역할을 한다.

③ 사업변경: 기업이 어느 환경에 대처하기가 아주 어려울 때는 그 사업을 포기하든지 업종을 아예 다른 사업으로 바꿔버리는 수도 있다.

④ 로비활동: 우리나라에서는 주로 로비활동을 부정적 시선으로 보지만 선진국에서는 합법적으로 비용을 제공하면서 자기회사에 유리한 법을 제정하도록 영향력을 행사하게 한다. 기업 자체적으로 로비스트를 고용하여 의사결정기관에 접근하는 경우도 있지만 이것이 힘들 경우에는 자기측과 유사한 이해관계에 처한 조직들과 손잡고 연대하여 로비활동을 벌이거나 영향력을 행사한다. 우리나라의 전국경제인연합회, 중소기업연합회, 대한상공회의소 등이 대표적 기관이다.

복지가 대기업보다 좋은 강소기업 "마이다스 IT"

"자동승진, 무정년, 벌은 없고 상만 주는 회사 … "이런 기업 또 없나요?"

'호텔식 세끼 식사, 70분 낮잠 시간, 자동승진제도' 이런 기업이 과연 있을까 싶겠지만, 이를 실제로 적용하는 회사와 CEO가 있다. 바로 기계·건설 구조설계 소프트웨어를 개발하는 IT업체 마이다스아이티(MIDAS IT)와 이형우 대표의 이야기다.

쟁쟁한 정보기술(IT) 기업들이 모여 있는 판교신도시 내 판교테크노밸리. 엔씨소프트·NHN엔터테인먼트·안랩·한글과컴퓨터 등 건물이 즐비한 가운데 마이다스아이티 건물이 눈에 띈다. 다소 생소한 이름이지만 아는 사람들 사이에선 '소프트웨어의 성공 신화'로 불린다. 마이다스아이티는 한국에서 찾아보기 힘든 공학 분야 소프트웨어 기업으로, 세계 110여 개국에 수출하고 있다. 설립 7년 만에 건설구조 분야 소프트웨어 세계 1위라는 타이틀도 거머쥐었다. 글로벌 100대 엔지니어링 기업 절반 이상이 고객사로 국내보다 해외에서 더 이름을 알리고 있다.

마이다스아이티만의 상징적인 점은 또 있다. '네 가지'가 없다는 것이다. 스펙이 없고, 상대평가가 없고, 벌이 없고, 정년이 없다. 이곳에서만 볼 수 있는 독특한 경영 시스템과 직원들을 위한 복지 제도는 대기업에서도 찾기 힘들다.

그렇다면 이 회사의 사업 실적은 어떨까? 2000년 9월 30명 남짓의 직원으로 시작해 14년이 지난 오늘 국내외에 600여 명의 인력을 갖추게 되었고, 전 세계 110여 개국에 소프트웨어를 수출하고 있다. 창립 당시 15억원의 매출 규모는 매년 약 20~30%씩 성장해 현재 약 780억원에 이른다. 매출액 기준으로 약 52배 성장한 셈이다.

마이다스아이티의 주력 제품은 건설과 기계 분야 구조 해석 및 설계용 소프트웨어다. 건축물·교량·터널 등을 안전하게 짓기 위해서는 컴퓨터를 이용해 각종 변수를 고려하는 시뮬레이션을 해야 한다. 각종 하중과 바람, 지진 같은 자연재해에 안전한지 미리 검증해 봐야 한다. 특히 고층 건물이나 복잡한 구조일수록 시뮬레이션을 통해 실제 설계가 가능한지, 무엇을 더 보강해야 하는지를 사전에 확인해야 한다. 이처럼 변수와 안전 여부를 체크하고 부족한 부분을 채우는 솔루션을 제안해 주는 게 마이다스아이티의 기술이다. 안전성뿐만 아니라 경제성 측면에서도 정해진 비용 안에서 최적의 시공을 하도록 필요한 재료와 방법을 안내해 준다.

높이 828m, 163층으로 세계 최고층 건물 두바이 부르즈 할리파를 비롯해 세계 최장 대교인 중국의 수퉁대교, 베이징 올림픽 메인 스타디움, 상하이 엑스포 파빌리온 등에 이 소프트웨어가 사용됐다. 밀라노 대성당과 그리스 신전 등 역사적 유물의 유지·보수에도 쓰였다. 굵직한 건축물에 쓸 수 있는 관련 기술 보유 국가는 미국·일본·영국·독일·네덜란드·호주 등 세계 6개국에 불과했다.

마이다스아이티가 합류하며 한국도 기술 보유국이 됐다. 2000년 설립돼 매년 20~30%의 성장세를 유지해 7년 만에 세계 시장점유율 1위를 달성했다. 한국에선 2000년대 이후 건설된 국내 건물의 95%에 마이다스아이티 소프트웨어가 적용되고 있다. 설계 전, 시뮬레이션이라는 특수한 분야를 파고들어 기술력으로 세계를 깜짝 놀라게 한 '숨은 거인'인 셈이다.

마이다스아이티는 2012년 777억원의 매출을 달성했다. 이 중 430억원이 해외 매출이다. 임직원 600여 명 중 42%가 해외 인력으로 구성돼 있다. 창업 초기부터 적극적으로 해외 진출을 시도한 결과다.

마이다스아이티의 시작은 대기업의 개발 조직이었다. 포스코건설의 구조 해석용 시뮬레이션 소프트웨어 개발과 사업화를 담당했던 팀이 독립한 것이 시작점이다. 이형우 사장은 이때 팀을 이끌던 리더였다. 외국 소프트웨어를 국내 환경에 맞게 제작하는 데 성공했고 이 기술이 일본 굴지 업체와의 경쟁에서 이기자 상용화에 나섰다. 2002년 일본 진출 이후 중국·미국·유럽·인도·인도네시아 등에 속속 진출하면서 글로벌 시장 개척에 나섰다.

짧은 기간 내에 세계시장을 공략할 수 있었던 이유는 현지화에 성공한 때문이었다. 성공적으로 시장에 안착하기 위해 현지 언어와 설계 기준이 반영된 제품으로 현지화했고 최소한의 인력을 제외하고 해당 국가의 인재들로 인력풀을 구성했다. 현지 전문가 네트워크를 가동하기 위해 협회·학회·대학교 등과 협력했고 제품 홍보와 마케팅 활동에 활용하기도 했다. 무엇보다 초기 시장 안착을 위해 현지 1위 고객사를 확보하는 데 총력을 기울였다. 중국의 경우 중국 기업이 규모와 실력에 따라 갑을병정으로 나뉜다는 특성을 파악, 마이다스아이티는 갑에 해당하는 회사를 먼저 공략했다. 이 전략이 성공하자 다음엔 을을 공략했다. 을이 갑이 되기를 원하는 니즈를 찾아 '기술 폭풍 프로모션'을 진행했다. 마이다스아이티 프로그램을 사용하면 '갑' 수준만큼 기술력을 향상시킬 수 있다고 강조한 것이다. 이 프로모션 기간 3개월 동안 계약한 고객 수가 이전 4년간의 계약 건수를 넘어설 정도로 대성공을 거뒀다. 신미영 부장은 "마이다스아이티는 시장이 포화됐다든지 사람들의 니즈가 없다는 이유로 포기하지 않는다"며 "보이지 않는 욕망을 읽어내고 자극해 니즈를 만들어 내는 것이 바로 마이다스아이티의 성공 비결"이라고 강조했다.

마이다스아이티는 사람을 키우는 데 회사의 명운이 달려 있다고 믿는다. 임직원이 100명을 넘어서자 의사소통에 어려움을 겪었고 이직률도 높아지기 시작했다. 이때부터 '인본 경영'에 대해 연구하고 구성원 개개인을 경영의 주체로 세우는 데 공을 들였다.

복지 체계도 그중 하나다. 자동승진제도와 정년 없는 종신고용제도를 운영하며 근무연한에 따라 부사장 직위에 오를 때까지 자동승진을 보장한다. 기본급만으로 생활이 가능하도록 대기업 수준(신입 초임 연봉 4,000만원)을 유지하고 있고 일정 기간이 지나면 자동으로 오르는 대신 야근 수당 등 각종 수당은 제공하지 않는다. 보상을 매개로 동기부여를 하지 않겠다는 의지의 표현이다. 또한 연 2회 지급되는 상여금은 '책임성 이익분배제'로 팀에 배분한다. 팀워크가 깨지는 것을 방지하고 팀별 경쟁을 유도하기 위한 방법이다. 신미영 부장은 "중소·중견 기업 최고 경영자(CEO)들이 벤치마킹하러 자주 방문한다"고 말했다.

출처: 한경비즈니스, 2014.3.7.

Chapter 6

경영전략

경영전략은 과거 전쟁에서 이기기 위한 병법에서 발전한 계획의 일종이다. 전쟁에서는 무조건 이겨야 한다. 기업도 전쟁과 같은 무한 경쟁 시대에서 죽이지 않으면 죽는 환경에 처해 있다. 그러나 손자병법에서 최고의 전략은 싸우지 않고 이기는 것이라고 하였다. 기업도 싸우지 않고 이길 수 있는가?
이번 장에서는 경영전략에 대해 살펴본다.

제 1 절

경영전략이란

1.1 경영전략의 개념

오늘날 기업에서 가장 널리 사용되고 있는 경영 용어 중의 하나는 경영전략 또는 전략경영이다.

전략이란 용어는 원래 군사병법에 근원을 두고 있다. 전략(strategy)은 그리스어 strategos에서 나온 말로서, 이 용어는 군대를 의미하는 stratos와 이끈다(lead)는 의미를 가진 -ag가 합쳐진 용어이다. 따라서 글자 그대로 군대를 승리하도록 이끄는 방법이 전략인 것이다.

우리는 전략이라고 하면 흔히 손자병법을 연상하게 되는데 손자병법하면 '지피지기 백전백승(知彼知己 百戰百勝)'을 연상하게 된다. 이는 상대편이 가지고 있는 강점과 약점을 잘 알고 자신의 능력과 한계를 잘 알면 자신의 능력을 활용하여 상대방의 약점을 공략하는 전략으로 승리를 거두게 된다는 것이다.

손자의 이러한 군사전략은 경영활동에서도 그대로 적용된다. 그러면 이처럼 군사용어에서 비롯된 전략의 개념을 경영에 접목시킨 전략경영이란 무엇인가?

전략경영(strategic management)이란 기업이 설정한 목표를 달성하기 위해 각종 전략을 수립하고 이를 통해 자원을 전략적으로 배분하는 경영활동을 말한다. 즉 경쟁기업과 비교해서 어떻게 지속적으로 상대적 경쟁우위를 획득할 수 있는가를 추구하는 경영활동이라고 할 수 있다.

1.1.1 경영진의 실천의지

(1) 기업전략

기업전략(corporate strategy)은 그룹 또는 기업 전체를 총괄하는 차원에서 수립하는 전략으로 사업영역이나 제품종류를 결정하고, 새로운 사업개발이나 사업축소 등을 결정하며, 자원조달과 배분을 결정하며, 상승효과를 올릴 수 있는 대책을 마련하는 것을 말한다. 즉, "우리의 사업은 무엇인가?", "우리의 고객은 누구이며, 고객이 원하는 것은 무엇인가?" 등에 대한 해답이 전제가 된다. 이러한 기업전략은 기업 전체 입장에서 환경변화에 대처하고 기업의 자원역량을 결집하여 발전해 나갈 방향을 설정하는 것이므로, 기업의 강점과 약점 등 전반적인 상태를 잘 파악하여 수립하여야 한다. 따라서 기업전략은 기업의 경영상태를 잘 파악하고 있으면서 미래에 대한 비전을 가진 최고 경영층이 의사결정한다.

(2) 사업전략

사업전략 또는 경쟁전략(business strategy)은 사업부별 또는 전략사업단위(SBU · strategic business unit) 차원에서 수립하는 전략이다. 전략사업단위는 제품별 또는 지역별로 구분되어 독자적인 사업목표를 갖고 활동하는 부서를 의미하며, 각각 다른 시장특성과 경쟁구조를 갖고 있다. 따라서 사업전략은 기업이 진출해 있는 여러 사업분야에서 높은 사업성과를 올리기 위해 해당 사업부별로 사업을 수행해 나갈 방향을 정하는 것이다. 사업전략은 다음과 같은 질문에 대한 대답이 전제가 된다. "우리가 속해 있는 특정사업영역에서 경쟁기업과 비교해서 지속적으로 경쟁우위를 확보하고 유지하기 위해서 어떻게 경쟁할 것인가?" 이러한 사업전략은 시장상황분석, 산업분석, 경쟁자분석, 내부분석 등을 바탕으로 생산, 재무, 마케팅 등의 기능전략을 혼합하여 활동방향을 정하게 된다.

(3) 기능전략

기능전략(functional strategy)은 생산, 마케팅 등 기능 부서별로 수립하는 전략을 말한다. 기능전략은 사업전략에서 결정된 전략방향에 따라 각 기능별로 활동방향을 결정하는 하위 기능부서에서 수립하고 집행하는 전략적 계획이다. 이

그림 6-1 전략의 계층구조

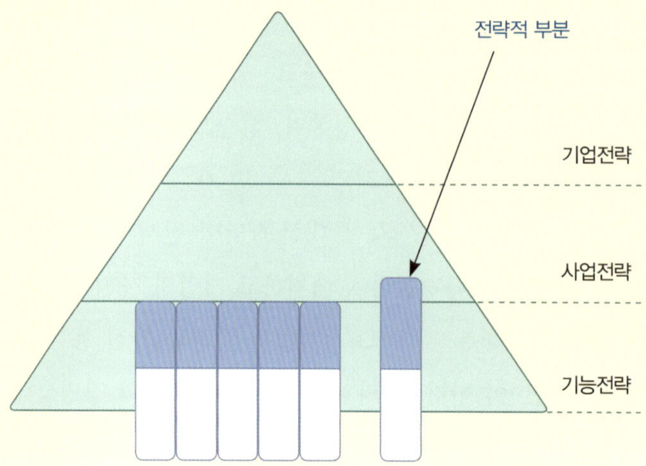

는 “기능영역의 전문성을 어떻게 효과적으로 효율적으로 적용할 수 있을 것인가?”에 대한 해답이 그 전제가 된다. 생산부서에서는 수요예측을 하고 이에 따라 생산시스템을 설계하고, 생산량과 품질관리수준을 결정하고, 재고유지 및 자재공급시스템 구축을 결정한다. 재무부서에서는 사업투자에 소요되는 자금규모를 결정하며, 자본예산을 편성하고, 자금운영방법을 결정한다. 또한 마케팅부서에서는 수요예측을 포함한 시장조사에 의거하여 시장세분화 및 제품차별화 전략의 방향을 결정하고, 이에 따라 제품, 가격, 유통, 촉진 등의 마케팅믹스를 결정한다.

1.1.2 전략결정 고려요소

전략을 수립하는 데 있어서 고려해야 할 요소는 크게 세 가지로 구분할 수 있다. 첫째는 기업이 경쟁해야 할 상대가 누구인가 하는 외부환경을 고려하여 환경으로부터의 기회와 위협을 파악하는 것이다. 여기서 말하는 상대는 단순히 경쟁기업뿐만 아니라 기업이 경영활동을 수행하는데 직접적으로 간접적으로 영향을 미치는 정치적, 경제적, 기술적, 사회적, 문화적 환경 등 모든 외부환경을 의미한다.

둘째는 기업 자신의 능력이 어떠한가 하는 내부여건을 고려하는 것이다. 즉 기업이 가지고 있는 재무구조, 생산시설 및 기술, 경영능력, 노하우 등 내부능력과 한계점을 명확하게 하는 것이다.

적을 알고 나를 안 뒤에는 셋째로 기업의 방향을 제시하는 경영철학을 고려하는 것이다. 이 때 최고 경영자의 가치관, 비전 등을 토대로 경영철학이 형성되면서 이들이 전략결정에 전체적인 영향을 미치게 된다.

1.2 전략수립과정

전략은 기업이 활동하는 경영환경의 위협, 위험, 기회에 대하여 기업이 보유한 경영자원으로 대응하고자 하는 노력으로 달성하고자 하는 목표와 기업활동의 기본방침을 연결시켜 준다. 따라서 기업은 자신이 처한 상황과 내적제약 및 경영환경을 고려하여 최적의 전략을 선택하게 되는데, 이러한 적절한 전략의

그림 6-2 전략수립과정

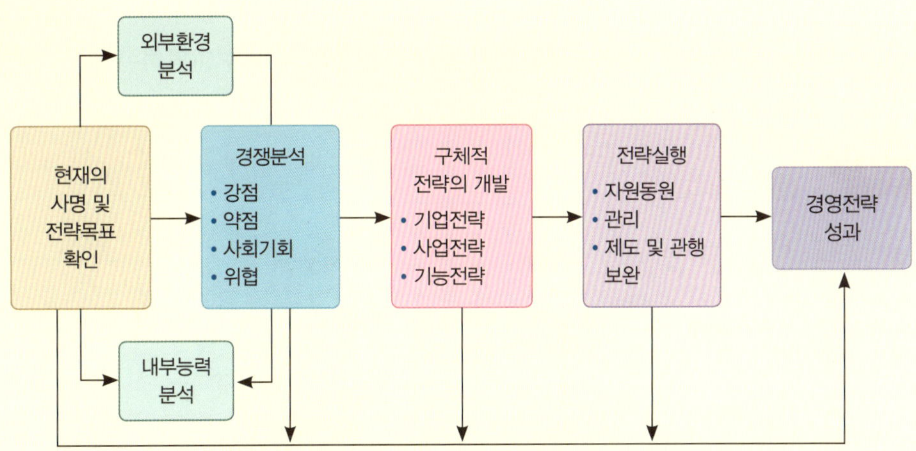

수립 및 실행이 바로 기업성과와 직결된다.

전략을 수립하는 데 있어서는 다음의 각 과정을 거치게 된다. 즉 기업사명의 설정, 기업목표 설정, SWOT분석, 전략수립 및 실행 과정을 거치게 된다.

1.2.1 기업사명(이념) 설정

기업의 사명 또는 이념은 기업의 존재이유를 밝히는 것을 말한다. 즉 우리의 사업은 무엇인가, 우리의 사업은 미래 어떤 방향으로 나아가야 하는가 등을 명시하는 것을 포함한다. 또한 고객에 초점을 두어야 하며, 실행 가능해야 하고, 구체적이고 동기부여가 되고 경쟁기업과 구분이 되어야 한다. 예를 들면, 대우그룹의 세계경영, LG그룹의 고객을 위한 가치창조, 인간존중의 경영 등이다.

1.2.2 기업목표 설정

기업목표는 기업사명(이념)을 실현하기 위한 장기적으로 달성해야 할 구체적 실행목표를 말한다. 따라서 조직의 기대이익수준, 시장지위, 명성 등 측정가능하고, 구체적이고, 명확하고, 실행 가능하도록 목표를 설정하여야 한다. 예를 들면, 우리 회사의 목표는 향후 5년 간 15%의 연간투자수익률을 달성하는 것이다.

1.2.3 SWOT 분석

SWOT(strength, weakness, opportunity, threat)분석은 환경으로부터의 기회와 위협을 파악하고 또한 조직능력의 상대적 강점과 약점을 파악하는 데 유용한 방

그림 6-3 전략수립과정

	강점(S)	약점(W)
기회(O)	기회를 활용하기 위해 강점을 활용	약점을 보완함으로써 기회를 활용
위협(T)	위협을 최소화하기 위해 강점을 사용	약점을 보완하고 위협을 최소화

그림 6-4 SWOT 분석을 통한 전략결정

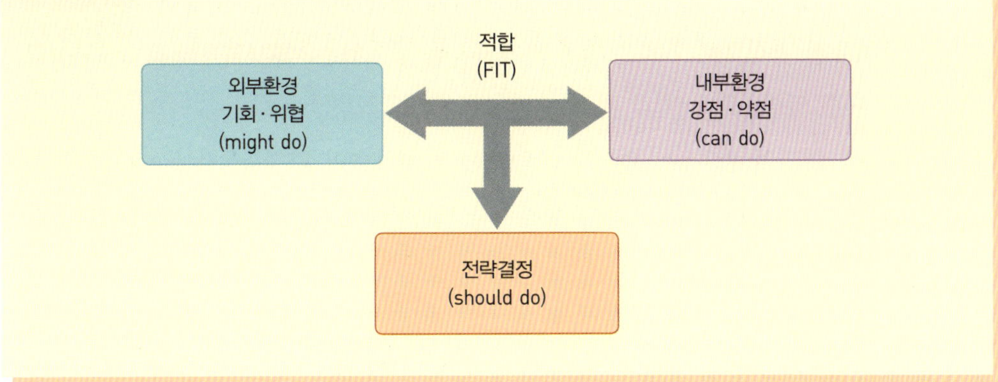

법 중의 하나이다.

이러한 SWOT분석을 통해 외부환경으로부터의 기회와 위협을 분석하고 기업내부의 능력을 정확히 파악하여 기회를 최대한 이용하고 위협요인은 회피할 수 있는 전략을 제시하여야 한다. 특히 자사의 강점과 약점을 분석할 때 주의할 것은 항상 경쟁자와 비교한 상대적인 개념이라는 것이다. 즉 경쟁자에 비교해서 우리의 강점과 약점은 무엇인가에 초점을 두어야 한다. 또한 외부환경을 분석할 때는 산업에 따라 성패를 결정지을 수 있는 주요 요인인 핵심성공요인(key success factors)에 초점을 두어야 한다. 예를 들면, 소매업에 있어서의 핵심성공요인은 고객이 원하는 상품을 원하는 시간에, 원하는 장소에, 원하는 가격에 제공하는 것이라 할 수 있다.

1.2.4 가치사슬분석

가치사슬분석에서는 기업이 시장에서 어떻게 경쟁우위를 획득하게 되는지를 이해하기 위해서는 기업이 수행하는 여러 가지 활동을 제품의 디자인, 생산, 마케팅, 배달 그리고 촉진이라는 일단의 활동들로 구분해서 검토해야 한다고 주장한다.[1]

[1] Michael E. Porter, *Competitive Advantage: Creating and Sustaining Superior Performance*, New York: The Free Press, 1985.

이런 기업의 각 활동은 기업의 상대적인 원가위치에 공헌하며, 차별화의 기반을 형성하거나 창조한다. 이런 시각에 입각하면, 기업은 경쟁사와 비교해서 특유한 방식으로 고객을 위한 부가가치를 창조하는 가치사슬(value chain)이라고 볼 수 있다.

여기서 한 가지 중요한 포인트는 가치사슬이 가치활동(value activity)과 이익마진(profit margin)으로 구성된다고 보는 사고이다. 가치활동이란 기업이 수행하는 물리적 활동(physical activity)과 기술적 활동(technological activity)을 말하며, 이는 고객에게 가치가 있는 제품이나 서비스를 창조하는 초석이다. 한편, 이익마진은 총가치와 제품창조에서 발생되는 전체적인 비용간의 차이를 말한다.

〈그림 6-5〉에 제시된 바와 같이, 가치사슬분석에서는 기업이 수행하는 활동을 기본활동(primary activity)과 지원활동(support activity)이라는 두 가지로 구별한다. 기본활동은 판매 후 서비스뿐만 아니라 제품의 창조와 고객에 대한 제품의 판매 및 운반과 관련되는 여러 활동을 말하고, 지원활동은 일반적인 획득(조달), 기술, 인적자원관리와 기업의 하부구조를 관장함으로써 기본활동과 서

그림 6-5 가치사슬분석

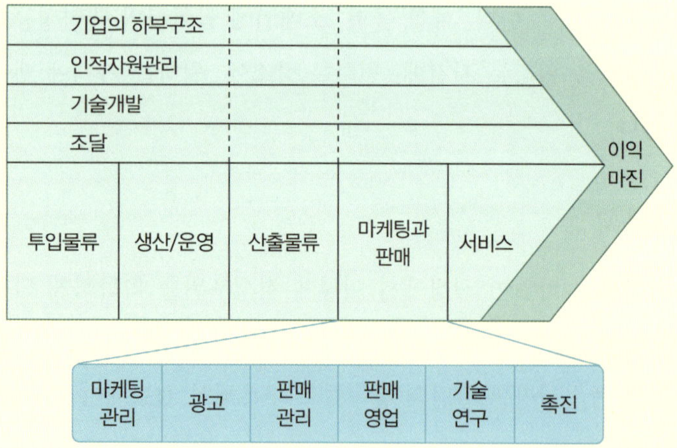

출처: Michael E. Porter, *Competitive Advantage: Creating and Sustaining Superior Performance*, New York: The Free Press, 1985.

로를 지원하는 활동을 말한다.

경쟁우위의 기초가 되는 여러 가지 가치사슬활동들이 서로 별개의 요소로 보일 수도 있겠지만, 이런 활동들은 결코 서로 완전히 분리되어 존재하는 것은 아니다. 즉, 가치사슬은 서로 의존하는 여러 활동들의 집합체(즉, 시스템)이기 때문에, 기업은 가치사슬활동간의 상호관계(interrelationship)나 연결관계(connection)를 잘 분석할 필요가 있다. 우선, 가치사슬활동 간의 상호의존성이 고객가치를 창조하는 데 공헌하거나 방해하는 정도를 파악해야 한다. 한편, 가치사슬활동 간의 연결관계는 대개 내용관련 조정(content-related coordination)을 말하지만, 순차적인 조정(sequential coordination)이 포함되기도 한다. 이런 두 노선은 기업에게 경쟁우위를 가져다 줄 수 있다.

이런 가치사슬 활동간의 연결관계를 분석할 때는 기업의 내부적 연결관계(internal linkage)와 외부적 연결관계(external linkage)를 모두 분석해 보아야 한다. 기업의 내부적 연결관계를 분석할 때는 가치사슬에서 원가와 특유성을 추진하는 요인을 잘 파악해야 하는데, 이는 단독으로나 아니면 서로 결합해서 기업이 고객에게 제시하는 제공물의 원가나 차별화에 직접적으로 공헌하는 요소들이다. 이런 원가와 특유성의 추진요인을 파악하면, 기업의 경쟁우위가 기업 내부에서 어떻게 배태되고, 구성되며, 발전하는지를 이해할 수 있게 된다.

하지만, 기업의 외부적 연결관계를 분석하는 것도 기업의 내부적 연결관계를 분석하는 것 못지 않게 중요하다. 기업의 가치사슬은 원자재 공급업자의 가치사슬이나 고객의 가치사슬과 서로 긴밀히 연결되어 있기 때문에, 이런 외부적 연결관계에서도 부가가치가 발생하게 된다. 특히, 핵심사업에만 집중하고 나머지 다른 활동들을 아웃소싱(outsourcing)하는 기업의 경우에는 이런 외부적 연결관계가 대단히 중요하다. 또한, 정보기술과 커뮤니케이션기술이 미치는 영향력이 점차 커지고 있는데, 일종의 협력방식을 통해서 이런 기술들을 적절히 사용하면 고객을 위한 편리성을 높이고 제품의 원가를 낮추는 데 큰 도움이 된다.

요컨대, 기업의 제품이나 서비스가 가지는 실제적인 고객가치는 기업의 내부적인 상황만으로 완전히 좌우되는 것이 아니다. 기업의 가치사슬과 다른 관련조직(예 경쟁사, 고객, 대학, 조사기관 등)의 가치사슬 사이에 존재하는 시너지

(synergy)가 고객가치를 창조하는 데 특유한 공헌을 할 수 있다. 따라서, 이렇게 전략적으로 중요한 외부적 연결관계에 대한 통찰력을 확보하고 또한 이것이 기업의 원가와 차별화에 미치는 영향을 파악하는 것은 매우 중요하다고 하겠다.

간혹 이런 가치사슬분석을 적용하기가 어려운 경우도 있는데, 이에 대한 가장 손쉬운 해결책은 그 기본취지에 집중하는 것이다. 즉, 기업이 어디서 그리고 어떻게 부가가치를 창조하거나 원가를 낮출 수 있는지를 잘 살펴보아야 한다. 이렇게 기업의 주요 부가가치에 초점을 두고 분석해보면, 기업이 가진 주요 결점을 식별하는 데 큰 도움이 된다.

일반적으로 가치사슬분석은 다음과 같은 6단계로 진행된다.

① 기업의 기본활동과 지원활동을 식별하는 단계: 이를 위해서는 먼저 출발점부터 결정해야 한다. 어떤 종류의 기업인가? 예컨대, 광고회사인가 아니면 제조회사인가? 생산하는 것이 제품인가 아니면 서비스인가? 이에 따라 가치사슬에서의 강조점이 달라진다.

② 상당히 큰 비용을 차지하는 활동을 검토하여 기업의 차별화에 도움이 되는 요소들을 파악하는 단계

③ 기업의 중요한 연결관계를 검토하는 단계: 이 단계에서는 기본활동들 간의 연결관계, 기본활동과 지원활동 간의 연결관계, 원자재 공급업자의 가치사슬과의 연결관계, 고객의 가치사슬과의 연결관계 및 다른 시장주체의 가치사슬과의 연결관계라는 다섯 가지 범주의 연결관계에 특별히 주목할 필요가 있다.

④ 위의 분석내용을 기반으로 잠재적인 개선영역을 식별하는 단계: 잠재적인 개선영역은 개별적인 활동에 관련되거나 아니면 기업의 내·외부적인 연결관계와 관련될 수 있다. 이 때는 현재 활동이 정의되고 있는 방식에 너무 집착하지 않아야 한다. 사실, 기업이 수행하는 활동을 재정의하거나 재조정하는 것이 새로운 형태의 고객가치를 창조할 기회를 식별하고 나아가 새로운 경쟁우위의 원천을 발견할 가능성을 더 높일 수 있다. 말하자면, 기업은 원가와 특유성의 추진요인이라는 측면에서 가능한 혁신방

법을 모색하도록 해야 한다.

⑤ 기업의 현재 모습에 대한 전반적인 결론을 내리는 단계: 이런 결론에는 가치사슬분석에 한번 더 넘길 만한 내·외부의 기회가 포함되도록 해야 한다.

⑥ 진정한 의미의 '밖에서 안으로 들여다보는 관점(outward-looking-in perspective)'에 입각해서 앞의 여러 단계를 다시 반복하는 단계: 이는 사물을 좀 더 신선하게 바라보는 시각과 고객가치를 창조하기 위한 새로운 아이디어를 얻게 해 준다.

1.2.5 7S 프레임워크

〈McKinsey〉

맥킨지사의 7S 프레임워크는 기업이 처한 전반적인 상황과 기업이 변화나 개혁을 수용해서 이를 수행할 수 있는 정도를 파악하는 데 유용한 분석수단이다. 7S 프레임워크는 그 이름이 암시하듯이 7S라는 일곱 개의 주요 요소로 구성되어 있는데, 이런 주요 요소들이 단독으로 그리고 서로 결합해서 기업이 형성된다고 본다. 그런데, 세 개의 하드 변수(hard variable)와 네 개의 소프트 변수(soft variable)로 구성된 7S 프레임워크에서 각 주요 요소가 차지하는 비중과 상호 관련성은 그다지 명확하지 않다. 7S 프레임워크의 구성요소를 간략히 설명해보면 다음과 같다.

① 전략(strategy): 전략이란 외부환경에서 발생할 상황변화를 예상하거나 이에 대한 반응으로 기업에 의해 의도된 행동을 말한다. 여기에는 전략수립방법, 전략내용의 질 및 실행방법 등이 포함될 수 있다.

② 구조(structure): 구조란 조직이 서로 연결관계를 가진 좀 더 작은 단위로 구분되는 방식을 말한다. 여기에는 확립된 관계, 파워의 균형 및 행동규범 등이 포함될 수 있다.

③ 시스템(system): 시스템은 기업이 그에 의거해서 일하게 되는 모든 공식적 및 비공식적 절차와 프로세스로 구성된다. 그런 예로는 예산 시스템,

그림 6-6 7S 프레임워크

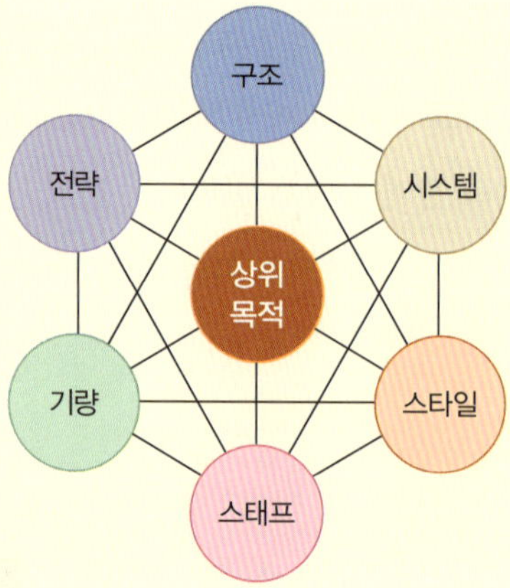

출처: Thomas J. Peters and Robert H. Waterman, Jr., *In Search of Excellence: Lessons from America's Best Run Companies*, Harper & Row, 1982.

교육 훈련 시스템, 관리 시스템 및 경영정보 시스템 등이 있다. 이런 시스템은 기업의 일상적인 일이 발생하게 되는 메커니즘이기 때문에, 조직의 필수적인 부분을 형성한다.

④ 상위목적(superordinate goals): 기업의 목적이란 기업이 달성하고자 하는 바와 기업이 갖고 있는 열망의 종류를 말한다. 여기에는 오직 경영진만 알고 있는 목적과 기업 내부에서 일반적으로 널리 알려져 있는 목적이 있다. 후자는 기업이 나아가야 할 방향을 지시해준다는 측면에서 좀 더 명확한 기능을 가진다. 요컨대, 상위목적은 기업이 존재해왔고 또한 조성되고 있는 것을 둘러싼 어떤 근본적인 아이디어라고 말할 수 있다.

⑤ 스타일(style): 스타일은 조직의 리더십 행동 및 조직문화와 관계가 있다. 특히, 리더십 스타일이 기업의 유형과 외부환경에 잘 부합하는지를 검토하는 것이 중요한데, 이를 중심으로 해서 일을 수행하는 방식은 기업이 새로운 것에 대해 얼마나 개방적인가를 나타내는 중요한 척도이다.

⑥ 스태프(staff): 스태프는 폭넓은 의미에서 인사에 관한 것이다. 사람은 기

업의 중요한 자산이므로, 좋은 인사관리가 중요하다. 평균 나이, 근속연수, 결근율, 이직, 평균 훈련수준 등은 기업이 이에 대해 얼마나 적절한 주의를 기울이고 있는가를 나타내는 중요한 지표이다.

⑦ 기량(skill): 기량이란 기업의 스태프가 보유하는 일반적인 지식과 전문지식을 말한다. 문제는 이것이 각 기능영역별로 얼마나 고루 잘 개발되어 있는가 하는 점이다. 기업이 최신의 능력과 지식을 보유하고 있는지 아니면 어떤 중요한 기능영역에서 경쟁사에 뒤쳐져 있거나 기량이 부족한 것은 아닌지를 잘 확인해 보아야 한다.

1.3 전략수립모델

1.3.1 제품포트폴리오 전략

제품포트폴리오전략(PPM · product portfolio management)은 1970년대 초반 보스턴 컨설팅그룹(BCG · Boston Consulting Group)에 의해 개발되었기 때문에 BCG 메트릭스라고도 한다.

제품수명주기(PLC · product life cycle)와 경험곡선(experience curve)을 바탕으로, 사업 또는 제품에 관한 자금의 유출은 해당 제품시장의 시장성장률과 기업의 상대적 시장점유율과의 조합에 의해 정해진다는 가정을 바탕으로, 시장성장률과 상대적 시장점유율의 두 차원에 의해 개발된 2×2 매트릭스 전략이다.

BCG 매트릭스의 수직축은 시장 전체의 매력도를 측정하는 시장의 성장률이다. 급격히 성장하는 시장에는 기업이 생산을 높임으로써 높은 이윤을 얻을 수 있는 기회가 존재하며, 수요가 정체된 산업의 시장에서는 수요의 정체로 인한 유휴설비의 존재로 수익률이 하락한다. 한편, 수평축의 시장점유율은 기업이 시장에서 높은 시장점유율을 확보하였는지 또는 그렇지 않는지를 측정한다. 시장점유율이 높은 것은 그 기업이 경쟁우위를 갖고 있다는 사실을 말해 준다. 즉, 시장점유율이 높은 사업에서는 개별기업의 수익률이 다른 개별기업의 수익률보다 높을 가능성이 많다. BCG 매트릭스는 시장에서의 성장률과 시장점유율이란 단순한 두 가지 변수를 축으로 하여 여러 사업들을 2차원 공간에 나타내어 상호 비교가 가능하게 해 주는 기법이다.

제품포트폴리오전략은 제품별 전략사업단위(SBU)별로 효율적인 자원계획 수립을 위한 기법으로 전략사업단위 또는 제품에 대한 현재의 전략적 입장과 사업 포트폴리오에 관한 전반적인 내용 파악을 가능하게 함으로써 미래의 전략적 지침이나 방향에 대한 통찰력을 제공한다. 또한 이 매트릭스는 어떤 제품(사업)을 구축, 유지, 철수하고 새로운 제품(사업)을 추가하여야 할 것인지를 결정하는데 유용하게 이용된다.

BCG 매트릭스를 작성하는 방법은 다음과 같다.

① 시장성장률 계산: 기업이 속한 국가의 GNP 성장률 또는 산업 전체의 연평균 성장률과 비교하여 계산한다.

② 상대적 시장점유율 계산: 동종 산업에 있는 경쟁기업 중 가장 큰 기업의 규모와 비교되는 상대적 시장점유율, 즉 해당 SBU의 시장점유율/최대경쟁자의 시장점유율을 이용한다.

③ 원의 표시: 사업(제품)의 매출액이 자사의 총매출액에 비례한 크기로 표시한다.

그림 6-7 제품포트폴리오 전략

BCG 매트릭스에서 각 분면에서의 특성을 분석하면 다음과 같다.

(1) 1/4분면(고성장-저점유, Question Mark, 복권)

1/4분면에 위치한 사업은 현재 시장 내에서의 위치가 미약하기 때문에 점유율을 높여서 제품단위당 원가를 내려서 경쟁성을 확보하기 위해서는 많은 어려움이 따르지만, 만일 성공만 한다면 시장 자체의 시장성이 높기 때문에 좋은 수익성을 올릴 수 있는 가능성을 갖고 있다. 따라서 이 사업을 유지 성장시키기 위해서는 많은 자금이 필요한 반면, 시장점유율이 낮은 까닭으로 조속한 시간 내의 자금회수는 곤란하다.

(2) 2/4분면(고성장-고점유, Star, 별)

여기에 속한 제품이나 사업은 성장률과 점유율이 높은 사업으로서, 현재상태에서 자금은 자급자족할 수 있으나 보다 빠른 성장과 높은 시장점유율을 갖기 위해서는 더 많은 투자가 필요하다. 그러나 장기적으로 볼 때 많은 수입을 가져오는 사업이 될 것이다.

(3) 3/4분면(저성장-고점유, Cash Cow, 돈주머니)

이는 자금의 투입보다 자금의 창출이 더 큰 사업이다. 이 사업은 대부분 과거 복권→태양의 과정을 거쳤으며, 현재 시장점유율은 높으나 이미 제품수명주기상의 성장기를 넘어선 사업이다.

(4) 4/4분면(저성장-저점유, Dog, 고물차)

이 사업은 성장률도 낮고 점유율도 낮은 까닭에 수익이 많지 않을 뿐 아니라 앞으로 전망도 별로 없기 때문에 재투자도 그 가치가 없게 된다.

각 유형별 대응전략으로는 다음과 같다.

투자전략: 복권 사업부

유지전략: 강한 돈주머니 사업부

수확전략: 약한 돈주머니, 약한 복권, 고물차 사업부

철수전략: 약한 복권, 고물차 사업부

제품 포트폴리오 전략은 사업 포트폴리오 작성을 위한 매우 단순하면서 유용한 모형이지만 다음과 같은 한계점을 가지고 있다.

① 복잡한 사업의 성격을 너무 단순하게 시장성장률과 상대적 시장점유율 두 측면만을 고려하여 실제 전략을 수립하는 것은 현재 상황을 너무 단순하게 파악하여 실제로 적용되지 않는 경우가 많다.
② 시장점유율과 수익률은 반드시 강한 상관관계를 가지지 않는다. 낮은 점유율의 경우에도 높은 수익률을 성취할 수 있다.
③ 우리가 속해 있는 산업 또는 시장에서 단 하나의 경쟁자만 고려하는 것은 비현실적이다.

1.3.2 Porter의 본원적 경쟁전략

〈Michael E. Porter〉

포터(Michael E. Porter)는 산업경제학에서 경쟁환경분석모델에서 제시하였던 산업 내 다섯 개의 경쟁요인과 협상하면서 우위를 확보할 수 있는 본원적인 경쟁전략으로서 원가우위전략, 차별화전략, 집중화전략 등 세 가지 실행 가능한(feasible) 전략을 제안한다.

(1) 원가우위전략

원가우위전략(low cost strategy)은 경쟁제품에 비해 품질은 그

그림 6-8 포터의 본원적 경쟁전략

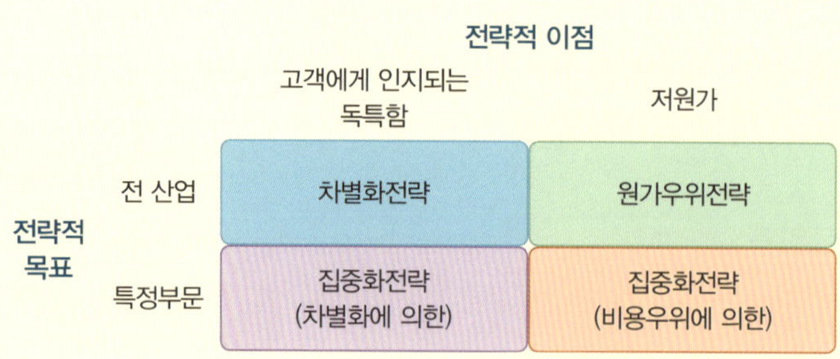

다지 손색이 없지만 경쟁업체보다 가격을 낮게 매기는 전략이다. 이때 원가상의 우위를 확보하기 위한 구체적인 방법으로는 규모의 경제를 달성할 수 있는 설비의 건설, 경험에 의한 원가절감의 추구, 원가와 총비용에 대한 엄격한 통제, 한계고객과의 거래회피, R&D·서비스·판매·광고 등에 있어서의 원가최소화 등을 생각할 수 있다. 그러나 더 저렴하게 생산할 수 있는 경쟁자가 나타나면 곧 고객을 잃게 되는 것이 취약점이다.

(2) 차별화전략

차별화전략(differentiation strategy)은 기업이 제공하는 제품이나 서비스를 경쟁기업과 차별화시킴으로써 소비자로 하여금 그 기업이 독특하다고 인식할 수 있도록 어떤 이미지를 창조하는 전략이다. 이러한 차별화의 방법으로는 고객에 대한 서비스, 디자인, 상표이미지와 기술, 포장 및 기능 등 여러 가지가 있을 수 있다. 그러나 차별화전략을 채택한다고 해서 비용을 무시해도 좋다는 뜻은 아니고, 다만 비용이 제일의 전략적 목표가 아니라는 것이다.

(3) 집중화전략

집중화전략(focus strategy)은 특정시장, 즉 특정 구매자 집단이나 제품라인의 일부분, 또는 특정지역을 집중적으로 공략하는 것이다. 비용우위전략이나 차별화전략이 산업의 전반적인 목표를 위한 전략인 것에 반하여 집중화전략은 특정시장에만 역량을 집중하는 전략이라고 할 수 있다. 집중화전략은 광범위하게 경쟁하는 경쟁기업보다 좁은 전략시장을 중점적으로 공략하는 것이 보다 효율적이고 효과적임을 전제로 한다. 따라서 기업은 특정시장을 대상으로 하여 이들의 욕구를 만족시키는 차별화전략을 채택하든지 아니면 원가를 낮춤으로써 그 특정시장에 대한 원가우위로서의 위치를 갖게 된다.

(4) 어중간한 상태(stuck-in-the-middle)

전략대안의 선택에 있어서 가장 유의해야 할 점은 여러 전략들 중에서 가장 적합하다고 생각되는 하나의 전략을 충실히 수행하여야 한다. 서로 배타적인 것이 아닌 두 가지 전략적 대안을 동시에 수행할 수도 있겠지만, 만약 기업이 충분

표 6-1 세계적인 기업들의 경쟁우위

- 삼성전자: 품질, 디자인, 생산능력
- 메르세데스 벤츠: 품질, 위신
- 스타벅스: 독특한 스타일과 분위기
- 루이비통: 유행을 초월한 훌륭한 상품, 뛰어난 상표 이미지
- 소니: 혁신성, 소형화
- IBM: 서비스, 고객을 위하는 정신, 신뢰
- 마이크로소프트: 업계 표준, 널리 쓰이고 있음
- BMW: 스포티한 멋, 기술
- 월마트: 낮은 가격, 친절한 종업원, 방문하기 쉬운 곳에 위치

한 여력이 없어서 그중 어느 하나도 제대로 수행하지 못하게 되면 어중간한 상태가 되어 오히려 위험에 빠지게 될 수도 있다. 이처럼 어중간한 상황에 처하지 않기 위해서는 기업이 근본적인 전략적 의사결정을 내려야만 한다. 비용우위를 통해 시장점유율을 높이든지, 아니면 시장점유율을 다소 포기하더라도 기업의 차별성을 살려서 경쟁기업과 차별화를 시도해야 한다.

1.4 전략실행

아무리 잘 수립된 전략이라 해도 실행단계에서 문제가 있으면 성공할 수 없다. 따라서 수립된 전략이 성공적으로 실행되도록 최선을 다해야 한다. 성공적인 실행을 위해서는 모든 부서, 지위고하를 막론하고 모든 구성원들이 전략의 내용과 그것이 각 개인에게 의미하는 바를 잘 알고 있어야 한다. 대부분의 기업들은 이러한 의사소통의 중요성을 잘 알고 매년 경영방침이라는 형태로 신년사, 방침의 제시, 부서 내 회의 등 각종 의사소통 채널을 통해 이를 알리고자 노력하고 있다. 그러나 실제 많은 기업들은 전략수립의 결과를 전달하는 데 초점을 둔 나머지 의사소통의 궁극적 목적이 전략의 실행에 있다는 점을 간과하기 쉽다.

1.4.1 수립한 전략 체크리스트

(1) 기업이 추구하는 최종목표에 적합한가?

(2) 강·약점을 볼 때 전략이 실천될 수 있는가?

(3) 기회와 위협요인을 충분히 반영하고 있는가?

(4) 지속될 수 있는 경쟁우위를 갖게 해주는가?

(5) 예상되는 위험을 감당할 만한 수준인가?

(6) 예상하고 있는 기간은 적당한가?

(7) 전략이 유연한가?

1.4.2 전략 실패원인

(1) 전략수립내용의 부실

(2) 전략실행과정에서의 문제

전략을 실행하는 과정에서 발생할 수 있는 일반적인 문제는 구성원들의 낮은 참여도와 무엇 때문에 전략을 수립하는지조차 잊어버리는 목표전치(goal displacement), 그리고 자기가 소속해 있는 특정 부서를 위하여 기업 전체를 희생하는 부분최적화(sub-optimization) 등이 있다.

금융거래, 스마트폰 혁명

올해 금융시장의 대표적인 화두로 많은 사람이 핀테크를 꼽고 있습니다. 핀테크란 무엇일까요? 영어 Finance(금융)의 앞머리인 'Fin'과 Technology(기술)의 'Tech'를 합친 말이기에 흔히 '금융과 IT의 결합'이라고 말합니다. 그러나 이런 용어 풀이만으로는 최근 붐을 일으키고 있는 핀테크 현상을 이해하기에 뭔가 부족합니다. 이제껏 나온 금융 서비스치고 IT와 결합되지 않은 게 거의 없었기 때문입니다. 그렇다면 어떻게 이해하면 좋을까요. 제가 보기엔 금융의 인터넷·모바일화(化)로 이해하면 더 쉽게 접근할 수 있을 것 같습니다. 우리에게 익숙했던 금융회사 영업점(지점)은 모바일 스마트폰으로, 금융회사 직원은 스마트폰에 내장된 핀테크(금융 IT) 서비스로, 금융회사는 다양한 핀테크 서비스를 종합적으로 제공하는 IT 플랫폼(기반)으로 대치되고 있습니다. 인터넷 특히 모바일이 발달하면서 금융의 모바일화가 빠르게 진전돼 내 손안에 영업점과 금융 서비스, 금융회사를 쥐게 됐단 얘기입니다.

핀테크란 '내 손안의 금융'이다

'내 손안의 금융'은 어떤 특성을 가질까요. 첫째, '내 손안'이란 말 그대로 간편함입니다. 간편함을 추구하는 건 인간의 본능이라 할 수 있습니다. 성공한 모든 금융 혁명이 그러했듯 핀테크도 '돈 좀 편하게 쓰고 싶다'는 대중의 필요가 응축됐을 때 시작됐습니다. 인터넷으로 물건 하나 사려다가 화가 나서 노트북을 던질 뻔했다는 얘기를 우린 종종 들어왔습니다. 핀테크는 간편하게 결제하는 솔루션(해법)을 발명해 소비자들을 블랙홀처럼 빨아들입니다. 핀테크의 원조라 할 수 있는 미국의 페이팔은 신용카드 본인 인증으로 페이팔 계정을 만들면 이후론 계정 접속만으로 간편하게 결제할 수 있습니다. 가상계좌에 돈을 넣어두면 판매자가 이곳에서 돈을 찾아가기 때문에 개인 정보도 노출되지 않습니다. 페이팔에 도전장을 던진 중국의 알리페이에 이어 미국의 애플페이, 구글페이는 물론이고 우리나라도 삼성페이, 카카오페이, 네이버페이 등이 등장해 전 세계에서 간편결제 경쟁이 한창입니다.

둘째, 얼굴을 맞대지 않는 비대면 가상 거래가 됩니다. 비대면 거래에 익숙한 금융 소비자들이 늘어날수록 금융회사들은 오프라인 점포 대신 모바일 금융 서비스에 공을 들일 수밖에 없습니다. 지점 비용이 들지 않는 인터넷 은행이 출현하면 경쟁 때문에라도 은행의 디지털 뱅크화가 불가피합니다.

셋째, 금융 소비자들의 직접 거래, 즉 개인 대 개인(P2P) 거래가 늘어납니다. 모바일 플랫폼의 성격상 언제 어디서든 자금 수요자와 공급자가 만날 수 있기 때문입니다.

넷째, 금융 소비자가 엄청나게 많은 금융 정보를 쥐고 있으니 그만큼 금융 상품과 서비스 선택권이 강해집니다. 금융회사에 대한 금융 소비자 주권이 강화되는 셈입니다.

금융 낙후국 중국이 핀테크는 앞서가

세계 금융시장은 이미 핀테크가 대세입니다. 새로운 산업 성장을 선도하는 미국의 실리콘밸리는 물론, 세계 금융 1번지인 뉴욕 맨해튼과 영국 런던에서 은행과 투자은행들이 핀테크 업체에 앞다퉈 투자하고 있습니다. 도이체방크는 이미 500여 개 이상 핀테크업체에 투자했다고 하며, 시티은행은 미국, 유럽, 아시아에서 유망 핀테크 업체를 발굴하고 있습니다.

금융 낙후국으로 알려졌던 중국은 우리를 더 놀라게 하고 있습니다. 전자상거래업체로 알려졌던 알리바바가 8개월 만에 결제 상품 '알리페이'를 활용해 펀드 하나로 100조원을 끌어모은 게 화제가 됐습니다. 알리바바, 텅쉰(Tencent) 등 인터넷 기업들이 은행업에 진출하고 있습니다. 특히 최근 들어서 중국에서 개인 간 대출을 중개하는 P2P 대출 붐이 대단합니다. 한 달에 P2P 대출만 20조원, 연간이면 250조원이라고 합니다. P2P 대출회사가 3160개나 생겼다고 하지요. 2014년 미국 뉴욕에 상장돼서 선풍적 인기를 끌었던 인터넷 대출업체 렌딩클럽을 무색하게 할 정도입니다.

이러한 글로벌 추세는 우리에게 무엇을 말하고 있는 것일까요. 이미 글로벌 금융회사들은 핀테크 즉, 금융의 인터넷·모바일화를 미래 트렌드로 보고 '새로운 금융'을 준비하고 있다는 의미입니다. 리테일(소매금융)을 철수·축소하고 있는 외국 은행들이 핀테크로 재무장한 디지털 뱅크로 탈바꿈할 날도 멀지 않았다고 봅니다.

물론 우리도 지난 1년여 동안 금융 당국을 중심으로 금융회사들과 핀테크 업체들이 발 빠른 대응을 해왔습니다. 작년 초만 해도 부정적이던 핀테크에 대한 인식이 11월 설문 조사에선 국민의 64%가 핀테크를 인지하고 있고, 관계자의 75%가 정책에 만족한다고 답했습니다. 특히 인터넷 은행과 크라우드 펀딩(온라인 모금)에 대한 기대가 큽니다. 올해 인터넷 은행이 문을 열면서 비대면 거래와 지문, 홍채 등 생체 인식이 본격화될 것인데다, 크라우드 펀딩으로 창업 기업과 소상공인들에게 새로운 자금 조달 수단이 마련될 것이기 때문입니다.

앞으로 금융권이 공동으로 이용하는 핀테크 플랫폼이 만들어지고 여기에 모인 빅데이터(거대 정보)를 활용하면 로봇처럼 정교하게 자산을 관리한다는 로보 어드바이저나 아직 미개척 영역인 보험 상품 개발에도 신기원을 이룩할 수 있을 것입니다.

출처: 조선비즈, 2016.1.18.

제 2 절 경영전략의 발전과정

세계 유수의 기업 경영자들은 경영전략이 그들의 기업성과에 중요한 역할을 한다고 인식하고 있다. 경영전략이 중요한 이유는 그것이 어떻게 조직을 잘 돌아가게 할 수 있는지에 영향을 주기 때문이다. 경영전략에 관한 가장 근본적인 질문은 왜 기업들이 성공하고 실패하는지, 그리고 동일한 환경 여건에서 어떤 기업들은 성공하는 반면 어떤 기업들은 실패하는가에 대한 다양한 결과를 보여주는지를 설명해준다. 경영전략이 중요한 또 다른 이유는 모든 형태와 크기의 기업들이 끊임없이 변화하는 상황들에 직면한다는 사실과 관계가 있다. 경영자들은 경영전략을 효과적으로 활용함으로써 불확실한 환경에 더 잘 대처할 수 있다.

경영전략은 조직의 본질 때문에 또한 중요하다. 기업들은 목표 달성을 위해 다양한 부서, 단위, 기능 그리고 작업 활동으로 구성되어 있으므로 이들 요소들을 충분히 조정하고 통제할 필요성이 있다. 마지막으로 경영전략은 경영자들이 매일 하는 수많은 의사결정을 포함하고 있기 때문에 중요하다.

오늘날 경영전략은 영리 기업들은 물론이고 정부와 군대는 물론이고 병원, 대학교 그리고 다른 비영리 조직들에까지 중요성이 높아지고 있다.

경영전략과 전략경영은 함께 사용되는 경우가 많은데 사실 본래 의미는 상당한 차이가 있다. 즉, 경영전략(management strategy)은 경영의 전략인 장기 계획(master plan)을 의미하며, 전략경영(strategic management)은 자원의 선택과 집중을 통해 조직의 성공과 발전을 위해 총력전을 하는 의미를 가지고 있다. 따라서 현대 기업들은 전략적 인적자원관리, 전략적 마케팅, 전략적 정보시스템 등의 용어를 사용하여 치열한 기업 전쟁에서 승리하기 위한 의지를 보여준다.

다음은 경영전략의 발전과정을 간략히 살펴보기로 한다.

1950년대에 기획이라고 하면 주로 장기기획(long term planning)을 의미했다. 이런 장기기획은 기업의 한정된 예산을 어떻게 할당해야 할 것인가라는 문제에 초점을 두었다. 하지만, 과거의 추세를 미래 상황에 그대로 투영(연장)하는 방식에 많이 의존했기 때문에, 기업 환경에서 발생할 수 있는 어떤 변화를 예측해보는 일은 별로 없었다.

하지만 1960년대와 1970년대에 와서는 상황이 완전히 변했다. 이 시기에 발생했던 석유위기, 경기침체, 시장포화 그리고 세계화의 진전은 기업으로 하여금 다각적인 변화에 직면하게 만들었다. 예산할당 문제에 초점을 둔 단순한 투영방식에 의존했던 장기기획은 더 이상 적절하지 못하게 되었다. 따라서, 장기기획을 어떤 다른 방법으로 대체해야 할 필요성이 대두되었다. 특히, 기업 경영자들은 시장과 환경을 신중하게 모니터하여 미래에 발생할 변화를 예측해서 이에 적절히 대처하는 것이 기업의 유지와 성장에 매우 중요하다는 사실을 깨닫게 되었다. 바로 이런 과정에서 기업은 자사의 강점을 더욱 강화함과 동시에 자사의 약점을 개선하기 위한 시사점을 도출할 수 있게 되었다. 요컨대, 소극적인 사고에서부터 적극적인 예측으로 전환하는 전략기획(strategic planning)이 탄생하게 된 것이었다.[2]

---

[2] H. I. Ansoff, *Implanting Strategic Management*, Englewood Cliffs, N.J.: Prentice-Hall, 1984.

이런 전략기획이 기업경영에 도입됨에 따라, 환경을 분석해서 기업이 집행해야 할 계획을 수립하는 업무를 담당하는 전략기획가(strategic planner)가 등장하게 되었다. 또한 이 시기에는 기업이 환경에 의해 일방적인 영향만 받는 것이 아니라 오히려 기업이 환경에 대해 좀 더 적극적인 영향력을 행사할 수 있다고 주장하는 경영학자도 등장했다. 계획기간을 10년이나 20년으로 정하는 것이 표준적인 관행처럼 되었고, 모든 사람이 마치 마법사의 수정구(crystal balls)를 들여다보면서 "새로운 세계"를 예견하는 미래학자로 바뀐 듯했다. 비록 당시에는 토플러(Alvin Toffler)나 내쉬비트(John Nashbitt)와 같은 미래학자들이 경영세미나의 연사로 인기가 높았지만, 얼마 지나지 않아 이렇게 계획기간을 장기로 정하는 것의 한계점이 분명히 드러나게 되었다.

1980년대에 와서는 동서진영 간의 냉전이 종식되었지만, 그 누구도 이를 예견하지 못했다. 바로 이는 미래가 불확실하고 앞으로도 불확실할 것이라는 사실과 시간적으로 너무 앞서 가는 기획은 별 의미가 없다는 것을 여실히 보여주는 하나의 사건이었다. 따라서, 기업 경영자들은 그동안 전략기획이 너무 기계적으로 수행되었다는 결론에 도달해서, 계획기간을 3~5년 정도로 단축하였고, 전략과 전략기획이 실제로 효과를 발휘할 수 있도록 만드는 데 관심을 갖기 시작하였다.[3] 즉, 이제는 실행이 새로운 초점으로 부각되었고, 그 이름도 전략기획에서 "전략경영(strategic management)"으로 바뀌었다.

더욱이, 불확실한 미래를 예측하기 위한 새로운 분석기법으로 시나리오분석(scenario analysis)이 도입되었는데, 이는 미래에 발생 가능한 추세와 전개상황을 식별해서 이런 발생 가능한 미래의 현실 각각에 대한 대응전략을 미리 수립해두는 것을 말한다. 그 기본취지는 미리 준비해 둔 여러 시나리오 중의 어느 하나가 실제의 현실로 나타나면, 기업은 곧바로 준비해서 신속히 대응할 수 있기

[3] Thomas V. Bonoma, "Making Your Marketing Strategy Work," *Harvard Business Review*, March-April 1984.

때문에 준비가 덜 된 경쟁사보다 한 걸음 앞서 나갈 수 있다는 것이다.

위와 같이 내용으로서의 전략에 초점을 두는 내용지향적인 전략경영학파(content-oriented strategic management school)에 대한 반작용으로, 프로세스로서의 전략에 초점을 두는 과정지향적인 전략경영학파(process-oriented strategic management school)에 속하는 학자들이 등장하였다. 이런 과정지향적인 전략경영학파의 대표적인 학자인 민쯔버그(Henry Minzberg)는 "전략이란 그저 기계적으로 수립되는 계획이 아니라 비전(vision)과 감(feeling)에 관한 것"이라고 주장했다.[4] 이런 학자들은 전략은 기획될 수가 없다고 생각한다. 즉, 전략은 의도적으로 수립할 수 있지만(deliberate strategy), 실제로 나타나는 전략(emerging strategy)은 기업 경영자가 자신의 계획을 실행하기 위해 노력함과 동시에 새로운 정보와 새로운 전략에 따른 최초 결과를 활용할 수 있게 될 때 비로소 등장하게 된다는 것이다.

1980년대 중반 이후 전략경영은 사업의 운영 측면에 대한 경영자의 관심으로 더욱 보강되었다. 예컨대, 전사적 품질경영(TQM), 공급사슬관리(SCM), 그리고 JIT(just-in-time) 생산 등에 많은 관심이 모아졌고, 비즈니스 프로세스 리엔지니어링(BPR)과 린앤민 기업(Lean and Mean Corporation)이라는 새로운 경영용어가 대거 등장하였다. 심지어 운영 탁월성(operational excellence)에 초점을 두는 기업들도 있었는데, 비록 이런 기업들의 효율성은 높았지만 일반적으로 자사의 포지셔닝을 간과하는 중대한 문제가 있었다. 즉, 이런 기업들이 가진 경쟁우위와 특유성은 경쟁사에 의해 쉽게 잠식되어 버리는 경우가 많아서, 그 수익성이 초기에는 증가했지만 나중에 다시 떨어져 버리는 현상이 나타났다. 이런 위험이 인식되면서 포지셔닝 문제는 더 많은 주목을 받게 되었다.[5]

가장 최근에 등장한 전략경영학파는 기업의 자원준거관점(resource-based view of the firm)에 입각한 자원준거학파이다. 이 전략경영학파는 1990년대에 최초로 소개된 한 가지 핵심적인 사고에 그 기반을 두고 있는데, 이는 "기업이란

[4] Henry Minzberg, *Minzberg on Management: Inside our Strange World of Organizations*, New York: The Free Press, 1988.

[5] Michael E. Porter, "What is Strategy?" *Harvard Business Review*, Vol. 74, December 1996, pp.61~80.

고객가치를 도출하는 데 사용되는 자원과 능력의 결합체"라는 것이다.[6]

기업이 가진 자원이나 핵심역량(core competency)은 경쟁사가 손쉽게 모방, 대체 혹은 획득할 수 없는 것이기 때문에, 기업은 그런 자원이나 핵심역량을 충분히 이용해서 자사의 시장점유율을 높이거나 혹은 기존시장과 관련된 어떤 새로운 시장에 진출할 수 있다는 것이다. 따라서, 이런 자원이나 핵심역량은 기업의 시장위치에 대한 기반이 되고 또한 시장현장에서 자사가 가진 경쟁우위를 반영한다고 말할 수 있다.[7]

이런 자원준거학파는 기업이 환경에 적응할 수 있을 뿐만 아니라 자사가 가진 자원에 적합한 시장을 식별하여 그런 시장에서 경쟁할 수도 있음을 강조한다. 현대경영학의 대가인 하멜(Gary Hamel)은 많은 조직들이 서로를 모방하거나 상호간에 전략을 모방한다는 진화론(evolution theory)을 주장했다. 그는 기업이 특유한 시장위치를 달성하기 위해 노력하는 것은 수익률에서 유리한 결과를 초래하지만, 전략의 모방 행위는 결국 동일성(uniformity)을 초래하는 문제점이 있기 때문에, 기업의 주된 목표는 전략혁신(strategy-innovation)을 추구하는 것이 되어야 한다고 주장했다. 여기서 전략혁신이란 "시장을 재구성해서 고객과 이해관계자집단(즉, 종업원과 주주)을 위한 새로운 부가가치를 창출함과 동시에 시장현장에서 새로운 개념과 경쟁규칙을 도입해서 경쟁자를 공격할 수 있는 조직의 능력"을 말한다.[8]

이런 전략혁신에는 전략적 확장(strategic stretch)이 포함되는 경우가 많은데, 이를 구사한 좋은 예로는 영국의 버진(Virgin)사를 들 수 있다. 이 회사는 경쟁사보다 규모가 작았지만 높은 야망을 갖고 항상 새로운 아이디어, 제품 및 서비스를 추구함으로써 경쟁사를 능가하는 성공을 거두었다. 원래 음악 산업에서 출발

---

[6] Edith T. Penrose, *The Theory of the Growth of the Firm*, Oxford: Basil Blackwell, 1959; Birger Wernerfelt, "A Resource-Based View of the Firm," *Strategic Management Journal*, Vol. 5, 1984, pp.171~180.

[7] J. B. Barney, "Firm Resources and Sustained Competitive Advantage," *Journal of Management*, 17(1), 1991, pp.99~120.

[8] Gary Hamel, "Strategy Innovation and the Quest for Value," *Sloan Management Review*, Winter 1998, pp.7~14; Gary Hamel, *Leading the Revolution*, Cambridge, MA: Harvard Business School Press, 2000.

했던 이 회사는 자사의 독특한 리더십, 창의력, 그리고 오락산업에서의 교두보를 충분히 활용해서 항공업 및 호텔업과 같은 다른 레저시장에도 성공적으로 진출한 바 있다.

제 3 절

산업분석과 기업환경분석

3.1 산업분석

산업구조를 분석하는 기법을 처음으로 경영전략에 도입한 사람은 Harvard 경영대학원의 Michael Porter이다. Porter는 1980년 〈*Competitive Strategy*〉라는 저서에서 경제학의 산업조직론에서 발전된 산업구조분석을 기업에 적용하기 쉽도록 변형시킨 분석틀을 제시하였다. 그의 분석틀에 의하면 다섯 가지 경쟁적인 세력에 의해 산업의 수익률이 결정된다.

3.1.1 기존기업과의 경쟁

대부분의 산업에서 경쟁의 양상과 산업 전체의 수익률을 결정하는 가장 중요한 요인은 이미 그 산업 내에서 경쟁하고 있는 기업들 간의 경쟁관계이다. 산업 내의 기존 기업들 간의 경쟁양상과 강도를 결정하는 요소는 다음과 같다.

(1) 산업의 집중도

집중도(concentration)란 동일산업에 속하는 기업의 수와 그 개별 기업의 규모를 말한다. 우리나라에서는 공정거래위원회에서 상위 3개 기업들의 시장 점유율을 더하여 3사집중도(3 firm concentration)라는 지표를 발표한다.

산업이 집중되어 있을수록, 즉 그 산업에 참여하고 있는 기업의 수가 적을수록 산업의 전반적인 수익률은 상대적으로 높아지게 되며, 그 산업이 경쟁적일수록, 즉 많은 기업들이 경쟁에 참여할수록 산업의 수익률은 낮아지게 된다.

(2) 경쟁기업의 동질성과 이질성

동일산업 내에서 기업들 간의 경쟁을 피하기 위해 담합을 할 수 있는 가능성은 단순히 기업의 수에만 의존하지 않고 그 기업들의 전략, 목적에 따라 상당히 다양하다. 일반적으로 기업들의 전략, 목적 등이 유사할 경우에 훨씬 더 명시적이거나 암묵적인 담합을 하기가 쉬워진다.

그러나 일본기업이 미국시장에 진출하여 장기적인 이윤극대화 목표하에 적극적으로 가격을 내리고 시장점유율을 넓히는 전략을 취함에 따라 미국철강산업 내에서의 공존은 깨지고 산업 전반적으로 가격경쟁이 불붙기 시작했다. 이러한 사실은 국제경쟁이 심화될수록 이질적인 목표나 전략을 가진 국제기업들과 경쟁을 하게 되기 때문에 기업들 간에 상호 암묵적인 담합을 하기가 점차 어려워진다는 것을 의미한다.

(3) 제품차별화

산업 내에서 경쟁하는 기업들이 제품이 디자인이나 품질면에서 동일할수록 소비자들은 특정회사 제품을 선호할 이유가 없어질 것이다. 따라서 기업입장에서는 동질화된 제품들에 대해서 가격 외에는 경쟁할 만한 수단이 없어지게 된다. 이러한 제품을 우리는 일상재(commodity)라고 부른다.

제품차별화가 많이 된 기업일수록, 예를 들어 의약품 혹은 빵 과자와 같이 소비자들의 제품브랜드에 대한 선호도가 높은 산업일수록 가격으로 경쟁하는 것을 피하고, 광고나 신제품 발매 등의 차별화기법으로 경쟁하게 된다. 이렇게 차별화된 산업일수록 수익률이 높고 차별화가 적은 산업, 즉 일상재에 가까운 산업일수록 수익률이 낮아지게 된다.

그림 6-9 Porter의 5 Force Model

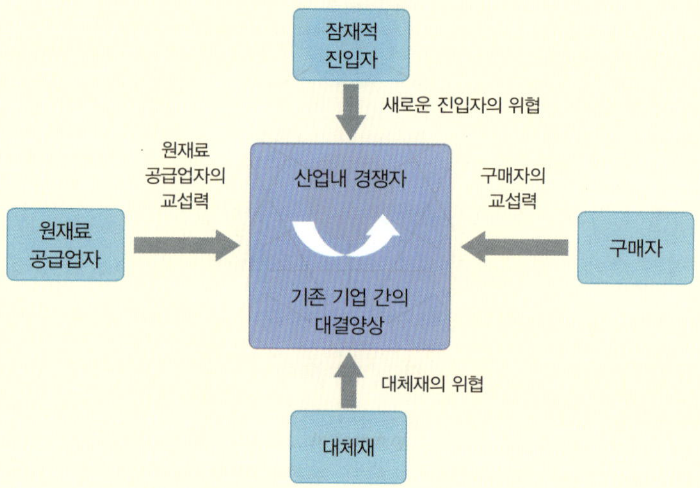

(4) 초과설비

산업의 수익률은 초과설비와 경기순환에 따라 민감하게 변하기도 한다. PIMS (Profit Impact of Market Share)의 실증연구에 따르면 생산설비와 수요가 일치할수록 기업의 수익률이 높아진다고 한다. 불황기의 많은 기업들은 유휴설비를 갖는다. 특히 자본집약도가 높은 산업일수록, 즉 거대한 생산설비가 필요할수록, 불황기의 기업들은 고정비용을 줄이기 위해 가격을 인하해야 할 필요성을 느낀다. 이러한 불황기의 유휴설비로 인한 가격 인하는 산업의 수익률을 급격하게 악화시킨다.

그러나 주기적으로 불황과 호황을 반복하는 경기순환이 아니라 장기적으로 그 산업의 유휴 설비가 있는 경우, 산업의 수익률은 퇴거장벽의 높이에 따라 결정된다. 퇴거장벽(exit barrier)이란 진입장벽(entry barrier)과 마찬가지로 산업에서 철수하는 데 어려움이 있는 경우를 말한다. 만일 기업들이 쉽게 다른 산업으로 옮길 수 있다면 구조적인 불황에 있는 산업 내의 기업수는 자유롭게 조정이 되어서 산업 내의 유휴설비는 금방 없어지게 된다.

(5) 비용구조

각각의 산업에서 기업들이 어느 정도 가격경쟁을 하는가는 산업의 비용구조에 따라 다르다. 비용구조는 고정비용과 가변비용의 비중을 뜻한다.

반도체산업의 비용구조를 살펴보면 자본설비에 대한 투자와 연구개발에 대한 투자가 대부분을 차지하고 원재료비는 꾸준히 감소하는 추세이다. 임금이 차지하는 비중은 극히 미미하고 유통비, 운송비 등이 차지하는 비중은 전체에서 1~2% 정도로 아주 낮은 수준이기 때문에 대부분이 고정비용으로 구성되어 있어, 기업들은 생산설비의 활용도를 높이기 위해 가격경쟁을 시도할 유인이 존재한다.

3.1.2 잠재적 진입자와의 경쟁

만일 어느 산업의 수익률이 상당히 높거나, 그 산업이 정말 유망한 산업이라고 할 때, 모든 기업들은 그 산업에 진입하고 싶어할 것이다. 그러나 막대한 이익을 얻는다고 해서 모든 기업들이 반도체 시장에 진입할 수 있는 것은 아니다. 모든 산업들이 자유롭게 진입할 수 있다면 산업의 높은 수익률은 진입자들과의 경쟁에 의해 점차 낮아지게 될 것이다. 또한 실제적으로 진입이 일어나지 않는다고 하더라도 만일 다른 기업들이 언제든지 그 산업에 뛰어들 준비가 되어 있다면, 그 산업에 있는 기존기업들은 잠재적 경쟁자가 진입할 수 있다는 위협 때문에, 가격을 높게 받지 못하고 경쟁적인 수준으로 낮추어 이러한 진입을 막을 필요가 없다.

이와 같이 기존기업들이 신규진입기업에 비해 가지는 우위를 진입장벽(entry barrier)이라고 한다. 즉 진입장벽이란 신규진입기업들이 기존기업들에 대해 부담하는 상대적인 불리함이다. 이와 같은 진입장벽들은 그 산업에서의 경쟁기업의 진입을 약화시키고 그 산업에서의 높은 수익률을 유지할 수 있게 한다. George Yip의 실증연구에 따르면 진입장벽이 효과적으로 신규진입을 억제한다고 한다.

이러한 진입장벽에 대하여 신규진입자들은 여러 가지 방법으로 이를 피해가려고 한다. 신규진입자들은 종종 새로운 방식으로 진입을 시도한다. 즉 새로운 기술, 새로운 경영능력, 새로운 브랜드를 가지고서 효과적으로 진입에 성공하기도 한다.

(1) 자본소요량

신규기업이 산업에 진입하는 데 필요한 투자액이 굉장히 많은 경우에는 소수의 기업을 제외하고는 이런 산업에 진입하기가 힘들다. 예를 들어 항공기 제작산업에는 Boeing, Airbus, McDonnell Douglas 등과 같은 세 회사만이 존재한다. 이렇게 자본소요금이 많은 산업에서는 신규기업의 진입이 원천적으로 저지되어 있다.

(2) 규모의 경제

자본집약적이거나 연구개발투자가 많이 소요되는 산업에서 효율적으로 조업하기 위해서는 대규모 투자가 필요하다. 예를 들어 자동차산업에서는 규모의 경제가 상당히 크기 때문에 연간 수십만 대의 자동차를 생산해서 판매까지 할 능력이 없는 기업들은 시장진입을 할 수 없다.

(3) 절대적인 비용우위

기존기업들은 신규진입기업들에 비해 때로는 절대적인 비용우위에 있기도 하다. 이러한 비용우위를 초기진입자의 이익(first mover's advantage)이라고 하는데, 산업에 일찍 참여함으로써 기존기업들은 신규진입기업들에 비해 원료를 싸게 구입할 수 있는 방법을 알고 있고, 경험효과(experience effect)의 이득을 더 많이 볼 수 있다. 경험효과는 생산에 대한 경험이 늘어남에 따라 수율이 높아지고, 공정이 개선됨으로써 발생한다.

(4) 제품차별화

제품차별화가 가능한 산업에서 기존기업들은 신규진입기업들에 비해 브랜드인지도 및 소비자들의 상표충성도 측면에서 상당한 이득을 보고 있다. 실증연구에 따르면 미국소비자들은 비슷한 품질이라도 소비자에게 잘 알려지지 않은 기업들의 제품보다는 더 잘 알려진 기업들의 제품을 더 높은 가격을 주고서라도 구입한다.

이에 비해 신규기업들은 차별화된 시장에서 자사의 브랜드를 정착시키기 위하여 많은 광고를 하여야 한다. 따라서 제품차별화가 된 시장에 있어서는 자신의 브랜드에 대한 투자에 많은 비용이 소요되므로 자본력이 없는 기업에게는 이것이 진입을 저지하는 하나의 진입장벽으로 작용하게 된다.

이마트와 가격혁명

소셜커머스 2015년 방문자 수 (단위: 명)

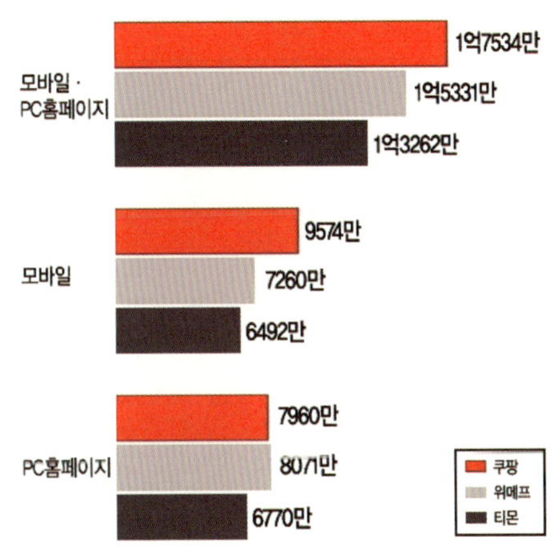

자료: 닐슨코리안클릭.

2015년 소셜커머스 모바일 방문자 1위는 쿠팡으로 집계됐다. PC 방문자 1위는 위메프가 차지했다.

26일 닐슨코리안클릭에 따르면 지난 한 해 모바일·PC를 통한 소셜커머스 3사의 방문자 수는 총 4억6,129만8,382명으로 집계됐다. 모바일을 통해서는 2억3,328만460명, PC는 2억2,801만7,922명이 유입됐다.

회사별로는 쿠팡이 1억7,534만9,384명으로 1위를 차지했고, 위메프(1억5,331만9,952명)와 티몬(1억3,262만9,046명)이 뒤를 이었다.

모바일을 통한 방문은 쿠팡이 가장 높았다. 9,574만5,451명이 스마트폰·태블릿PC를 통해 쿠팡을 이용했다. 위메프와 티몬은 각각 7,260만6,368명과 6,492만8,641명을 기록했다.

그러나 PC를 통한 서비스 이용률에서는 위메프가 강세를 보였다. 8,071만3,584명이 위메프 홈페이지에 접속, 쿠팡(7,960만3,933명)과 티몬(6,770만405명)을 따돌렸다.

업계는 쿠팡의 로켓배송이 모바일 방문자 수 유입에 영향을 미친 것으로 분석하고 있다. 업계 한 관계자는 "아이를 키우는 엄마들은 로켓배송 때문에 모바일을 사용하는 빈도가 높아 쿠팡이 우세한 반면 위메프는 회사원들이 더 많이 이용해 이같은 결과가 나온 것 같다"고 말했다. 로켓배송 서비스를 즐겨찾는 소비자층이 육아에 바쁜 주부들이라는 점에서 PC보다는 모바일이 용이하다는 것이다.

쿠팡은 지난 2014년 10월 전체 방문자 수에서 1위를 탈환, 지금까지 선두를 지키고 있다. 위메프가 2013년 이승기와 이서진을 앞세워 '싸다 절대우위 캠페인'을 진행하면서 방문자수 1위를 차지했지만 11개월 만에 자리를 내줬다.

출처: 아시아경제, 2016.1.26.

(5) 유통채널

기존기업들이 이미 강력한 유통채널을 확보한 경우, 소매상들은 신규진입기업의 제품을 진열할 수 있는 공간은 한정되어 있으므로 잘 알려지지도 않은 신규기업들의 제품보다는 널리 알려진 제품을 진열하기를 원하기 때문이다.

(6) 정부규제와 제도적 진입장벽

사실상 정부규제는 신규기업의 진입을 막는 가장 효과적인 진입장벽이다. 예를 들어, 정부는 개인택시 사업자의 수를 제한한다든가 버스회사 사업자들의 면허를 조정함으로써 경쟁을 제한한다.

최근 한국에서는 각종 불합리한 정부규제를 철폐함으로써 경쟁을 촉진하려는 여러 움직임이 일고 있다. 예를 들어, 미국의 통상압력에 굴복하여 농수산물시장을 개방하였고 이로 인하여 농수산물시장에서 경쟁이 촉진되고 가격도 하락하고 있다.

(7) 기존사업자의 보복

위에서 열거한 진입장벽은 신규진입자에 대한 기존사업자의 보복가능성이 높으면 높을수록 훨씬 더 효과적이게 된다. 기존기업들이 신규진입자에게 가할 수 있는 보복은 여러 가지가 있지만, 진입을 막기 위한 가격인하, 광고 및 마케팅활동의 증대, 신규진입자에 대한 법적 제소 등의 방법으로 신규진입자들을 괴롭힐 수 있다.

3.1.3 대체재와의 경쟁

만일 산업의 수익률이 소비자가 그 제품이나 서비스에 대해 기꺼이 지불하려는 가격에 따라 결정된다면 산업의 수익률은 대체재(substitute)의 유무에 따라 굉장히 달라진다. 이와 같이 대체재가 많으면 많을수록 기업들이 자신의 제품이나 서비스에 높은 가격을 받을 수 있는 가능성은 줄어든다.

이와 같이 대체재의 존재가 그 산업의 가격결정에 영향을 미치는 정도는 크게 두 가지 요소에 좌우된다.

첫째, 소비자들이 쉽게 대체재로 옮겨갈 수 있는가 하는 문제이다.

둘째, 대체재가 가진 유용성이다.

3.1.4 구매자의 교섭력(bargaining power)

어떤 산업에 있는 기업이든 궁극적으로는 소비자들에게 제품이나 서비스를 공급한다. 구매자의 교섭력을 결정하는 데에는 다음 두 가지 요소가 중요하다.

① 먼저 제품차별화가 심할수록 구매자는 가격에 대해 민감하지 않게 된다. 예를 들어, 과자, 의류 등과 같은 제품은 종종 원가보다 훨씬 높은 가격을 받고 있으며, 구매자들은 높은 가격을 지불하더라도 자신이 선호하는 제품을 사기 마련이다.

② 구매자의 교섭능력에 더 영향을 미치는 것은 판매하는 기업과 구매하는 기업 간의 교섭력의 차이이다.

첫째, 구매자의 공급자에 대한 상대적 크기가 중요한 요소이다.

둘째, 구매자들이 공급자의 제품, 가격, 비용구조에 대해 보다 자세한 정보를 가질수록 구매자의 교섭력은 강해진다.

셋째, 구매자들이 공급선을 바꾸는 데 많은 전환비용(switching cost)이 든다면 구매자의 교섭력은 떨어진다.

넷째, 수직적 통합을 할 수 있는 경우 구매자의 교섭력은 훨씬 강화된다.

이와 같이 구매자의 교섭능력이 공급자들의 가격과 이윤을 낮춘다는 것은 이미 여러 실증연구에서 확인된 바 있다. PIMS데이터를 이용한 연구에 따르면 구매자가 더 큰 기업일수록, 구매자가 금액이 크기가 공급자의 매출에서 차지하는 비중이 크면 클수록, 구매자가 훨씬 가격에 민감할수록, 공급하는 기업의 수익률은 낮아지게 된다.

3.1.5 공급자의 교섭력

강력한 구매자가 교섭력을 행사하여 가격을 낮춤으로써 공급자로부터 이익을 빼앗을 수 있는 것처럼, 공급자들도 자신의 교섭능력이 강할 때 가격을 높임으로써 이윤의 폭을 넓힐 수 있다.

많은 산업에 있어서 일상재를 공급하는 기업들은 종종 자신의 교섭능력을 높이기 위해 카르텔을 형성하기도 한다. OPEC는 산유국의 교섭력을 높이려는 카르텔이고, 노동조합도 사실은 노동서비스를 공급하는 노동자들이 단체교섭력을 높여 구매자인 기업으로부터 더 많은 이익을 얻기 위한 조직이라고 이해할 수 있다.

3.2 포터모형의 유용성과 문제점

〈슘페터〉

포터의 모형에 대한 가장 큰 비판은 산업구조분석기법이 기본적으로 정태적인 모형이며 이 모형에서는 경쟁과 산업구조가 동태적으로 변한다는 사실을 충분히 구체적으로 고려하고 있지 못하다는 점이다. 포토의 분석에 따르면 산업의 구조가 그 산업 안에 있는 기업들의 경쟁방식을 결정하고, 이러한 기업들의 행동이 산업 또는 기업의 수익률을 결정하는 요인이 된다는 것이다. 그러나 산업구조는 고정되어 있는 것이 아니라 항상 변화하고 있다.

포터의 모델이 이런 점에서 한계를 지니고 있음에 반해, 경제학에서의 슘페터(Joseph Schumpeter)는 일찍이 경쟁과 산업구조의 동태적인 상호작용을 인식하고 이에 주목하였다. 슘페터의 지지자들은 현재 독점체제를 유지하고 있는 기업들도 새로운 기술, 새로운 유통망, 새로운 제품을 갖고 진입해 오는 새로운 경쟁자에 의해서 독점적 지위를 빼앗기고 시장은 점차 경쟁적인 체제로 바뀐다고 보고 있다. 따라서 어느 산업에서 구조적인 기업혁신으로 산업구조가 빠른 속도로 바뀌고 있다면, 고정된 시점에서 산업을 분석하는 포터의 방법은 기업들에게 별로 도움을 주지 못할 것이다. 그러나 슘페터가 말하는 기업혁신에 따르는 창조적 파괴의 과정은 상당히 느리게 진행된다. 산업의 흥망과 산업 내 기업들의 흥망성쇠 역시 대부분의 산업에서는 천천히 일어난다.

포터의 분석체계의 또 하나의 문제점은 기업들간의 구체적인 경쟁전략을 묘사하지 못한다는 점이다. 어느 산업에서 한 기업이 가격을 인하하여 자사의 시장점유율을 높이려 할 때, 경쟁기업이 이에 대응하여 가격을 경쟁적으로 내린다면, 결국 두 기업 간에는 가격차이가 없어지고 원래 계획한 대로 시장점유율을 탈취하기가 어렵게 된다.

3.3 기업환경분석

기업환경분석은 시장에서 현재와 미래의 핵심성공요인과 현재 기업이 처한 위치를 적절히 파악하는 것을 목표로 기업을 둘러싼 외부환경에서 발생하는 상황변화(development)를 조사하는 것이라고 정의할 수 있다.

기업환경분석은 기업 자신 이외에 고객과 경쟁사가 포함되는 기업의 직접적인 환경(direct environment)을 분석하는 것을 그 출발점으로 하는데, 대개 이런 기업(company), 고객(customer) 및 경쟁사(competitor)를 "전략의 3C(strategic 3C's)"[9]라고 한다. 고객 및 경쟁사와 더불어 원재료 공급업자와 유통업자가 기업의 미시환경(micro environment)을 구성하는 것으로 간주되는데, 이를 "핵심 마케팅 시스템(core marketing system)"[10]이라고 부른다.

포터(Porter) 교수는 기업의 경쟁환경을 논의하면서 기업의 장기적인 위치와 산업의 수익성에 영향을 미치는 것으로 ① 기존 경쟁사, ② 새로운 진입자, ③ 대체재, ④ 구매자 및 ⑤ 원재료 공급업자라는 다섯 가지 요인을 제시하였다.[11]

나아가 좀더 최근에는 기업에게 "보완자(complementors)"로서의 역할을 수행하는 조직들도 기업의 미시환경에 속하는 중요한 집단이라고 보는 견해가 제기되고 있다. 예컨대, 정보기술 산업에서 인텔(Intel)은 HP와 같은 컴퓨터회사를 위한 일종의 보완자 역할을 한다고 생각할 수 있다.[12]

---

[9] Subhash C. Jain, *Marketing Planning and Strategy*, South-Western, 1997.

[10] Kotler(2000), *op. cit.*, p.15.

[11] Michael E. Porter, *Competitive Advantage: Creating and Sustaining Superior Performance*, New York: The Free Press, 1985.

[12] Andy Grove, *Only the Paranoid Survive*, New York: Currency Doubleday, 1996.

기업의 환경을 좀 더 넓게 살펴보면, 여기에는 주주, 금융서비스 회사, 일반대중, 잠재적 종업원, 정부기관, 압력단체 및 매체 등과 같은 여러 가지 이해관계자 집단(stakeholder)이 포함된다. 마지막으로, 기업환경분석에서는 기업에 대해 가장 포괄적인 영향을 미치는 요인들로 구성되는 거시환경(macro environment)을 분석해야 한다. 구체적으로 여기에는 경제 환경, 인구통계환경, 사회문화 환경, 자연 환경, 기술 환경, 정치 환경 및 법률 환경에서 전개되는 상황이 포함된다. 말하자면, 이런 거시환경에서 전개되는 상황은 기업이 향후의 "전략게임(strategy game)"에서 나타날 변화를 예상하기 위해 적절히 분석해보아야 하는 산업의 전반적인 추세라고 할 수 있다.

이런 기업의 환경에서 전개되는 상황은 기업과 그 기업이 속한 산업에 긍정적인 영향이나 부정적인 영향을 미칠 수 있다. 즉, 그런 전개상황은 기업이 경쟁우위를 확립하거나 강화할 기회를 창조하거나 기업이 처한 현재 위치에 위협을 가하는 역할을 할 수 있다. 이처럼 기업 환경에서 전개되는 상황은 기업이 경쟁우위를 구축하거나 유지하는 능력에 미치는 영향력의 본질에 따라서 기회(opportunity) 아니면 위협(threat)으로 구분된다. 말하자면, 기회는 기업에게 새로운 경쟁우위를 창출하게 하거나 현재의 경쟁우위를 유지하게 하는 길을 제공하는 어떤 사건이나 상황변화를 말하고, 위협은 현재 기업이 가진 경쟁우위를 잠식하거나 현재 기업이 가진 역량을 성공적으로 활용할 수 있는 가능성을 감소시키는 어떤 사건이나 상황변화를 말한다.

기업은 이런 기회와 위협을 잘 모니터해서 그것이 현재의 기업 활동에 미치는 영향을 적절히 평가하고 미래의 핵심성공요인을 규명하도록 해야 한다. 특히, 미래의 핵심성공요인을 규명하는 것은 전략적 혁신을 통해 전략게임의 규칙을 새로 설정해서 경쟁사를 능가할 수 있음을 나타내는 것이기 때문에 모든 기업이 추구해야 할 목표라고 할 수 있다.

바로 이런 사고는 "환경제정(enacting the environment)"이라는 개념과 일맥상통한다.[13] 환경제정이란 환경에서 전개되는 상황을 미리 예상함으로써 기업이

[13] K. E. Weick, *The Social Psychology of Organizing*, Reading, MA: Addison-Wesley, 1979.

이에 소극적으로 반응하기보다는 이에 적극적으로 영향을 미치고 심지어 새로운 상황변화를 스스로 주도할 수 있다는 것을 말한다. 예컨대, 자동차산업에 속하는 기업들은 자동차의 안전과 공해에 관한 연구에 상당한 자원을 투입함으로써 이런 주제에 관한 대중여론과 입법활동에 어느 정도 영향력을 행사할 수 있는데, 이런 환경제정 노력은 비록 일시적이더라도 경영자에게 스스로 환경을 통제한다는 느낌을 가져다 준다.

기업이 환경의 변화에 많이 노출될수록 불확실성이 커지므로, 기업환경분석을 수행해야 할 필요성은 그만큼 더 커진다. 이런 지각된 불확실성(perceived uncertainty)의 정도는 주로 환경의 동태성(dynamism)과 복잡성(complexity)이라는 두 가지 요인에 의해 결정된다. 첫째, 환경의 동태성이란 상황이 빠르게 전개되는 속도를 말한다. 상황이 빠르게 전개되는 동태적인 환경일수록, 기업은 불확실성을 더 크게 지각할 것이고, 이를 줄이기 위한 전략적 필요성(strategic necessity)을 더 절감하게 될 것이다. 둘째, 환경의 복잡성은 상호의존적으로 환경을 형성하고 있는 요인들의 수를 말한다. 이런 상호의존적인 요인들의 수가 상당히 많은 복잡한 환경이라면, 미래의 환경을 형성할 요인들이 무엇인지뿐만 아니라 이런 요인들이 서로 어떤 영향을 미칠 것인지도 파악해야 하기 때문에, 기업은 높은 수준의 불확실성을 지각하게 될 것이다.

3.4 빅3의 법칙(the rule of three)

패스트 푸드(맥도날드, 웬디스, 버거킹), 신용카드(비자, 마스터카드, 아메리칸 익스프레스), 자동차 제조회사(GM, 포드, 다임러크라이슬러), 일본의 자동차 제조회사(토요타, 혼다, 닛산), 방송네트워크(NBC, ABC, CBS), 맥주(안호이저 부시, 쿠어스, 밀러), 유람선(카니발, 로얄 캐리비언, 스타 크루즈), 운동화(나이키, 아디다스, 리복), 세계적 식품 제조업체(네슬레, 유니레버, 크래프트 푸드) 이러한 산업 목록들이 갖는 공통점은 무엇인가? 만일 국가의 간섭이나 다른 특별한 사정으로부터 상대적으로 자유롭다면 산업에서 경쟁력이라고 주장하는 빅3의 법칙이라 불리는 현상은 불가피하게 어떠한 시장에서든지 세 개의 기업이 우세한 그런 상황을 만들 것이다.

마케팅의 구루라 불리는 세스(Jagdish Sheth)와 기업 컨설턴트인 시소디어(Rajendra Sisodia)는 각 나라별 산업 분야마다 3개 기업이 시장의 70~90%를 장악한다는 법칙을 찾아내 이를 '빅3법칙(the rule of three)이라 이름 붙였다.

빅3의 법칙의 전제는 각 산업은 세 개의 커다란 우세한 참가자, 즉 산업시장 점유의 대부분을 차지하고 좌우하는 세 개의 "전 품목 만능인"을 갖고 있다는 것이다. 비록 예외도 있지만(예를 들어, 코카콜라와 펩시 같은 청량음료시장) 빅3의 법칙은 많은 다른 산업들에서 찾아 볼 수 있다. 왜 3자인가? 두 개의 회사는 독점적 가격결정이나 상호파멸을 초래하는 것 같고, 4개의 회사는 계속적인 가격전쟁을 초래하여 손실을 야기하는 것 같다. 세 개의 대형 회사에 더하여 성공하길 원하는 또 다른 기업이 있다. 이런 회사들은 제품이나 시장 세분화를 통해 특화하여 "우량 틈새기업(super niche players)"의 역할을 한다. 마지막으로 하류기업(dich dwellers)이 있다. 이런 기업들은 고도로 효율적인 빅3도, 우량 틈새기업도 아닌 기업들에 의해서 형성되는 경쟁상태를 유지하고 있다. 이런 기업들은 경쟁상태나 재무적 성과가 최악인 상태에 봉착한다. Porter 교수가 어정쩡한 전략으로 지적한 것처럼, 하류는 경영자들이 그들의 기업이 봉착하길 원치 않은 위치이다. 이와 같은 다재다능한 회사, 전문회사 및 위약 기업의 구성은 전 세계의 여러 산업에 걸쳐서 매우 공통적인 현상으로 나타나고 있다.

150년 장수 기업을 만든 스웨덴 '발렌베리 가문'

전 세계에 권력과 재력을 가진 수많은 가문들이 있다. 하지만 존경을 받는 가문을 찾는 것은 쉬운 일이 아니다. 발렌베리 가문. 우리에게 다소 생소한 스웨덴의 이 가문은 현재 스웨덴 GDP의 30% 이상을 차지하며 스웨덴 경제에 중차대한 역할을 담당하고 있을 뿐만 아니라, 스웨덴의 자긍심으로 불리워질 만큼 국민들의 높은 사랑과 존경을 받고 있다. 160여 년간 5대에 걸쳐(현재 6대 후계자가 논의되고 있음) 철저한 가족경영을 고수하면서도 명망 높은 가문으로 추앙 받는 발렌베리 가문의 힘은 과연 어디에 있을까.

'Esse non videri' 발렌베리 가문을 말함에 '존재하되 드러내지 않는다'는 위 말이 자주 거론된다. 이는 발렌베리 가문의 정신으로 발렌베리 사람들은 이 원칙을 철칙으로 지키고, 또한 현재까지 후대에 계승해오고 있다. 이는 단순히 기업경영과 사회적인 참여와 역할에만 국한된 것은 아니다. 발렌베리 가문은 스스로를 가문이라 칭하지 않을 만큼 대중의 주목을 받지 않으려 하는데, 우리가 발렌베리 가문의 특정인물의 이름이 생각나지 않는 것도 이러한 영향이다.

그러나 기업인으로서 또한 그들의 사회적인 역할을 수행하는 데에 주저함은 없다. 발렌베리 가문이 2차 세계대전에서 헝가리 유대인들을 구하는 등 큰 활약을 하고, 또한 EU가입 문제를 최초로 스웨덴 사회에 제기하고 이를 위해 다각도의 노력을 기울였다는 사실들은 익히 알려진 사실이다. 물론 그 역사의 과정 중에 집권당과의 정경유착을 통해 발전을 해왔다는 비판을 받기도 했지만, 기업 이익의 85%를 법인세로 사회에 환원하고 가장 이상적인 노사관계를 형성하며 사회 곳곳에 긍정적인 영향을 미치고 있는 발렌베리 가문. 이 가문은 부유한 기업인과 성공적인 재력가문으로서가 아니라 사회의 구성원들과 함께 더불어 성장하고자 했고 또한 현재도 그 노력을 계속하고 있기에 스웨덴을 넘어 전 세계의 존경을 받고 있는 것일 것이다. 그리고 그 노력 속에는 대를 이으며 강한 정신력과 책임감, 그리고 독립심을 키우고 또한 선대 조상들의 뜻을 기리며 공존과 상생을 바탕으로 가치 있는 삶을 살고자 했던 발렌베리 사람들이 있다.

발렌베리 가문의 교육철학

1. 책임감과 검소함을 가르쳐라

발렌베리 가문의 초석을 닦은 앙드레 오스카 발렌베리부터 현재에 이르기까지 발렌베리에는 유독 마쿠스와 야콥이라는 이름이 자주 등장한다. 이렇든 조상의 이름을 계승해 사용하고 있는 것은 발렌베리 가문의 오래된 전통으로, 후손들이 발렌베리 가문의 구성으로서의 책임감과 사명감을 부여하기 위함이다. 즉, 가족경영이라는 폐쇄적인 기업경영을 고수하지만 막대한 부를 가진 권력자로서가 아니라 가족의 이름 앞에서의 책임감을 요구한 것이며 또한 선조들의 뜻을 그릇되지 않게 계승하라는 의미에서다.

따라서 발렌베리 가문의 아이들은 성장하며, 가문이 가진 부를 당연하게 여기지 않고 선조들의 뜻을 받들어 검소하게 생활하는 것으로 유명하다. 정원의 잡초를 뽑는 등의 집안일을 돕는 것은 물론이고, 형제 자매들의 옷을 대부분 물려 입고 용돈을 아껴 사용하고 저축을 생활화하는 방식 등이다. 또한 그들의 부모 역시 엄청난 부를 지녔지만, 일반 국민들의 집과 크게 다르지 않은 집에서 거주하며 스스럼 없이 이웃들과 어울리는 방식 등으로 아이들이 어렸을 때부터 특권의식에 사로잡히거나 물질을 쉽게 여기지 않도록 본보기 역할을 한다. 물론 그들 역시 어렸을 때부터 검소함을 몸소 익혀왔으므로 의도치 않는 모습이라 할 수도 있지만, 이러한 구성원들의 습관은 아이들의 성장과정에 자연스럽게 스며들어 체득화시키는 가장 효과적인 방법이라는 것을 그들이 몰랐을 리는 없다.

또한 단순히 이름의 계승뿐만 아니라, 발렌베리 가문은 집안 어른들이 아이들의 벗이자 스승으로써 그들의 지혜와 경험을 전달하고자 노력한다. 주말마다 아이들을 인근의 공원이나 숲에 데리고 나가 산책을 하며 선조들의 위대한 업적을 이야기해주고, 이러한 노력들이 사회와 또한 후손들에게 어떠한 영향을 미쳤는지를 설명해주는 방식이다. 이러한 모습은 케네디 가문에서도 엿보았듯이 많은 명문가에서 공통적으로 드러나는 교육방법으로, 부모가 아이들과 가문의 역사는 물론 사회 전반에 대한 이야기를 자주 나누고, 이를 통해 세대간의 유대관계를 더욱 긴밀하게 형성함은 물론 생각과 사고의 범위를 지속적으로 확장시키도록 돕는 것이다.

2. 강인한 의지력과 지구력을 키워줘라

발렌베리 가문은 모든 구성원을 기업경영에 참여시키지 않는다. 금융, 산업 두 부분으로 산업을 구분하여 두 명의 상속인이 최고 경영자를 맡아 견제와 균형을 유지하도록 한다. 또한 거대한 산업을 이끄는 것은 어렵고도 중차대한 일인만큼, 엄격한 후계자 조건들을 내세우고 이를 통과해야만 역량을 발휘할 수 있는 기회를 부여한다.

이들 후계자 조건은 아래와 같다. 혼자의 힘으로 명문대를 졸업하고, 해군사관학교를 졸업해야 하며, 부모의 도움 없이 세계적인 금융 중심지에 진출해 실무적인 경험과 금융 흐름을 익히는 것 등이다. 이는 앙드레 오스카 벨렌베리가 17세의 나이에 해군사관학교에 입학해 해군장교가 되고 이후 스스로의 힘으로 미국으로 건너가 공부를 하며 은행사업에 자극을 받고, 추후 은행을 설립해 막대한 부를 쌓은 역사에 기반한다. 후손들은 이러한 조상의 발자취를 본보기 삼아 무엇보다 강인한 의지와 독립심, 그리고 넓은 사고력을 어렸을 때부터 키우고자 노력한다.

따라서 남자아이들의 대부분이 해군사관학교에서 수학하며, 강인한 정신력과 체력을 키운다. 또한 고된 훈련 과정을 통해 강인한 정신력 못지 않은 지구력과 강한 애국심을 몸에 익히며 향후 훌륭한 기업가로서의 자질을 익히는 것이다. 현재 발렌베리의 지주회사인 인베스터의 회장을 맡고 있는 야콥 발렌베리의 경우 주말도 없이 매일 12시간 이상씩 일을 하는 것으로 유명한데, 이러한 노력은 단순히 가문의 기업을 유지하는 것이 아닌 더욱 발전시키고 이를 통해 사회에 공헌하고자 하는 책임감과 의지력을 어렸을 때부터 키워왔기에 가능한 일일 것이다.

3. 넓고 깊게 사고하도록 훈련시켜라

발렌베리 가문의 사람들은 집안에 사업적으로 연관된 손님이 찾아올 경우 항상 아이들을 문 옆에 앉게 해 나누는 이야기를 듣게 한다. 그리고 손님이 돌아가고 나면 아이들에게 왜 이러한 대화들이 오갔으며, 또한 그들의 부모와 상대방이 그 당시 왜 이러한 말과 반응을 보였는지를 묻고 이에 대한 이유들을 설명해준다. 이러한 과정을 통해 아이들은 효과적이고 목적에 맞는 언행을 자연스럽게 익히게 되고, 또한 사업적인 관심과 차후 가문의 사업에 대한 책임감을 갖게 된다.

즉, 아이들의 또래활동이나 교육으로 익히기 어려운 비즈니스의 세계에 관심을 갖게 하고 또한 어른들의 대화를 통해 넓고 또한 깊게 사고하도록 자연스럽게 훈련하는 것이다.

이는 향후 기업경영에서 고스란히 적용이 되는데 벨렌베리 가문의 기업들은 수많은 위기 속에서도 중장기적인 관점과 판단으로 투자를 해 나가며, 기업의 성장은 물론 사회의 발전에 기여해 왔기 때문이다. 2대 경영자인 마르쿠스 시니어가 아무리 엉망인 기업도 그 배를 모는 경영자가 유능하면 살려낼 수 있다며 "선장이 우선이고 배는 그 다음이다"라고 표현할 정도로, 발렌베리 가문은 사람의 중요성을 일찍 깨달았으며 따라서 향후 가문과 기업을 이끌어 나갈 구성원, 즉 자녀들이 강한 책임감과 독립심, 그리고 지구력을 갖고 또한 넓게 통찰할 수 있는 능력 또한 기르고자 노력한 것이다.

4. 국제적인 감각을 키워라

세계가 하나라는 말로 축약된 지 오래다. 특정 다국적기업뿐만이 아니라 대부분의 기업들이 글로벌화를 선언하며 세계를 무대삼아 뛰고자 노력하고 있다. 발렌베리 가문 역시 이러한 세계화의 물결 속에서 국제적인 지식과 경험을 중요하게 여기고 있다. 앞서 언급했듯 아이들이 성장하고 나면, 뉴욕과 런던 등 세계 금융의 중심지의 금융기관에서 일하는 것을 후계자의 기본조건으로 삼을 정도이다. 이는 발렌베리 가문이 금융을 필두로 사업을 확장, 발전시킨 데 기인하는 것으로 발렌베리 가문의 아이들은 이러한 세계 금융기관에서 산업의 꽃이라 불리우는 금융시장의 이해와 흐름을 익히고, 국제적인 인적 네트워크를 구축하도록 교육받는다.

발렌베리 가문의 사람들은 이를 통해 아이들의 국제적인 감각을 키우고, 또한 미래의 경영자로서의 자질을 함양하게 하는 것이다. 또한 발렌베리 가문의 아버지는 아이들이 세계 금융시장에서 경험을 쌓고 있는 이 시기에도 편지 등을 통해 여러 가지 사업적인 문제와 금융에 대한 문제를 토론하고 또한 아이들의 배움을 지속적으로 독려하고 응원한다. 이는 아이들의 성장에만 국한된 것이 아니라, 발렌베리 가문 역시 이 과정을 통해 향후 가문의 기업경영에 참여할 수 있는 예비 후계자의 자질을 확인하고 또 그들 스스로 자신의 능력을 입증할 수 있도록 유도하는 것이다.

또한 이러한 과정을 통해 형성되는 국제적인 지식과 경험, 그리고 인적 네트워크는 기업경영은 물론, 발렌베리 가문의 아이들이 다양한 영역에서 활동하는 데 큰 바탕이 된다. 일례로 발렌베리 2세대인 마쿠스 시니어는 국제연맹(현 국제연합)의 금융위원회 위원장을 지냈으며 그의 아들 마쿠스 주니어는 경제협력개발기구(OECD) 산업자문위원회 초대 위원장과 국제상공회의소(ICC) 회장을 지낸 것으로 유명하다.

5. 함께 나누고 상생하는 법을 가르쳐라

발렌베리 가문이 스웨덴의 경제에 또 나아가 전 세계 경제에 미치는 영향이 지대함에도 불구하고, 가문의 경영인 중 그 누구도 세계는 말도 할 것 없고 스웨덴 100대 재벌 안에도 포함되지 못한다. 보유한 주식과 재산이 몇 백억원대에 불가한 것으로 알려져 있을 정도이다.

이는 회사 수익의 대부분이 재단으로 들어가는 독특한 기업구조 때문인데, 이는 2대 경영자였던 크누크가 전 재산을 기부해 크누트&앨리스 발렌베리 재단을 설립하면서부터 본격화됐다. 이후 발렌베리는 여러 재단 운영을 통해 기업의 이익을 스톡홀름 경제대학을 필두로 상공회의소와 도서관, 천문대, 박물관 건립 등 다양한 공익사업에 후원하고 또한 스웨덴 기초과학 기술의 개발 및 발전을 위해 사용한다. 실제 스웨덴의 기초과학 분야 노벨상 수상자 대부분이 발렌베리 재단의 도움을 받아 연구를 했을 정도로 발렌베리 가문이 사회에 기여하는 바가 크다. 발렌베리 가문이 언젠가 대변인을 통해 밝혔던 바와 같이 발렌베리 가문은 스웨덴의 장기적인 발전을 추구하며, 노동자의 가치를 중요하게 생각하고 안전정인 발전을 이루고자 노력해온 것이다.

그리고 이러한 발렌베리 가문에 밑바탕에는 어렸을 때부터 물욕의 가치가 아니라, 정신적인 가치의 중요성 그리고 개개인 스스로의 강인한 의지와 책임감 등이 얼마나 중요한지를 선대와 부모로부터 보고 배우고 또한 이를 몸에 익힌 자녀들이 있었기에 가능했을 것이다.

자녀교육에 방향을 잃기 쉬운 요즘이다. 정보가 선별 없이 무작위로 쏟아지는 것도 문제이고, 경쟁을 부추기고 비교라는 날카로운 칼날을 어린 아이들에게까지 가져다 대는 세상을 따라가기도 버거운 것 또한 사실이다. 하지만 "존재하되 드러내지 않는다"는 발렌베리 가문의 자녀교육 및 기업경영의 핵심은 가장 중요한 것은 보이지 않는 정신적 가치이고 또한 내면의 힘이라는 뜻이 아닐까. 때때에 맞는 교육과 머스트 두잇(must do it)이 아니라 삶에 대한 자세 그리고 인생을 살아가며 숱하게 겪을 수 있는 역경과 고난에 맞서 싸워나갈 수 있는 힘을 먼저 아이들에게 기르게 하는 것. 그것이 발렌베리 가문이 현재까지 높은 지지와 사랑을 받고 또한 존경을 받는 가문으로 성장할 수 있는 원동력이 아니였을까.

1900년에 문을 연 고급 식자재 판매업체 '델라웨어 마켓하우스'는 경기 침체에 따른 고급 제품 기피 현상이 두드러져 결국 폐업했다.

이 밖에 1896년 설립한 '콘키스북스토어(서점)'는 전자책(e북) 등 정보기술(IT) 발달에 따른 책 기피 현상으로, 1872년 설립된 고품질 학교물품 공급업체 '홀콤 에듀케이션 리소스'는 경기 침체 여파로 매출이 급감해 지난해 10월 각각 문을 닫았다.

CNN머니는 "1970년대 '포천' 500대 기업 가운데 3분의 1이 15년도 안돼 사라졌다"며 "기업이 100년 이상 생존하고 있는 것은 대단한 일"이라고 평가했다.

출처: 매일경제, 2010.1.6.

Chapter 7

국제경영과 글로벌화

제 1 절

기업의 국제경영

오늘날 기업은 제2차 세계대전 이후 획기적인 기술의 발달과 새로운 경영방식, 혁신적 수송과 통신의 도움으로 급격하게 국제화가 이루어졌으며 그 결과 국경을 넘는 기업활동에 대한 이론으로서 국제경영이 대두되었다. 따라서 국제경영이란 국경을 넘는 거래로 대상은 재화·서비스·자본·인력·기술 등을 모두 포함하는 것이다. 이러한 국제경영을 행하는 주체로서 우리는 국제기업 또는 다국적기업을 들고 있으며 학자에 따라서 그 개념을 달리하고 있다.

윌리엄 딤자(William Dymsza)는 국제기업과 다국적기업을 생성과정으로 분류하여 다음과 같이 설명하고 있다. 즉, 국제기업이란 기업이 사업을 영위함에 있어 정도의 차이에 상관없이 세계를 지향하는 기업들을 총칭하는 개념이며 다국적기업은 국제기업의 한 형태라는 것이다.

국제기업은 수출과 수입, 라이선싱부터 여러 나라에서의 전면적인 생산 활동을 한 가지 이상 수행하는 기업을 말하는데, 특히 이러한 기업의 해외판매와 그 판매수익이 중요해짐에 따라 최고 경영층이 관심을 가지게 되어 세계를 하나의 시장으로 보고 마케팅, 생산, 투자 및 기타 결정을 하게 되는 세계 지향적인 기업이 되는데 이 단계에 이른 기업을 다국적기업이라고 하였다.

다시 말하면 국제기업이란 기업 내에서 해외사업의 역할이 대단한 중요성을 가지고 있는 경우를 말하며, 다국적기업이란 ① 여러 나라에 자회사를 두고 있으며, ② 그 자회사들이 본사의 전략에 따라서 계획·조직·통제될 때 본사와 자회사들의 총체를 다국적기업이라고 정의한다.

위와 같은 분류에도 불구하고 국제기업 또는 다국적기업에 대한 정의는 통일되어 있지 않으며 학자에 따라서 다른 여러 정의가 내려지고 있다. 따라서 이 책에서는 국제기업과 다국적기업을 동일한 의미로 취급하고자 하며 앞으로 다국적기업 명칭 대신 국제기업이라는 용어를 사용한다는 것을 밝혀두고자 한다.

1.1 국제기업의 특징

국제기업이란 여러 나라에 걸쳐서 범세계적으로 조직되고 운영되는 기업 또는 기업군을 의미하며 여기에는 세 가지 중요한 내용을 포함하고 있다.

첫째, 특성의 여하에 구애됨이 없이 본국 이외의 여러 나라에서 생산이나 연구계획을 포함한 경영활동의 전반적인 확장을 실시한다.

둘째, 어떠한 특정국이 아니라 범세계적으로, 기업활동에 있어서의 여러 조건 및 전망 등을 포함한 기업의 포괄적 정책을 실행한다.

셋째, 주권국가와 대등한 입장에서 협상할 수 있는 국제적 조직에 의한 상기 정책의 수행을 담당하는 것을 내용으로 포함하고 있다.

前 I.B.M. World Trading Co.의 자끄 메종루즈(Jacques Maisonrouge) 회장은 국제기업의 정의로서 다섯 가지 중요한 점을 지적하였는데, 이들은

① CD 경제발전단계가 상이한 여러 나라에서의 영업활동

② 현지국 인력에 의한 자회사의 운영

③ 여러 나라에서의 완벽한 산업조직

④ 다국적 중앙통제

⑤ 자본의 다국적 소유 등이다.

한편 1972년 UN에서 출판한 〈다국적기업과 국제개발(*Multinational Corporation in World Development*)〉은 국제기업(다국적기업)을 구조적 기준으로 정의하고 있다. 즉, 국제기업(다국적기업)이라는 용어는 1개국 이상의 국가에서 사업활동을 하고 있는 기업을 의미하며 최소의 판단기준을 전체 활동영역 중에서 활동의 형태, 또는 해외 요소의 중요성에 두었다. 따라서 문제의 활동은 해외지점과 자회사의 자산·판매·생산·고용 또는 이익과 관련될 수 있다는 것이다.

1.2 국제기업의 발전 단계

닐 자코비(Neil Jacoby)는 기업이 국제기업화를 위해서는 다음의 여섯 가지 단계를 거친다고 하였는데 그 내용을 보면,

① 자사제품의 해외수출
② 해외에 판매조직 설립
③ 자사제품을 생산, 판매하기보다는 외국기업에게 특허와 노하우의 사용을 허락
④ 해외에 생산시설 설립
⑤ 최고 경영층으로부터 최하위 직원까지 경영상에 있어서의 다국적화
⑥ 주식소유의 다국적화 등의 단계라고 하였다.

미국의 경영학자 피터 드러커(Peter Drucker) 교수는 국제기업을 개념정의하면 국제기업의 행동적 특성(behavioral characteristics)을 주장하였는데, 국제기업이란 국제적 관점에서 사고(thinks internationally)를 하는 최고 경영층을 지닌 기업체라고 하였다.

그에 의하면 국제기업인이란, 항상 범세계를 대상으로 투자대안을 검토하며, 투자기회가 자국 내에만 있다고 생각하지 않으며, 또한 해외에 있다는 사실만으로 해외투자기회만 추구하지 않는 기업인을 의미한다고 보았다.

1.3 국제기업의 해외투자 유인

워싱턴 대학의 엔델 콜드(Endel Kolde) 교수는 국제기업의 해외투자 유인을 다음과 같이 네 가지 측면에서 관찰하고 있다

첫째, 마케팅 유인으로서, ① 관세 및 쿼터의 회피, ② 저렴한 수송비용, ③ 필요 재고량 및 창고의 중요성 저하(생산자와 소비자 사이의 경제적 거리의 단축), ④ 시장에 대한 서비스의 용이성(장기간의 사전준비가 필요 없음), ⑤ 시장조

사의 편이성, ⑥ 광고, 선전의 계획 및 실행의 용이성, ⑦ 판매에 대한 저항의 감소 등을 들 수 있다.

둘째, 생산유인으로서는, ① 저렴한 공장 건설비, ② 복리후생비를 포함한 낮은 임금, ③ 품질관리의 용이성, ④ 전문기능에의 접근 가능성(디자인·패션·공예품), ⑤ 기술적 기준 충족의 편이성, ⑥ 제품의 현지 소비요구에 대한 적용성, ⑦ 경제적인 원자재·부품 풍의 구입가능성(조달상의 경제), ⑧ 특수 원자재의 활용가능성, ⑨ 완제품보다 원자재에 대한 저렴한 운임비율(수송상의 경제) 등이다.

셋째, 재무상의 이점으로서, ① 낮은 세금 및 세금연기 혜택(조세특혜에 의한 절약은 재투자로서 활용될 수 있다.), ② 연구개발비의 자본화 혜택, ③ 특별감가상각의 허용, ④ 본국에 대한 납세의무 없이 한 나라로부터 다른 나라로의 소득 및 자산의 이전가능성(예를 들면 아주 위험한 지역으로부터 안전한 지역으로 이전 등), ⑤ 본국 세무당국의 사전허가 없이 한 자회사로부터 다른 자회사로 시간적 측면에서 소득 및 자산이전의 자유(미국 조세법의 변경으로 이전 측면에서의 유효성 상실), ⑥ 기업 유동자산의 단기적 소유를 통한 고율이자의 획득, ⑦ 진출대상국의 자금원천에 접근가능성(소규모 기업에게 특히 유리)이 있다.

넷째, 전반관리상의 유인으로서는,

① 본국보다도 더 유망한 성장의 대안적 기회
② 시장 및 생산시설의 다변화를 통한 소득의 안정화
③ 본국에서는 이미 낡은 기술, 시설 및 경영기법의 재활용
④ 기업 이미지 형성(국제기업을 국내기업이 갖지 못하는 중요성을 지고 있는데 그것은 경쟁의 결과에 기인한다.)
⑤ 공급자, 유통업자, 고객, 외국정부기관과의 관계개선
⑥ 외국의 인력자원(특히 저렴한 국가)에 접근 가능성
⑦ 다른 나라의 기술혁신, 연구성과, 제품계획에 접근 가능성
⑧ 경영방법의 현지 동화 등이다.

1.4 국제경영의 특성

국제기업경영은 기업이 국경을 넘어 활동함에 따라 그 기업이 활동하는 국가의 관습·법률·경제 환경(인력·기술·재화·자본·자원)에 따라 다양하다. 따라서 국제기업경영을 원활하게 하려면 그 대상국가에 따른 국제기업경영의 특성을 이해하여야 한다.

국제기업경영의 일반적인 특성을 살펴보면 다음과 같다.

첫째, 국경을 넘어선 국제거래라는 사실로서 인력·기술·재화·자본 등의 자원이동상에 있어서의 제약이다. 그러나 이러한 제약에도 불구하고 국제기업은 자본을 공급하고 기술이전을 촉구하며 변화와 협동, 조정문제를 야기하고 있다.

둘째, 시장과 자원을 상대로 범세계적으로 사고하고 계획하며 행동할 수 있는 재원과 능력을 가지고 있다.

셋째, 다양한 통화의 개입으로 통화가치의 변동으로 인한 위험성을 내포한다. 따라서 국제기업경영자는 환차손(exchange loss)에 대한 노출을 극소화하여야 한다.

넷째, 이질적이고 개별적인 많은 해외 시장국들을 충족시키는 데 따르는 어려움이 있다. 따라서 각 시장별 수요패턴·구매력·경쟁구조·유통경로 및 판매조직을 적절하게 조정할 필요가 있다.

다섯째, 국제기업의 발전은 본국 노동조합의 반발을 야기시킨다. 왜냐하면 국제기업은 일자리가 해외로 유출됨으로써 본사국의 일자리가 줄어드는 효과가 있다고 주장하고 있다.

여섯째, 국제기업경영의 또 다른 측면으로는 거리상·시간상의 제약으로서 국제기업에 위험비용부담 및 불확실성을 가져다준다.

일곱째, 본국 및 현지국에서의 가격고정 및 탈세문제가 발생할 수 있으며 통화·재정 및 외환정책을 교란시킬 수 있을 뿐만 아니라 정치에도 큰 영향을 미친다.

불편을 파는 IKEA와 한국 토종 가구업체 간의 경쟁

국내 대형 가구사들과 이케아가 서로 다른 강점을 기반으로 시장에서 각축전을 벌이고 있다. 가구공룡 이케아의 상륙으로 가구업계에 직격탄이 될 것이란 우려가 나왔지만 오히려 국내 가구사들의 경쟁력이 높아지는 '메기효과'가 나타나고 있다.

이케아는 불편함을 마케팅 전략으로 삼아왔다. 고객이 원하는 제품을 매장에서 직접 찾아서 운반해야 하며, 집에서는 직접 조립해야 한다. 이케아는 "새 가구를 직접 픽업하고, 가져가고, 조립하면 가장 낮은 가격에 제품을 구입할 수 있다"고 설명한다.

물론 운반과 조립, 설치가 불가능한 경우에는 서비스를 이용할 수 있다. 하지만 서비스 요금이 상대적으로 높은 수준이기 때문에 부담을 느끼는 소비자가 대부분이다. 배송비는 최소 1만9,000원에서 최대 16만9,000원이다. 최소 비용은 광명시, 금천구 등 이케아 매장 인근 지역에 적용된다. 서울 지역은 평균 4만9,000원이며, 충청·내진지역과 전라·경상도 지역은 각각 13만9,000원, 15만9,000원 수준이다. 조립은 4만원, 설치는 2만5,000원(수납장 1개 기준)의 요금이 부과된다. 결국 운반, 조립, 설치에 대한 불편함을 감수하면 합리적인 가격에 제품을 구매할 수 있다는 것이 이케아의 전략인 셈이다.

한국 소비자들이 이에 익숙하지 않은 탓에 이케아는 생활용품, 인테리어 소품 등 홈퍼니싱 제품에 주력하고 있는 모양새다. 국내 가구업계 한 관계자는 "이케아는 가구보다 소품이 주를 이룬다"며 "붙박이 등 국내 가구사들이 할 수 있는 분야와는 차이가 있다"고 말했다. 업계에서는 이케아에 대해 성공적인 초기 정착이 이뤄졌다는 평가다. 다만 이케아는 국내 매출액을 공개하지 않고 있어 지난 10개월간 어느 정도의 성과를 얻었는지 확인이 불가능하다. 업계 관계자는 "이케아를 포함한 대부분 외국계 기업은 매출공개를 하지 않기 때문에 수치로 성공 여부를 판단할 수는 없다"면서도 "다만 매장을 찾는 방문객 수나 소비자들 사이에서 회자되는 것을 보면서 일단 성공적으로 자리를 잡은 것으로 판단하고 있다"고 말했다.

'불편을 파는' 이케아의 마케팅 전략에 맞서 국내 브랜드 가구사들은 '편리함'으로 승부하고 있다. 이들은 매장을 잇달아 개설하면서 소비자와의 접점을 늘리고 있다. 특히 생활용품에서 가구까지 판매가 가능한 대형 매장을 오픈하면서 소비자들이 한 곳에서 쇼핑을 할 수 있도록 하고 있다.

가구업계 1위 한샘은 가구와 생활용품의 원스탑 쇼핑이 가능한 '한샘플래그샵'을 공격적으로 열고 있다. 지난 8월 대구 수성구에서 7호점을 열었으며, 올해 안에 8번째 플래그샵을 오픈할 예정이다. 한샘은 오는 2020년까지 플래그샵을 20개로 확대한다는 방침이다. 이케아의 상륙에도 불구하고 한샘의 실적은 고공행진을 이어가고 있다. 한샘은 올 2분기 사상 처음으로 분기 매출 4,000억원을 돌파했다. 매출액은 4,011억원으로 지난해 같은 기간보다 32.2% 늘었으며, 영업이익은 385억원으로 58.6% 증가했다. 대형 플래그샵을 리뉴얼하는 등 고객들이 접근이 쉬워지면서 실적이 크게 개선됐다는 게 회사 측의 설명이다.

현대리바트도 내년까지 대형매장을 30개로 늘린다는 계획이다. 이와 함께 지난해 9월 론칭한 리바트키즈 매장도 올해 안에 30개 늘려 오는 2017년까지 매장 총 150여 개, 연매출 500억원 달성을 목표로 하고 있다. 인테리어도 패키지로 제공함으로써 이곳저곳 찾아다니며 제품을 택해야 하는 불편함을 줄였다. 한샘은 평형과 연령층에 맞춰 8종의 스타일 패키지를 선보이고 있으며, KCC도 홈씨씨인테리어를 통해 인테리어 상담, 무료견적, 시공 그리고 애프터서비스까지 인테리어에 관한 모든 것을 제공하는 패키지 상품 3종을 내놨다.

업계 관계자는 "이케아와 달리 국내 업체들은 접근성과 편리함을 전략으로 내세우고 있다"며 "서울, 수도권뿐만 아니라 지방 거점에도 매장을 확대하는 추세"라고 설명했다.

그는 이어 "국내 가구사들은 이케아가 국내 시장에 들어오면서 큰 영향을 받을 것이란 우려와 달리 타깃층을 달리하면서 경쟁력을 확보하고 있다"고 말했다.

"모든 것은 고객에게 달렸다"고 답했다.

출처: 뉴스토마토, 2015.10.1.

제 2 절

국제경영의 분야 및 형태

2.1 국제경영의 분야

국제기업인이 범세계적 시장을 대상으로 사업 활동을 영위할 때 이것을 국제경영이라 하며, 국제경영 또는 국제기업경영은 2개국 이상에 걸쳐서 전개되는 기업의 경영활동이다. 국제경영은 본사국과 경제·문화·사회·정치적 여러 환경이 상이한 외국에서 전개되며, 경영의 규모와 영역이 확장되는 특징을 가지고 있다. 국제경영은 또한 국경을 넘는 사업 활동을 대상으로 하고 있으며, 국경을 넘는 거래의 대상은 재화·서비스·자본·인력·기술 등이 포함된다. 좀 더 상세히 설명하면 다음과 같다.

① 재화의 거래: 광산물 · 농산물 · 석유 및 기타 공산품

② 용역의 거래: 건설 · 호텔경영 · 관광 · 경영자문 · 도매 · 소매

③ 금융 분야: 상업 및 투자금융업 · 증권 · 보험 등

④ 항공 및 해상운송

⑤ 통신매체분야: 라디오 · TV · 전신 · 전화 · 잡지 · 책 · 신문 · 뉴스 서비스 · 영화 등

⑥ 무형물의 매매: 기술 · 상표 · 국가 간의 자료전달 등

이러한 국제기업경영의 분야는 일반적으로 크게 세 가지로 나눌 수 있다.

① 무역 분야에는 상품수출 · 건설수출 그리고 해외자회사를 통한 수출이 있고, ② 지식의 판매 분야에 있어서는 기술계약 · 경영계약 · 국제 프렌차이징이 있으며, ③ 투자분야에는 간접투자와 직접투자가 있다.

간접투자는 유가증권투자로서 배당이 주목적인데, 이것은 제2자 세계대전 이전에 성행하였다. 직접투자는 단독투자와 합작투자로 분류되는데, 이것은 경영권 장악을 목표로 하는 것으로 제2차 세계대천 이후에 주로 이루어지고 있는 형태이다.

해외경영(직접적)을 포함하고 있지 않는 국제기업 활동으로는 수입 · 수출 · 유가증권투자 · 라이선싱 · 건설계약 및 턴키 프로젝트(Turn-Key Project) 등을 들 수 있다. 이 가운데 라이선싱은 기술이전으로서 국제기업이 외국기업들에게 특허 · 제조과정 · 상표 및 노하우 등을 로열티(royalty)를 받고 대여해주는 것을 말하며, 건설계약은 미국의 벡탤(Bechtel), 영국의 윔피(Wimpy) 등과 같은 기업이 대형 프로젝트, 예를 들면 댐 · 송유관 · 도로 · 공업 단지 및 통신 시스템의 건설을 통하여 소득을 획득하는 것을 의미하고, 턴키 프로젝트란 일괄수주방식으로서 외국기업이 공장의 설계 · 건설 및 시운전을 거친 후 발주자에게 지속적 생산 및 경영을 위하여 양도하는 방식을 말한다.

해외직접경영을 통한 국제기업 활동으로는 단독투자, 합작투자 및 국제서비스 분야를 들 수 있는데, 국제항공수송산업이 국제서비스분야에 속하고 있다.

2.2 국제경영의 형태

국제기업경영의 형태로서는 해외자회사, 지점 및 대리점 형태로 진출하는 경우와 합작기업형태로 나누어진다. 해외자회사는 수용국(host country)의 법률에 따라 조직된 반면에 지점(branch)은 본국의 개인 또는 법인의 해외자산으로서 수용국의 법률에 지배를 받지 않는다. 그러나 지점도 국제기업화 과정이나 국제기업의 해외자회사와 같이 해외경영전략을 수립하는 중요한 현지 거점이다.

합작기업형태는 딤자(Dymsza)의 이론을 빌린다면 ① 현지자금의 조달, ② 현지인 경영자의 획득, ③ 국민감정 악화의 회피, ④ 기술원조로부터 해외자산으로의 이행 등과 같은 네 가지 장점을 가지고 있다.

제 3 절

글로벌화

오늘날의 세계를 가장 잘 나타내는 두 개의 단어는 틀림없이 정보화와 세계화(글로벌화)일 것이다. 인터넷으로 대표되는 정보화는 우리가 살고 있는 사회를 "지식사회"로 바꾸고 있으며 지식사회에서는 과거에 성공의 토대가 되었던 것들이 사라지고 있다. 인류사 전체를 통틀어 볼 때 지금까지 한 사회를 성공으로 이끈 주요한 요소들은 토지나 광물과 같은 자연자원, 그리고 기계나 공장과 같은 자본설비였다. 그러나 새로 도래한 지식사회에서는 지식이 새로운 부의 근거가 되고 있고 지식의 가치를 인정하고 지식을 경쟁무기로 하는 국가, 사회, 그리고 기업이 국제경쟁력을 갖출 수 있게 되었다. 그 좋은 예가 현재 지식경제를 주도하며 지속적인 경제성장을 추구하고 있는 미국과 자본설비나 종업원 수에 있어서 자기보다 수십 배의 크기인 GM보다 시장가치가 더 큰 구글과 애플이다. 지식주도 경제의 엔진은 지식기업이다. 미국이 지식경제를 주도하고 있는 것은 미국에 구글, 애플, 페이스북, 트위터, 인텔 등 많은 지식기업들이 있기 때문이다.

지식사회의 도래와 더불어 21세기는 20세기 후반부터 가속화된 정보기술의 발달로 시장의 범위가 세계화하는 글로벌 경쟁의 시대로 진입하고 있다. 컴퓨터와 팩스, 화상회의까지도 가능케 하는 장거리통신망의 발달 등으로 기업의 경영활동 범위는 세계 곳곳으로 확대되고 있고 지금은 세계 어디에서 일어나는 사건이든지 간에 거의 온라인 리얼 타임으로 세계 곳곳에 전달되고 있다. 또한 모든 경제거래 분야에 있어서 국경 없는 경쟁을 지향하는 WTO(World Trade Organization: 세계무역기구)의 출현은 시장의 글로벌화를 제도적으로 뒷받침하고 있다. 글로벌화는 국경 없는 경쟁, 무한경쟁을 의미하기 때문에 국내 일등, 내지는 지역 일등은 의미를 상실한다. 글로벌 시대에 살아 남는 기업은 세계시장에서 최고의 경쟁력을 가진 기업들만이다.

3.1 글로벌화의 개념

우리가 흔히 쓰는 국제화와 글로벌화는 구별하기가 쉽지 않은 개념이다. 굳이 구분한다면 국제화는 영어의 "internationalization"에 해당하고 글로벌화는 "globalization"에 해당한다고 할 수 있겠다. 경영적 측면에 국한한다면 internationalization은 소극적으로는 우리가 자급자족이라는 폐쇄된 상태에서 탈피하여 외국상품과 기업들을 받아들이고 적극적으로는 우리가 수출, 해외투자 등의 형식으로 해외로 나가서 외국에서 경영활동을 수행하는 것이라고 정의할 수 있을 것이다. 따라서 국제화에는 엄연히 본국, 본사라는 개념이 존재하며 기업의 의사결정은 본사와 본국의 이해관계를 기준으로 이루어진다.

이에 비해 globalization의 경우 기업은 경영활동을 범세계적 차원에서 가장 능률적으로 수행할 수 있다면 그것이 본국이든 외국이든 구분하지 않는다. 네슬레는 스위스기업이지만 스위스 국내 판매는 극히 일부에 지나지 않으며 세계 수십 개국에 생산·판매회사를 가지고 있다. 미국시장 내의 생산·판매시설은 본국의 그것에 비해 수십 배에 달하며 매출액 역시 그렇다. 이 경우 네슬레는 어느 나라 기업이라고 불러야 할까? 세계화한 기업에게 있어서는 경영활동을 수행하는 장소가 본국이냐 외국이냐는 별의미가 없으며 기업경영에 유리하다면 본사도 외국으로 이전할 수 있는 것이다. 이러한 글로벌화는 여러 가지 의미에서 우리에게 시사하는 바가 많다.

3.1.1 글로벌화의 일반적 의미

현재 우리는 과거와는 달리 진정한 의미의 글로벌 경제에 들어가고 있다. 과거 진정한 의미의 글로벌 경제가 존재하지 않았을 때는 각국의 미숙련 근로자들은 단지 그 나라 국민이라는 이유만으로 높거나 낮은 임금을 받았다. 예컨대 우리나라 근로자들은 중국 근로자들보다 더 많은 원자재와 자본집약도가 높은 생산공정, 기능수준이 높은 동료, 그리고 더 좋은 기술을 이용할 수 있었다. 그러나 글로벌화가 급속히 진전되면 그러한 특혜는 점차 사라질 것이며, 글로벌화가 완성되어 세계가 진정으로 하나의 시장이 되면 그러한 특혜는 완전히 사라질 것이다.

글로벌 경제에서는 완제품뿐 아니라 기술을 포함한 모든 생산요소의 국가 간 이동이 자유로우며 또 모든 국가가 생산요소에 동등하게 접근할 수 있다. 예를 들어 글로벌 경제에서는 누구나 똑같이 접근할 수 있는 세계 원자재시장이 존재하기 때문에 미국이라 해서 우리나라보다 더 많은 천연자원을 갖지 못한다. 또한 누구나 동등하게 뉴욕, 런던 등지의 국제금융시장에서 자본을 조달할 수 있기 때문에 미국 근로자의 자본장비율(capital equipment ratio)이 한국 근로자의 자본장비율보다 높을 수 없다. 이 경우 한 나라의 근로자가 어떤 수준의 임금을 받는가는 그 나라 근로자들의 숙련도에 의해 결정될 것이다. 예컨대 미국과 한국 근로자들의 임금은 숙련을 감안할 때 똑같아질 때까지 한국의 임금은 올라가고 미국의 임금은 내려갈 것이다.

따라서 글로벌 경제에서는 한 나라의 근로자들이 보유하는 지식과 기술이 중요하다. 한국 근로자들이 숙련도를 높여 우수한 지식과 기술을 보유하면 다국적 기업들은 생산 장소를 우리나라로 옮길 것이며 과거와는 달리 글로벌 경제에서는 이것을 막을 방도가 없다. 이와 같이 글로벌화는 선진국, 후진국을 불문하고 대단히 중요한 도전인 것이다. 현재 우리나라를 비롯하여 시장경제를 채택하고 있는 세계 각국에서 벌어지고 있는 소득 불균형의 급격한 확대가 앞으로 우리가 겪게 될 글로벌 경제의 미래를 보여 주고 있다.

3.1.2 기업차원의 의미

최근에 우리나라 기업들이 어려움을 겪고 있는데 이는 WTO의 출현과 우리나라의 선진국클럽인 OECD 가입에 따른 대외개방 폭의 급격한 확대와 무관하지 않다. 물론 대외개방의 확대는 장기적으로 우리나라에 유리하다는 것을 부인할 수는 없다. 대외개방 정책이 국가에 이롭다는 것은 우리보다 앞서 서방세계에 문호를 개방한 일본은 아시아 유일의 선진국이 된 반면에 쇄국정책을 고집한 조선은 국가가 망했고 그 결과 우리나라가 현재 일본에 뒤지고 있다는 사실이 이를 대변한다. 한반도를 보더라도 해방 후 대외 지향적 정책을 취해 온 우리나라는 그동안의 가난을 딛고 중진국이 된 반면에 주체와 자력갱생을 고집하며 쇄국을 고집하는 북한은 국가가 피폐하고 국민이 굶주리고 있다. 그러나 대외개방에는 대가가 따르며 국가와 사회, 그리고 기업이 이에 적절히 대처하지 못하면 격심한 어려움을 겪게 된다. 기업 차원에서 보자면 금융기관을 포함하여 우리나라 기업들이 현재 겪고 있는 어려움이 이를 증명하고 있다.

경영학 이론에 의하면 기업의 수익률은 기업의 규모 및 기업의 시장점유율과 밀접한 관련이 있다. 시장점유율이 큰 대기업은 규모의 경제와 경험효과를 이용하여 원가상의 우위를 가지기 때문에 평균 이상의 높은 수익률을 올릴 수 있다. 규모의 경제란 예컨대 시설용량이 두 배인 공장을 지을 때 건설원가는 두 배 미만이 드는 것과 같이 대규모 경영활동에서 오는 비용절감을 의미한다. 경험효과란 경영활동이 누적적으로 수행됨에 따라 그 경영활동에 소요되는 비용이 일정한 비율로 감소하는 현상을 가르킨다. 그 대표적인 예가 같은 일의 반복에서 오는 학습효과이다. 규모의 경제와 경험효과는 표준화된 제품을 대규모로 그리고 누적적으로 시장에 공급할 때 발생하는 것이며 생산, 마케팅 등 경영활동의 모든 분야에서 일어나는 현상이다. 한편 시장점유율이 작은 기업은 차별화된 제품이나 서비스를 시장에 공급함으로써 평균 이상의 수익률을 올릴 수 있다. 예컨대 독일 자동차 회사인 BMW는 미국의 GM과 같은 큰 자동차 회사가 아니지만 높은 수익률을 올리고 있다. 가장 문제가 되는 것은 크지도 않고 작지도 않은 어중간한 회사들이다. 그런 회사들은 경험효과를 이용한 비용상의 경쟁력을 갖지도 못하며 제품 차별화에 따른 경쟁우위도 갖지 못한다.

과거에 우리나라 기업들은 각종 정책금융에 의존하여 외국으로부터 표준화된 제품을 대량생산하는 기계설비를 도입하여 규모의 경제와 경험효과를 적극적으로 이용하는 국제경쟁방식을 채택해왔다. 그러나 이제는 국내시장이 개방되어 외국, 특히 막강한 자금력과 기술, 그리고 경영노하우를 갖고 있는 다국적 기업을 중심으로 한 선진국의 대기업들이 직접 국내시장에 본격적으로 진출하고 있다.

한국기업과 선진국의 대기업을 비교해보면 기업의 규모에 있어서나 기업이 특정사업에서 축적해 놓은 경험에 있어서나 우리나라 기업이 불리한 위치에 있다.

3.2 글로벌화의 배경

3.2.1 국제 경제적 배경

2차 세계대전 이후 미국을 비롯한 전승국들은 국제통화제도를 안정시키고 국제무역과 국제투자를 자유화하기 위하여 IMF(International Monetary Fund: 국제통화기금)와 GATT(General Agreements on Tariffs and Trade: 관세 및 무역에 관한 일반협정)를 발족시켰다. IMF는 각국이 실시하고 있었던 외환관리를 제거하기 위하여, 그리고 GATT는 국제무역을 제한하는 각국의 관세 및 비관세장벽을 제거하기 위하여 노력하였다. 그러한 노력의 결과로 전후 국제통화제도가 안정되고 국제무역의 자유화가 진전되자 국제경제는 빠른 속도로 성장하게 되었으며 서구는 부흥되고 일본은 선진국에 진입하였다. 우리나라를 비롯한 신흥공업국들이 국제시장의 중요한 경쟁자로 등장하게 된 것도 그러한 노력에 힘입은 바 크다. 이 과정에서 미국은 달러라는 안정된 국제통화를 세계에 공급하고 다른 나라들이 거대한 미국시장에 수출하는 상품에 대해 낮은 관세를 부과하여 국제무역을 자유화함으로써 세계경제의 성장에 크게 기여했다.

그러나 미국의 이러한 자세는 일본과 서구의 경제가 경쟁력을 회복하고 한국 등 신흥공업국들이 출현하여 1985년부터 미국의 국제수지가 적자로 반전하자 달라지기 시작했다. 특히 레이건 대통령이 취임하여 Star Wars 등 구소련과의 대결을 위한 군비확장을 위해 재정지출을 확대하자 미국의 국제수지 적자 규모는 크게 늘어나기 시작했다. 레이건은 군비확장에 따른 재정적자를 보전하기 위하여 해외자금의 유입을 유도하기 위한 고금리정책을 취했으며 그 결과 달러가치의 상승으로 미국상품의 국제경쟁력이 약화되어 미국의 국제수지 적자 규모는 크게 증가하게 되었다.

국제수지 적자가 증가하자 미국은 서방선진 5개국(G5라고 함)이 각기 자국시장을 개방함으로써 국제경제 성장의 기관차역할을 담당하여 자유무역체제를

〈G20 SEOUL SUMMIT 2010〉

유지하는 책임을 분담할 것을 요구하였으나 서방선진 5개국, 특히 기관차 역할을 담당할 능력을 보유하고 있었던 일본과 독일은 미국의 요구를 사실상 거부하였다. 그 후 유럽 역시 일본제품의 공격에 밀리게 되자 미국과 유럽은 일본의 금융제도 때문에 과소평가된 엔화가 일본국내에 머물러 상품제조에 투입되는 것이 일본의 과도한 국제수지 흑자의 원인이라고 주장하고 1985년에 엔화가치의 상승, 즉 달러가치하락을 유도한다는 플라자협정을 체결하였다.

그러나 엔고는 미국의 기대와는 전혀 다른 결과를 낳았다. 일본기업들은 마른걸레도 다시 한번 짠다는 식으로 원가를 절감하고, 잘 안 팔리는 제품라인은 과감하게 축소하는 한편, 광고비 지출 증대를 통한 제품차별화와 상품의 품질제고를 추구하는 동시에 생산기지를 적극적으로 해외로 이전하고, 엔고를 이용하여 첨단기술을 보유한 해외기업을 인수하는 등의 전략적 선택을 통하여 오히려 일본제품의 국제경쟁력을 높여 나갔다. 이와 같이 엔고를 통해 무역수지 균형을 달성하고자 했던 서방의 노력이 실패하자 EU(European Union) 통합의 가속화, NAFTA(North American Free Trade Area) 출범 등 지역경제의 블록화 현상이 나타나기 시작했으며 국제경제는 보호주의 색채를 띠기 시작했다. 이에 미국 등 선진국들은 자국제품의 수출을 늘리고 2차 세계대전 이후 국제경제성장의 견인차역할을 담당해 온 자유무역체제를 수호하기 위하여 우루과이라운드 협상을 추진하여 1995년 WTO를 출범시킴으로써 국경 없는 비즈니스세계의 출현을 앞당겼다.

대륙의 실수, 샤오미의 성공 비결

중국 스마트폰 업체 샤오미는 지난 4월 8일 또 하나의 기록을 달성했다. 샤오미가 미펀(米粉: 중국어로 좁쌀을 뜻하는 '미'와 팬을 뜻하는 '펀'을 합친 말)을 위한 할인 행사인 '미펀제(米粉節)'를 실시한 이날 20억 위안(3,517억원)의 매출을 올린 것이다. 오전 10시부터 저녁 10시까지 12시간 동안 진행된 행사를 통해 판매된 스마트폰은 204만 대다. 2014년 미펀제의 130만 대 기록은 물론 같은 해 11월 11일 알리바바의 '광군제(光棍節: 솔로데이)' 행사에서 올린 190만 대 기록을 깼다. 삼성전자의 갤럭시 S6와 갤럭시 S6 엣지가 4월 1일 예약 판매를 실시한 뒤 6일까지 엿새간 25만 대 예약을 받은 것에 비하면 샤오미의 미펀제 실적은 돌풍이라고 할 만하다.

2010년 4월 6일 창업한 샤오미가 스마트폰을 출시한 것은 2011년이다. 그로부터 3년 만인 2014년 중국시장에서 삼성전자를 제치고 1위 스마트폰 업체로 성장한 샤오미의 성공 비결은 뭘까. 월스트리트저널은 최근 보도에서 철저한 팬 관리를 꼽았다. 샤오미 고객들에게 감사의 마음을 전하는 미펀제가 대표적이다.

"팬과 친구가 돼라"

첫째 미펀제는 2012년 4월 6일 샤오미 창립 2주년을 기념해 베이징 예술구인 798에서 1,000여 명의 팬들이 모인 가운데 열렸다. 레이쥔(雷軍) 최고 경영자(CEO)와 샤오미 팬과의 미팅 행사 형식을 취했다. 이날 샤오미가 공개한 10만 대의 스마트폰이 6분 만에 매진됐다.

2013년 미펀제는 4월 9일 베이징 국가컨벤션센터에서 1,500여 명이 참석한 가운데 개최됐다. 샤오미 커뮤니티에서 활발히 활동해 누적 포인트 100점 이상인 충성도 높은 고객만 입장권(199위안)을 살 수 있는 자격이 주어졌다. 입장료 판매 수익은 전액 자선단체에 기부했다.

2014년과 2015년 미펀제는 온라인을 통해서만 진행됐다. 스마트폰은 지난해 130만 대에서 204만 대로, 총주문량은 226민 건에서 290만 건으로 늘었다. 매출은 지난해 15억 위안에서 올해엔 20억 위안으로 급증했다.

샤오미가 2~3주에 한 번씩 중국 전역에서 미펀을 위한 파티를 여는 것도 팬 관리 서비스 중 하나다. 월스트리트저널은 항저우의 공장에서 월 670달러를 받고 일하는 간쑤성 출신의 농민공이 나이트클럽에서 열린 파티에 초대된 사례를 들었다. 그는 매일 밤 2~3시간 정도 샤오미 게시판에서 이용자들의 질문에 답한다. 샤오미 커뮤니티에서 'VIP' 자격을 얻은 배경이다. 그는 샤오미로부터 웹캠과 와이파이 스마트 플러그 어댑터 등을 선물로 받았다.

샤오미가 팬 관리 서비스에 주력한 건 후발 주자로서 부족한 자금력으로는 광고를 통해 인지도를 높이는 데 한계가 있다는 판단 때문이었다. 온라인 채널을 통해 충성도 높은 고객을 팬으로 만들어 입소문을 내는 바이럴 마케팅에 주력했다. 저비용으로도 고품질의 스마트폰을 내놓을 수 있었던 배경이다. 샤오미의 해외 마케팅 총괄 책임자인 아만다 첸은 월스트리트저널과의 인터뷰에서 "보편적인 성공 공식이 있다. 그 첫째가 팬들을 이해하고 팬들과 친구가 되는 것"이라고 말했다. 샤오미 고위 임원들은 시간을 내 소비자들을 직접 만나기도 하고 온라인상에서 질문에 답도 한다. 레이쥔 CEO는 미펀제 행사 소식을 실시간으로 웨이보에 올릴 만큼 인터넷 소통을 중시한다.

샤오미의 첫 팬은 '미유아이(MIUI)'를 테스트한 자원봉사자들이었다. 당시는 샤오미가 스마트폰을 출시하기도 전이었다. MIUI는 샤오미가 안드로이드를 기반으로 만든 커스텀 모바일 인터페이스다. 이후 중국 안팎으로 샤오미 팬클럽이 생겼다. '고객' 이전에 '팬'을 확보한 게 샤오미의 성공 비결인 셈이다.

출처: 아시아투데이, 2011.1.31.

3.2.2 기업 경영적 배경

(1) 생산기술의 발달

국경 없는 비즈니스세계의 출현에 국제 경제적 상황이 크게 기여한 것은 사실이지만 기업차원의 상황 역시 중요한 역할을 수행했다. 우선 생산기술의 발달이 글로벌 경쟁의 출현에 크게 기여했다. 19세기를 생산측면에서 보자면 수공업의 시대였다. 자동차를 예로 들면 19세기에는 장인이 자동차 하나하나, 그리고 자동차에 사용되는 부품 하나하나를 수공으로 제작했기 때문에 이는 한 자동차에 사용되는 부품은 다른 자동차에는 맞지 않았다. 자연히 사람들은 같은 나라 안에서도 먼 지방에서 생산된 자동차보다는 가까운 곳에서 생산된 자동차를 살 수 밖에 없었다. 이러한 상황하에서는 시장의 세계화는 사실상 불가능하였다.

20세기를 생산측면에서 보면 아담 스미스가 주장한 분업에 의한 규모의 경제가 미국의 자동차 왕 헨리 포드에 의해 경영에 접목되어 상품시장의 범위가 전국으로 확산되고 국제화가 시작되는 시대였다. 헨리 포드는 분업의 원리를 이용하여 컨베이어 벨트를 이용한 연속공정 형태의 조립공장을 도입하였으며 그 것을 가능케 한 것은 호환 가능한 부품의 생산이었다.

헨리 포드에 의해 드디어 같은 종류의 차라면 어떤 차이든지 간에 동일한 부품이 사용되었기 때문에 고장난 부품의 교환은 부품재고가 있는 곳이면 어디에서든지 가능하게 되었다. 이와 같은 조립산업의 등장으로 제품의 제작장소가 지리적으로 멀리 떨어져 있어도 사람들은 안심하고 그 제품을 사용할 수 있게 된 것이다. 한편 20세기 후반에는 일본기업들이 JIT(just-in-time)를 도입하여 재고 없는 경영을 가능케 했고 범위의 경제를 이용한 다품종소량생산을 발전시켰다.

19세기가 수공업의 시대이고 20세기가 미국이 개발한 소품종 다량생산과 일본이 도입한 다품종 소량생산의 시대라면 21세기는 세계화가 본격화하는 세기라고 할 수 있을 것이다. 21세기는 20세기 후반부터 가속화되고 있는 IT(information technology)의 발달로 시장의 범위가 세계화하는 시대라고 규정지을 수 있을 것 같다. 컴퓨터와 팩스, 화상회의까지도 가능케 하는 장거리통신망의 발달 등으로 기업의 경영활동 범위는 세계 곳곳으로 확대되고 있다. 지금은 세계 어디에서 일어나는 사건이든지 간에 거의 온라인 리얼 타임으로 세계 곳곳에 전달되고 있다. 이는 WTO의 설립으로 세계가 하나의 시장이 된 것이 아니라 IT의 발달로 이미 세계가 하나의 시장이 된 것을 WTO가 제도적으로 뒷받침한 것에 불과함을 시사한다.

(2) 고정비의 증가

연구개발 활동과 마케팅에서 규모의 경제가 증가하고 있다는 것도 국경 없는 경쟁의 도래에 기여하고 있다. 기업이 획기적인 노하우를 개발하여 그것을 시장성 있는 제품으로 생산하기까지에는 막대한 비용이 투입되며 결국 기업의 연구개발비용도 일종의 고정비라고 볼 수 있다. 예컨대 제약산업에서는 성공적인 신약개발에 5천만 달러 이상의 연구개발비가 소요되며 이러한 연구개발비는 더 이상 변동비라고 보기 어렵다.

연구개발비와 마찬가지로 제품 브랜드의 인지도를 높이고 유지하는 것도 일종의 고정비용이라고 볼 수 있다. 기업이 소비자들로부터 높은 인지도를 확보하기 위해서는 광고 등을 통해 많은 비용을 지출해야 한다. 특히 기업이 판매하고자 하는 제품이 소비자를 직섭 공략하는 제품일 경우에는 상품 광고에 필요한 비용을 절약하는 것은 결코 현명한 전략이 될 수 없다. 충분치 못한 광고비 책정은 예산낭비를 의미하며 충분한 소비자 풀(pull) 효과도 달성하지 못한다. 경쟁의 본질이 이와 같이 제품인지도에 의해 결정되는 경우에는 제품인지도를 향상시키기 위한 비용은 기업경영상 일종의 고정비용이라고 볼 수 있다.

최근에는 기업경영에 있어서 정보의 중요성이 강조되고 있는바, 경영정보비용도 고정비용의 성격을 띤다. 과거에는 컴퓨터와 경영정보시스템비용은 시분할법(time-sharing)에 의해 변동비용의 하나로 처리될 수 있었다. 그러나 지금까지의 경험에 비추어 보면 시분할에 의한 컴퓨터 사용은 개별기업의 특수한 필요를 충족시키는데 실패했으며 그 기업에게 경쟁우위를 제공할 수 있는 시스템 개발에도 실패한 경우가 많았다. 따라서 오늘날에는 경영정보기술개발비용이 기업에게 있어서 일종의 고정비용의 성격을 갖는다.

물론 이와 같은 고정비용들은 장기적으로 보면 기업이 투자자본의 지출수준을 조정함으로써 변동비용화할 수 있을 것이지만 적어도 단기적으로는 고정비용으로 보아야 하는 경우가 많다. 기업경영에서 고정비부분이 증가함에 따라 어느 한 시장에서의 판매로는 막대한 고정비를 회수하는 것이 불가능하게 되었고 기업은 세계시장 전체에 공급하는 것을 목표로 경쟁하지 않을 수 없게 되었다.

(3) 수송과 통신혁명

과거에 비해 대폭적으로 감소한 수송비와 통신비 역시 시장의 글로벌화에 기여하고 있다. 퓰리쳐상 수상자인 제임스 미치너가 쓴 계약(The Covenant)이라는 소설을 보면 옛날 네덜란드가 자바(지금의 인도네시아)를 지배할 때 네덜란드에서 자바까지는 배로 6개월이 걸렸다. 한 선장이 우연한 기회에 절인 야채가 긴 항해에서는 필수적이라는 것을 발견하기 전까지는 네덜란드에서 자바, 그리고 자바에서 네덜란드까지 항해하는 동안에 야채가 없었기 때문에 항해 후에는 많은 사람들이 죽거나 병들었다. 점보항공기의 출현, 컨테이너선에 의한 수송혁명 등이 이 모든 것을 바꾸어 이제는 지구촌이라는 얘기가 자연스럽다.

또한 컴퓨터, 인공위성 등을 이용한 정보기술과 장거리통신기술이 발달하여 통신상의 장애물이 많이 제거되었기 때문에 국제기업들이 해외에 소재하는 기술자원들을 이용할 기회가 넓어지고 있다. 예컨대 지금은 지구의 이편에서 저편으로 간단한 서류에서 복잡한 디자인에 이르기까지 각종 문서를 전자우편으로 간단하게 전송할 수 있기 때문에 세계 여러 곳에 위치한 인력들이 합동으로 신제품을 개발하고 있다. 이는 세계 여러 나라에 위치한 작업팀을 가동하면 24시간 작업도 가능하게 되었음을 의미한다.

지난 10년간 세계 10대 기업의 변화

마윈(馬雲) 알리바바그룹 회장은 20일 여성, 청년, 소기업을 '3대 성공 요인'이라고 말했다.

마 회장은 이날 알리바바 본사가 있는 중국 저장(浙江)성 항저우(杭州)시에서 열린 '여성창업자대회' 연설을 통해 알리바바의 고속 성장에 여성이 중요한 역할을 했다고 강조하면서 이같이 밝혔다고 중국 포털 텅쉰(騰迅)이 전했다.

그는 알리바바의 온라인 쇼핑몰인 티몰(Tmall) '한국관' 개설을 기념해 지난 17일부터 19일까지 한국을 방문했을 때 알리바바 성공 비결에 대한 질문을 많이 받았다면서 "비결은 없지만 지난 16년 동안 빠른 속도로 발전할 수 있었던 요인이 있다"고 운을 뗐다.

그러면서 "첫 번째는 여성, 두 번째는 청년, 세 번째는 소기업 집중"이라고 고속 성장의 3대 요인으로 꼽았다.

마 회장은 다수가 여성인 청중에게 알리바바의 여성 정책과 자신의 여성관을 비교적 자세히 설명했다.

그는 "그룹의 여성 직원 비율이 원래 50%를 넘었는데 남성 비중이 높은 다른 기업을 인수하면서 현재는 49%에 이른다"며 "고위 관리자의 34%가 여성이며 최고 경영자(CEO), 최고 운영책임자(COO), 최고 재무책임자(CFO), 총재 등도 맡고 있다"고 소개했다.

이어 "그룹 전체 상품 구매자의 대부분을 차지하는 여성이 바로 알리바바에 성공과 행운을 가져다줬다고 생각한다"며 "현재 잘나가는 수많은 기업들 중에도 기본적으로 여성들이 만들어준 경우가 대다수"라고 전했다.

그는 박근혜 대통령과 앙겔라 메르켈 독일 총리, 힐러리 클린턴 전 미국 국무장관 등 여성 정치인들을 언급하면서 "앞으로 세계는 여성시대를 맞게 될 것"이라고 말하기도 했다.

앞서 마 회장은 지난해 11월 11일 알리바바의 '독신자의 날' 할인판매 행사에서 온라인 매출액이 500억 위안을 넘어 신기록을 세우자 "모든 여성에게 감사를 드린다"며 "더 많은 중국 여성들이 앞으로 중국 상품뿐만 아니라 더 많은 세계적 상품을 살 수 있도록 하겠다"고 밝힌 바 있다.

알리바바는 1999년 항저우의 작은 아파트에서 처음 설립된 뒤 전자상거래기업을 넘어 인터넷 금융, 민간은행, 개인신용정보 조회업, 관광업 등 다양한 분야로 사업영역을 넓히면서 글로벌 기업으로 우뚝 섰다.

출처: 연합뉴스, 2015.5.20.

제 4 절

해외시장 진출전략

4.1 해외시장 진출의 기본 전략

오늘날 세계 각국의 기업은 지구촌에서 확고한 지위를 확보하려고 노력하고 있다. 그러나 지구촌에서 기업의 지위를 확보하기란 대단히 어렵다. 따라서 각국의 기업이 해외시장에 진출하는 데 중요한 과제는 기업의 목표설정이며, 이러한 목표는 해외역자를 함으로써 달성하고자 하는 것으로서 기업의 장·단기에 걸친 전체적 목표에 의하여 영향을 받는다.

다음으로는 진출기업이 갖고 있는 비교우위요소를 기준으로 해외투자기회에 대한 평가가 이루어져야 하고, 현지법인 설립의 경우 소유권 여부, 즉 100% 단독투자로 진출할 것인가 또는 합작투자를 할 것인가를 구별하여야 한다. 진출기업이 추구하는 소유정책이 달성될 수 있는 지역 중 마케팅요소·무역장벽·제비용·투자환경 등의 생산입지적 요소를 참작하여, 최적의 투자대상지역을 선정하지 않으면 안 된다.

해외진출전략의 타당성 검토는 국내와는 달리 현금흐름의 방향·각종 조세규제·재산수용·자금봉쇄·환율변동 및 상이한 경영위험, 해외직접투자와 관련된 자금조달로 인한 할인 결정 등의 문제가 등장한다.

기업의 해외진출전략은 어디까지나 기업이 가지고 있는 자본능력하에서 이루어져야 하며, 투자안에 대한 기대수익과 비용분석에 필요한 수익성평가가 뒤따라야 한다.

진출국의 선택과 진출분야에 있어서는 오늘날의 거대한 국제기업들은 시장지향적 특성으로 인하여 과거의 식민지시대와는 달리 1차 상품 생산지역이 아니라 시장규모가 큰 선진국의 제조업분야로 진출하고 있으며, 해외진출국의 결정에 중요요소로는 투자환경, 생산상의 문제점, 업종별 및 제품별 특수조건을 들 수 있다.

또한 국제기업의 경영목적 달성을 위한 내외의 경영자원을 활용하는 진출전략은 다음의 내용을 포함하고 있어야 한다.

즉, ① 언제, 어디서, 어느 정도로 국제적으로 자금, 기술, 인재 등의 확대를 꾀할 것인가, ② 어디에서 신공장의 건설 또는 기존공장의 매수를 행할 것인가, ③ 어느 곳의 기존공장을 어느 정도 확장할 것인가, ④ 어떤 제품을 해외에 판매할 것인가, ⑤ 나라에 따라 마케팅믹스를 어느 정도 변경할 것인가, ⑥ 어떤 자금원을 어떻게 활용할 것인가, ⑦ 합작투자의 참가를 어떻게 할 것인가, ⑧ 어떤 유형의 경영자를 양성할 것인가, ⑨ 어느 곳의 기존공장을 통합 내지 철수할 것인가 등이다.

4.2 해외시장 진출의 단계

국제기업의 해외진출은 수출품판매나 자원개발사업의 단계를 이미 넘어 조립·정제를 포함한 현지생산판매에 있으며, 시장개발에 역점을 두고 있다.

해외시장 진출 전략은 네 가지 단계로서 실시되는데, 제1단계는 수출상사에 의존하는 형태이고, 제2단계는 현지국에 지사 또는 법인을 설립하여 수입을 행하고 현지국의 도매상을 활용하여 판매하는 단계로서 본사의 현지국 시장에의 개입이 처음으로 이루어지고, 제3단계는 진출기업 스스로 판매경로의 개발과 촉진활동의 실시기간으로서 현지국에 판매자회사를 설립하며, 제4단계는 생산용지의 매수·공장건설·설비구입이라는 형태로 생산시설을 자체적으로 만들어내는 과정 및 현지기업의 업적부진 내지는 불채산부문의 정리로 공장을 매수하는 경우가 있다. 이 단계에서는 기술상, 경영상의 조건을 필요로 한다.

기술상의 조건은 차별화된 제품을 갖는 데에 있으며, 경영상의 조건은 상기의 제 3단계에 있어서 충분한 판매고, 점유율, 지명도 및 정보조달체제를 전제로, ① 공장설비의 설치 및 가격측면에서의 경쟁을 보장할 수 있는 자금조달능력, ② 완전조업을 통한 현지 생산능력 및 본사국으로부터 수입품을 수용할 수 있는 시장여력, ③ 진출국의 상황에 합당한 노사관리를 포함한 현지관리의 수행 및 본사의 자회사에 대한 효과적 관리시스템 등의 세 가지 점을 들 수 있다.

세계최고의 부자–워렌 버핏

〈워렌 버핏〉

'투자의 귀재' 워런 버핏은 1956년 26살이 되던 해 고향 오마하를 찾아 새로운 결심을 한다. 스승 벤자민 그레이엄 교수가 2년 전 뉴욕에 설립한 투자회사에서 떠나자 자신도 그 회사를 나와 제2의 인생을 시작하기로 한다. 고향에 도착해 스스로 투자회사를 세운다. 그동안 뉴욕에서 모은 돈 17만 4,000달러를 이용해 오마하에서 투자회사 '버핏파트너십'을 세운 것.

스승 그레이엄 교수의 가치투자 원칙을 그대로 현실에 적용했다. 버핏은 2년 뒤인 1957년엔 3개 투자회사를 운영했다. 그 다음해에는 5개로 늘렸고 1960년까지 7개로 늘렸다. 결국 1962년 32살에 버핏은 자신의 재산이 100만 달러를 넘어서면서 백만장자가 됐다.

그는 모든 투자회사를 하나로 통합한 데 이어 방직회사였던 버크셔 헤서웨이 주식을 사들이기 시작한다. 마침내 1965년 버크셔 해서웨이 이사회를 장악하면서 새로운 사장을 임명했다.

버핏은 이어 볼티모어에 있는 백화점 운영회사를 인수했다. 개인기업을 인수한 것은 처음이다. 버핏파트너십을 설립한 이후 10년 동안 자산은 11배나 성장해 4,400만 달러가 된다.

1967년엔 내셔널보험 등 소형 보험회사 2개를 사들인다. 지금의 세계 최고 투자회사 버크셔 헤서웨이의 기초를 다진 것이다. 1969년 5월 버핏파트너십은 버크셔 해서웨이 주식 등 몇 개 회사를 제외한 나머지 주식들을 대거 처분한다. 버핏파트너십을 해체한 셈이다.

버핏은 40세가 되던 해인 1970년 버크셔 해서웨이 회장으로서 주주들에게 연차보고서를 보내기 시작한다.

이후 공격적으로 기업에 투자하기 시작했다. 1973년에는 미국 유력지 '워싱턴포스트' 주식을 사들이기 시작했다. 그 뒤 이 신문사 이사회의 이사 자격을 얻는다. 앞서 1971년엔 초콜릿회사를 2,500만 달러에 인수한다.

1965년 버크셔 해서웨이를 인수한 이후 10년 동안 이 회사 가치는 주당 20달러에서 95달러로 급등한다.

버핏은 이후 미디어업종을 집중 공략한다. 1977년 버팔로이브닝뉴스사를 3,250만 달러에 인수하는가 하면 1979년에는 방송사 ABC의 주식을 사들였다.

계란을 한 바구니에 담지 말라는 분산투자 원칙과는 정반대였다. 우량기업에 대한 집중투자를 선호한 셈이다. 보통 그의 주식 자산 중 75%는 5개 회사에 집중돼 있다.

워렌 버핏은 누구?
• 재산: 370억 달러
• 소속: 버크셔 해서웨이 회장(78세)
• 거주지: 미국 네브래스카주 오마하
• 학력: 네브래스카링컨대 학사, 컬럼비아대 석사

ABC 주식을 사들인 1979년 버크셔 해서웨이 주가는 연초에 775달러였다. 하지만 연말에는 1310달러로 치솟았다. 두 배로 오른 셈이다. 버핏의 재산 가치도 그만큼 늘었다. 이때부터 월가에 그의 투자 명성이 알려지면서 그가 투자하는 종목은 어김없이 투자자들의 투자대상에 올랐다.

1987년 10월 주가가 크게 폭락하면서 증시가 요동친 블랙먼데이 때도 흔들리지 않았다. 이듬해 코카콜라사 주식 7%를 10억 달러에 사들였다. 이때쯤 버크셔 해서웨이 주가는 8,000달러로 오르고 그의 재산은 38억 달러에 달한다.

2000년 기술주 열풍이 불었을 때에도 침착했다. 당시 우량주로 꼽혔던 마이크로소프트, 인텔, 시스코 등 기술주들은 쳐다보지도 않았다. 자신이 알지 못하는 분야는 투자하지 않는다는 원칙을 적용한 것이다. 당시 주변에서는 그가 기술주 투자를 하지 않자 '버핏 종말론'까지 거론했다. 1999년 20세기 최고 투자자로 선정된 명성이 짓밟히는 순간이었다. 하지만 기술주 거품이 붕괴되자 버크셔 해서웨이는 다시 인정받기 시작했다. 결국 그는 2007년 말 620억 달러가 넘는 세계 최고의 갑부로 등장한다. 빌 게이츠 마이크로소프트 전 회장을 앞질렀다.

버핏의 비즈니스 감각은 어려서부터 길러졌다. 6살 때 할아버지의 식료품 가게에서 콜라병을 사다 친구들에게 이윤을 붙여 팔았다. 신문배달도 하면서 당시 어른들 벌이만큼 벌었다.

11살 때부터는 이렇게 번 돈으로 주식투자도 했다. 그가 산 주식이 50% 이상 오르자 팔았다. 그러나 이후 이 주식이 7배 이상 오르는 것을 지켜본다. 여기서 인생에 큰 교훈을 얻는다. 바로 인내심이다. 그의 투자원칙 중 하나인 제대로 된 주식을 골랐다면 '인내심을 갖고 10년 이상 투자하라'는 교훈을 배운 셈이다.

그는 14살 때는 신문배달로 모은 논 1,200달러로 땅 40에이커를 구입한다. 농부를 상대로 임대사업을 한다. 15살 때는 친구와 기계회사를 세웠다. 이후 대학 진학을 위해 사업체를 처분했다. 17살에 그가 모은 돈은 5,000달러. 적지 않은 돈이다. 지금 돈으로 따지면 20만 달러가 넘는 규모다.

주식브로커와 4선 상원의원 경력의 아버지 권유로 펜실베이니아대 와튼경영대에 입학한다. 그러나 아버지가 1948년 상원의원 선거에서 떨어지자 고향에 있는 네브라스카 링컨대학에 편입한다. 졸업 이후 컬럼비아대 경영대학원에 입학해 평생 스승인 벤자민 그레이엄 교수와 데이비드 더드 교수를 만난다. 여기서 내재가치 중심의 투자기법을 터득한다.

그는 번 만큼 기부도 많이 하기로 유명하다. 1981년 평생 사업 동반자 찰리 멍거가 제안한 대로 자선단체에 기부한다. 그러나 주주 반대로 기부는 중단되자, 결국 본인 명의 버핏재단을 설립한다. 재단을 통해 기부를 계속하다가 부인 수잔 톰슨이 세상을 떠나자 수잔톰슨버핏재단으로 이름을 바꾼다. 부인 유산을 이 재단에 기부한다. 75세 때인 2006년에는 세계를 깜짝 놀라게 하는 기부안을 발표한다. 개인 재산의 85%를 다섯 개 재단에 기부한다는 내용이다.

특히 게이츠재단에는 2006년부터 매년 1,000만 주의 5%씩을 기부하고 있다. 2007년에는 남은 950만주의 5%를 기부하는 식이다. 기부 조건은 빌 게이츠나 그의 부인 메린다 게이츠가 직접 관리해야 한다는 것이다. 게이츠재단에만 기부하는 돈 액수가 310억 달러에 달한다.

신문을 판 돈으로 주식투자에 나선 그가 이제는 전 세계 자선사업가로서 명성을 이어가고 있는 셈이다.

버핏의 투자전략
• 주가가 내재가치 이하인 주식에 투자하라
• 주식시장·경기보다는 기업을 분석하라
• 항상 검소한 생활을 하고 저축한 돈으로 투자한다
• 알지 못하는 사업체에는 투자하지 않는다
• 10년 이상 투자해라
• 주가가 떨어져도 자신감을 가져라

세계 최고 갑부인 워런 버핏의 투자원칙은 의외로 단순하다. 워런 버핏의 투자 원칙은 한마디로 가치투자이다. 시장상황이나 경기에 의존하지 않고 자신이 잘 알고 있는 업종의 기업가치를 평가해 투자하는 원칙이다. 그는 기업가치를 판단할 때 사용하는 잣대는 장래 예상되는 현금이익을 장기이자율을 반영해 추정한 내재가치다. 기업이 일시적인 문제 때문에 이 내재가치보다 주가가 하락해 있거나 전체 주식시장이 침체돼 모든 사람이 주가하락을 두려워할 때 매수해야 한다고 권고한다.

단순히 싸게 보이거나 주가가 과거보다 급락한 주식보다는 기업가치에 비해 주가가 현저히 낮은 주식을 사라는 얘기다. 그는 컬럼비아대 경영대학원 재학시절 그의 스승 벤자민 그레이엄 교수 강의 덕분에 가치투자를 배울 수 있었다. 그는 기업을 평가할 때 재무적인 면도 중시하지만 기업 경영자도 주요인으로 검토한다. 주주들에게 정직하고 회사자금을 제대로 활용하면서 업계의 잘못된 관행을 타파하는 경영자를 높이 평가했다.

일단 우량주를 선정하면 장기 보유하는 게 그의 원칙이다. 그가 10년 이상 보유한 주식들은 너무 많다. 버핏은 "10년 이상 보유하지 않을 생각이라면 단 10분도 보유하지 말라"고 말할 정도다. 실제 주가가 오를 때 그 주식을 사고 싶고 주가가 내릴 때 그 주식을 팔고 싶은 게 일반 투자자들의 생각이다. 이런 유혹과 두려움을 이겨내기란 쉽지 않다. 그래서 인내심이 필요하다는 얘기다.

그는 주식투자를 야구에 비유했다. 그는 "투자자는 야구의 타자와 같다. 차이가 있다면 투자자는 아웃이 없고 선호하는 공을 기다릴 수 있다는 점"이라고 말했다. 그만큼 투자자는 주식을 선택할 여지가 있는 만큼 원칙을 세워 투자하라는 주문이다.

일반투자자들에 대한 그의 제안도 독특하다. 첫 제안은 10년 이상 투자에 대해 연구하라는 것. 장기에 걸쳐 공부하고 경험을 쌓아야 한다는 주장이다.

그의 돈에 대한 철학도 남다르다. 특히 검소하다. 그는 항상 검소하게 살고 저축한 돈으로 투자한다. 그가 사는 집도 27세 때 산 집이다. 1970년대 말 ABC방송 주식을 사들일 때 그는 연봉 5만 달러를 받으며 검소하게 생활했다. 그의 유일한 사치품은 자가용 비행기다. 1986년 85만 달러짜리 중고 자가용 비행기를 구입했다.

워런 버핏은 지난해 금융위기 여파로 보유 재산이 급감했다. 미국 시사주간지 포브스에 따르면 지난해 620억 달러에서 올해 370억 달러로 줄었다.

4.3 해외시장 진출의 요소 및 방법

해외시장 진출시 고려하여야 할 사항은 외적 요소와 내적 요소로 나눌 수 있는데, 외적 요소로는 ① 현지국정부의 정책 및 통제, ② 현지국시장의 규모 및 장래성, ③ 현지국시장의 경쟁상태, ④ 현지국에서의 필요부품 등의 획득가능성 여부 등이며, 내적 요소로는 ① 진출기업의 기술 및 제품의 특성, ② 전사적 생산시설의 이용가능성, ③ 현지국 생산을 위한 최소한의 경제적 규모, ④ 생산과 관련된 현지국의 특성, ⑤ 자본 및 관리적 자원의 이용가능성, ⑥ 기업의 위험부담의지, ⑦ 장기적 기업목표 등이다.

해외시장 진출시에 있어서도 소유권전략은 해외진출 미국계 기업들은 단독투자가 압도적이며, 일본계 국제기업들은 합작투자형태를 취하고 있다. 국제기업의 소유권선략은 주식소유의 정도에 따라 상이하며, IBM이나 GM의 경우 완전소유 자회사형식을 추구하고 있으며, 화학회사인 DUPONT은 현지국 정부의 요구 또는 현지자본참가압력이 있는 경우에 합작투자를 허용한다.

많은 나라에서 외국회사에 의한 소유권정책을 국가적 통제정책 내지 법으로 규정하고 있다. 멕시코나 인도 같은 경우 일반적으로 소수참여를 기준으로 하는 합작투자를 요구하고 있으며, 이들 나라에서 절대적으로 필요한 제품이나 기술의 경우는 완전소유 또는 다수통제 자회사설립을 허용하고 있다.

소유권의 결정요인에는 ① 제품의 성질, ② 기업의 재정적·관리적 능력, ③ 수용국의 정치경제·사회적 환경, ④ 최고 경영층의 관점이 있다

첫째, 제품의 성질에 있어서는 복잡성을 지닌 제품을 생산하는 기업체일수록 완전소유자회사 또는 다수통제를 선호하고 있으며, 단순하거나 기술상 널리 알려진 기업체일수록 그 반대 현상을 나타낸다.

둘째, 기업의 재정적·관리적 능력의 경우 외국의 중소규모기업체는 규모와 자원이 불충분하기 때문에 융통성, 현지국 환경에 대한 적응, 경영관리 및 권한의 분산 등을 중요시하여 소유권의 장악보다는 기술계약 또는 관리계약을 통하여 합작회사의 비소유권적 장악을 시도한다.

대규모 국제기업이 수용국에 합작투자기업체를 설립할 때는 그 합작기업체

의 능률적 경영보다는 수용국의 시장, 정부, 원자재공급원과의 접촉을 원활히 함으로써 본사와 기타 국가에 분산되어 있는 계열기업체의 이익을 촉진시키는 데 주목적을 두고 있다.

셋째, 수용국의 정치·경제·사회적 환경면에서 보면 경제가 저개발단계에 있고, 정치적으로 불안정하며 민족주의적 경향이 강한 수용국에 대한 투자는 합작투자가 많은데, 그 이유는 ① 수용국정부가 일반적으로 외국기업체의 전소유기업투자를 정책적으로 방지하고 내국인의 투자참여를 장려하고 있으며, ② 극단적인 경우 외국기업체의 입장에서도 국유화의 가능성으로부터 위험을 분산시킬 수 있다.

넷째, 완전소유자회사 또는 합작투자의 선택에 있어서 기업적 요소보다는 오히려 특정형태의 편견을 가진 외국기업체 최고 경영층의 태도에 기인한다. 대부분의 국제기업들은 소유권 정책에서 복수적 목적을 추구하는데, 진출상대국에 따라서 완전소유자회사, 다수합작, 소수합작 또는 라이선싱을 채택하는 등 나라별 환경조건과 투자의 성질에 따라서 다양하다.

제 5 절

해외시장 적응전략

해외시장 적응전략은 ① 마케팅전략, ② 경영통제전략, ③ 자금조달전략, ④ 인사관리전략, ⑤ 조직전략, ⑥ 현지국의 통제에 대한 대응전략으로 나눌 수 있다.

5.1 마케팅전략

마케팅전략은 국제기업의 주요 국제적 기회의 발견, 마케팅 자원의 최적배분, 판매, 시장침투, 시장점유율, 수익목표 등 구체적 계획을 결정한다. 사회적이나 자연적으로 상이한 여러 국가 시장에서의 마케팅활동은 국내 마케팅활동과는 다른 측면을 지니고 있다. 따라서 상이한 환경은 4P(product, Price, promotion, place)와 관련된 마케팅믹스의 변경을 수반하여야 한다.

마케팅전략 수립에 있어 직면하는 가장 중요한 문제는 표준화와 차별화로서 표준화전략은 여러 상리한 국가 시장을 모두 동일하게 취급하여 제품, 가격결정, 판매촉진 등을 동일하게 적용하는 것으로서 규모의 경제를 통하여 원가절감의 효과를 볼 수 있다. 차별화전략은 개별시장의 특수성(고객의 태도, 제품사용패턴) 등을 인식하여 4P를 각 시장지역에 알맞게 적용시켜 나가는 방법이다. 차별화전략을 수행하기 위해서는 비용이 수반되므로 표준화전략과 갈등을 일으킨다.

세분화되어 있는 시장지역의 특수요구를 충족시키기 위한 제품 차별화의 특징은 표준화를 통한 단위당 생산비용 절감혜택과 충돌하게 된다는 사실이다. 표준화는 생산 및 연구개발, 광고, 판매촉진 및 판매망 확충에 따른 일반 관리비용의 절감효과를 가져다준다.

5.2 경영통제전략

국제기업의 성격이 어떠하든 경영관리상의 결정요인은 해외자회사의 제품 자금조달원, 배당, 인사 등의 여러 경영에 따른 의사결정을 본사에서 할 것인가(집중화) 또는 해외현지국에서 할 것인가(분권화) 하는 문제가 발생한다.

집중화와 분권화는 각각 장단점을 가지고 있기 때문에 회사의 규모, 기본적인 경영철학, 조직성원의 능력과 상황을 고려하여 정책을 결정하여야 한다. 분권화 또는 집중화 요인은 다음과 같다.

① 현지관리자의 능력: 해외현지법인에 의사결정의 권한을 강화하기 위해서는 현지 관리자의 능력과 사람됨에 대한 신뢰도가 필요하다.

② 현지의 여건: 본사와 현지여건의 차이가 분권화의 정도를 결정한다.

③ 기업의 경험과 규모: 기업내부에 해외시장에서의 경험축적 여부가 집중화의 정도를 결정한다. 해외사업에 대한 유경험자가 많을수록 본사에서

현대자동차, 글로벌 판매 실적이 지역별로 희비 교차

현대자동차의 글로벌 판매실적이 지역별로 엇갈렸다. 인도와 터키 등에선 두 자릿수 이상의 매출 성장률을 보인 반면 러시아와 브라질 등에선 매출이 큰폭으로 감소했다. 현지 판매대수가 크게 줄진 않았으나 환율 약세탓에 매출액은 크게 줄었다.

26일 현대차가 공개한 2015년 글로벌 판매현황에 따르면, 현대차는 지난해 글로벌 판매규모가 496만3,000대를 기록했다. 이 가운데 국내 판매규모는 186만7,000대, 해외 판매규모는 309만6,000대다.

해외공장 가운데 가장 비중이 큰 곳은 중국 공장으로, 여기서 생산해 판매한 자동차 대수는 106만3,000대에 달했다. 이는 전년보다 5.1% 감소한 규모다. 매출액으로 산정하면 19조2,030억원으로, 전년 19조7,560억원보다 2.3% 감소했다.

미국 공장은 지난해 38만대를 생산 판매해 전년 39만6,000대보다 4% 감소했다. 하지만 매출액은 7조5,100억원으로 전년 7조4,370억원 대비 1% 증가했다. 미국 공장은 쏘나타와 엘란트라(한국명 아반떼)를 주로 생산 판매한다. 판매대수가 줄었지만 환율 효과로 매출액은 늘었다.

매출이 큰폭으로 늘어난 곳은 인도와 터키다. 인도 공장에서 생산 판매한 자동차 대수는 64만3,000대로 전년 61만3,000대에 비해 4.8% 성장했다. 매출액도 5조4,040억원으로 전년 4조6,370억원 대비 16.5% 늘었다.

터키 공장의 생산 판매대수는 22만7,000대를 기록해 전년 20만3,000대 대비 11.8% 늘었다. 매출액도 3조1,860억원으로 16.1% 성장했다. 인도시장과 터키시장에선 'i10' 인기가 높았다. 인도에선 i10 판매량이 31만2,000대를 기록했고 터키에선 12만3,000대를 기록하는 등 인기를 끌었다. 이외 체코 공장도 7.3% 성장한 5조7,940억원을 기록하는 등 매출 성장을 이뤘다.

성장이 뒷걸음친 시장은 러시아와 브라질이다. 최악의 경기침체로 환율 약세를 보이고 있는 러시아와 브라질은 판매대수가 현상 유지를 해도 매출액은 크게 줄어든 모습이다.

러시아 공장에서 생산 판매한 자동차 대수는 23만 대로 전년 23만7,000대에 비해 소폭 감소했다. 매출액은 1조9,300억원으로 전년보다 19% 감소했다. 브라질 공장도 17만4,000대 판매실적을 올렸으나 매출액은 1조7,100억원으로 24.4% 감소했다.

현대차는 "중국 경기회복이 지연되다보니 과거처럼 두 자릿수 성장은 더이상 힘들 것"이라며 "러시아나 브라질도 올해 유가 약세에 따른 환율 약세가 예상되는데 부품을 현지에서 조달하고 현지 생산 비중을 줄이는 등 이종통화 약세 대한 손익영향을 최소화할 것"이라고 밝혔다.

출처: 세계일보, 2016.1.26.

의 관리, 통제 경향이 강하다.

④ 의사결정의 중요도와 비용 및 시간: 의사결정의 중요도에 따라서 권한위양이 달라지며 중요한 의사결정을 본사가 하였을 때 따르는 비용과 시간의 비교가 필요하다. 경우에 따라서는 현지국에서의 의사결정이 본사의 지시를 기다릴 수 없을 정도로 급박한 경우도 있으며, 또한 본사의 간부가 현지국에 가는데 소요되는 경비의 정당성이 논란의 대상이 될 수 있다. 한편 지사의 결재 한도를 일정한 액수로 표시하는 방법도 존재한다.

⑤ 운용상의 이유: 해외 여러 자회사가 원료, 부품공급, 수출입, 생산, 재무 등의 면에서 밀접히 연결되어 있는 경우 본사의 지휘와 통제가 필요하다.

해외직접투자의 주체로서 국제기업은 본사를 중심으로 한 하부시스템으로서 해외자회사를 가지고 있다.

결국 해외자회사는 본사의 하부조직으로서 관리되기 위해서는 권한의 행사가 가능한 일련의 통제과정이 필요하다. 그러나 국제기업의 조직구조는 해외자회사의 경영자로 하여금 특수한 국가적 환경의 다양성과 복잡성에 능동적으로 대응할 수 있도록 자율성을 부여하지 않을 수 없다.

해외자회사에게로 권한의 분산을 통하여 현지국 시장에서 이익기회의 발견을 용이하게 하고, 다양한 시장환경이나 욕구를 충족시킬 수 있을 뿐만 아니라 자회사 경영책임자에게 성취욕구를 북돋우어 경영관리상의 효율극대화 효과도 기대할 수 있다.

5.3 자금조달전략

국제기업의 장점은 무엇보다도 다면적 자금조달과 관리에 있으며, 이러한 특징은 자금의 수요와 불안정한 국제통화제도에서 비롯한 환리스크 발생에 대응할 수 있다.

국제기업의 해외자금조달과 운용은 매우 복잡하고 전문화되어 있으며, 장애요인으로는 ① 외환리스크, ② 자금송금에 관련된 외환규제, ③ 각국 사이의 인플레 정도의 차이와 금리차이, ④ 각국 간의 세율차를 들 수 있다.

자금의 조달원천은 내부와 외부 두 가지로 구분할 수 있는데 국제기업의 경우 구조상 내부의 자금원이 다양한 형태를 가지고 있다. 국제기업의 해외현지법인의 자금원천은 본사 또는 다른 현지법인으로부터 증자와 융자 이외에도, 본사의 보증하에 현지국이나 뉴욕·런던·프랑크푸르트·동경과 같은 국제금융의 중심지에서 기채하는 방법, 그리고 본사나 다른 현지법인과의 실물거래에 대한 대금지급의 조절 등이 있다.

한편 국제기업의 운전자본관리는 현금 및 예금, 외상매출금, 재고자산, 단기부채의 관리를 포함하고 있으며, 정부의 규제, 각국의 상리한 인플레이션율, 그리고 환율변동 등으로 인하여 상당히 복잡한 양상을 띠고 있다. 미국계 주요 국제기업들은 서유럽 자본시장에서 본사주식을 광범위하게 상장하므로 현지자본의 경영참여 요구에 대응하고 있다. 국제기업의 현지에서의 주식공개는 자금조달과 함께 현지기업의 흡수합병이란 문제를 동시에 해결하는 이점을 가지고 있다.

국제자금조달전략에 있어서 채무관리자의 전반적 계획과 통제에 대한 새로운 중요성이 크게 대두되고 있는데, 그 요인을 살펴보면 ① 기업환경의 동태적 변화와 불확실성의 증대, ② 기업의 대규모화와 사업활동의 다양화, ③ 예측, 계획이나 통제기술의 비약적인 발전 등이다.

5.4 인적자원관리전략

윌리엄 딤자는 그의 저서인 Multinational Business Strategy에서 국제기업은 필요한 자질을 갖춘 인적자원의 확보가 가장 절실하고 심각한 문제라고 하였다. 국제기업의 해외경영활동에 있어서 기업 내의 인적자원의 효율적 조달, 이용 및 개발 등 인적자원관리 측면은 국제기업의 경영전략에서 중요한 위치를 차지하고 있다.

인적자원의 효율적 활용에 있어서 기업이 경영자·기술요원·숙련노동자가 없다면 조직구조의 개선과 장래의 경영계획은 무의미해지며 또한 국제기업의 경영전략, 특히 그중에서도 인사전략의 수립은 우선 수용국에서 소요되어질 노동자·기능공·관리자 및 경영자 등의 인력소요 예측부터 실시하여야 한다. 이것은 국별로 인원의 가용성, 여러 형태의 인원의 채용과 훈련내용, 그리고 승진 가능성 등을 고려하여 예측한다.

국제기업의 인사·노무에 관한 경영실태를 인식하고 평가하여 이론화를 추진할 경우에는, 우선 대상국 또는 대상지역의 역사적·사회경제적·제도적 기반에 대하여 세밀한 조사를 거쳐야 한다.

국제기업운영을 계속 확대할수록 국제인력소요는 급증하며 본사국민이든 현지인이든 간에 국제기업경영자로서 직무수행의 실력 여부의 고려대상은 ① 국제기업경영에 대한 이론·개념·기법 등의 보유 정도, ② 국내 및 해외에서의 식무수행 경험 유무, ③ 경영자적 자질과 조직화 능력소지 여부 ④ 원만한 대인관계를 포함한 무형적 기법활용문제, ⑤ 본사 기업활동의 목적·사명·전략적 계획·제품계열에 대한 이해, ⑥ 자회사의 정치·사회·문화·언어·역사에 관한 이해를 포함한 현지감각 문제, ⑦ 현지국의 기업관습 파악 정도 등을 들 수 있다.

그러나 모든 국제기업이 수용국의 정치적·문화적 영향을 잘 파악하고 있는 것은 아니며, 따라서 노사문제는 항상 기업경영에 부담을 줄 수 있는 상태에 있다. 선진국에 있어서의 노사관계는 비교적 잘 정립된 명확한 관계라고 볼 수 있으나 개발도상국에서의 노사관계는 가변적일 뿐만 아니라 완전히 정립되지 않아 더욱더 기업경영을 어렵게 할 수 있다. 국제기업에 있어서의 인사 및 노사문제가 크게 대두되는 원인은 ① 경영권 해석의 상이, ② 문명에 대한 쇼크, ③ 개발도상국의 내셔널리즘, ④ 투자공여국과 수용국의 경제·사회적인 차이, ⑤ 세계적인 관리자 부족 등으로 볼 수 있다.

5.5 조직관리전략

조직이란 기업의 목표달성을 위하여 권한, 책임, 의사전달 및 통제의 사내

관계를 정립한 것이다. 조직에 있어서는 인원 간의 동태적 상호작용의 근거가 되는 사회적·심리적 측면이 중요하며, 개인의 창조성을 침해하지 않고 경영관리의 효율성과 통제가 달성되도록 한다. 국제기업은 무엇보다도 상이한 다수국에서의 다수의 경영단위로 구성되어 있다.

따라서 페이웨더(J. Fayerweather)가 지적한 바와 같이 지리적 거리, 민족주의, 문화, 환경을 포괄하는 네 가지 유형의 Communication Gap에 효율적으로 적용할 수 있도록 조직구조가 만들어져야 한다. 다시 말하자면 현지의 특수한 사정에 정통한 현지 경영진에 대한 상당한 정도의 권한 분산이나 이양이 필요하다. 국제기업내의 권한과 책임관계는 사내 각 부서간의 효과적인 의사전달을 전제로 하며 목표와 방침을 전파하고 해외자회사를 효율적으로 관리·통제하기 위해 의사전달은 절대적이다.

국제기업은 그의 생성역사, 업종이나 산업의 국적·경쟁조건·진출 대상국의 환경·최고 경영진의 경영방침에 따라서 변하기는 하지만 기업활동에 대한 범세계적 차원의 접근에 있어서 라인과 스태프·기능별·제품별·지역별 요인에 따라서 조직된다.

5.6 현지국의 통제에 대한 대응 전략

현지국정부들은 국제기업에 대하여 사랑과 미움이 교차하는 미묘한 감정을 가지고 있다(Love-hate syndrome).

현지국 정부는 한편으로는 국내외적으로 국력의 신장에 보탬이 되는 경제발전에 국제기업이 공헌하여 주기를 바라고 있지만 다른 한편으로는 개발도상국의 내정간섭뿐 아니라 전체 경제, 특정산업, 기술 등이 이들 국제기업에 장악되는 것이 못마땅하기도 한 것이다.

현지국 정부가 경제계획을 효과적으로 수립하고 집행할 수 있으려면 기업의 적극적인 협조를 필요로 하는데 현지기업들은 정부의 경제계획에 동조하고 협력하는 경향이 많지만, 국제기업들은 현지국의 경제·사회의 개발목표에 공헌하는 것보다는 자체의 범세계적 목표를 달성하는 데 최우선 순위를 두고 활동을 한다.

현지국의 국제기업의 영업활동에 대한 차별적인 행위의 하나는 정부기관뿐 아니라 일반국민에 의한 국산품 구매정책이다.

여기에 덧붙여 현지국 정부는 외국인 직접투자를 전적으로 배제하는 극단적인 정책수단을 쓸 수도 있을 뿐만 아니라 업종별 또는 지정된 산업분야에 한하여 외국인의 직접투자를 선별적으로 허가할 수도 있다.

대체적으로 철도·항공·전기·전신전화·연안해운 등 공공기업에 대해서는 국제기업의 직접투자를 금지하는 나라들이 많을 뿐만 아니라, 조선·광산업·금융기관·라디오·TV와 같은 매스컴 산업 등까지 외국인 직접투자를 금지하는 나라들도 있다.

또한 외국인 직접투자를 지리적으로 제한할 수도 있을 뿐만 아니라 특정 규모 이상의 직접투자를 하는 외국인기업에 한해서만 진출을 허용할 수도 있다.

한편 국가에 따라서는 외국인의 단독투자를 원칙적으로 금지하고, 이자·이익·로열티수입 등의 경영결과에 대한 해외 상환을 제한하기도 한다. 근래에는 현지국들이 자국의 복지를 보호·증진시키기 위하여 외국인기업들에게 행동요강을 부과하는 경향이 늘어나고 있으며, 몇몇 국가에서는 강제수용, 국유화 등 강력한 조치가 증가되고 있다.

이러한 현지국의 통제에 대한 대응책으로는 ① 진출거부로서 현지국정부의 통제로 불리한 기업환경하에서 신투자나 기존투자의 중지, ② 국제기업본국의 지원을 이용하는 방법으로서 현지국에 대한 통제뿐만 아니라 본국수출입은행의 현지국에 대한 신용억제와 해외투자보험 또는 보증제도의 활용, ③ 현지국 기업의 협조활용, ④ 합작투자의 이용, ⑤ 해외투자에 타국의 참여활용, ⑥ 유통구조 및 시장에 대한 장악 등 여섯 가지를 들 수 있다. 이것은 제품의 생산이 행해지는 국가와 그 제품을 이용하는 국가가 상이한 경우, 그 제품에 대한 유통구조 및 시장을 장악함으로써 현지국의 통제를 벗어날 수 있다.

SNS의 파랑새에서 추락한 트위터

140자 짧은 메시지로 글로벌 소셜네트워크서비스(SNS) 산업을 견인한 트위터(Twitter)가 몰락하고 있다. 트위터는 최근 성장 정체에 책임지고 고위임원 10명 중 5명이 회사를 떠났다. 4명은 사실상 해고다. 트위터 주가는 지난해 4월 52.87달러에서 꾸준히 하락하며 25일 17.02달러로 약 67% 급감했다. 작년 8월부터 2013년 11월 기업공개 당시 공모가 26달러를 밑돌고 있다.

한때 최고 인기를 누렸던 트위터 퇴장은 격세지감이다. 2006년 3월 서비스를 시작한 트위터는 급속한 스마트폰 대중화에 힘입어 세를 키웠다. 스마트폰으로 시간과 공간 제한 없이 어디서든 인터넷에 접속할 수 있고 즉각적으로 반응을 보이고 참여할 수 있다는 점 덕분에 가입자가 폭발적으로 늘었다. 무엇보다 정보전달 속도가 매우 빠르며 급박한 재난 상황이나 중요한 소식이 순식간에 퍼지는 데 가장 중요한 매개체 역할을 했다.

그러나 페이스북과 달리 트위터는 서비스가 시대에 맞게 진화하지 않았다. 최근 수년간 엔지니어링 분야 임원 이직이 잦아 제품 개발이 안정적으로 이뤄지지 않는다는 비판도 받았다. 사용자 피로감이 심해지면서 사용을 중단하는 이들이 늘고 신규 가입자는 정체했다.

트위터 사용자는 작년 2분기에 0.7%, 3분기에 1.0% 증가하는 데 그쳤다. 작년 11월 트위터 월 실사용자는 3억1,600만 명으로 한때 경쟁자로 꼽히던 페이스북(15억5,000만 명) 5분의 1 수준에 불과하다.

트위터 정체는 한때 우리나라에서 큰 인기를 얻었던 오마이스쿨, 프리챌, 싸이월드를 연상케 한다. 시대 변화에 적응하지 못하면서 사용자가 급격히 줄어든 서비스다. 트위터도 그런 전철을 밟고 있는듯하다.

인터넷 세계에서 정체는 바로 죽음을 의미한다. 계속해서 움직이고 혁신해야 한다. 오늘의 성공이 내일의 성공을 보장하지 않는다. 새로운 서비스를 개발해 가입자를 끌어들이고 가입자 유출은 막아야 한다. 끊임없이 자신을 채찍질해야 하는 인터넷 업계 숙명이다.

출처: 전자신문, 2016.1.26.

21세기 새로운 경제법칙 : 정보경제

자본주의 경제는 지난 400여 년의 역사 동안 매 세기마다 혁명적인 변화를 겪어왔다. 17세기는 상업혁명의 시대, 18세기는 증기기관과 기계가 최초의 산업적 활용을 가져온 1차 산업혁명의 시대, 그리고 19세기는 철강과 화학산업이 주도한 2차 산업혁명의 시대였다. 지난 20세기에는 전기모터와 내연기관을 활용한 3차 산업혁명이 전개되었다.

이제 21세기는 어떤 혁명의 시점에 있는가?

1. 산업경제에서 정보경제로

21세기는 정보경제가 될 것으로 예견되고 있다. 정보경제란 좁은 의미에서 볼 때 정보 자체가 경제활동의 대상이 되는, 즉 독립된 상품으로 생산·판매·유통되는 경제라고 할 수 있다. 그러나, 정보가 상품화되어 생산·유통되어온 것은 21세기만의 특징이라고 볼 수 없으므로 정보경제란 정보만이 아니라 정보를 생산하고 유통하는 하드웨어와 소프트웨어가 하나의 산업으로 정착된 경제로서 정보산업부문이 여타 산업부문에 막대한 구조적 영향을 미치는 경제시스템이라 할 수 있다. 즉, 정보기술의 상품화와 산업화가 전면적으로 진행되는 경제가 정보경제이다.

정보경제가 생산하는 정보재(Information Goods)는 개발초기에 들어가는 고정비용은 엄청난 반면, 일단 개발된 후 추가적인 생산에서 발생하는 한계비용은 무시할 수 있을 정도로 작아진다는 특징이 있다. 이러한 특징은 기업으로 하여금 전통적인 가격전략에서 벗어날 것을 요구하고 있다.

생산단가 자체가 제로에 가까운 상황에서 '생산단가×(1+마진율)'이라는 전통적인 가격전략은 의미가 없으며, 동일한 정보재라 할지라도 소비자에 따라 그 가치가 서로 다를 수 있다. 따라서 정보경제시대의 가격차별은 예외가 아닌 하나의 원칙이 될 것이다. 빠른 속도로 발전하고 있는 정보기술은 정보의 질적 속도를 엄청나게 향상시키고 있으며, 집약된 정보를 저렴한 비용으로 분류·검색·복사·선별·조작·분석·전송할 수 있도록 해준다. 정보경제 이전에도 이런 다양한 정보가공이 불가능한 것은 아니었으나 많은 비용의 발생이 불가피하였다. 21세기 정보경제시대에는 이것이 매우 낮은 비용에 가능해지는 것이다. 예를 들어, 정보의 전파라는 측면에서 볼 때 현재에도 이미 급속히 일반화되고 있는 인터넷을 이용, 필요한 정보를 웹사이트에서 누구나 손쉽게 다운로드 할 수 있다. 또한 웹사이트는 한번 생성된 후에는 아무리 많은 사람들이 접속해도 추가 유지비용이 발생하지 않는다. 웹사이트를 통한 정보의 가공행위는 한계비용이 제로인 것이다.

정보가공의 한계비용이 제로에 가까운 정보경제시대에는 소수의 특정고객의 선호와 요구를 파악하는 데 비용이 거의 들지 않으므로 생산이 곧 이윤으로 연결될 수 있게 된다. 그러나 소수고객을 상대하므로 대량생산은 불가능하며 결국 기업의 규모도 21세기에는 크게 줄어들 것이다. 한마디로 21세기는 무수히 많은 중소기업들이 고도로 차별된 전 세계의 고객을 상대로 비즈니스를 벌이는 중소기업의 시대가 될 것이며 이런 변화의 중심에는 인터넷정보기술의 비약적 발전을 전제로 하고 있다.

2. 네트워크 경제의 외부화

네트워크 경제의 외부화(Externality)는 한 상품의 가치가 그 상품을 사용하는 다른 사람들의 수에 의존하는 경우로서 이용자수가 많은 제품은 수요가 더욱 늘어나 강자는 보다 강해지고 약자는 보다 약해지는 긍정적 피드백(Positive Feedback)현상이 일어나는 것이다. 예를 들어, 맥킨토시 컴퓨터의 주관적 가치는 맥킨토시 컴퓨터를 사용하는 사람들의 수에 의해 결정된다. 이러한 현상은 정보재의 중요한 특성 중 하나가 외부와의 상호연결(Interconnection)하는 기능이기 때문이다. 맥킨토시의 운영체제가 아무리 뛰어나다고 하더라도 윈도우에 비해 사용자의 수가 현격하게 떨어진다면 소비자는 맥킨토시를 선택하지 않는다.

다른 사람과 정보를 주고 받는 것이 어렵고, 관련 소프트웨어를 구하기도 어렵기 때문이다. 이는 팩시밀리가 아무리 뛰어난 발명이라고 해도 상대방이 팩시밀리를 갖고 있지 않다면 아무 짝에도 쓸모없는 쓰레기인 것과 같은 이치이다. 어떤 제품이 네트워크의 외부성을 갖는다면 이 제품의 시장점유율은 S자형 형태를 띠게 되며, 이는 제품의 도입 초기에는 판매가 부진할 수밖에 없음을 의미한다.

왜냐하면 소비자들은 '일정한 규모'의 다른 소비자들이 이미 이 제품을 구입해 사용하고 있지 않는 한 '모험적으로' 이 제품을 구매하는 것을 꺼릴 수밖에 없기 때문이다. 여기서 이 '일정한 규모'를 특정 제품이 성공하기 위해 필요한 임계소비군(Critical Mass)이라고 부른다. 일단 이 임계소비군을 넘어서면 이 제품의 판매는 폭발적으로 증가하게 된다.

3. 승자가 모든 것을 가지는 사회

결국 네트워크의 외부성이 크게 작용하는 분야의 제품이 성공할 가능성은 얼마나 빨리 임계소비군을 확보하는가에 달려 있다. 일단 이 수준을 확보하고 나면 다른 기업이 유사한 제품을 판매해도 이미 기존제품을 통해 상당한 수준의 외부효과를 향유하고 있는 소비자들은 쉽사리 새로운 제품을 구매하지 않기 때문이다.

정보경제에서는 네트워크의 외부화로 말미암아 '승자 전부 획득(Winner Takes It All)'의 시스템이 일반화된다. 임계소비군의 확보를 통하여 업계표준의 지위를 차지하게 된 기업은 그 제품시장을 거의 독점하게 되어 막대한 이윤을 추구할 수 있게 된다. 마이크로소프트사가 PC운영체제시장에서 독점적 지위를 누려온 이유가 여기 있는 것이다. 이에 비해 전통적인 제조업분야는 과점이 일반적인 산업구조라는 사실과 상당히 대비되는 측면이다.

따라서 경쟁자의 임계소비군 확보를 저지하지 못하면 설사 미리 제품을 출시했다 하더라도 순식간에 시장을 잃어버리게 되는 시장점유의 불안정성도 네트워크경제의 또 다른 특징이다. 따라서 자기제품을 업계표준으로 삼으려는 기업 간의 치열한 '표준전쟁(Standards Wars)'이 빈발하며 기업의 부침이 심해질 것이므로, 유휴 생산설비와 인원을 효과적으로 재배치하는 시장구조가 확립되지 않은 나라에서는 정보경제가 심화될수록 사회적 불안정과 빈부격차가 확대될 수 있다.

4. 수확체감에서 수확체증으로

수확체증(Increasing Returns)은 생산요소의 투입을 늘렸을 때 생산량이 생산요소의 증가율보다 큰 비율로 증가하는 것을 말한다. 즉, 생산량을 늘려갈수록 추가로 들어가는 비용이 줄어드는 것이다.

수확체감(Diminishing Returns)의 법칙은 20세기 후반에 들어와 기술의 개발과 적용, 정보의 가공, 아이디어의 사용을 주로 하는 지식 집약적 산업이 본격적으로 나타나기 시작하면서 수확체감의 법칙이 도전을 받게 되었다. 수확체감이란 수확체증과는 반대로 생산요소의 증가에 비례하여 생산량이 증가하지 않고 이보다 작은 비율로 증가하는 경우를 일컫는다.

수확체증의 경우 생산량을 늘리면 늘릴수록 한계생산비용은 감소하므로 수확체증의 기술을 보유하고 있는 기업은 그 기술을 사용하여 생산한 제품의 시장수요가 존재하는 한 끊임없이 생산을 지속하게 되어 시장 전체를 장악하게 된다. 더욱이 일단 시장을 장악하게 되면 새로운 도전자가 생기기 어렵다는 것이다.

수확체증의 법칙이 적용되는 상품은 생산을 많이 하면 할수록 비용이 감소하기 때문에 시장을 장악하고 있는 기존의 기업은 매우 저렴한 가격으로 상품을 공급할 수 있다. 결국 수확체증의 특징은 궁극적으로 시장독점을 의미하는 것이다. 수확체증의 기술을 보유하기까지가 어렵지 일단 보유하게 되면 그 시장에서의 시장지배력은 순식간에 무한대로 커지게 되고 오로지 그 기업이 생산한 제품만이 공급되는 것이다. 수확체증 현상은 사실상 거의 모든 산업에서 수확체감 현상과 병존하고 있지만 일반적으로 수확체감은 전통적인 산업분야, 즉 제조업분야에서 주로 나타나고 수확체증은 새로운 분야인 지식집약형 산업에서 주로 관찰된다.

그렇다면 왜 지식주도형 산업에서 주로 수확체증의 법칙이 작용할까?

① 정보재의 특징인 높은 초기개발비용(Up-front costs) 때문이다. 의약품 · 컴퓨터의 소프트웨어와 하드웨어 · 항공기 · 전기통신장비 · 생체공학 관련제품 등의 지식집약형 제품은 새로운 제품을 개발 · 설계해서 시장에 내놓을 때까지 상당히 오랜 시간과 비용이 요구된다. 다시 말해 초기연구개발 비용이 매우 높게 나타난다. 마이크로소프트사의 경우 처음 윈도우 시스템을 개발하는 데 든 비용은 5,000만 달러였으나, 일단 개발이 이루어지고 난 뒤부터의 디스크 생산비용은 개당 3달러 수준으로 감소하였으며, 이런 단위비용조차 매출이 증가함에 따라 계속 줄어들어 전체수입과 비교해 볼 때 아주 미미한 수준이 되어버렸다.

② 네트워크 효과(Network Effect)이다. 지식집약형 제품 중에는 사용자 네트워크와 연결이 되어야 사용이 가능한 제품들이 많다. 예를 들어 선 마이크로시스템스(Sun Microsystems)의 '자바'언어의 경우, 인터넷상에서 다운로드할 수 있는 소프트웨어가 자바언어로 쓰여지면 질수록 인터넷 사용자들은 그 소프트웨어를 자신의 컴퓨터에서 실행시키기 위해 자바를 필요로 하게 될 것이며 그 결과, '자바'프로그램에 대한 수요는 폭발적으로 증가하게 된다.

③ 소비자 타성(Customer Groove-in)이다. 지식집약형 하이테크 제품은 소비자가 사용에 익숙해지는 데도 어느 정도의 시간과 훈련이 필요하기 때문에 훈련을 통해 일단 어떤 제품의 사용에 익숙해지면 소비자들은 다시 많은 시간을 들여 훈련을 받으면서까지 비슷한 서비스를 제공하는 다른 제품을 사용하려고 하지 않는다. 결과적으로 시장을 선점해서 소비자들과 먼저 만난 제품의 성공 확률은 자연히 커질 수밖에 없다. 대표적인 예로 우리나라의 대표적인 워드프로세스 프로그램인 '아래아 한글'을 들 수 있다. 아래아 한글이 다른 프로그램들의 끊임없는 도전에도 불구하고 지속적으로 워드프로세스 시장을 장악할 수 있었던 것은 ᄒᆞᆫ글이 꾸준히 프로그램을 개선한 측면도 있었지만 바로 소비자 타성 때문에 소비자들이 쉽게 제품을 바꾸려고 하지 않기 때문이었다.

그럼 수확체증이 강하게 나타나는 지식집약 산업분야에서는 어떤 경영전략이 유효할까?

뒤늦게 시장에 진입하는 기업으로서 가격경쟁전략은 별 효과를 발휘하지 못한다. 이미 시장을 선점한 기존 기업이 자신보다 더 낮은 가격으로 제품을 공급할 수 있기 때문에 가격경쟁을 통한 시장확보는 불가능하다. 소비자 타성이라는 수확체증 경제의 특성에 비추어 볼 때 새로 개발될 제품이 꼭 최고의 품질을 유지할 필요도 없다.

수확체감의 경제에서는 어떤 기업이 낮은 품질의 제품을 팔고 있다면 좋은 품질의 제품을 제공함으로써 시장을 획득할 수 있다. 그러나 소비자 타성이 존재하는 곳에서는 품질이 좋더라도 시장을 뺏기 어렵다. 결국 수확체증이 지배하는 산업에서는 초기에 막대한 연구개발비용이 투입되더라도 기존에 존재하지 않던 새로운 분야의 신제품을 개발하여 먼저 시장을 장악하고 그 시장에서 독점이윤을 최대한 향유한 뒤 다시 연구개발을 통해 새로운 제품시장을 창출하는 것이 바람직할 것이다.

출처: LG경제연구소.

2

PART 2

경영의 기본관리 활동

Chapter 8

계획화

인간은 모든 일을 할 때 Plan-Do-See의 과정을 거친다. 그중에 계획은 경영의 출발점이라 할 수 있으며, 조직화, 지휘, 통제 기능에 대한 방향을 제시한다.

좋은 계획이라 생각되면 바로 시작하라. 허가받기보다는 사과하는 것이 더 쉽다.

— Grace Murray Hopper

제 1 절

계획의 의의와 유형

1.1 계획의 정의

경영자가 경영활동을 통해 높은 조직성과를 달성하기 위해서는 미래에 대한 예측과 그에 대한 철저한 준비가 중요하다. 이러한 미래상황에 대비해 필요한 가장 핵심적인 경영활동은 첫째, 계획수립(Planning)과정이다. 계획수립에는 조직의 목적이나 목표, 목적을 달성하기 위한 전반적인 전략, 각 활동의 단계적인 조정과 통합 등의 개념이 동시에 포함되어 있다.

계획을 수립하는 목적으로는 다음과 같은 것들이 있다. 첫째, 조직의 운영에 대한 방향을 제시하여, 구성원의 행동을 조정하는 역할을 수행하게 된다. 만약 구성원이 조직이 어디로 가고 있으며, 무엇을 해야 할 것인지를 알고 있다면, 그들의 활동을 목표한 방향으로 조정하고 다른 구성원과 협조할 수 있게 해준다. 또한 기업 경영자에게는 미래의 변화 방향을 예측하게 함으로써 불확실성을 줄일 수 있도록 해준다.

둘째, 자원의 낭비와 중복을 피할 수 있다. 또 목표와 수단이 명확히 규정되어 있기 때문에 효율적인 관리가 가능하다.

셋째, 통제를 위한 표준 및 목표를 제시한다. 통제과정에서의 실제적 성과를 계획에서의 목표와 비교·평가하여 그 차이를 발견하고, 이를 조정하기 위한 피드백 과정을 거칠 수 있다.

1.2 계획의 유형

1.2.1 계획의 유형

계획은 넓이(전략적-운영적), 시간(단기적-장기적), 구체성(구체적-방향적), 사용빈도(일회적-계속적) 등에 따라 구분할 수 있다.[1] 그러나 여기서 주의할 것은 이러한 계획의 유형구분이 서로 완전히 독립적이지는 않다는 것이다. 예를 들면, 단기적-장기적 관점은 운영적-전략적 계획과 매우 밀접히 연관된다. 또 일회적 계획은 장기적, 방향적, 전략적 계획과 밀접히 연관되어 있다.

표 8-1 계획의 유형

기 준	넓 이	시 간	구체성	사용빈도
계획유형	전략적 운영적	장기적 단기적	방향적 구체적	일회적 계속적

1.2.2 유형별 특징

(1) 전략적-운영적 계획

전략적 계획(strategic plan)은 기업의 전사적 관점에서 환경과 관련하여 조직의 전반적 목적을 설정하는 활동을 의미한다. 반면, 운영적 계획(operational plan)은 전반적인 목적이 달성될 수 있도록 세부적으로 구체화된 활동을 설정하는 것이다.

일반적으로 전략계획은 장기적이고, 조직의 전반적인 방향을 제시하는 것이며, 조직의 목적과 관련된 부분이 주된 내용이다. 반면, 운영계획은 단기적이며, 세부적인 내용으로, 주어진 조직의 목적을 어떻게 달성할 것인가에 초점이 맞춰진다.

[1] S. P. Robbins, and M. Coultar, *Management*, Prentice Hall, International, Inc., 1996, pp.230~234.

(2) 단기적-장기적 계획

기간에 의한 계획의 구분에서 1년 이하의 기간에 대한 계획을 단기, 5년 정도의 기간은 장기로 인식한다. 또 그 사이의 계획은 중기로 구분하기도 한다. 그러나 보다 분명한 구분을 위해 1년 이하는 단기, 1년 이상은 장기로 분류하는 경우가 일반적이다.

(3) 구체적-방향적 계획

구체적 계획이란 명확한 목표를 정의하는 것이다. 예컨대 기업에서 당해 연도에 매출액 20% 증가를 목표로 예산할당, 활동 일정표 등을 계획하는 경우가 이에 해당된다. 구체적 계획은 미래의 환경 변화를 예측하여 설정하기보다는 과거의 업적을 기준으로 설정되는 경우가 많다. 환경의 불확실성이 증대되면 구체적 계획으로는 변화에 적응하기가 어려워진다.

방향적 계획은 일반적 가이드라인(guideline)만 제시한다. 세부적인 행동에 대한 구체적인 계획은 없다. 예컨대, 기업 이익을 다음 6개월 동안 5~10% 정도 향상하도록 노력하자는 정도의 계획이다. 구체적인 행동 방법은 구성원이 스스로 알아서 하도록 한다는 것이다. 이러한 계획은 유연성은 높지만, 구체적인 행동계획이 없어 그 효과가 반감될 수도 있다.

(4) 일회적-계속적 계획

일회적 계획은 과거와 다른 특별한 상황에서, 비정형화된 의사결정을 행하는 경우 특별히 설계되는 것이다. 이에 반해 계속적 계획은 조직에서 반복적으로 수행되는 활동에 대한 가이드라인을 제공할 목적으로 설계되는 것이다. 여기에는 정책, 규정, 절차 등과 같이 정형화된 의사결정을 위한 계획이 해당된다.

제 2 절

계획의 기초로서의 목표

모든 경영활동의 방향을 제시하고 실제적 성과를 비교하는 기준이 되는 목표는 계획의 기초가 된다. 제2절에서는 목표에 대해 살펴본다.

2.1 목표의 의의와 유형

2.1.1 목표의 다양성

목표란 조직이 달성하고자 하는 바람직한 상태나 성과를 의미한다. 흔히 영리조직인 기업의 경우 이익 창출을, 비영리조직에서는 서비스 제공의 효율성을 목표로 하고 있다. 즉, 조직의 목표는 하나라는 인식을 가지고 있다. 그러나 보다 자세히 분석해 보면 모든 조직은 다양한 목표를 가지고 있다. 기업 조직의 경우 시장점유율의 증가, 또는 구성원 복지 향상 등을 동시에 추구하기도 한다. 비영리조직인 교회의 경우는 종교적 의식을 위한 장소이지만, 장애인을 돕기도 하고, 교회 내 구성원 간의 사회적 친교를 지원하기도 한다.

오늘날 기업은 사회적 기관으로서 다양한 이해관계자들에 대한 책임도 동시에 지니고 있다. 또 이러한 이해관계자들은 조직을 다른 기준으로 평가하고 있다. 어느 하나의 척도로는 조직이 성공적으로 운영되는지 그렇지 않은지 판단할 수가 없다. 또 어느 한 가지 목표만 강조하다보면 다른 목표가 무시될 수도 있다. 장기적인 성장을 지향한다면, 조직은 다양한 목표를 동시에 달성하도록 노력하여야 한다. 물론, 목표 간의 위계를 세워 우선적으로 달성해야 할 목표를 설정하는 것이 필요하겠지만, 어느 하나의 목표라도 무시해서는 안된다.

2.1.2 목표의 유형

조직에는 업적 및 성과기준, 분석수준, 노력의 초점, 시간기준 등의 유형에 따라 여러 가지 목표로 구분할 수 있다.[2]

(1) 업적 및 성과기준별 목표

① 수익성목표: 영리 조직인 경우 순이익, 주당수익률, 투자수익률(ROI · return on investment) 등으로 나타내며, 비영리조직의 경우 예산상의 비용수준을 유지하는 것을 목표로 한다.

② 생산성목표: 매 단위 투입 및 종업원당 산출의 수준으로 나타낸다.

③ 시장목표: 이는 여러 가지 방법으로 나타내는데 A제품의 시장점유율을 20%까지 증대시킨다든지, 연간 상품판매 성장률을 몇 %로 한다든지, 신제품의 시장 출하를 어느 정도로 유지한다든지 등으로 나타낸다.

④ 자원목표: 조직은 자원기준의 변화를 목표로 설정할 수 있다. 예컨대, 회사의 장기부채를 3년 이내에 50억원 수준으로 유지한다든지, 6개월 내에 외상매출금의 회수기간을 30일로 낮춘다든지 하는 등의 목표를 설정한다. 기타 생산능력, 재고능력, 결근율 및 이직률, 사고율 등의 변화를 목표로 설정할 수 있다.

⑤ 개혁목표: 많은 조직에서 조직의 존속과 성장·발전은 신제품 개발에 달려 있다고 보고 "향후 5년내 새로운 제조공정의 개발", "R&D 비용의 20% 인상" 등과 같은 목표를 설정한다.

⑥ 사회적 책임목표: 제4장에서 설명한 바와 같이 다양한 이해관계자들에 대한 목표를 설정할 수 있다.

(2) 분석수준별 목표

① 공식목표: 이는 조직 전체의 일반적인 사명을 공식적으로 밝힌 것으로 연례 영업보고서와 같은 공식문서로 나타낸다. 예컨대, "우리 회사는 고객을 위한 가치창조를 위해 존재한다", "우리 병원은 병 없는 지역사회를

---

[2] 김남현, 전게서, 1998, pp.147~150.

만드는 데 그 목적이 있다" 등과 같이 일정한 달성기간이 규정되지 않고 광범위하고 사명적인 내용을 담게 된다. 이러한 공식목표는 이사회에 의해 설정된다.

② 관리목표: 조직이 실제로 무엇을 하려고 하는가를 반영하는 목표이다. 예컨대 농기구 제조업체의 경우 공식목표가 "농기구 판매를 통해 농민들에게 농사의 편의를 제공하고 이윤을 극대화한다"라면 관리목표는 "원가를 15% 절감하고, 품질을 개선하며, 투자수익률 15%를 유지한다"와 같이 설정할 수 있다. 관리목표는 보통 최고 경영층에 의해 설정된다.

③ 운영목표: 관리목표가 언제 어떻게 달성될 수 있는가를 밝히는 목표이다. 위의 농기구 제조회사의 실행목표는 구체적인 원가절감 방법, 달성수준, 달성기간 등이 표시될 것이고, 농기구 제조 및 판매를 통해 어느 정도의 수익을 올릴 것인가를 결정할 것이다. 이러한 운영목표는 중간관리층, 일선 감독층, 비관리자 및 종업원들의 목표이다.

(3) 초점별 목표

① 유지목표: 일정한 기간 동안 일정한 활동수준을 유지한다는 것을 나타내는 목표이다. 그 예로는 "200×년 평균 제조시설의 95%의 가동률 유지", "비수기 중 여객 좌석의 85%의 판매율 유지" 등을 들 수 있다.

② 개선목표: 어떤 구체적인 변화를 기대하는 목표이다. 예컨대, "시장점유율의 증대", "소비자 불평의 감소" 등을 들 수 있다.

③ 개발목표: 개선목표와 비슷한 것으로 신제품의 개발, 시장개발, 훈련프로그램의 개발 등이 여기에 해당된다.

(4) 시간기준별 목표

① 장기목표: 보통 1년 이상의 기간에 걸친 목표로, "향후 3년 내에 시장 점유율 30%를 증가시킨다"는 목표를 설정할 수 있다.

② 단기목표: 1년 이하의 기간에 걸친 목표이다. 이는 장기목표의 실천을 위한 하위 목표인 경우가 많다.

세계에서 제일 싼 항공사, "라이언에어"

유럽 최대의 저가 항공사인 라이언에어가 대서양 횡단 노선에 진출해 최저 10파운드(약 1만6,000원)짜리 편도 항공권을 선보인다고 3월 16일 영국 일간지 파이낸셜타임스가 보도했다.

라이언에어는 유럽에서 벗어나 미주 지역으로 노선 확대를 추진 중이다. 라이언에어 이사회는 지난 수년간 검토해 온 이 같은 대서양 횡단 노선 취항 계획을 승인했다. 아일랜드에 본사를 둔 라이언에어는 항공기 제조사들을 대상으로 장거리용 항공기 도입 협상을 벌여 4~5년 안에 대서양 횡단 저가 항공편 가동에 나설 계획이다.

라이언에어는 대서양 횡단 노선 판촉을 위해 편도 항공권 최저 요금을 10파운드 정도로 책정했다. 보통의 편도 항공권은 99파운드(약 16만원)에 판매하는 가격 정책을 세운 것으로 알려졌다. 노선 좌석의 절반은 저가 상품과 차별화한 프리미엄 좌석으로 채울 것으로 알려졌다. 라이언에어 측은 "제조사들과 장거리 항공기 도입에 대한 협의를 진행하고 있고 더 이상의 계획은 밝힐 수 없다"고 말했다.

대서양 횡단 저가 항공편은 스카이트레이인이 1980년대에 도전했지만 채산성 부족으로 접은 바 있다. 노르웨이의 저가 항공사 노르웨이에어셔틀은 2013년 대서양 횡단 노선에 진출했지만 수익성 악화로 고전하고 있다. 이 회사의 런던~뉴욕 간 최저 편도 요금은 149파운드(24만8,000원) 수준이다.

출처: 한경비즈니스, 2015.3.30.

2.2 목표의 설정 방법

2.2.1 전통적 방법

전통적인 관점에서 목표는 조직의 최고 경영자에 의해 구성원에 부과된 하나의 통제 역할을 수행한다. 이를테면 최고 경영자가 생산담당부사장에게 다음 해에는 생산원가를 줄이라고 하거나, 혹은 마케팅담당부사장에게는 판매 수준을 높이라고 지시하는 것이다. 이처럼 전통적인 관점에서 목표는 최고 경영자가 설정하고, 이것이 조직의 수준에 따라 하위 목표로 다시 나누어지게 된다.

조직의 모든 수준에서 구성원 각자는 조직의 상위계층에서 제시된 목표를 달성하는데 초점을 두게 된다.

그림 8-1 전통적 목표 설정 방법

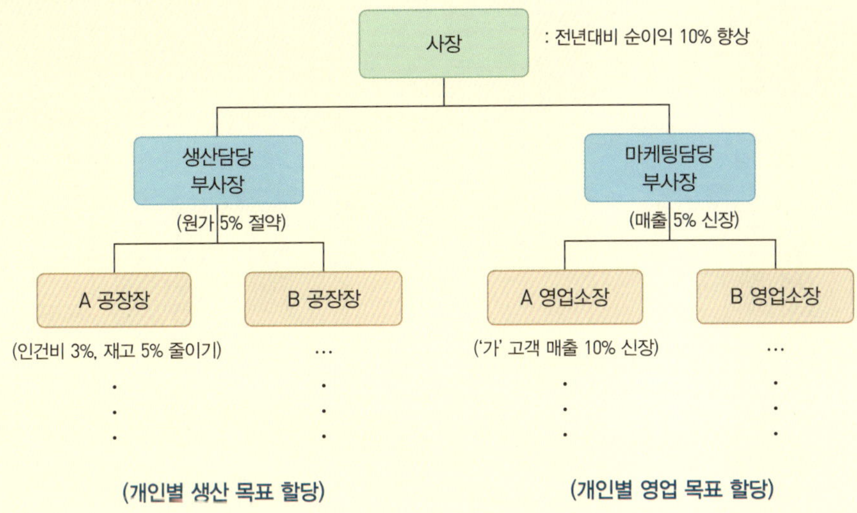

결국 조직은 목적의 위계에 따라 목표-수단 연계체계로서 통합된다. 상위 수준에서 목표가 주어지면, 하위수준에서의 목표는 이를 달성하는 하나의 수단이 되는 것이다. 즉, 상위 조직수준의 목표가 성취되기 위해서는 하위 조직수준의 목표가 반드시 달성되어야 하는 것이다.

2.2.2 현대적 방법

조직의 목표가 설정되고 이를 목표-수단 연계체계에 의해 각 개인 목표로 할당되는 전통적인 방법과는 달리 현대적 방법은 당사자의 의견을 충분히 반영하는 가운데 상호 협의를 통해 목표를 설정한다. 이를 목표에 의한 관리(MBO · management by objectives)라 한다.

(1) 목표에 의한 관리 과정

목표에 의한 관리 과정은 다음의 단계를 거쳐 확정된다.

① 1단계: 회사, 부문, 팀(부, 과) 단위별 목표를 기준으로 각 개인이 달성해

그림 8-2 목표에 의한 관리 과정

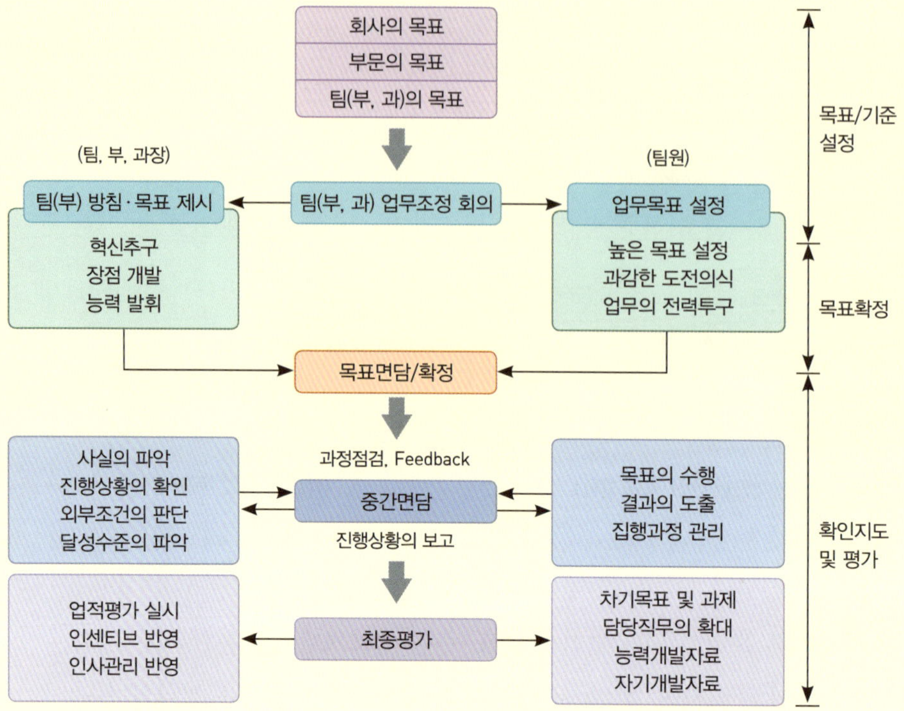

야 할 목표 혹은 기준을 설정한다.

② 2단계: 개인별로 작성된 목표를 부서장과 면접·협의하여 확정한다.

③ 3단계: 각 부서장은 목표 달성 여부를 중간 점검하고, 이를 최종적으로 평가한다.

(2) 개인 목표·기준의 설정

회사, 부문, 팀(부, 과)별로 목표가 확정되면, 다음 단계는 개별 구성원의 입장에서 어떻게 수행할지를 정한다. 여기서는 다음의 사항이 중요한 과제이다.

① 목표항목의 설정: 팀원(작성자)이 차기 일정기간(6개월 혹은 1년) 동안 수행해야 할 목표업무를 업무단위별로 구분하여 설정한다.

② 목표항목의 비중 결정: 전체 목표항목 중에서 각 항목이 차지하는 업무수행의 비중을 %로 표시한다. 따라서 전체 가중치의 합계는 항상 100%가 되어야 한다.

③ 목표난이도의 결정: 자신의 능력 및 업무환경을 고려한 목표수준달성의 난이도를 각 목표항목별, 평가단계별로 구분한다. 일반적으로 S(매우 우수), A(우수), B(보통), C(미흡), D(매우 미흡) 등의 5단계로 구분한다. 예컨대, 자신의 능력과 비교하여 110% 이상 수준은 S, 100% 이상 수준은 A, 90% 이상 수준은 B, 80% 이상 수준은 C, 80% 미만은 D 등으로 평가 기준을 설정한다.

④ 목표수준의 계량화: 업무수행결과는 궁극적으로 달성하고자 하는 수준을 의미하는데, 달성도, 달성률, 목표량 등과 같이 가급적 구체화된 계수로 표시한다.

⑤ 달성방안 작성: 각 목표항목을 구성하는 업무의 세부내용 및 목표달성을 위한 수단, 전략, 절차 등을 기재한다.

⑥ 지원요청: 목표수행을 추진하는 과정에서 회사 또는 상사의 지도·지원 및 자원배분, 양해사항, 전제조선 등을 기재한다.

⑦ 일정계획: 각 목표항목별로 계획(plan)→실시(do)→조정(check)의 개념에 의한 추진일정계획을 설정한다.

(3) 목표 면접 및 확정

개인별로 작성된 목표 및 기준은 부서장과 협의하여 최종적으로 확정한다.

① 부서장의 개인 업무 목표의 종합검토: 각자의 업무목표 및 일정계획 등이 주요 경영과제 및 팀 목표 달성에 충분한지의 여부, 구성원의 목표가 자기 부서의 운영목표와 일치하는지의 여부, 구성원 각자의 능력에 따라 적절히 업무가 배분되고, 충분한 능력개발을 요구하는 목표에 대한 여부 등을 심사한다.

② 면담을 통한 목표 합의: 부서장은 개별면담을 통하여 설정목표에 대해 충분히 협의·토론 후 목표를 확정한다. 목표항목별로 비중 및 난이도, 일

정 등에 대하여 깊이 있게 토론하여, 상호간에 충분히 납득하여야 한다. 면담 결과 합의가 이루어지면, 목표수행에 대한 의지의 표현으로서 상호 서명, 날인을 한다.

(4) 확인지도 및 평가

개인별로 확정된 목표 업무가 제대로 잘 시행되고 있는지 부서장은 중간 점검을 하고, 목표업무가 종료되는 시점에서 평가를 한다.

① 중간점검: 목표 진행 상황을 중간에 점검하고, 이를 구성원에게 피드백한다. 또한 목표를 추가하거나 변경사항이 있는 경우에는 이를 구성원과 협의하여 목표를 다시 설정할 수도 있다. 목표수행 도중 상황에 따라 변경되거나, 추가된 목표사항은 목표변경, 추가란에 반드시 기록하고, 그 수행결과 또한 반드시 평가하도록 한다.

② 업적결과 기술: 목표 업무가 종료되는 시점에서 구성원은 목표항목별로 업무결과에 대한 구체적 내용 및 달성수준 등을 기술하고 자기평가를 시행한다. 부서장은 구성원의 업적기술내용을 숙지한 후 면담을 통하여 내용을 확인하고, 평가한다.

③ 평가의견제시: 구성원은 전반적인 업적결과를 요약하고, 반성 및 회고의 차원에서 달성수준, 어려움, 문제점 등을 기록하여 부서장에게 제출한다. 부서장은 구성원의 전반적인 업적내용, 핵심업적, 실패사항, 문제점 등을 분석하여 의견을 기술하고, 이를 구성원과의 면담시 피드백한다.

잭 웰치 전 GE회장 "31가지 리더십 비밀"

〈잭 웰치 전 GE회장〉

이 세상에 변하지 않는 것은 '변화한다'는 사실뿐이라고 흔히 말한다. 끊임없이 변화를 추구하고, 새로운 무엇인가를 찾아 나서는 일은 21세기를 준비해야 하는 우리들에게 던져진 상당히 긴박한 숙제거리임엔 틀림없다. 그것은 '리더십' 이라는 테마에 있어서도 똑같이 적용된다.

기업 경영의 모든 패러다임이 전환하는 시점에서 그동안 해오던 방식의 리더십을 그대로 적용한다면 환경에 대응하기 위해 변화할 수밖에 없는 사람들의 생각을 정리된 방향으로 끌고 가는 데 있어 여러 가지 문제점에 부딪칠 것이다.

이러한 시점에서 GE를 세계 초일류 기업으로 다시 태어나게 하는 데 있어 선도적인 역할을 해온 잭 웰치 회장의 리더십에 관한 관찰과 연구는 우리나라 모든 기업 경영인뿐 아니라 개혁을 지향하는 모든 조직의 관리자들을 위해 긴요한 지침이 되어 줄 것이다.

또한 각 조직 구성원들 간의 원활한 의사소통과 관계 유지에 있어서도 리더십은 적용되고 꼭 필요한 것인 만큼 상당히 실용적인 정보가 되어 줄 것이다.

45세의 젊은 나이로 GE의 회장에 취임한 이래 그가 발휘한 리더십 역량은 GE를 명실상부한 세계 초일류 기업으로 변화시키는 데 결정적 역할을 했다고 평가받고 있다.

GE는 10여 년 만에 매출과 이익 규모 등이 3배 이상 증가되었고 기업의 시장 가치는 800억 달러를 넘어 1위를 다투게 되었으며, 투자 수익률은 20%로서 미국 기업들의 평균 수치인 12%의 2배에 가깝다.

그리하여 GE의 잭 웰치 회장은 '포보스'지 등 경영 관련 잡지들로부터 초일류 기업, 최고의 경영자로 선정되는 영예를 안기도 했다. 또한 미국의 경영학회로부터 20세기 초반을 풍미했던 GM의 슬로안 회장과 더불어 금세기 최고의 경영자로 평가받기도 했다.

1. 늦기 전에 변화하라!
   Change, Before It's Too Late!

2. 눈앞의 현실을 직시하고, 그것을 회피하지 말라!
   Look Reality In The Eye And Don't Flinch!

3. 언제라도 실행 계획서를 고쳐 쓸 수 있는 마음 자세를 가져라!
   Be Ready And Eager To Rewrite Your Agenda!

4. 관리를 적게 하는 것만큼 경영 성과는 높아진다.
   Managing Less Is Managing Better.

5. 당신이 관여하는 사업 전체를 주의 깊게 관찰하라. 그리고 가능한 한 빨리 무엇을 개선할 필요가 있는가, 무엇을 육성할 필요가 있는가, 그리고 무엇을 버려야 하는가를 결정하라!
   Take A Hard Look At Your Overall Business. And Decide As Early As Possible What Needs Fixing, What Needs To Be Nurtured, What Needs To Be Jettisoned!

6. 현실을 직시하라!
   Face Reality!

7. 한 가지 집중적인 아이디어만을 쫓지 말라. 그보다는 비즈니스 전략으로 몇 가지 가능성이 분명하고 전반적인 목표를 설정하라.
   Don't Pursue A Central Idea But, Rather, Set Only A Few Clear, General Goals As Business Strategies.

8. 1위 또는 2위가 되라!
   Be Number One Or Number Two!

9. 너무 늦기 전에 조직 규모를 줄여라!
   Downsize, Before It's Too Late!

10. 기업의 개혁과 변화에 있어서 성역은 없다!
    In Deciding How To Change Your Business, Nothing Should Be Sacred!

11. 유망한 시장을 찾을 때 가능한 한 경쟁을 피할 수 있는 분야를 선택하라. 그러나 경쟁이 불가피하다면 반드시 승자가 되도록 해야 한다. 승자가 될 수 없다면 빠져 나갈 수 있는 방법을 찾아야 한다.
    When Seeking The Right Marketplace, There's no Virtue In Looking For A Fight. If You're In A Fight, Your Job Is To Win. But If You Can't Win, You've Got TO Find A Way Out.

12. 새로운 기업 문화를 만들어 그것을 전파하라!
    Create A Culture, Then Spread It!

13. 과거에 집착하지 말라! 열린 마음으로 변화를 받아들여라!
    Don't Get Stuck In The Past! Be Open To Change!

14. 실행 계획서를 끊임없이 점검하라. 필요하다면 언제라도 망설이지 말고 계획을 수정하라!
    Reexamine Your Agenda Constantly And, If Necessary, Rewrite It!

15. 아이디어를 제공하고 자원을 분배하라. 그리고 간섭하지 마라.
    Transfer Idear And Allocate Resources And Then Get Out Of The Way.

16. 조직 구성원들에게 의사결정에 필요한 모든 정보를 얻을 수 있도록 하라.
    Make Sure Everyone In Your Business Gets All The Information Required To Make Decisions.

17. 조직 구성원들이 성장할 수 있는 자원을 마련해주고 성장을 위한 교육 수단을 유용하게 활용할 수 있게 하여 구성원들의 미래 지평을 확대시킬 수 있는 분위기를 제공하라.
    Provide An Atmosphere When People Can Have The Resources To Grow, The Educational Tools Are Available, And They Can Expand Their Horizons.

18. 조직 계층 줄이기: 군살은 제거하라!
    Delayer: Get Rid Of The Fat!

19. 비전을 제시하라. 그 다음 구성원들이 회사의 비전을 자기 스스로 실천하도록 하라!
    Express A Vision, Then Let Your Employees Implement It On Their Own!

20. 작은 회사처럼 움직여라!
    Act Like A Small Company!

21. 도약을 목표로 삼아라!
    Go For The Quantum Leap!

22. 저항이 얼마나 큰가는 문제되지 않는다. 비용을 절감하라!
    No Matter How Great The Resistance, Get Those Costs Down!

23. 더 빠르게 하라!
    Get Faster!

24. 조직의 장벽을 없애라!
    Remove The Boundaries!

25. 사업 부서간의 상승 효과를 도모하고 통합된 다양성을 추구하라.
    Search For the Synergies Between Your Businesses-Strive For Integrated Diversity.

26. 조직 구성원들에게 권한을 부여하라!
    Empower Your Workers!

27. 조직 구성원들이 자유롭게 자신의 의견을 발표할 수 있는 분위기를 만들어라.
    Create An Atmosphere Where Employees Feel Free To Speak Out.

28. 현장의 목소리에 귀 기울여라!
    Listen To The People Who Actually Do The Work!

29. 불필요한 업무를 제거하라!
    Eliminate Unnecessary Work!

30. 조직 구성원들 앞에서 그들의 모든 질문에 대답하라!
    Go Before Your Workers And Answer All Their Questions!

31. 신속성, 단순성, 자신감을 목표로 삼아라!
    Aim For Speed, Simplicity, And Self-Confidence!

출처: 잭 웰치, 〈끝없는 도전과 용기〉

Chapter 9

조직화

조직화는 조직의 목표, 계획, 전략이 형성되면, 이를 실현하기 위한 효율적인 구조를 형성하는 것을 말한다. 따라서 조직화는 계획기능 다음으로 이루어져, 계획을 실천하는 첫 번째 수단이 된다.

修身齊家 治國平天下라는 옛말은 조직 이론을 잘 설명하고 있다. 이 말은 조직관리의 원칙이라고 말해도 될 것이다. 修身은 자기 도야와 완성인데 모든 조직의 핵심이 되는 지도자나 책임자를 말한다. 그리하여 가장 기본단위인 가족을 다스리고 더 나아가 사회와 나라를 다스리게 되는데 이러한 사람만이 온 천하를 다스릴 수 있다는 것이다.

제 1 절

조직화의 의미

1.1 조직화와 조직구조

조직은 원래 “살아있다”라는 뜻을 가진 말에서 유래되었다. 즉 가만히 있는 것은 조직이 아니다. 조직이란 환경과 교류하고 항상 새로운 것이 들고 나는 그런 존재이다. 우리가 흔히 순환이 되지 않고 세대교체가 이루어지지 않은 조직을 일컬어 죽은 조직이라고 하는 이유가 바로 그것이다.

조직의 목표, 계획, 전략이 형성되면, 이를 실현하기 위한 효율적인 구조를 형성하여야 한다. 이 단계에서 중요한 과제가 조직화이다. 따라서 조직화는 계획 기능 다음으로 이루어져 계획을 실천하는 첫 번째 수단이 된다.

조직화란 조직의 구조를 창조하는 과정이다.[1] 조직구조란 조직의 공식적인 커뮤니케이션과 권한체계를 의미한다. 조직의 구조는 복잡성, 공식화, 집권화의 세 가지 요소로 기술될 수 있다.[2]

복잡성(complexity)이란 조직에서의 분화의 정도를 의미한다. 조직에서 노동의 분화가 많이 이루어지거나, 수직적인 위계가 많거나, 지역적으로 퍼져 있으면, 사람들과 그들의 행동을 조정하는 데 더욱 어렵고 복잡하게 된다.

공식화(formalization)란 구성원의 행동을 규제하는 규정이나 절차의 정도를 의미한다. 즉 구성원이 할 수 있고, 해서는 안되는 행동을 표준화한 정도이다. 조직에서 더 많은 규정과 절차가 있으면, 조직의 구조는 더욱 공식화된다.

[1] S. P. Robbins and M. Coultar, *Management*, Prentice Hall, International, Inc., 1996, p.335.

[2] S. P. Robbins, *Organization theory: Structure, design, and applications*, Engliwood Cliffs, NJ: Prentice-Hall, 1990.

표 9-1 조직화의 목적

- 개인의 직무와 부문으로의 일의 분화
- 개인의 직무수행과 관련한 과업과 책임의 할당
- 다양한 과업의 조정
- 직무를 단위로 집단화
- 개인, 집단, 부문 사이의 관계 설정
- 공식적인 권한 라인의 형성
- 조직 자원의 할당과 활용

출처: S. P. Robbins and M. Coultar, *Management*, Prentice Hall, International, Inc., 1996, p.335.

집권화(centralization)란 의사결정권한이 있는 장소를 의미한다. 어떤 조직에서 의사결정이 조직의 하위 수준 혹은 상위 수준에서 이루어지는 정도를 말한다. 어떤 조직에서는 상위의 경영층이 경영 관리상의 문제를 검토하고, 거기서 의사결정을 하게 되는 경우가 많은 반면, 어떤 조직에서는 매우 낮은 계층수준에서 의사결정이 이루어지기도 한다. 후자의 경우를 특히 분권화(decentralization)라 한다. 경영자는 이러한 세 가지의 조직구조 요소를 상황에 적합하게 설계함으로써 조직을 형성한다.

그렇다면 조직화의 목적은 무엇인가? 〈표 9-1〉은 조직화의 목적을 기술하고 있다. 요약하면, 조직의 목표와 목적을 효율적으로 달성할 수 있는 조직구조를 설계하여야 한다는 것이다. 다음에서는 조직설계의 기본적인 원칙을 살펴보도록 한다.

1.2 수직적 조직화의 원칙

거대한 기업이나 복잡한 정부 조직도 내부를 들여다보면 다양한 계층으로 구성되어 있다. 말단 직원에서부터 CEO에 이르기까지 수많은 계층과 부서로 구성되어 있다. 여기서 계층은 수직적 조직화이며 부서는 수평적 조직화를 일컫는 말이다. 조직 속의 구성원은 최고 경영자, 중간 관리자, 현장 감독자, 일선 종업원 등의 계층으로 구분될 수 있다. 이러한 계층 구분은 어떻게 결정되며, 그들의 상호작용은 어떻게 정의될 수 있을까? 이러한 질문에 대한 대답을 제공하는 것이 조직의 수직적 측면의 원칙들이다.

1.2.1 명령단일화의 원칙

조직화의 수직적 차원을 이해하기 위해서는 먼저, 명령단일화(unity of command) 원칙에 대한 개념을 갖고 있어야 한다. 고전적 경영관리에서는 한 사람의 부하에게는 한 사람의 상사만 있어야 하고, 이 상사가 부하에 대한 직접적인 책임을 져야 한다는 원칙을 제시하였다. 어떤 부하도 두 사람 이상의 상사에 보고해서는 안 된다는 것이다. 만약 여러 명의 상사로부터 명령이 있게 되면, 명령단일화의 원칙은 깨어진다는 것이다.

명령단일화의 원칙은 조직이 매우 단순할 때 의미가 있다. 오늘날의 대부분의 조직에서도 여전히 이 원칙이 지켜지고 있다. 사실, 대부분의 조직이 작업 활동이나 관계를 설계할 때, 이 원칙을 따르고 있다. 그러나 다음에 설명하게 될 매트릭스 조직의 경우는 이러한 원칙이 적용되지 않고 있다.

1.2.2 권한과 책임의 원칙

다음으로 조직의 수직적 차원의 원칙은 조직의 구성원이 가지게 될 권한과 책임(authority and responsibility)의 형태와 양에 대한 개념과 관련된다. 권한이란 다른 사람에게 명령을 내리고, 그 명령을 따르도록 하는 관리적 지위에 내재된 권리이다. 이는 조직을 하나로 묶는 접착제 역할을 한다. 또 권한은 자신의 업무를 수행하는 특정 범위 내에서 하위 관리자에게 위양된다.

조직에서의 각 직위(position) 보유자는 그 직위에 따른 권리를 갖게 된다. 즉 권한은 개인적 특성이 아니라 구성원이 조직에서 특정 직위를 맡게 됨으로써 발생된다. 만약 어떤 사람이 조직을 떠나게 되면, 더 이상 권한이 없게 된다. 권한은 직위에 남게 되고, 그 직위를 맡게 되는 새로운 사람이 권한을 갖게 된다.

조직의 구성원이 권한을 위양받게 되면, 권한에 상응하는 똑같은 책임이 주어지게 된다. 즉, 어떤 것을 할 수 있는 권리가 주어진다면, 그것을 수행하기 위

그림 9-1 라인권한에 의한 명령체계에 의한 조직

한 의무(obligation)를 다하여야 한다. 책임은 없이 권한만 부여하면 여러 가지 문제가 발생되며, 권한이 주어지지 않는 일에 대해서는 책임도 없게 된다.

권한은 또한 라인권한(line authority)과 스태프권한(staff authority)으로 구별되기도 한다. 라인권한이란 부하의 작업을 지휘하는 관리자에게 부여된 권리이다. 이는 최고 경영자에서 조직의 가장 낮은 현장 수준에 걸친 상사-부하 관계를 말한다. 라인권한에 의한 조직은 명령체계(chain of command)라 하고, 〈그림 9-1〉과 같이 표시할 수 있다. 따라서 부하를 관리하는 모든 관리자는 라인권한을 가지게 된다.

스태프권한이란 라인권한을 가진 사람을 지원, 조언, 충고하는 역할과 관련된 권리이다. 조직이 복잡해지고 거대화됨에 따라 라인 관리자가 처리해야 하는 정보의 양은 점점 증가하게 된다. 따라서 정보를 수집·정리·분석하여 라인 관리자가 올바른 의사결정을 수행하도록 지원하는 역할을 담당하는 부문이 생기게 되었는데, 이들을 스태프부문이라 한다. 즉 조직의 라인부문이 조직의 목적달성에 직접적으로 기여하는 부문이라면, 스태프부문은 이를 보조, 지원하는 부문인 것이다. 이들 스태프부문이 가지는 권한이 스태프권한이다. 스태프부문

그림 9-2 라인권한과 스태프권한

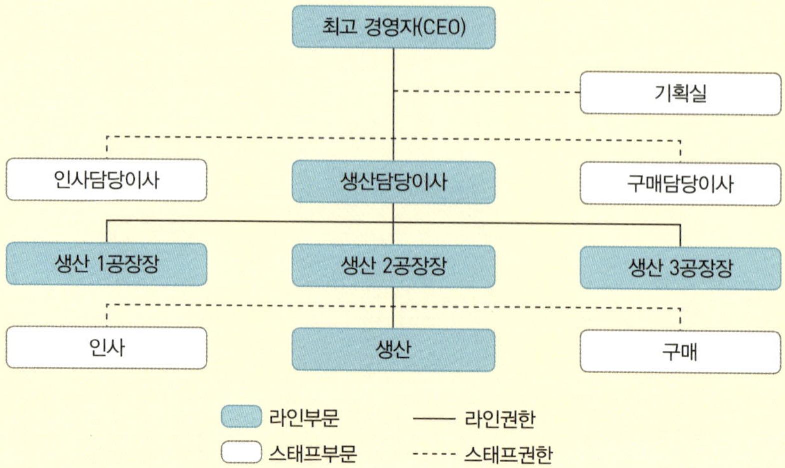

이 가지는 권한은 직접적으로 부하를 관리하는 역할이 아니라, 주어진 일정영역에서 전문적인 지식과 능력을 보유함으로써 라인관리자를 지원·보조하고, 그들에게 서비스를 제공하는 역할을 수행한다.[3] 조직을 라인과 스태프부문으로 구별하여 나타내면, 다음 〈그림 9-2〉와 같다.

1.2.3 통제범위의 원칙(span of control)

통제범위는 한 사람의 상사가 효율적으로 관리할 수 있는 부하의 수를 말한다. 몇 명이 적절한 부하의 수인가에 대해 정해진 답은 없다. 일반적으로 상위 경영층의 경우는 복잡한 문제를 다루어야 하는 경우가 많고 또 업무의 구조화가 매우 낮아 통제 범위가 적다. 반면, 하위 관리자인 감독자의 경우는 상대적으로 높게 나타나는 것이 일반적이다.

통제범위가 조직 설계에서 중요한 이유는 무엇인가? 통제범위에 의해 조직의 계층 및 관리자 수가 결정되기 때문이다. 예를 들어, 4,096명의 작업자로 형

[3] 여기서 주의할 것은 스태프부문 내에 상사-부하 관계가 존재한다면, 상사는 부하에 대한 라인권한을 가지는 것은 물론이다.

그림 9-3 통제범위의 비교

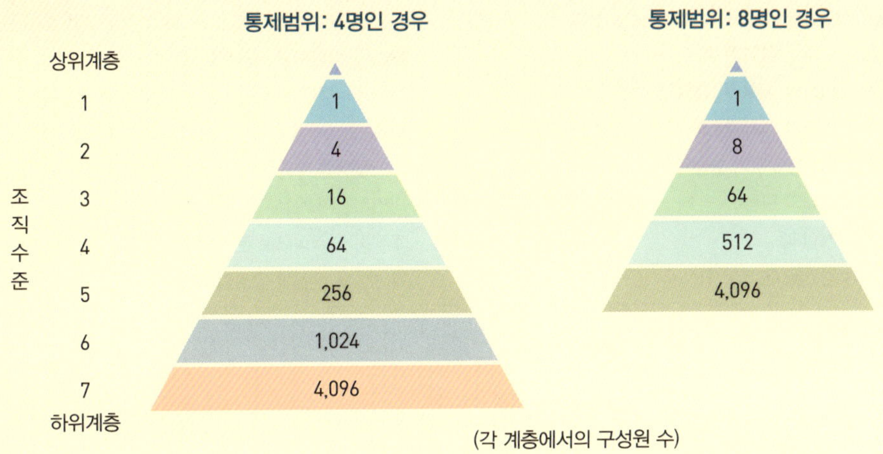

성된 조직에서 통제범위가 각각 4명인 경우와 8명인 경우 조직의 계층 및 관리자 수는 어떻게 다르게 나타나는지를 알아보자. 다음 〈그림 9-3〉과 같이 통제범위가 4명인 조직의 경우 관리자의 수는 1,365명(계층 1~6)이고 계층수 7이 된다. 반면, 통제범위가 8명인 조직에서는 관리자가 585명(계층 1~4), 계층 수 5가 된다. 일반적으로 다른 조건이 같다면, 통제범위가 큰 경우 더욱 효율적인 조직이라 할 수 있다. 그러나 통제범위를 늘린다는 것이 항상 용이한 일은 아니다. 관리자와 부하의 능력 및 경험, 부하의 담당 업무의 성격 등을 고려하여 통제 범위를 정하여야 한다.

1.2.4 집권화와 분권화의 원칙

앞서 설명한 바와 같이 의사결정권한이 소재하는 장소를 기준으로 집권화 혹은 분권화라 한다. 집권화와 분권화는 절대적인 개념이 아니라 상대적인 개념이다. 조직은 완전히 집권적이지도 분권적이지도 않다. 거의 모든 의사결정을 최고 경영자가 한다면, 그 조직은 효율적으로 기능할 수 없을 것이다. 또 모든 의사결정이 현장 근로자에 위양되어도 마찬가지일 것이다.

표 9-2 집권화와 분권화의 고려 요인

집권화	분권화
• 환경이 보다 안정적일 때	• 환경이 복잡하고 불확실할 때
• 하위 관리자의 능력 및 경험이 부족할 때	• 하위 관리자의 능력 및 경험이 많을 때
• 하위 관리자가 의사결정에 참여하기를 원하지 않을 때	• 하위 관리자가 의사결정에 참여하기를 원할 때
• 의사결정의 중요도가 높을 때	• 의사결정의 중요도가 상대적으로 낮을 때
• 위기나 실패의 위험이 클 때	• 의견개진이 자유로운 조직문화가 있을 때
• 조직이 커질 때	• 조직이 지역적으로 분산되어 있을 때
• 순종이 강조될 때	• 유연성과 몰입이 강조될 때

과거에는 전통적인 조직의 모습이 소위 피라미드 구조를 지니고 있었고, 이에 따라 의사결정권한이 상위에 집중되는 특징을 나타냈다. 그러나 환경이 복잡해지고 변동적인 특성을 나타냄에 따라 분권화된 의사결정이 필요하게 되었다. 따라서 다음 〈표 9-2〉와 같은 여러 가지 요인을 고려하여 집권화와 분권화의 정도를 결정하여야 한다.

1.3 수평적 차원의 원칙

조직구조의 수직적 차원의 원칙이 조직의 계층적 수준별로 일을 통합하고 조정하는 역할을 수행하는 것이라면, 수평적 차원의 원칙은 개인 및 부문의 과업이 어떻게 결정되는가에 대한 원리를 제공하는 것이다.

1.3.1 노동의 분화 원칙

노동의 분화(division of labor)는 전체 업무를 여러 단계로 구분하고, 각 단계를 서로 다른 개인이 수행함으로써 생산성을 높이는 원칙이다. 생산조립라인(assembly line)에서와 같이 개인은 어느 특정 부분의 활동에 전문화하여 똑같은 표준적인 작업을 계속하여 수행할 수 있다. 노동의 분화 원칙에 입각할 경우에는 가능한 한 업무는 단순화, 표준화, 세분화하여 각 개인에게 할당하는 것이 바람직하다.

산업혁명 후 초기 산업사회에서는 이러한 노동의 분화 원칙에 의해 생산성 향상을 달성할 수 있었다. 그러나 단순화된 업무를 수행하면서 구성원은 점점 지루함, 직무 스트레스 그리고 이에 따른 결근 및 이직 등의 부정적인 결과를 초래하게 되었다. 오늘날에는 노동의 분화를 보완하는 다양한 방안을 강구하고 있다.[4] 그러나 여전히 노동의 분화 원칙은 개인에 업무를 할당하는 주요 원칙이 되고 있다.

1.3.2 부문화

부문화(departmentalization)는 각 개인을 조직의 목표 달성을 촉진하기 위해 집단으로 묶는 과정을 말한다. 부문은 한 사람의 감독자가 영향을 미치는 범위인데, 이는 앞서 살펴본 감독범위에 따라 형성되기도 하지만, 노동의 분화 원칙에 따라 각 개인에게 할당된 업무 성격의 유사성 정도에 따라 형성되기도 한다. 일반적으로 기능별, 제품별, 고객별, 지역별, 과정별 특성에 따라 부문화의 방법을 나누어 살펴볼 수 있다.

기능별 부문화(functional departmentalization)는 조직의 목표달성에 기본적인 기능에 따라 부문을 형성하는 것이다. 예를 들면, 다음 〈그림 9-4〉와 같이 어떤 공장을 기술, 회계, 제조, 노무관리, 구매 등으로 부문화하는 경우 이는 기능별 부문화에 해당된다.

그림 9-4 기능별 부문화

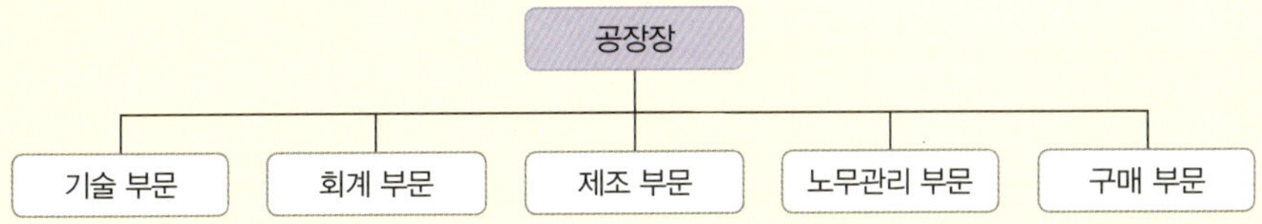

[4] 여기에 대해서는 제10장 사람관리 중 직무관리부분을 참조하기 바란다.

제품별 부문화(product departmentalization)는 조직의 주요 제품에 따라 부문을 형성하는 것이다. 이때 각 제품단위별 부문은 독립적 혹은 자율적으로 활동하는 사업단위가 되기도 한다. 이때 각 사업단위는 독자적으로 기능별 부문을 포함할 수도 있다.

그림 9-5 제품별 부문화

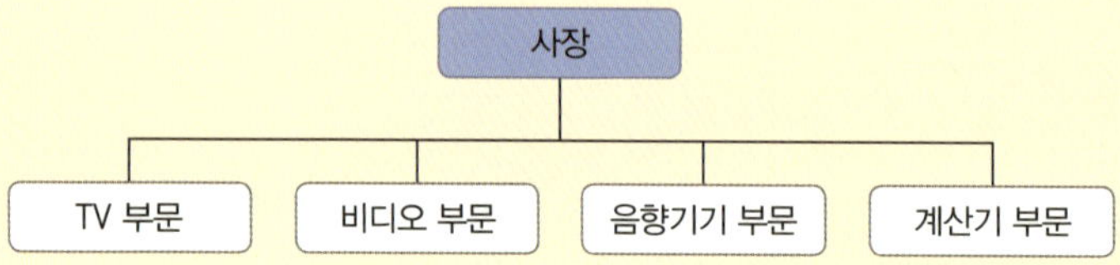

고객별 부문화(customer departmentalization)는 조직이 특히 관심을 가지고 있는 고객의 유형별로 부문을 형성하는 것이다. 예를 들면, 고객을 소매상, 도매상, 정부기관 등으로 나누어 부문을 형성하는 것이다.

그림 9-6 고객별 부문화

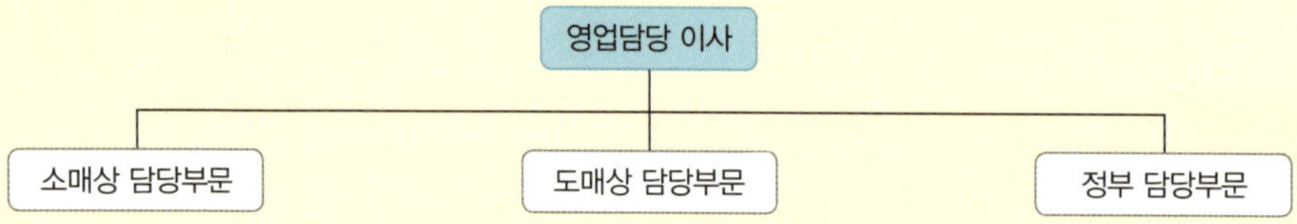

지역별 부문화(geographic departmentalization)는 지리적 위치에 따라 부문을 형성하는 것을 말한다. 이를테면, 서울, 경기, 경북, 경남, 전북, 전남 강원 등 지역 중심의 판매망이 여기에 해당된다.

그림 9-7 지역별 부문화

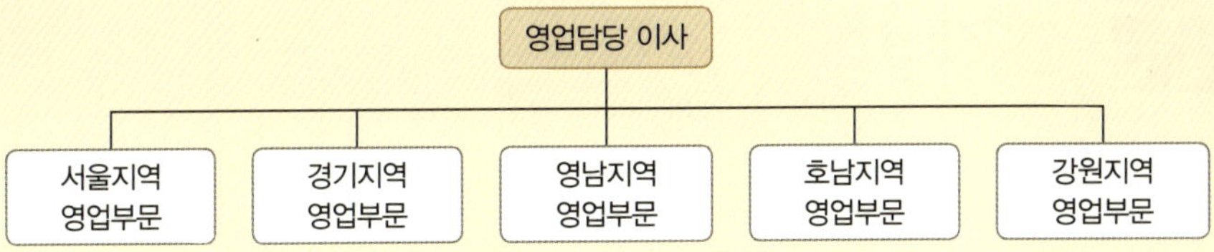

과정별 부문화(process departmentalization)는 각 공정 단계에 따라 부문을 형성하는 것을 말한다. 자동차 공장의 경우 프레스, 차체, 도장, 의장, 검사 등으로 부문을 구성할 수 있다.

그림 9-8 과정별 부문화

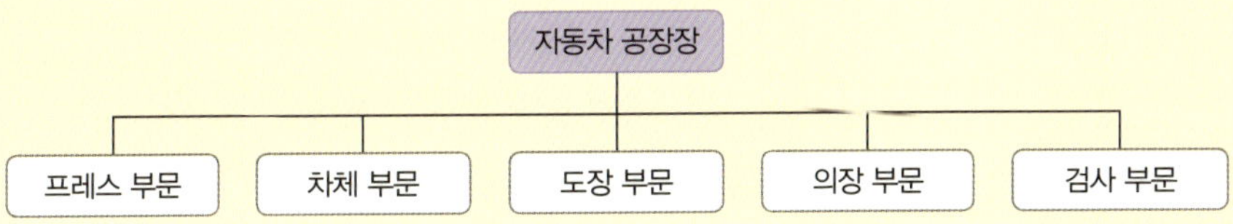

제 2 절

조직설계

2.1 조직 형태의 기본유형

조직은 유용한 어떤 것(utility)을 생산할 목적으로 개인을 의도적으로 결합한 형태이다. 이와 같이 조직은 목적과 이를 달성하려는 인간의 의도적 노력을 강조하는데 이때, 조직설계라는 용어를 사용한다. 다시 말해, 조직설계란 앞서 살펴본 조직구조의 기본원칙을 활용하여 조직목적을 달성할 수 있도록 의도적인 조직 형태를 만드는 것을 말한다.

일반적으로 조직 형태는 이론적으로 두 가지의 대표적인 형태로 나누어진다. 먼저, 명령일원화의 원칙에 따라 공식적인 위계질서를 강조하고, 상사에 의해 엄격히 통제되는 기계적 조직(mechanistic organization, bureaucracy) 형태를 들 수 있다. 이러한 조직에서 상위 경영자는 직접적 현장을 통제할 수 없기 때문에 규정과 규칙을 엄격히 적용하려 한다. 노동의 분화 원칙에 따라 직무는 단순화, 일상화, 표준화된다. 또 부문화를 통해 다양한 부문이 형성되고, 이를 조정하기 위한 계층이 형성된다. 그 결과 앞서 조직구조의 세 가지 요소인 복잡성, 공식화, 집권화가 모두 높은 조직이 형성된다. 조직구조는 효율적인 기계와 유사하

표 9-3 기계적 조직과 유기적 조직의 비교

기계적 조직	유기적 조직
• 엄격한 위계관계	• 협동(수직적/수평적)
• 고정적 의무	• 적응적 의무
• 높은 공식화	• 낮은 공식화
• 공식화된 커뮤니케이션 채널	• 비공식적 커뮤니케이션
• 집권화된 의사결정권한	• 분권화된 의사결정권한

게 되고, 규정·규칙 등에 의해 움직이게 된다. 인간의 판단적 요소는 가능한 배제된다. 그 결과 안정과 예측이 가능하고, 모호성과 혼란이 거의 없는 조직이 형성된다.

두 번째 조직형태로 유기적 조직(organic organization, adhocracy)을 들 수 있다. 이는 복잡성과 공식화가 낮고, 분권적인 특징을 나타내는 조직이다. 유기적 조직은 유연적인 적응구조를 지니고 있다. 엄격히 표준화된 작업이나 규칙보다는 상황변화에 능동적으로 대응할 수 있는 느슨한 구조를 특징으로 한다. 유기적 구조에서도 노동의 분화는 이루어지지만, 업무가 표준적인 것은 아니다. 조직 구성원은 다양한 문제를 해결할 수 있는 능력과 지식을 갖춘 전문가로, 공식적인 규칙이나 직접적 관리 없이도 업무를 수행할 수 있다.

2.2 환경과 조직구조

앞서 살펴본 조직의 기본유형은 어떤 경우에 적합할 것인가? 여기에 상황이론에 따른 조직설계의 필요성이 대두되고 있다.

2.2.1 상황이론과 조직설계

상황이론에 따른 조직의 설계는 조직을 둘러싼 환경에 의해 조직구조가 결정된다는 패러다임이다. 여기서는 다윈(Darwin)의 '자연선택(natural selection)'을 강조하며, 상황적 영향은 너무나 크고 강력하기 때문에 여기에 적합한 조직구조만이 살아남는다는 관점을 취하고 있다.

따라서 상황적 관점에서의 조직구조는 상황과 인과적으로 연결된다. 여기서의 중심개념은 상황에 적합한 조직을 설계해야 한다는 적합성을 들 수 있다. 조직설계에 대한 상황론적 접근은 상황변수와 조직구조변수가 적합성(fit, match)을 가질 때, 조직의 성과 혹은 유효성이 최대화된다는 가정을 그 바탕에 깔고 있다. 따라서 상황이론에서의 상황과 조직설계간의 적합관계에 대한 주장, 즉 명제의 형태는 일치 명제와 조건 명제로 구성된다(Fry & Schellenberg, 1984).

그림 9-9 상황과 조직구조의 관계

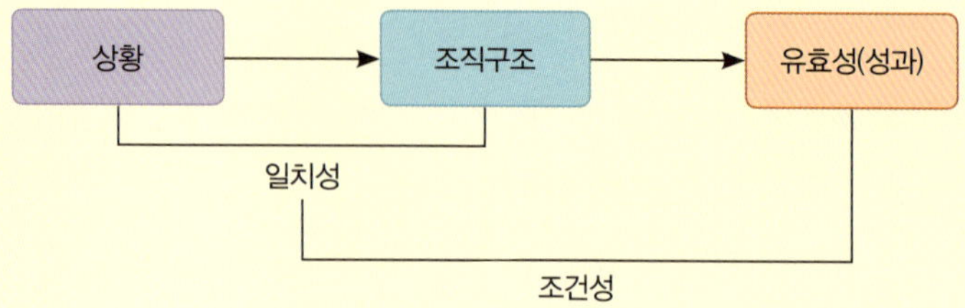

① 일치 명제(congruent proposition)는 상황과 조직과의 관계에서 단순한 무조건적 결합을 가정하고 있다. 예를 들면, "기술의 루틴화는 고도의 공식화를 가져온다"는 등의 명제가 있다.

② 조건 명제(contingent proposition)는 독립변수 사이의 일치적 관계와 제3의 종속변수와의 특이한 관련성을 나타낸다. 예로써 "루틴화된 기술조건하에서 고도의 공식화는 효율을 증진한다"는 명제를 들 수 있다.

2.2.2 상황과 조직구조의 관계

조직구조에 영향을 미치는 상황은 여러 가지가 있으나, 여기서는 전략, 규모, 기술, 환경 요인만을 검토하고자 한다.

(1) 전략과 조직구조

전략이란 제5장에서 살펴본 바와 같이 여러 가지로 정의할 수 있으나, 여기서는 Miles와 Snow의 개념에 따라 환경의 위협이나 기회에 대해 조직이 나타내는 반응 패턴으로 이해하고자 한다. 이러한 전략개념에 따를 때, 기업의 대표적인 전략은 공격적 전략과 방어적 전략으로 구분할 수 있다.

공격적 전략이란 조직의 성장성에 초점을 두고 새로운 제품과 시장 기회를 포착하고 개척하는 적극적인 환경대응패턴을 가지는 경우이다. 반대로 방어적 전략은 조직의 안정성에 초점을 두고 환경변화에 대해 현상유지적 태도를 취하는 경우이다.

이러한 두 가지 전략 유형에 따라 조직구조는 어떻게 달라져야 할 것인가? 공격적 전략이 성공하기 위해서는 새로운 혁신이 필수적인 요소이고, 이를 위해서는 유연적이고 적응적인 특성을 지니는 조직구조를 형성하여야 한다. 따라서 유기적 조직의 형태를 띠는 것이 바람직하다.

반면, 방어적 전략을 수행하는 조직의 경우는 현재의 문제를 분석하고, 해결하되 모험을 하는 적극적인 환경대응전략을 구사하지는 않는다. 현재의 활동에서 효율성을 추구하여 안정적인 조직 유지를 목표로 한다. 이런 전략하에서는 기계적 조직형태가 바람직하다.

(2) 규모와 조직구조

규모는 조직의 크기를 말하는데, 매출액, 자본금, 종업원 수 등의 지표로 측정된다. 일반적으로 조직구조와 관련해서는 종업원 수를 규모의 중요한 기준으로 삼는다. 즉 종업원 수가 많은 경우 대규모 조직이, 적은 경우 소규모 조직이 된다.

대규모조직이냐 소규모조직이냐에 따라 조직구조가 달라진다. 대규모조직의 경우 소규모조직보다는 업무가 더욱더 세분화되고, 수직적·수평적 분화가 많이 이루어지고, 규정과 절차가 정비되는 것이 일반적이다. 즉 대규모조직에서는 기계적 혹은 관료조직의 형태를 띠게 된다. 반면 소규모조직에서는 유기적인 구조를 형성하는 것이 일반적이다.

하지만 규모가 커진다고 해서 비례적으로 조직구조가 복잡화, 공식화, 집권화 되는 것은 아니다. 복잡화와 공식화의 경우는 규모가 증가함에 따라 체감적으로 증가하며, 규모가 아주 커지게 되어 사업부제 조직을 형성하게 되면, 오히려 분권화되는 경향도 존재한다.

(3) 기술과 조직구조

기술이란 조직이 보유한 지식, 장비, 원재료, 기능 등을 결합하여 투입요소를 산출요소로 변환시키는 과정이라고 할 수 있다. 즉 기술이란 지식, 장비, 원재료, 구성원의 능력 등을 결합하여 부가가치를 증대시키는 변환과정의 구체화

제2의 피부, 고어텍스의 혁신

'제2의 피부'라 불리는 고어텍스는 내구성과 방수·방풍·투습 기능이 장점인 아웃도어 소재다. 2007년엔 영국 인디펜던스가 선정한 '세계를 바꾼 101가지 발명품'에 뽑힐 정도로 혁신성을 인정받고 있다.

미국 듀폰의 엔지니어였던 W.L. 고어(Gore)는 1958년 자택 지하실에 차린 공장에서 고어텍스 연구에 나섰다. 1969년 그의 아들 밥 고어가 기술 개발에 성공하면서 본격적인 성장을 시작했다.

1976년 첫 제품이 출시된 데 이어 1978년에는 고어텍스 재킷을 입은 라인홀트 메스너가 최초로 에베레스트 무산소 등정에 성공해 널리 알려졌다.

1981년에는 나사(NASA)의 최초 우주 왕복선인 컬럼비아호 우주비행사들의 우주복 소재로 사용되기도 했다.

고어텍스는 물방울보다 2만 배 작은 고어텍스 멤브레인의 미세한 구멍을 통해 외부 환경으로부터 몸을 보호하고, 쾌적함을 유지한다. 창업주인 W. L. 고어의 '우리 제품은 우리가 표시한 성능을 보장한다'는 원칙에 따라 모든 고어텍스 제품은 100여 가지가 넘는 각종 테스트를 거치기도 한다.

내구성을 보장하는 시험과 울이나 사포를 이용해 천을 반복해서 문지르는 검증을 몇 시간, 심지어는 수일간 멈추지 않고 반복한 끝에야 합격 판정을 받을 수 있다.

출처: 조선비즈, 2014.10.30.

된 패턴이다. 이러한 기술은 생산수단인 기계나 시설과 같이 유형의 형태로 구체화되기도 하고, 사람의 능력이나 기능과 같이 무형의 형태로 구체화되기도 한다. 제조업에서는 기계, 시설이 중요한 기술적 원천이나 서비스산업에서는 사람이 중요한 기술의 원천이 된다.

상황이론에서 기술과 조직구조의 관계는 조직의 기술적 특성에 따라 조직구조가 달라져야 효율적인 조직이 형성된다는 소위 '기술결정론'이 그 핵심이 되고 있다. 여기에 대해서는 여러 학자들의 연구가 있으나, 대표적으로 Woodward(1965)의 연구[5]를 들 수 있다. Woodward는 제조업의 생산기술을 중심으로 하여 단위생산(unit production), 대량생산(mass production), 연속생산(process production) 등의 세 가지 형태로 구분하고 있다.

[5] J. Woodward, *Industrial organization: Theory and practice*, London: Oxford University Press, 1965.

표 9-4 Woodward의 기술과 조직구조와의 관계 연구 결과

구분 \ 기술유형	단위생산	대량생산	연속생산
구조적 특징	• 낮은 수직적 분화 • 낮은 수평적 분화 • 낮은 공식화	• 중간 정도의 수직적 분화 • 높은 수평적 분화 • 높은 공식화	• 높은 수직적 분화 • 낮은 수평적 분화 • 낮은 공식화
효율적 조직 형태	유기적 조직	기계적 조직	유기적 조직

단위생산이란 특정 고객의 욕구에 맞는 주문에 의한 생산과 관련되는 기술을 의미한다. 맞춤양복, 혹은 플랜트 건설 등과 같이 특정고객이나 일회성 프로젝트의 수행과 같은 성격의 생산기술이다. 대량생산이란 소품종의 제품을 표준화를 통해 한꺼번에 다량을 생산하는 방식이다. 즉 대량생산을 통해 단위당 원가를 낮추는 방식을 취한다. 연속생산이란 자동화된 연속 공정 흐름을 통해 생산하는 방식이다. 석유화학공장에서 자동화된 설비를 통해 석유를 정제하는 과정이 해당된다.

이러한 생산기술은 그에 적합한 조직구조를 형성할 때, 조직의 성과를 달성할 수 있다. Woodward의 결론은 단위생산과 연속생산 기술을 사용하는 조직에서는 유기적 구조가 바람직하고, 대량생산 기술에서는 기계적 구조가 보다 유용한 조직설계방법임을 제시하고 있다. 보다 자세한 내용은 〈표 9-4〉와 같이 정리할 수 있다.

(4) 환경과 조직구조

제4장에서 살펴본 바와 같이 환경(environment)은 기업 조직에 여러 가지 제약을 가한다. 조직구조도 외부 환경 특성에 맞게 형성되어야 조직의 목적을 달성할 수 있다. 결론적으로 환경이 안정적일 때는 기계적 조직이 조직성과에 기여할 수 있는 반면, 환경이 불확실하고 유동적인 경우는 유기적인 조직이 적합하다.

사실 환경과 구조의 관계는 우리 주위에서 쉽게 찾아 볼 수 있다. 환경의

불확실성이 증대함에 따라 조직을 더욱 날렵하고, 유연적으로 만들기 위해 구조조정을 단행하고 있다. 따라서 이러한 구조조정의 핵심은 기계적 조직에서 유기적 조직으로의 전환이라고 할 수 있다. 오늘날 환경의 불확실성의 증대는 유기적 조직구조를 더욱더 필요로 하고 있다.

제 3 절

환경변화와 새로운 조직설계

3.1 환경변화와 미래형 조직

21세기를 맞이하여 여러 부문이 변화의 과정을 맞이하고 있다. 새로운 2000년대를 지칭하는 다양한 표현들이 있지만, 개방화와 정보화라는 두 가지 화두가 이 시대를 대표하고 있다.

개방화는 문화와 산업 등 모든 분야에서 재화와 서비스의 이동이 용이함을 의미한다. 재화와 서비스가 어느 특정 지역이나 국가에 머무르지 않고, 자유롭게 이동할 수 있게 된 것이다. 정보화는 정보기술의 발달로 나타난 후기 산업사회를 일컫는 말이지만, 컴퓨터와 인터넷의 발달에 의한 네트워크의 형성이 가장 중요한 현상이라고 표현할 수 있겠다.

개방화와 정보화는 한편에서는 인간생활의 편리함을 의미하지만, 다른 한편으로는 치열해지는 국제 경쟁을 의미하기도 한다. 과거 초기 산업사회에서는 공장 굴뚝의 높이가 성장의 상징이었다면, 오늘날에는 사람의 머리에서 나오는 지식·정보가 국가·사회의 경쟁력을 결정하고 있다. 지식과 정보는 일반재화와 용역과는 달리 자유롭게 이동할 수 없고, 이동하더라도 시간이 걸린다. 또 지식과 정보는 지적재산권으로서 법적으로 보호되기도 한다.

따라서 오늘날 지식과 정보를 창출·활용할 수 있는 경쟁력 있는 조직을 형성하여야 한다. 실로 미래 사회는 "고도의" 지식·정보화된 사회로 표현할 수 있듯이 "단편적" 지식·정보로는 한계가 있다. 조직은 각 구성원의 활동과 지식을 통합할 뿐만 아니라, 외부의 다른 조직과도 끊임없는 연계가 필요하다. 따라서 조직설계는 단순히 업무의 세분화에 의한 자기분야의 전문능력만 갖추는 형태로서는 부족하다. 각 구성원의 정보와 지식을 타인과 교환하여 보다 창의적인 정보와 지식을 창조할 수 있는 조직형태를 형성하여야 한다. 이러한 미래형 조직의 방향으로 팀조직, 지식조직, 네트워크조직 등 세 가지 조직 형태를 제시하고자 한다.

3.2 미래형 조직 형태

3.2.1 팀조직(Team Building)

(1) 팀조직의 의의

최근 한국 기업조직은 경쟁력 회복을 위한 다각적인 노력을 강조하고 있고, 그 일환으로 구조조정을 단행하고 있다. 기업의 구조조정은 대내외적 환경 변화에 대응하기 위한 제품 및 시장 등의 사업구조 변경, 업무프로세스의 변경 및 이에 따른 조직개편, 인력의 재배치 및 감축 등을 통한 경쟁력 강화 노력으로 정의할 수 있다.[6]

오늘날 기업은 기술의 급속한 진보, 소비자의 욕구변화, 치열한 국제경쟁, 근로자의 의식변화 등의 급속한 환경변화에 능동적이며 적극적으로 대응해야 하는 과제를 안고 있다. 이에 기업은 환경변화에 적절히 대응하여 기업의 성과를 유지·증가시키는 조직관리 전략으로 팀조직으로의 개편을 추진하고 있다.

최근의 경영 환경의 주요한 특징은 기술 및 소비자의 욕구 변화로 제품의 수명주기가 점점 짧아지고 있다는 것이다. 따라서 기업의 성공은 시장의 요구에 신속히 대응할 수 있는 현장조직의 혁신 능력에 달려 있다고 하겠다. 현장조직

[6] 김유배, "기업의 구조조정과 고용·실업대책," 〈기업구조조정과 고용조정〉, 한국노사관계학회 동계정책토론회, 1998.

이 시장의 요구에 따라 신속히 적응할 수 있는가가 기업 경쟁력 유지의 관건인 것이다.

기업이 경영환경변화에 대한 대응전략으로서 팀조직으로의 개편은 무엇보다고 현장성을 제고하는 데 초점을 두고 있다. 즉 조직의 스피드, 유연성과 같은 환경 적응성의 향상이 최우선적인 팀조직으로의 개편 목표[7]라 하겠다.

팀조직이란 팀을 부문형성의 기본단위로 한 조직이다. 이때, 팀은 한 사람의 상사와 종업원으로 구성되어 다음의 역할 및 활동을 수행하는 부문 단위로 다음과 같은 특징을 가진다.[8]

① 동일한 제품 및 서비스를 생산하기 위한 활동이나 일의 수행
② 같은 기계의 사용
③ 공간(빌딩)의 공동사용
④ 같은 근무시간대(shift)

따라서 팀은 정의적으로 단 하나의 위계를 지니게 된다. 만약 상사가 또 다른 상사에게 업무보고를 한다면, 이는 더 큰 의미의 조직이 되는 것이다. 이러한 팀제의 기본전제하에 팀조직의 특징을 구체적으로 살펴보자.

(2) 팀조직의 특성

앞서 살펴본 목적을 지니는 팀조직을 구체적으로 어떻게 설계할 것인가? 팀조직은 기존의 관료조직을 혁신하려는 관점에서 시도되고 있다. 전통적인 부과제 조직은 기본적으로 테일러(Taylor)의 과학적 관리론, 페이욜(Fayol)의 고전적 관리과정론, 베버(Weber)의 관료제론 등에 그 배경을 두고 있다. 이들 이론은 조직에서 경영자 혹은 관리자의 주도적 역할을 강조한다. 부과제 조직은 경영목표 달성의 하위시스템으로써 경영자 혹은 관리자가 계획한 목표를 단순히

---

[7] 이러한 팀제의 기본목적과는 달리 한국기업에서는 인사문제를 해결하는 수단으로서 팀조직으로의 개편을 추진하는 측면이 강하다. 즉 인원의 정리나, 승진문제(자리부족)의 해결책으로 소위 '팀제'를 도입하고 있다.

[8] G. I. Susman, "Work Groups: Autonomy, Technology, and Choice," in Goodman et al.(eds.), *Technology and Organizations*, San Francisco, Jossey-Bass Publishers, 1990, pp.87~108.

수행하기만 하면 된다는 입장이다.

따라서 작업표준설정, 작업자의 행동계획, 작업표준과 일치된 행동, 통제, 효율을 최대화하는 특징을 나타낸다. 여기서는 목표는 알려진 것, 과업은 반복적인 것, 생산된 것은 모두 판매가 가능하다는 것, 균등한 자원의 입수가 가능하다는 등의 폐쇄적 합리성의 논리가 적용되고 있다.

그동안 우리 기업은 전통적 부과제 조직을 형성하여 매우 집권적인 통제중심의 조직관리를 해왔다. 모든 권한은 경영층에 집중되고, 업무 자체는 합리적으로 설계되지 못해 경영자 및 관리자의 자의적인 판단에 따라 업무가 분화되는 소위 인적 중심의 조직관리를 전개하여 왔다. 즉, 전통적 부과제 조직의 특징 중에서 집권성, 통제성의 원리는 수용하면서도 업무 자체는 인적 중심으로 배분하는 미성숙한 조직관리를 해 온 것이다.

전통적 부과제 조직과는 달리 급변하는 환경변화에 대응하기 위해 현장의 팀 구성원이 계획과 수행기능을 통합적으로 수행하는 팀조직이 부각되었다. 팀조직은 근로자가 업무에 더욱 많이 몰입하고, 더 많은 기능을 발휘하여, 고객을 대하는 '바로 그 장소'에서 업무를 처리함으로써 기업의 경쟁력을 제고 하는데 목적을 두고 있다. 즉 급변하는 환경변화로 근로자를 단순히 통제하기보다 '책임있는 자율성(responsible autonomy)'을 주는 조직을 형성하여야 한다는 것이다.

오늘날 경영환경은 소비자의 급속한 욕구변화, 짧은 제품주기, 치열해지는 경쟁 등을 특징으로 하고 있다. 이에 따라 현장의 팀이 신속한 의사결정을 수행할 것이 요구된다. 즉 팀 구성원의 유연성(flexibility), 몰입(commitment), 책임(responsibility) 등이 중요하게 되었다.

실로 고품질을 추구하는 조직은 사후적으로 품질(quality)을 조사해서는 더 이상 효율적이지는 않다. 대신 근로자가 자신의 작업 현장에서 제품 및 서비스의 질에 대한 책임을 지는 것이 요구된다.

조직의 유효성증대를 위해 팀조직은 구체적으로 어떤 내용을 담아야 할 것인가? 과거 부과제 조직은 〈그림 9-10〉과 같이 테일러식 조직을 형성하여 구성원의 적극적 참여와 독자성이 결여된 형태를 나타냈다. 팀조직은 테일러식의 극도로 분화된 형태가 아닌 〈그림 9-11〉의 그룹식으로 업무가 통합되는 형태가

그림 9-10 전통적 테일러식 부과제 조직

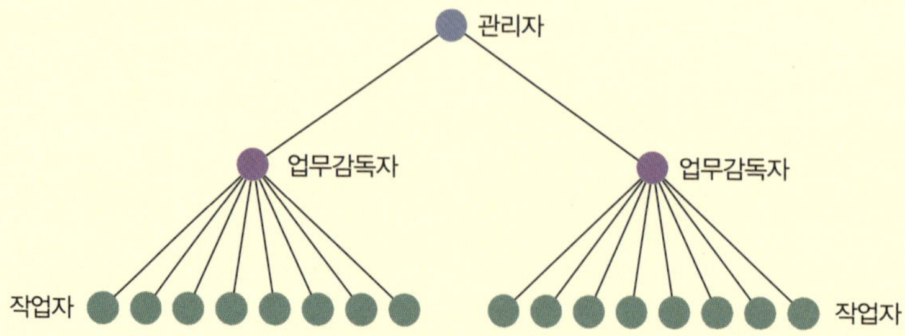

그림 9-11 팀조직

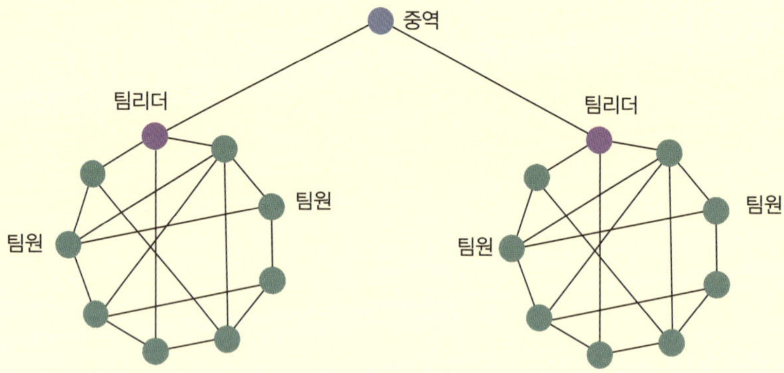

되어야 한다.

세분화된 테일러식 조직은 위계적 명령, 제한된 커뮤니케이션, 엄격한 세분화 등을 특징으로 하는 조직형태인 데 반하여, 팀조직은 업무가 통합되고, 의사결정권한이 현장에 주어지며, 다양한 커뮤니케이션이 이루어지는 조직형태이다.

이러한 팀 중심 조직은 〈그림 9-12〉와 같이 세분화된 작업조직에서 야기되는 많은 손실시간을 감소시켜 생산성을 높이고, 구성원의 직무만족도 향상시키게 된다.

그림 9-12 팀조직의 효과

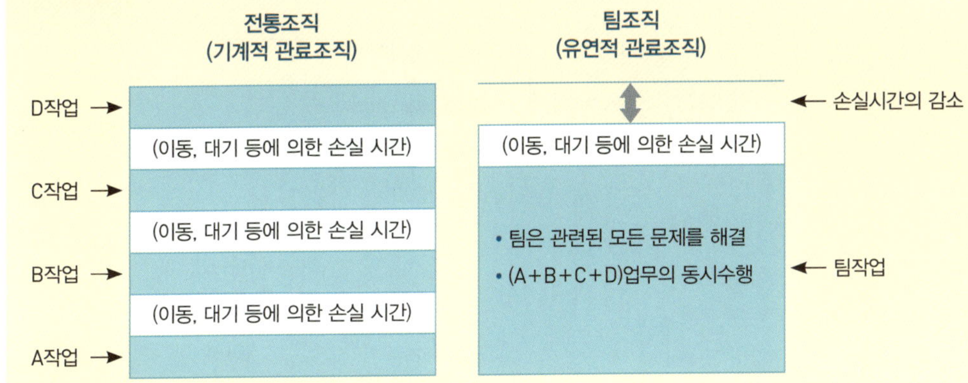

3.2.2 지식조직

(1) 지식경영과 지식조직

오늘날 지식·정보화 사회의 진전에 대응하기 위한 관점에서 기업에서는 지식경영이 하나의 추세로 나타나고 있다. 이에 기업은 지식을 가장 중요하고 전략적인 자원으로 보고, 경쟁력을 제고하기 위해 지적자원과 능력을 명시적으로 관리해야 한다는 것을 인식하고 있다. 이러한 목적을 달성하기 위해 여러 가지 지식경영 프로젝트나 프로그램을 추진하고 있다.[9]

지식경영의 기본적 관점은 조직에서 경쟁력의 핵심자원인 지식을 창출하고 활용하자는 것이다. 구성원이 현재 보유하고 있는 지적자산을 잘 관리하여야 경쟁력을 확보할 수 있다는 것이다. 이때 지적자산은 대부분의 경우 구성원에 체화된 형태로 존재하여 쉽게 구별해 낼 수 없는 특징을 지니는 것이 일반적이다. 이러한 지식을 암묵지(tacit knowledge)라고 한다. 반면, 눈에 보이는, 그래서 문서나 기호로 형상화할 수 있는 지식은 형식지(explicit knowledge)라고 한다.

[9] T. Davenport and L. Prusak, *Working knowledge*, Cambridge, MA: Harvard Business School Press, 1998.

그림 9-13 지식의 창출과 활용과정

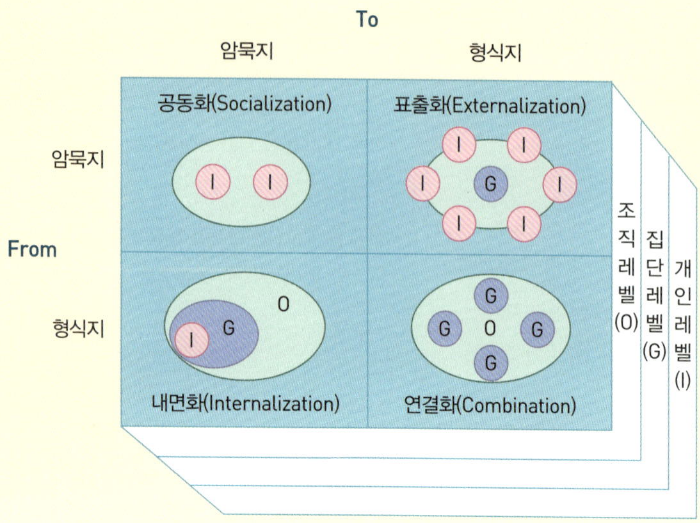

지식경영의 과정은 암묵지를 형식지로 개발하여 조직의 지적자산으로 체계화하고, 체계화된 형식지를 구성원이 공유하여 더 큰 지식을 갖추어 나가자는 것이다. 즉 구체적인 업무수행과정에서 발견된 암묵지를 다른 구성원과의 커뮤니케이션을 통해 집단 및 조직이 공감하는 더 큰 지식을 만들어 내고, 이를 다시 업무에 활용하자는 것이다. 소위 공동화(socialization), 표출화(externalization), 연결화(combination), 내면화(internalization)의 지식경영과정을 거쳐 계속적으로 지식을 축적, 개발해 나간다.[10]

따라서 지식경영과정은 지식의 창출(exploration)과 활용(exploitation)의 두 가지 과정으로 나눌 수 있다. 공동화, 표출화, 연결화가 지식의 창출과정이라면, 내면화는 지식의 활용과정이라 할 수 있다. 따라서 조직은 지식의 창출과 활용을 서로 연계하는 조직형태를 구축하여야 하는 과제를 안고 있다. 조직이 단순히 지식의 창출과 활용 어느 한 부분에 전념해서는 장기적으로 발전할 수 없

10 I. Nonaka and H. Takeuchi, *The knowledge creating company*, New York: Oxford University Press, 1995.

다. 보다 중요한 것은 이러한 활동이 연계되고 조정되어 서로를 강화해야 한다는 것이다. 개발된 지식이 조직의 다른 상황에 적용하여 기존의 방법과 통합될 때, 기업은 경쟁력을 계속적으로 유지할 수 있다.

따라서 지식의 창출과 활용은 상호 배타적인 것만은 아니다. 조직은 한편에서는 지식을 개발하고 다른 영역에서는 활용한다. 궁극적으로 조직은 전략적 지식의 모든 영역 내에서 양자의 균형을 유지하는 것이 가장 이상적이다. 지식의 창출은 현재를 유지하면서 새로운 기회를 추구하는 지식자본을 제공한다. 지식의 활용은 조직의 성공적 혁신을 촉진하기 위한 재무적 자본을 제공한다. 지식의 활용 없는 창출은 별도의 수익흐름을 창출할 수 없어, 기업의 장기적인 존속이 곤란해진다. 반대로 지식의 창출 없는 활용은 마른 샘에서 펌프질하는 것과 같이 지식이 진부화된다. 이 양자를 밀접하게 통합하는 조직이 Zack(1999)[11]이 말하는 혁신가(innovator)로서의 기업이고, 바람직한 지식경영모델의 조직이 될 것이다.

(2) 지식조직의 특징

앞서 지식의 창출과 활용을 통합한 조직의 필요성을 살펴보았다. 이러한 조직을 어떻게 형성할 것인가? 일반적으로 지식의 창출과 활용이 서로 다른 부분에서 발생되고, 이들은 종종 일시적으로, 문화적·조직적 특성을 달리한다. 양 부분의 균형을 유지하기 위해서는 R&D, 영업, 마케팅, 제조, 고객 서비스 등의 각 직능간 지식 이전이 원활해야 한다. 지식의 흐름이 원활하게 전개되기 위해서는 이를 지원하는 문화, 보상체계, 커뮤니케이션, 그리고 개발과 응용지식, 다음 단계의 응용과 개발지식 사이의 시간적 지연현상을 극복할 수 있는 잘 기능하는 조직이 필요하다.

이러한 조직 유형으로[12]는 샤프의 하이퍼텍스트형 조직을 제시하고 있다.

[11] M. H. Zack, "Developing a knowledge strategy," *California Management Review*, 1999, 41/3, pp.125~145.

[12] Takeuch Nonaka, I. Nonaka and H. Takeuchi, *The knowledge creating company*, New York: Oxford University Press, 1995.

그림 9-14 샤프의 하이퍼텍스트형 조직

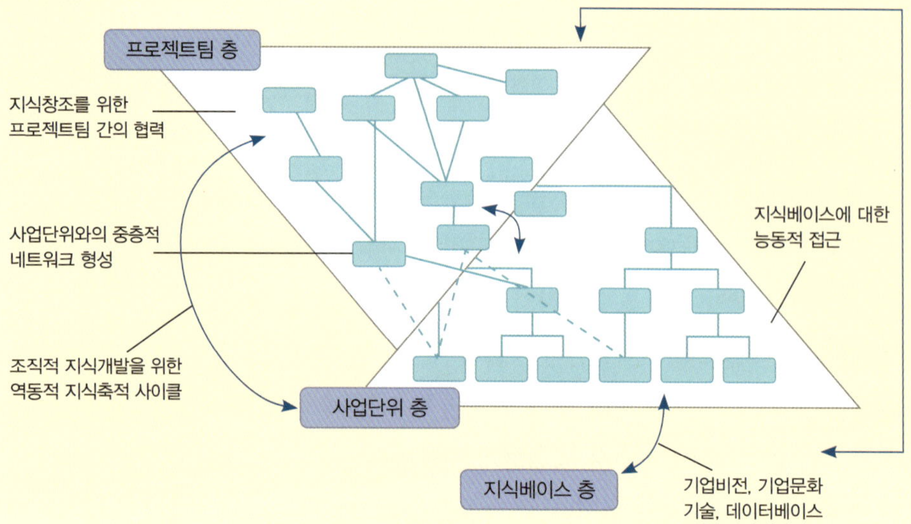

하이퍼텍스트형 조직은 지식의 창조를 위한 프로젝트층, 창조된 지식을 활용하는 현장작업층, 개발된 지식을 형식지로 저장하는 가상적인 지식의 저장층으로 구성되어 있는 다층형 구조를 의미한다. 구성원은 프로젝트층과 현장작업층을 이동하면서 지식을 창출하고 능력을 개발하게 된다.

샤프와 같은 하이퍼텍스트형 조직이 형성되기 위해서는 구성원 몰입의 증대를 위한 각종 정책이 필요하다. 보다 포괄적인 직무설계, 인지능력이나 적성을 고려한 배치전환, 기업특유적 능력개발을 위한 집중적인 교육훈련을 실시한다. 교육훈련을 보완하기 위해 경력개발을 실시하고, 지식 형성의 정도를 점검하는 프로그램을 구축한다. 급여시스템도 구성원의 학습 및 능력개발에 초점을 둔 능력급(skill-based pay)으로 전환하는 등의 노력이 있어야 한다.

또한 구성원이 정보를 공유할 수 있도록 구성원간 협동을 촉진하여야 한다. 지식의 창출에 있어서는 조직의 각 부분이 결합되어야만 경쟁력 있는 결과를 산출하는 경우가 많다. 이를 위해서는 정보의 공유, 신뢰, 상호작용, 협동이 요구된다. 정보의 공유가 없으면 조직은 단지 자원의 단순집합(pool)에 지나지 않게 된다. 그런데 신뢰가 없으면, 어떤 집단도 다른 집단에 가치있는 정보를 제공하지 않을 것이며, 또 받은 정보도 구현되지 못한다. 각 부문이 협동적으로 어떤 일을 추구하게 되면, 특유의 지식이 형성될 가능성이 커지고, 각 부문의 구성원의 능력도 동시에 개발된다.

이를 위해서 조직은 다양한 커뮤니케이션채널을 만들어 정보공유와 지식이전에 사용하고 있다. Kao에서는 R&D 우선순위를 매주의 공개적인 회의를 통해 결정하고, 프로젝트의 수행과정에서는 누구든지 참가할 수 있는 보고대회(conference)를 한 달에 한 번 개최한다. 이를 통해 정보는 자유롭게 이전되고, 어느 누구도 독점하지 않고, 공유된다. 또 정보를 공유하고 지식 이전을 촉진하기 위해 집단중심 보상과 평가 제도를 확립하는 것도 하나의 방안이다.

3.2.3 네트워크 조직

네트워크(network)란 사회적 연대(social ties)를 의미하며, 이를 통해 조직간 관계를 강화하는 것을 말한다. 조직의 직·간접적인 연결관계를 통해 기업이 새로운 경쟁력을 갖추어 나가자는 것이다. 모든 경영활동을 조직 내부에서 행하는 것이 아니라, 네트워크화된 조직 간의 연계를 통해 보다 효율적인 조직으로 운영하자는 것이다.

조직간 네트워크 형성 및 유지는 자신의 강점이 무엇인지에 따라 달라진다. 자신의 강점에 초점을 두고 이를 계속적으로 확대·재생산하기 위해 조직의 에너지를 특정분야에 집중하고, 나머지 영역은 다른 조직에 이전하는 것을 말한다.

네트워크 조직을 형성하기 위해서는 먼저 자신의 조직을 가치체계에 입각하여 분해하고, 이를 집단화, 즉 모듈화(modular)하는 작업이 선행되어야 한다. 모듈이란 독자적인 기능을 가진 교환 가능한 구성요소를 의미한다. 기존의 가치사슬을 유사한 기능을 수행하는 부문으로 모듈화하여 자신의 핵심역량이 어디에 있는지를 확인한다.

조직의 부가가치를 증가시키는 활동을 〈그림 9-15〉와 같이 분해한 결과 7개의 가치사슬로 나누어졌다고 하자. 그러면 기업은 이 중 기업가치에 핵심적인

그림 9-15 가치사슬에 의한 모듈분석의 예

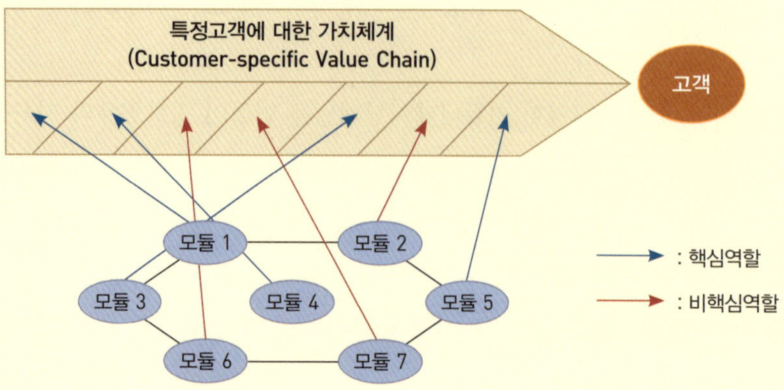

역할을 하는 부분과 그렇지 않은 부분을 분리한다. 예를 들면 모듈 1, 3, 4, 5는 기업부가치 증대에 핵심적인 역할을 수행하나 나머지 부문은 비핵심적인 역할을 수행한다고 하자. 그러면, 기업은 모듈 1, 3, 4, 5는 자신의 조직으로 내부화하고, 나머지 2, 6, 7 모듈은 축소하거나 외부화 한다.

이렇게 조직을 모듈로 재조직화하여 일정부분은 내부화하고, 일정부분은 외부화하여 기존의 조직을 가볍게 함으로써 고객의 욕구에 대응한 신속한 혁신이 가능하게 된다. 이러한 조직의 이점으로 다음 세 가지를 지적할 수 있다.[13]

첫째, 기술의 발전, 고객 욕구 변화 등 환경적 불확실성에 대해 신속하고 유연적으로 대응할 수 있는 적응력이 높아진다.

둘째, 부품, 제품, 프로세스 등의 조직 단위별로 고객에게 다양한 가치를 제공함으로써 조직의 효율성과 고객의 가치 차별화를 기할 수 있다.

셋째, 다른 기업과 협력을 통해 기업의 외부 역량을 활용할 수 있으므로 제한된 자원으로 보다 높은 부가가치를 창출할 수 있다.

[13] 신원무·이주인·허진, 〈디지털시대의 조직운영〉, LG경제연구원, 2000.

그림 9-16 네트워크 조직의 예

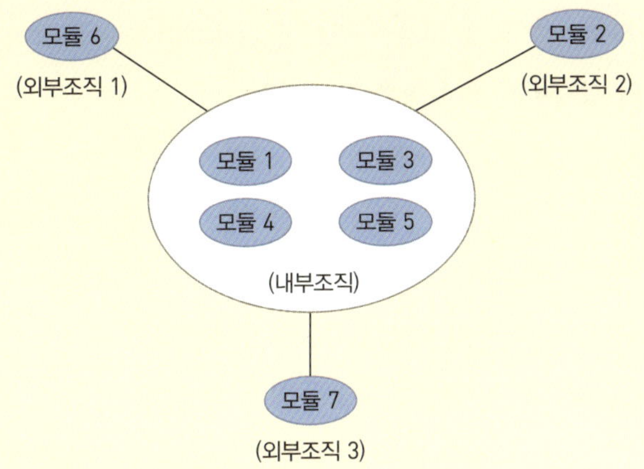

제 4 절

조직화와 경영자의 전략적 선택

4.1 조직설계에 대한 경영자의 전략

앞서 상황이론 관점에서 조직구조 설계를 살펴보았다. 그러나 여기서의 한계는 인간의 주체적 노력에 대한 강조가 상대적으로 부족하다는 것이다. 상황이론에서 강조하는 상황이란 조직과 분리되어 객관적으로 존재하는 것이다. 그러나 보다 중요한 상황이란 조직 외부에 단순히 존재하는 것이 아니라, 조직속의 인간이 어떤 의미를 부여하는 지적 노력에 의해 창조(enactment)된다. 또 창조된 상황은 각자의 이론, 사고틀, 관심, 기질 등에 따라 그 특징을 달리하게 된다.

인간의 주체성이 강조될 때, 상황은 애매모호한 경험의 장(field)이며, 기본적으로 상황에는 어떠한 위협이나 기회도 없다고 본다. 단지 행위에 대한 실질적, 상징적 기록만이 있을 뿐이라는 것이다. 따라서 인간은 그러한 상황에서 의미를 발견하고자 기록을 서로 연결하여 관계패턴을 만들게 된다.

앞서의 상황이론에서 상황은 실제적이며, 조직과 독립적으로 존재하고, 조직은 상황 속에 존재하며, 그 영향을 직접적으로 받는 것으로 가정하고 있다. 따라서 상황과 조직설계는 인과론적 관계를 형성한다. 그러나 주체를 강조하게 되면 상황 및 조직은 사회적으로 창조되는 상징적 존재(socially created symbolic world)가 된다. 따라서 상황과 조직설계는 직접적인 관계를 형성하지 않는다.

여기서는 조직 내 구성원의 능동적인 상호작용을 통한 상황 인식·규정·창조를 강조한다. 또 조직이 주어진 상황에 단순히 적응해야 한다는 명제 대신 환경의 제약, 기회, 위협 등을 새롭게 해석하며, 능동적으로 대응하는 노력을 기울여야 한다는 명제를 제시하고 있다.

이러한 조직구성원의 능동적 역할 중에서도 경영자의 주도적 노력을 강조하여 이를 소위 '경영자의 전략적 선택'이라 한다. 경영자는 상황을 분석하고, 정보·자원 획득 등을 주도적으로 행하며 조직설계의 단서를 제공하여야 한다.

조직을 운영하고 관리함에 있어 경영자의 전략적 선택은 두 가지로 분류할 수 있다. 각 전략은 나름대로의 타당성과 역사를 지니고 있으며, 각 전략에 맞는 독특한 조직설계방식이 나타난다.

기존의 전략은 노동과정론에서 제기하는 바와 같이 하향적(top-down), 위계적, 관료적 등의 용어로 표현되는 「통제중심(control oriented)」 전략적 선택으로 기술할 수 있을 것이다. 급변하는 환경변화와 관련하여 전통적인 전략적 선택은 성과증진에 많은 한계성을 나타내고 있다. 특히 경쟁적 이점의 유지, 고품질, 저비용, 기술 및 소비자의 변화에 대한 신속한 적응 등을 위한 계속적인 혁신에 방해가 되는 조직설계를 낳고 있다.

이에 대비되는 전략적 선택으로 자기관리팀에서 제기되는 몰입 혹은 「참여중심(commitment or involvement oriented)」 전략적 선택을 들 수 있다. 이러한 전략적 선택은 이제 개발되는 과정에 있는 새로운 관점이라 할 수 있다.

4.2 두 가지 경영자의 전략적 선택

4.2.1 통제중심의 전략적 선택

조직설계에 대한 경영자의 통제중심의 전략적 선택은 조직을 위계적, 수직적 관계를 형성하는 것이 생산성에 기여하는 가장 좋은 방법이라는 가정에서 출발하고 있다. 이의 이론적 토대는 베버(Weber)가 제시하였으며, 테일러(Taylor)의 과학적 관리법이 그 결과로 형성된 구체적 조직설계 형태이다.

구체적인 원칙으로는 생산성은 현장수준의 구성원의 과업이 세분화, 표준화, 단순화될 때 높아지며, 조직의 구성원은 생산의 조그만 부분을 담당하여야 한다는 것이다. 경영자 및 관리자에 의해 과학적으로 연구된 행동규범이 구성원에 명확히 전달하면 된다는 관점을 취한다. 따라서 조직의 구성원은 단순히 작업을 수행하는 역할만 하고, 경영자 및 관리자는 작업을 계획하고, 조정하고, 통제하는 사람이 된다.

이러한 통제중심 전략적 선택은 20세기 초 과학적 관리를 통해 그 타당성이 인정되고, 그 후 다양하고 정교한 기법들이 개발되었다. 가장 대표적인 예로 생산성 향상을 위한 조립라인 설치를 통한 조직 구성원의 통제를 들 수 있다. 이러한 전략적 선택은 조직 내적으로는 낮은 학력의 구성원, 외적으로는 생산자 중심의 경제를 배경으로 급속한 성공을 거두었다. 1960년대 이전까지의 산업화초기에 기업의 경쟁력을 제고하는 기본적인 역할을 하였다. 오늘날에도 여전히 과학적 관리의 사고로 대표되는 통제중심 전략적 선택 개념이 조직설계 및 관리에 커다란 영향을 미치고 있는 실정이다.

4.2.2 몰입중심의 전략적 선택

조직설계에 대한 몰입중심의 전략적 선택 역시 오랜 역사를 지니고 있다. 민주적 감독, 참가적 경영은 1930년대 태동하기 시작하였다. 통제중심 전략적 선택의 한계에 따라 나타난 사고라 할 수 있다.

통제중심 전략에서는 구체적인 조직설계로 과업이 단순화, 표준화, 세분화되고, 개인의 동기부여를 위해 직접적 감독, 임금인센티브 등이 사용된다. 과업에 대한 계획 및 통제가 경영자 및 관리자에 의해 수행되기 때문에 구성원의 업무수행과 분리된다. 구성원은 그들에게 지시된 대로 업무를 수행하면 되고, 감독자는 이를 감시·감독하면 된다.

몰입중심 전략적 선택에서는 구성원의 자기통제, 자기관리에 초점을 둔 조직설계를 강조한다. 과업은 도전적이며, 흥미를 지니고, 동기부여되도록 형성되고, 조직의 모든 구성원이 의사결정 권한을 가지게 조직을 형성함으로써 조직의 유효성을 높일 수 있다는 사고이다. 조직의 구성원은 조직의 운영에 참여하게 되고, 조직의 목표를 이해하면서 업무를 수행하게 된다.

이러한 몰입중심의 전략적 선택은 만약 구성원에게 도전적인 업무가 주어진다면, 그들은 자신의 행위를 통제할 수 있다는 가정을 기반으로 하고 있다. 감독자나 관리자가 주도적으로 구성원을 조직·교육·리드할 필요가 있고, 때때로 조정·갈등해결 등의 기능을 수행한다 하더라도, 개인이 비교적 많은 양의 자기통제를 발휘하는 것이 조직에 유효하다는 것이다.

나아가 모든 구성원은 자신의 '손'뿐만 아니라 '마음'을 통하여 부가가치를 높일 수 있다는 것이다. 따라서 구성원으로 하여금 많은 제안을 하도록 하고, 업무수행과정에서의 비일상적인 사건에 반응하도록 한다. 또 구성원 자신이 업무진행 프로그램을 가지고 있고, 변화에 대한 반응도 능동적으로 하도록 촉진하자는 것이다.

이는 맥그리거(McGregor)의 Y이론적 인간관에 입각한 경영을 의미한다. 통제중심 전략적 선택에서와 같이 계획과 실행을 엄격히 구별하는 것은 업무를 직접적으로 수행하는 구성원으로 하여금 여러 가지 소외를 낳게 하고, 수동적 활동을 야기하며, 세분화된 업무수행에 따라 간접비의 증가 등으로 오히려 조직의 효율성 달성이 저해된다는 것이다. 따라서 조직은 구성원이 작업을 수행할 뿐만 아니라, 작업방법·절차 등의 개선, 직무관련 문제해결, 타인과의 업무조정 등의 책임을 맡도록 설계해야 한다는 원칙이 설정된다. 그리하여 조직의 구성원은 감독의 직접적인 통제 없이 업무를 수행하게 된다.

4.3 몰입중심 전략적 선택과 유연적 조직설계

조직을 둘러싼 이러한 상황변화, 특히 기술과 구성원 특성에서의 변화는 과거와는 다른 새로운 유연적 조직설계가 요구되고 있다. 자동화된 현대기술의 특징으로 인하여 구성원은 비일상적으로 사용되나 다양한 기능이 요청되고, 준비(standby), 조작(operation)과 정비(maintenance)의 구분이 희박해지며, 감시(monitoring)와 진단(diagnostics)활동을 수행할 것이 요구된다. 나아가 구성원의 가치관 변화는 주도권과 자율성을 보장하는 조직설계를 요구하고 있다.

특히 기술 자체는 고정된 것이 아니라 활용과정에서 변화한다. 따라서 학습의 목표 역시 고정되는 것이 아니라 변동할 수밖에 없다. 기술은 지식축적 후 체계적으로 개발 혹은 활용되기보다는 지적축적과 동시에 사용되어야 한다. 따라서 시행착오석인 계속적인 실행을 통해 기술 자체를 개발, 활용하는 노력이 요구된다.

조직도 이를 가능하게 하도록 설계되어야 한다. 계속적으로 변하는 프로그램기술(programmable technology)의 특성으로 말미암아 조직은 계속적으로 재설계(redesign)되어야 한다. 이에 확정(affirmation)과 변형(modification)의 개념이 동시에 중요하게 되었다(Weick, 1990).[14] 다양한 상황변화에 따라 조직설계의 방향이 형성되면, 구성원간 상호작용을 통해 이를 확정하여야 한다. 확정된 조직은 다시 상황적 요구에 따라 변형되는 과정을 밟아 나가야 한다. 즉, 계속적인 상호작용을 통한 조직설계의 재구조화 과정이 필요한 것이다.

재구조화란, 구성원의 계속적 상호작용을 통해 조직이 변형되어 감을 강조하는 말이다. 결정론적 조직설계에서 중요한 상황, 행위통제 등의 개념보다는 상황의 압력에 능동적으로 대응하는 구성원의 몰입, 상호작용이 핵심적인 변수가 되고 있다.

이런 맥락에서 조직설계에서는 상황보다는 구성원의 행동을 유발하는 것이 매우 중요하게 된다. 따라서 경영 및 조직관리의 일차적인 책임을 지고 있는 경

[14] E. Weick, *The Psychology of Organization*, Addison-Wesley Publish Co., Inc., 1979.

영자는 구성원의 몰입중심 전략적 선택을 통해 유기적 조직설계가 가능하도록 그 역할을 다하여야 한다. 왜냐하면 경영자의 몰입중심의 전략적 선택 없이는 유기적 조직설계가 실질적으로 형성될 수 없기 때문이다.

구글의 자율주행차, 너무 안전해서 사고 발생

자율주행차가 상용화되기 위해선 사람들 운전 문화를 기반으로 만들어져야 한다는 주장이 제기됐다. 뉴욕타임스는 구글 자율주행차가 너무 교통법규를 완벽하게 지켜 오히려 사고가 났다고 2일 보도했다. 2009년부터 현재까지 구글 자율주행차는 16번 교통 사고가 났다. 구글 측은 대부분의 사고는 구글 자율주행차량이 아닌 상대방 차량 운전자가 잘못해서 일어났다고 설명했다. 구글 자율주행차는 교통법규를 엄격하게 지키는 데 비해 기존 운전자는 상황에 맞춰 운전하기 때문에 벌어진 일이란 설명이다. 지난 달 구글 자율주행차가 길을 건너는 행인을 보고 어느 정도 공간을 유지한 채 멈췄다. 행인은 안전했지만 구글 차량을 따라오던 뒷차가 자율주행차를 추돌했다. 전문가들은 자율주행차량이 너무 완벽하게 교통법규를 지키는 것은 오히려 사고를 낼 수 있다고 입을 모은다. 도날드 노르만 캘리포니아 주립대 디자인랩 디렉터는 "자율주행차의 진짜 문제는 자율주행차가 너무 안전하다는 것"이라며 "자율주행차들이 어느 정도는 사람들 교통 문화를 기반으로 만들어져야 한다"고 강조했다. 빌원저 네이션와이드 보험 안전전문가는 "보통 사람들은 차선을 변경할때도 신호를 보내지 않는 경우가 많다"며 "자율주행차 원리와 실제 사람들 행동이 충돌하고 있다"고 설명했다.

출처: 전자신문, 2015.9.2.

Chapter 10

지휘화

지휘는 조직화 과정에 따라 조직구조가 형성되어 각자의 역할이 정해지면, 각 구성원의 활동을 하나의 결집된 힘으로 통합하는 것을 말한다. 이를 위해서는 구성원과 리더의 특성에 대한 이해가 필요하다. 전자는 구성원에 대한 동기부여를 통해, 후자는 효과적인 리더십을 통해 고찰할 것이다. 아울러 구성원간 커뮤니케이션 문제도 검토하고자 한다.

제 1 절

구성원 동기부여

1.1 모티베이션

조직이 목적을 달성하기 위해서는 구성원의 자발적인 행동, 즉 모티베이션이 있어야 한다. 그렇다면 모티베이션이란 무엇인가? 이를 설명하기 위해 우선 모티베이션이 아닌 것은 무엇인지를 살펴보도록 하자.

흔히 사람들은 모티베이션을 개인적인 기질(trait)로 보기도 한다. 어떤 종업원은 개인적 특성에 의해 열심히 일하려고 하고(동기부여되어 있고), 어떤 구성원은 그렇지 않다(동기부여되어 있지 않다)는 식으로 이야기한다. 하지만 이는 모티베이션에 대한 적절한 이해라고 할 수 없다.

모티베이션은 개인적 특성이 아니라 개인과 상황의 상호작용의 결과이다. 개인은 동기부여되는 기본 특성에서 분명한 차이가 있다. 그러나 이는 또한 상황적 요인에 의해 영향을 받는다.

모티베이션(motivation)이란 자신의 욕구를 충족시키면서 동시에 조직의 목표달성을 위해 자신의 능력을 최대로 발휘하고자 하는 노력을 말한다. 일반적 의미로는 어떤 목표를 달성하려는 노력으로 정의할 수 있지만, 우리가 관심을 가지는 것은 조직 속의 구성원의 작업관련 행동이기 때문에 조직목표의 달성 의지가 중요한 것이다. 모티베이션에는 노력, 조직목표, 개인의 욕구라는 세 가지 요소가 포함되며, 이들이 통합되어 나타난 현상이다.

모티베이션의 노력 요소는 에너지의 집중을 의미한다. 만약 누군가 동기부여된다면, 그는 열심히 일하려고 할 것이다. 그러나 이러한 노력이 조직의 목표와 연계되지 않는다면, 효율적인 직무성과를 달성할 수 없다. 따라서 개인의 노

그림 10-1 모티베이션 과정

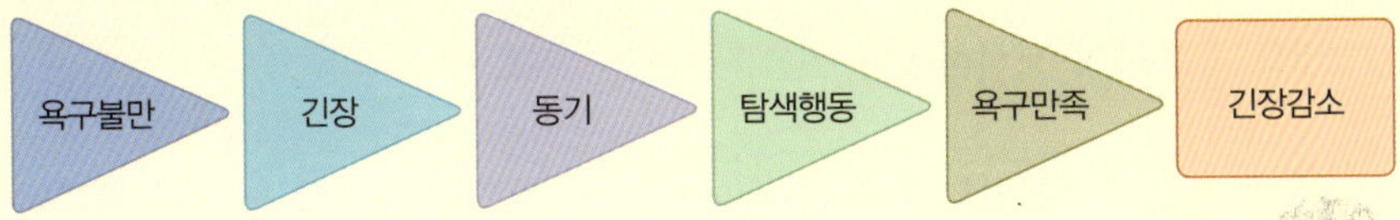

력의 정도뿐만 아니라, 그 의도(intensity)도 중요한 것이다. 개인적 노력은 조직의 목표와 같은 방향으로 나아가 일치되어야 하는 것이다.

또한 모티베이션은 개인 욕구(need)의 만족과정으로 이해할 수 있다. 〈그림 10-1〉에서 보는 바와 같이 만족되지 않은 욕구는 긴장(tension)을 유발하여, 이는 무언가를 갈망하는 동기(drive)가 생기게 된다. 이러한 동기가 개인의 욕구를 만족시켜 긴장을 줄일 수 있는 탐색행동을 하게 만든다.

결국 동기부여된 구성원은 긴장 상태에 있다고 말할 수 있다. 이러한 긴장을 해소하기 위해 개인은 노력하는 것이다. 긴장이 크면 클수록 노력의 수준이 클 것이다. 이런 노력을 통해 성공적으로 욕구를 충족하게 되면, 긴장을 줄일 수 있다. 따라서 조직으로서는 각 개인의 긴장을 줄일 수 있도록 하는 다양한 조치를 취하여야 한다.

1.2 모티베이션 이론

모티베이션 이론은 일반적으로 욕구의 내용에 초점을 두는 욕구이론과, 욕구가 충족되는 과정에 초점을 두는 과정이론으로 크게 구별할 수 있다.

1.2.1 욕구이론

욕구이론에서는 욕구단계이론, X-Y 이론, 2요인 이론을 살펴본다.

(1) 욕구단계이론

모티베이션에서 가장 잘 알려진 이론이 Maslow(1954)[1]의 욕구단계이론(hierarchy of needs theory)이다. 그는 인간의 욕구를 다음 〈그림 10-2〉와 같이 5단계로 구분하여 제시하였다.

매슬로우(Meslow)

① 생리적 욕구(physiological needs): 의식주 등 인간의 기본적 생활과 관련된 욕구

② 안전 욕구(safety needs): 위험으로부터 보호받고자 하는 욕구

③ 사회적 욕구(social needs): 애정, 소속감, 우정

④ 존경 욕구(esteem needs): 자율성, 성취감의 내적 자긍심과 지위, 인정 등의 외적 자긍심

⑤ 자기실현 욕구(self-actualization needs): 성장, 잠재능력의 발휘, 꿈의 실현

Maslow에 의하면, 각 개인의 5가지 욕구는 하위수준에서 상위수준으로 단계가 존재하며, 하위수준의 욕구가 충족되어야 상위수준의 욕구로 이동해 간다

그림 10-2 Maslow의 욕구단계이론

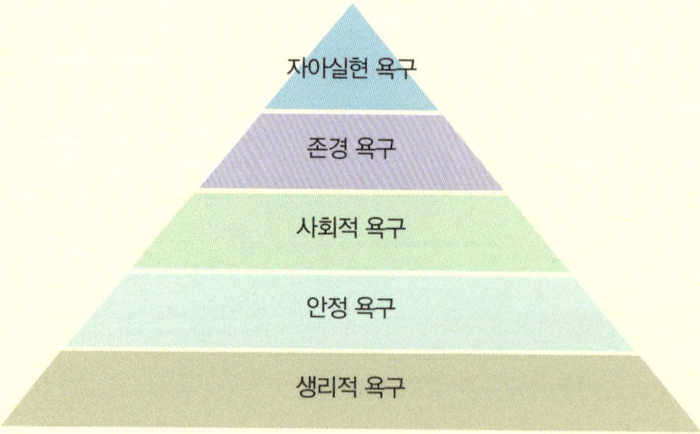

[1] A. Maslow, *Motivation and personality*, New York: Harper & Row, 1954.

고 주장하였다. 따라서 개인을 동기부여하려면, 각 개인이 어떤 종류의 욕구를 지니고 있는지를 먼저 이해하고, 그것을 충족시키는 조직적 방안을 강구해야 한다. 그의 이러한 이론은 단순하면서도 명쾌하게 인간의 모티베이션 행동을 설명하고 있어 오늘날에도 상당 부분 인정되고 있다.

(2) X-Y 이론

X-Y 이론(theory X and theory Y)은 맥그리거(MeGregor)[2]가 제시한 인간본성에 대한 기본 가정과 관련된다. X이론은 인간본성에 대한 부정적인 가정을, Y이론은 긍정적인 가정을 바탕으로 하고 있다. 각각의 주요 내용을 요약하면, 다음 〈표 10-1〉과 같다.

맥그리거 자신은 X이론보다는 Y이론이 보다 유효하다고 주장하였다. 따라서 구성원을 의사결정에 참여시키고, 그들에게 책임있고 도전적인 직무를 할당하며, 그들과 좋은 인간관계를 형성함으로써 동기부여할 수 있다는 것이다. 이러한 기여점에도 불구하고, 맥그리거의 이론은 현실적인 타당성 면에서는 한계가 있다. 여전히 많은 관리자가 X이론에 입각하여 구성원을 바라보고 있으며, 엄격한 관리를 하고 있기 때문이다.

표 10-1 X-Y 이론 비교

X 이론	Y 이론
• 인간은 근본적으로 일하기를 싫어하므로 가능하면 일하기를 피하려 한다. • 바람직한 목표를 달성하기 위해서는 강압, 통제, 벌로 다스려야 한다. • 책임을 피하려고 하며, 가능한 한 공식적인 지시를 받으려 한다. • 작업에 있어 안전이 중요한 요소이며, 도전적인 행동을 하지 않는다.	• 인간은 일을 휴식이나 여가와 같이 당연한 것으로 받아들인다. • 목표에 동의한다면, 자기지시 및 자기통제를 발휘한다. • 책임을 수용하고, 기꺼이 감수하려 한다. • 바람직한 의사결정을 할 수 있는 능력을 구성원 모두가 지니고 있다.

[2] D. MeGregor, *The human side of enterprise*, New York: McGraw-Hill, 1960.

(3) 2요인 이론(Two Factor Theory)

2요인 이론은 동기-위생 이론(motivation-hygiene theory)이라 불리는 것으로 허츠버그(Herzberg)[3]에 의해 주장되었다. 그의 동기이론은 인간은 근본적으로 자신의 담당하고 있는 직무에 관심을 가지고 있으며, 따라서 직무에 대한 태도가 매우 중요하다는 전제에서 출발하고 있다. 그는 사람들에게 직무에서 예외적으로 좋았거나 나빴던 느낌을 기술하게 하였고, 그 응답결과를 다음 〈그림 10-3〉과 같이 동기요인과 위생요인으로 정리하였다.

어떤 요인은 직무만족과 직접적으로 연계되고, 다른 요인은 직무불만족과 연계된다. 성취, 인정, 책임감 등은 직무 자체에 내포되어 나타난다는 측면에서 내재적 요인이라 하고, 이는 직무만족과 관련되는 요소로 분류였다. 이들 요인은 구성원이 직무에 대해 좋게 느꼈을 때의 감정을 나타내는 응답 결과와 일치하고 있다. 구성원이 불만족한 경우는 회사정책, 관리, 감독, 대인관계, 작업조건 등과 같이 직무를 둘러싼 환경적 측면에서의 특징으로, 이를 외재적 요인이

그림 10-3 Herzberg의 위생동기 요인

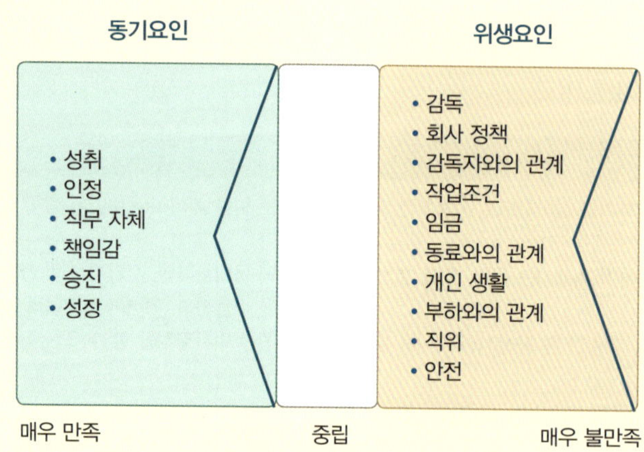

[3] F. Herzberg, B. Mausner, and B. Snyderman, *The motivation to work*, New York: Wiley, 1959; F. Herzberg, *The Managerial choices: To be effective or to be human*, Salt Lake City: Olympus, 1982.

허즈버그 동기부여이론에 따르면, 스타벅스(Starbuck's) 직원 같은 사람에게 동기부여하는 직무요인들은 일 그 자체, 성취감, 인정, 책임, 승진 그리고 성장이다.

라 하며 직무불만족과 관련된다.

이러한 허츠버그의 이론의 특징은 만족의 반대는 불만족이라는, 즉 만족과 불만족을 같은 차원의 양극단으로 인식하는 전통적 견해와는 달리, 만족과 불만족은 별개의 차원이라는 것이다. 불만족을 제거하더라도 만족 수준이 반드시 높아지는 것은 아니라는 것이다.

허츠버그의 2요인 이론에 입각하면, 구성원을 모티베이션하기 위해서 경영자가 불만족의 요소를 제거하는 것은 작업현장의 안정을 가져오는 전제조건이지만, 이것이 구성원의 모티베이션에 직접적으로 연계되지는 않는다는 것이다. 보다 직접적인 모티베이션 수단은 직무 자체에서 오는 만족요인을 극대화하는 것이 된다.

1.2.2 과정이론

과정이론에서는 기대이론과 공정성이론을 살펴본다.

(1) 기대이론

기대이론은 브룸(Vroom)[4]에 의해 제기된 것으로, 개인은 어떤 결과를 얻을 수 있고, 그 결과가 자신에게 매력이 있을 때 행동하게 된다는 주장이다. 따라서 여기에는 세 가지의 요소가 포함된다.

[4] V. H. Vroom, *Work and motivation*, New York : Wiley, 1964.

그림 10-4 Vroom의 기대이론

① 기대(노력-성과의 연계): 주어진 노력이 어떤 수준의 성과로 이어질 가능성

② 수단성(성과-보상의 연계): 성과수준에 따라 조직으로부터 보상이 연계될 가능성

③ 유의성(보상의 매력도): 개인의 욕구나 목표에 대비된 보상의 중요성

브룸의 이론은 구성원의 모티베이션에 대하여 다음과 같은 시사점을 주고 있다.

첫째, 구성원이 조직에서 제공하는 보상에 대해 어떻게 지각하느냐가 중요하다. 임금, 동료관계, 안전, 신뢰, 능력 발휘기회 등에 대해 만족한다면 동기부여될 것이고, 피로, 위협, 거친 감독 등으로 불만족한다면 동기부여되지 않는다는 것이다. 이때, 보상 자체보다는 보상에 대해 구성원이 느끼는 상태에 따라 만족여부는 달라진다는 것이다.

둘째, 개인의 욕구·성격·가치 등에 따라 보상에 대한 매력도가 달라질 수 있다는 것이다. 구성원의 특성에 따라 같은 보상이라도 긍정적, 부정적, 중립적인 매력도를 나타낸다.

셋째, 사전에 구성원의 행동을 평가하는 기준이 설정되어야 한다. 즉, 성과평가 기준을 분명히 하여야 한다. 구성원의 개인성과를 정확히 측정·평가하는 것은 조직보상의 선결과제이기 때문이다.

넷째, 자신이 노력하면 어떤 수준의 성과를 낼 수 있을 것이라는 인식, 즉 자신의 능력에 대한 확신이 있어야 한다.

(2) 공정성이론

공정성이론은 자신의 직무수행에 투입한 요소와 그로부터 받는 결과물과의 비율을 다른 사람의 그것과 비교하여 합당하다고 인식하는 정도를 의미한다.[5] 이때 투입요소는 시간·지식·경험·나이·노력 등을 산출 요소는 임금·직업안정·근무환경·인정·칭찬 등을 의미한다. 만약 구성원이 다른 사람과 비교하여 같은 비율이라고 인식하면, 공정성이 존재한다. 그러나 비율이 공정하지 못하다고 생각하면, 불공정성이 존재한다. 공정성이 인식되면 구성원은 만족하게 되고 현재 상태를 유지할 것이다.

그러나 불공정하다고 인식하는 경우 다음과 같은 여러 가지 행동을 통해 공정한 방향으로 나아가려 할 것이다. ① 자신이나 다른 사람의 투입, 산출 요소를 왜곡할 것이다. ② 다른 사람의 투입, 산출 요소를 변경하려고 할 것이다. ③ 자신의 투입·산출 요소를 변경하려고 할 것이다. ④ 다른 비교 대상을 선택할 것이다. ⑤ 사직할 것이다.

그림 10-5 Adams의 공정성이론

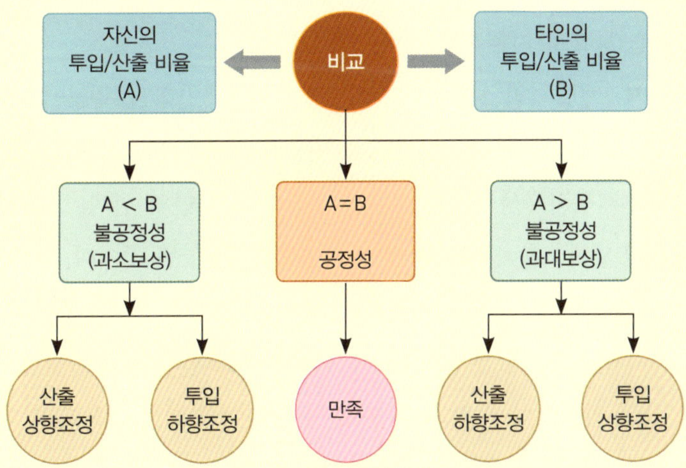

[5] J. S. Adams, "Toward understanding of inequity," *Journal of Abnormal & Social Psychology*, 1963, pp.422~436.

공정성이론에 따를 때, 구성원에 대한 모티베이션을 위해서는 구성원의 기여도를 객관적으로 평가하는 노력이 필요하고, 아울러 이를 구성원에게 알려 구성원의 수용성을 높여야 한다.

1.3 모티베이션 이론의 적용

이상의 구성원에 대한 모티베이션 이론을 바탕으로 기업 현실에서는 어떻게 적용할 수 있을 것인가? 이에 본서에서는 다음 몇 가지를 제안하고자 한다.

첫째, 구성원의 차이를 인정하라는 것이다. 모든 이론은 구성원이 동질적이지 않다는 것을 제시하고 있다. 구성원은 다른 욕구, 태도, 성격, 등을 지니고 있다는 전제하에서 각종 모티베이션 수단을 강구할 필요가 있다.

둘째, 구성원의 특성에 맞게 직무를 할당하라는 것이다. 직무를 통한 성취감의 고취가 구성원에게는 모티베이션 수단으로서 가장 강력하다는 것을 잊지 말아야 한다.

셋째, 목표를 설정하라는 것이다. 구성원에게 무엇을 수행해야 할 것인지를 분명히 하고, 또 구성원이 이를 달성할 수 있다는 자신감을 갖도록 능력개발, 교육훈련 등으로 지원해야 한다.

넷째, 개별적인 보상을 하라는 것이다. 개인적인 특성이 다르므로 일률적이고 공통적인 보상보다는 개인의 욕구를 충족시키는 각종 보상정책을 실시한다. 예컨대 복지후생제도를 설계함에 있어서 개인의 선택이 가능한 카페테리아식 복지후생제도를 설계하는 것도 하나의 방안이 될 것이다.

다섯째, 공정성을 항상 점검하라는 것이다. 구성원은 절대적인 보상수준도 중요하지만, 자신의 투입을 다른 사람과 비교한다. 화이트칼라 혹은 블루칼라 직종 간의 임금이나 승진 등 각종 보상에 있어 차별이 없도록 한다.

결국 구성원의 욕구에 맞는 각종 모티베이션 프로그램을 통해 구성원의 자발성을 촉진하고, 조직의 생산성을 제고함으로써 개인과 조직의 동시 성장·발전이 가능할 것이다.

제 2 절

효과적인 리더십

2.1 리더십의 개념

리더십을 정의하기에 앞서 리더란 무엇인가를 살펴보자.

그렇다면, 리더(leader)와 관리자(manager)는 어떻게 다를까? 관리자는 조직에서 일정의 지위를 가지고, 조직으로부터 부여받은 목표를 달성하기 위해 구성원에게 작업을 배분하고, 효율적인 업무수행이 가능하도록 통제·명령·지도하는 기능을 수행하는 사람이다.

뮤지컬 감독인 박칼린(Kolleen Park)은 명령이 아닌, 상대방의 능력을 믿고 함께 목표를 위해 달려가는 모습과 단원들을 신뢰하고 존중하는 리더십으로 구성원들을 이끈다.

반면, 리더는 방향을 제시하는 측면에서는 관리자와 같으나, 구성원이 스스로 알아서 질할 수 있도록 하는 자이다. 따라서 리더는 관리자보다 한발 앞서 가는 사람이다. 또한 이들은 단기적인 성과보다는 장기적인 혁신, 창조, 도전, 유연한 사고 등을 특징으로 한다.

따라서 조직의 상사로서의 관리자는 모두 리더가 아니며, 또한 리더는 모두 관리자가 아니다. 양자는 목표지향적으로 구성원의 행동에 영향을 미친다는 측면에서는 공통적인 부분이 있지만, 영향력의 행사방식에서는 차이점이 있다. 본서에서 초점을 두는 사람은 상사, 즉 관리자이지만, 이들이 리더의 특성을 갖출 때 보다 바람직한 지휘가 가능하다는 관점에서 리더십을 논의하고자 한다. 즉 관리자가 되지 말고 리더가 되라는 것이다.

관리자와 리더의 차이에서 밝혔듯이 리더십이란 집단의 구성원으로 하여금 특정 목적을 지향하게 하고, 그 목표달성을 위해 실제 행동을 하도록 영향력을 행사하는 것으로 정의된다. 보다 구체적으로 리더란 다음 사항을 갖추어야 한다.[6]

[6] 임창희, 〈조직행동〉, 학현사, 1999.

야구국가대표팀의 금메달 획득에 대한 상금과 명예, 그리고 젊은 선수들에게는 병역면제라는 특별한 해택이 그들의 동기부여를 이끌어 내는 데 큰 작용을 하였다.

첫째, 조직에 대한 비전으로, 조직이 어디로 가야할지를 정확하게 알아야 한다.

둘째, 신뢰로, 구성원으로부터 인격적인 신뢰를 얻어야 한다.

셋째, 충성과 지지로, 목표실현을 위한 구성원의 열성과 행동의 전폭적인 지지를 얻어야 한다.

2.2 리더십 이론

다음에는 리더십에 관한 이론을 특성추구이론, 행동이론, 상황이론으로 구분하여 각각 살펴보도록 하겠다.

2.2.1 특성추구이론(Trait Theory)

특성추구이론은 리더십을 연구한 초기 학자들이 주장한 것으로, 리더는 태어나면서부터 보통사람과는 다른 특성을 지니고 있다는 전제에서 출발한 이론이다. 어린이들이 노는 골목에서도 대장은 있고, 등산이나 낚시를 가는 어른들의 경우도 앞장서서 일을 추진하는 사람이 있다. 이들은 보통의 다른 사람과는 다른 그 무엇을 지니고 있기에 리더로서의 역할을 하는가?

기업 현실에서는 무에서 유를 창조했다고 할 수 있는 정주영, 이병철 등과 같은 창업 1세대는 보통사람과는 어떤 다른 특성을 지니고 있는가? 이들은 다른 사람과는 다른 남다른 책임감을 가지고 있다거나, 불굴의 의지·집념·근면성·성실성·판단력·결단력 등을 가졌다고 본다.

보통사람보다 우수한 자질을 가졌기 때문에 리더로서 성공할 수 있었다는 것이다. 이러한 특성들을 정리하면 육체적·정신적 에너지, 목적의식과 지시능력, 정열, 친근감, 탁월한 품성, 기술적 우월성, 과단성, 높은 지능, 신념, 지배

성, 자신감 등을 지적할 수 있다.[7]

이러한 특성추구이론은 그 뒤 많은 연구자들에 의해 리더십의 유효성과 관련성이 없다는 결과가 제시되면서 많은 비판을 받았다. 그러나 최근 카리스마적 리더십 등이 다시 부각되면서 초기 이론에 대한 관심이 여전히 존재하고 있는 실정이다.

2.2.2 행동이론(Behavior Theory)

이는 효과적인 리더가 나타내는 행동유형은 어떤 것인가를 규명하고자 하는 관점에서의 리더십 연구이다. 일반적으로 리더의 행동을 분석해 본 결과 효과적인 리더십을 나타내는 행위는 부하에 대한 고려(인간에 대한 관심)와 구조주도(생산성에 대한 관심)의 두 가지 차원으로 나타난다.

그림 10-6 관리 그리드

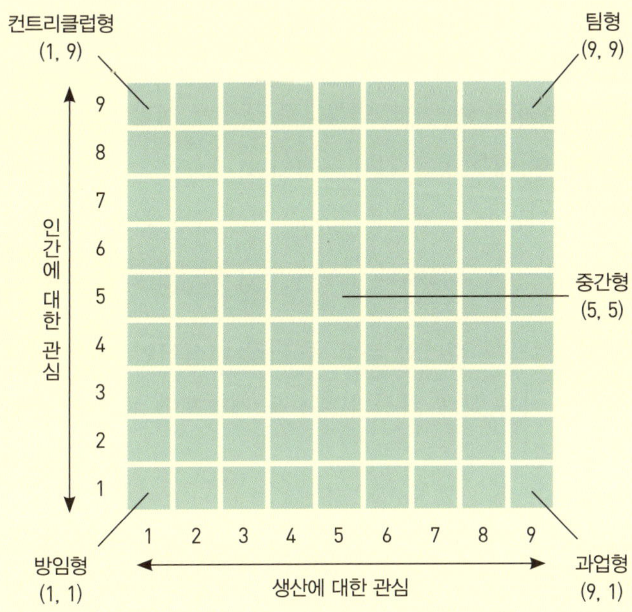

[7] 신유근, 〈인간존중의 경영 — 조직행위론적 접근〉, 다산출판사, 1997.

히틀러는 총통을 독일의 운명을 홀로 개척하는 존재로 인식하고 국민과 국가를 군림하려고 하였다. 이러한 점을 볼 때 히틀러는 '과업지향적' 리더십을 발휘했다고 볼 수 있다.

고려란 리더가 구성원에게 상호신뢰·존경·온정 등을 표시하는 행위의 정도를 말한다. 구조주도란 구성원의 역할을 정하고 직무수행의 절차를 정한다거나 지시·보고 등을 통한 직무나 구성원을 조직화하는 정도를 말한다.

이러한 이론은 Blake와 Mouton(1968)[8]에 의해 관리격자(managerial grid)에 의해 구체화되었다. 그들은 리더가 주된 관심을 가지는 두 가지 차원으로 인간에 대한 관심과 생산에 대한 관심을 설정하고, 이에 따라 다양한 관리자의 행동스타일을 제시하고 있다. 이 중 특히 다섯 가지를 기본적인 형태로 제시하고 있다.

① 무관심형: 이는 (1, 1)형으로 생산성 및 인간 모두에 무관심한 유형의 리더이다.
② 과업형: 이는 (9, 1)형으로 인간에 대한 관심은 낮지만, 생산에 대한 관심은 매우 높은 리더이다.
③ 컨트리클럽형: 이는 (1, 9)형으로 생산에 대한 관심은 낮으나 인간에 대한 관심이 매우 높은 리더 유형이다.
④ 중간형: 이는 (5, 5)형으로 생산과 인간 모두 중간 수준의 관심을 나타낸다.
⑤ 팀형: 이는 (9, 9)형으로 생산과 인간에 대한 관심 모두가 높은 유형이다.

이러한 관리자의 리더십 유형 중 가장 이상적인 것은 (9, 9)형인 팀형으로 모든 관리자는 이를 향해 자신의 행동을 개발해야 유효한 리더십을 발휘할 수 있다는 것이다.

2.2.3 상황이론

특성추구이론이나 행동이론은 리더가 어떤 특성이나 행동 스타일을 갖추고

8 R. R. Blake and J. S. Mouton, *Corporate Excellence through grid organizational development*, Houston: Gulf Publishing, 1968.

있다면 리더십이 효율적으로 발휘될 것이라는 전제에서 출발하고 있다. 이와는 달리 효과적인 리더십이 되기 위해서는 리더십이 발휘되는 상황조건을 고려해야 한다는 견해가 나타났다. 리더의 어떤 행동 스타일은 특정 상황에 적합할 때에만 유효한 결과를 도출할 수 있다는 것이다. 이를 리더십의 상황이론이라 한다.

리더십의 효과성에 대한 상황이론은 Fiedler(1967)[9]에 의해 제기되었고, Hersey와 Blanchard(1974)[10]에 의해 계승 발전되었다.

Fiedler는 리더-구성원 관계(leader-member relation), 과업구조(task structure), 리더의 지위권력(position power)의 상황조건에 따라 과업지향적 혹은 관계지향적인 리더십 스타일의 유효성이 달리 나타난다는 견해를 제시하였다. 리더-구성원 관계란 구성원이 상사를 신뢰하고 존경하며 친밀한 분위기가 있는가 없는가를, 과업구조란 반복적인 일인지, 복잡한 일인지, 과업목표가 구체적인지, 의사결정체계가 잘 정비되어 있는지 등을, 지위권력이란 조직내 제도와 법

그림 10-7 Fiedler의 리더십 상황이론

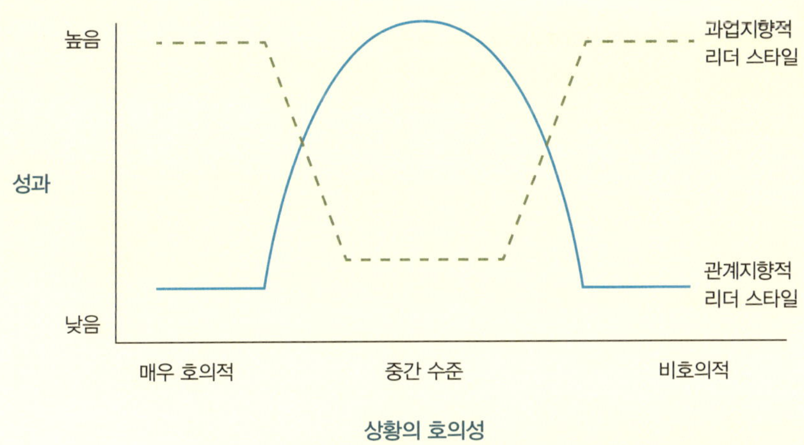

[9] F. E. Fiedler, *A theory of leadership effectiveness*, New York : McGraw-Hill, 1967.

[10] P. Hersey and K. H. Blanchard, "So you what to know your leadership style?" *Training and Development Journal*, 1974(February), pp.1~15.

규를 통해 리더에게 막강한 권한이 부여되어 있는지를 각각 의미한다.

리더-구성원 관계가 좋고, 과업의 구조화 정도가 높으며, 리더의 지위권력이 강할 때 호의적인 상황을, 그렇지 않을 때 비호의적인 상황을 의미한다. 아주 호의적인 상황이나 매우 비호의적인 상황에서는 과업지향적인 리더십 스타일이, 아주 호의적이지도, 그렇다고 매우 비호의적이지도 않은 중간 상태에서는 과업지향적인 리더십 스타일이 효과적이라는 것이다.

Hersey와 Blanchard(1974)는 리더와 함께 일하는 부하의 성숙도에 따라 적합한 리더십 스타일을 제시하였다. 부하의 성숙도란 달성 가능한 목표 설정 능력, 책임질 의사와 능력, 교육과 경험 등을 말한다. 부하가 업무수행에 있어 자발적인 의사를 갖고 있으며, 업무를 수행할 능력을 갖추고 있을 때 부하의 성숙도가 높고, 그렇지 않은 경우 미성숙하다고 보는 것이다.

이러한 부하의 성숙도에 따라 유효한 리더십 스타일이 달라지게 되는데, 부하가 일하기 싫어하고 아무것도 모르는 경우에는 리더가 주도적으로 지도, 설득, 밀착 감독 등의 리더십 스타일을, 부하의 성숙도가 중간 수준인 경우 설득

그림 10-8 Hersey와 Blanchard의 리더십 상황이론

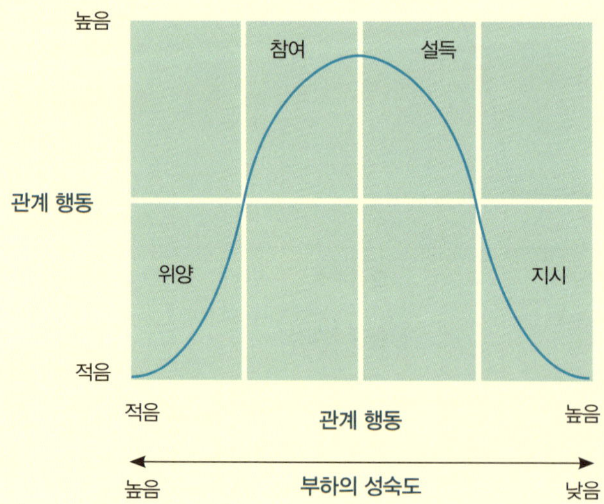

혹은 참여적 리더십 스타일을, 부하의 성숙도가 높은 경우 부하와 정보를 공유하거나 부하에게 책임과 결정권을 위양하는 리더십 스타일을 각각 발휘하는 것이 효과적이라는 것이다.

이순신 장군의 리더십

1. 집안이 나쁘다고 말하지 마라.
   나는 몰락한 역적의 가문에서 태어나 가난 때문에 외갓집에서 자랐다.
2. 머리가 나쁘다고 말하지 마라.
   나는 첫 시험에 낙방하고 서른둘의 늦은 나이에야 겨우 과거에 급제했다.
3. 좋은 직위가 아니라고 불평하지 마라.
   나는 14년 동안 변방오지의 말단 수비 장교로 돌았다.
4. 윗사람의 지시라 어쩔 수 없다고 말하지 마라.
   나는 불의한 직속상관들과의 불화로 몇 차례나 파면과 불이익을 받았다.
5. 몸이 약하다고 고민하지 마라.
   나는 평생 동안 고질적인 위장병과 전염병으로 고통 받았다.
6. 기회가 주어지지 않는다고 불평하지 마라.
   나는 적군의 침입으로 나라가 위태로워진 후, 마흔 일곱에 제독이 되었다.
7. 조직의 지원이 없다고 실망하지 마라.
   나는 스스로 논밭을 갈아 군자금을 만들었고, 스물세 번 싸워 스물세 번 이겼다.
8. 윗사람이 알아주지 않는다고 불만을 갖지 마라.
   나는 끊임없는 임금의 오해와 의심으로 모든 공을 빼긴 채 옥살이를 해야 했다.
9. 자본이 없다고 절망하지 마라.
   나는 빈손으로 돌아온 전쟁터에서 열두 척의 낡은 배로 133척의 적을 막았다.
10. 옳지 못한 방법으로 가족을 사랑한다 말하지 마라.
    나는 스무 살의 아들을 적의 칼날에 잃었고, 또 다른 아들들과 함께 전쟁터로 나섰다.
11. 죽음이 두렵다고 말하지 마라.
    나는 적들이 물러가는 마지막 전투에서 스스로 죽음을 택했다.

출처: 이순신 어록

2.3 환경변화와 새로운 리더십

최근 기업 경영의 환경이 급변함에 따라 기존의 리더십 이론에 대한 새로운 모색이 전개되고 있다.[11] 새로운 21 세기의 기업 성장은 계속적으로 리더를 창출해 내는 능력이 있어야 한다. 그럼에도 우리 기업은 그동안 리더를 제대로 육성하지 못했다. 그 원인은 다음과 같이 지적할 수 있다.

① 의도만 있고 시간과 자원을 투입하지 않는다.
② 리더십에 대해 말만하지 실제로 튀는 생각을 하는 사람을 처벌함으로써 좌절시킨다.
③ 막대한 시간과 자원을 투입하지만 컨설턴트나 학자에게 배운 말만 잘하는 관리자만 양성한다.

이제 새로운 관점에서 리더십의 개발이야말로 조직의 성공을 지속적으로 보장하며, 외부환경변화에 능동적으로 대응할 수 있는 방안이라는 인식을 하기 시작하였다. 최근의 리더십에 대한 시각을 다음과 같이 정리할 수 있다.

① 조직의 지속적 발전을 이끌기 위해서는 모든 구성원이 리더가 될 수 있도록 뒷받침하여야 한다. 성공하는 조직에서는 이제 리더를 길러내고 가르치는 일을 중심적 기능으로 삼고 있으며, 일부 중역들만 육성하는 것이 아니라 가르치는 일, 배우는 일, 지도하는 일이 모든 사람의 직무에서 고유한 부분이 되도록 한다.
② 경영의 스피드를 높이는 리더십이 되도록 한다. 오늘날의 급격한 환경변화는 조직의 모든 사람이 고객이나 시장환경의 변화에 대한 반응 책임을 맡아야만 유효한 결과를 도출시킬 수 있다. 따라서 조직내 어디에서나, 어느 계층에서나 리더십이 필요하다. 직무를 수행하는 구성원 모두가 자신을 작은 최고 경영자(mini-CEO)라고 생각해야 한다.

---

[11] N. M. Tichy and E. B. Cohen, *The leadership engine*, Harper Collins Publishers, 1997.

이러한 관점에서 미래 리더를 육성하기 위해서는 본인의 열성적인 노력도 있어야 하겠지만, 다음과 같은 세 가지의 능력을 갖추도록 지원해야 한다.

첫째, 비전·사업·전략 등에 대한 중심 아이디어를 제시할 수 있도록 육성한다. 오늘날 리더십의 가장 중요한 요소는 목표와 비전을 설정할 수 있는 전략 능력을 갖추는 것이다.

둘째, 조직 내의 모든 사람이 이해하고 동의하는 가치를 갖추도록 한다. 타인을 이해하고, 다른 사람이 지닌 가치를 존중하도록 한다.

셋째, 타인의 긍정적인 동의를 얻을 수 있도록 격려·보상하는 것은 물론, 자신에 찬 용기를 발휘하도록 한다.

최근 이슈가 되고 있는 '서번트 리더십(Servant Leadership)'은 자신을 낮추고 상대를 높이는 '섬김리더십'이라고도 한다. 방송인 유재석 씨는 자신보다 주변 출연자들을 돋보이게 하여 높은 시청률을 기록하며 '국민MC'라는 말을 듣고 있다.

그림 10-9 미래 리더의 조건

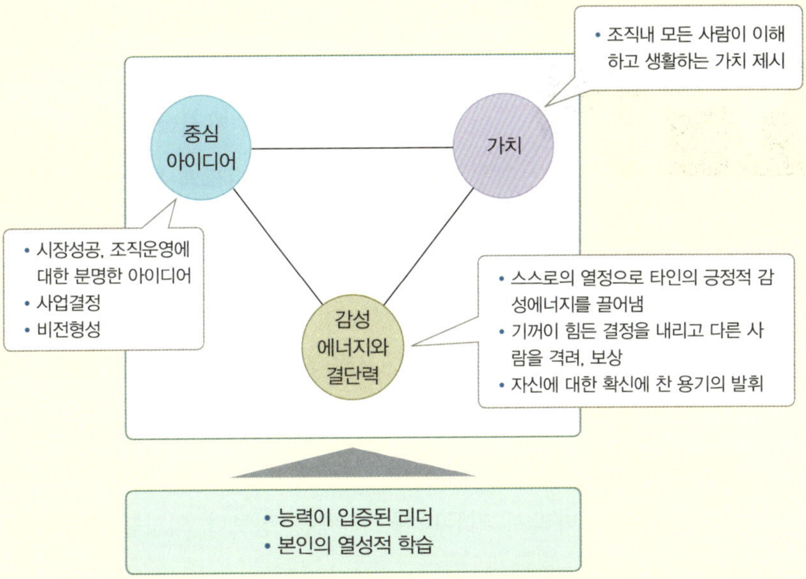

제 3 절

커뮤니케이션

지금까지 조직의 지휘기능과 관련하여 모티베이션, 리더십에 대해 살펴보았다. 여기서는 구성원간 의사나 정보의 전달을 통한 지휘기능에 대해 고찰하도록 한다. 먼저, 커뮤니케이션의 의미와 유형을 살펴보고, 커뮤니케이션의 원활화를 위해 필요한 능력인 사회적 자본의 개발에 대해 정리한다.

3.1 커뮤니케이션의 의의와 유형

3.1.1 커뮤니케이션의 의의와 기능

많은 성공적인 기업은 문제점을 논의하고 의사결정을 내리는데 조직구성원들을 참여를 유도하기 위해 상호간에 커뮤니케이션을 중요시한다.

조직 속의 개인은 고립된 존재가 아니라, 자신의 의사나 정보를 끊임없이 다른 사람과 교환한다. 이러한 의사교환을 커뮤니케이션이라고 한다. 보다 구체적으로 커뮤니케이션이란 사람들 사이에 언어, 비언어 등의 수단을 통하여 자신이 가지고 있는 의사, 감정, 정보를 전달하고 피드백 받으면서 상호작용하는 과정으로 정의할 수 있다.[12] 커뮤니케이션의 이러한 정의는 다음 사항을 내포하고 있다.

① 커뮤니케이션이란 서로 다른 사람과의 의사전달을 통하여 공동의 이해나 관심사항에 도달하는 순환과정이다.

② 한쪽에서의 송신만이 아니라, 상대방이 수신하여 여기에 반응하는 것을 포함한다. 따라서 커뮤니케이션에는 정보나 의사를 전달하는 전달자,

[12] 임창희, 전게서, 1999, p.220.

이를 받는 수용자, 전달자와 수용자 사이의 전달과정에 영향을 미치는 상황 등의 세 가지 요소가 포함되어 있다.[13]

첫째, 전달자 요소로, 이는 정보원이라고도 하는데, 커뮤니케이션과정에서 의사나 정보를 전달하는 사람을 말한다. 전달자는 의사나 정보를 가장 효과적으로 전달할 수 있는 매체를 선택하여야 한다. 전달자 측면에서 우리 기업 현실은 종종 전달자가 다른 사람의 정보나 의사를 전달함에 있어 자신의 관심사항이나 이해관계에 따라 임의적으로 정보나 의사를 누락 혹은 왜곡하는 경우가 발생한다는 것이다. 이렇게 되면, 조직 내에 의사나 정보가 원활히 흐르지 못하게 된다.

둘째, 수용자 요소로, 이는 수신자라고도 하는데, 의사나 정보를 수신하는 사람을 말한다. 커뮤니케이션이 원활하게 이루어지기 위해서는 수용자가 이해력, 인지구조, 청취태도, 피드백 능력 등을 갖추고 있어야 한다.

셋째, 상황요소로, 커뮤니케이션이 이루어시는 과정에 영향을 미치는 주변 여건을 말한다. 전달경로가 문서인가 구두인가, 커뮤니케이션이 일방적인가 쌍방적인가, 커뮤니케이션이 이루어지는 당사자에 대한 신뢰성 정도는 어떤가 등이 여기에 해당한다.

3.1.2 커뮤니케이션의 유형

커뮤니케이션의 유형은 여러 가지로 구분할 수 있으나, 여기서는 수직-수평적 커뮤니케이션, 일방-쌍방적 커뮤니케이션의 유형을 살펴보고자 한다.[14]

(1) 수직-수평적 커뮤니케이션

수직적 커뮤니케이션은 조직의 위계상 상하간에 이루어지는 것으로, 의사의 흐름이 위에서 아래로 흐르는 하향적 커뮤니케이션과 아래에서 위로 이루어지는 상향적 커뮤니케이션이 있다. 하향적 커뮤니케이션은 상사의 방침, 명령, 지시 등의 형태로, 상향적 커뮤니케이션은 제안, 보고, 건의 등의 형태로 이루어진다. 과거에는 하향적 커뮤니케이션이 매우 중요한 수단이었으나, 현대 조

[13] 신유근, 전게서, 1997. pp.258~264.

[14] 상게서, 1997. pp.269~271.

커뮤니케이션 유형은 조직성격과 상황에 적합한 것을 선택할 때 그 효과를 극대화할 수 있다.

직에서는 하향적 커뮤니케이션보다 상향적 커뮤니케이션이 더욱 중요한 의미를 지니고 있다.

수평적 커뮤니케이션은 위계수준이 같은 구성원간이나 부서간 의사소통을 말한다. 이러한 커뮤니케이션이 활성화되면, 구성원간 협동심을 고취하게 되고, 부서간 원활한 협조가 이루어져 조직의 성과를 향상하게 된다.

(2) 일방-쌍방적 커뮤니케이션

일방 혹은 쌍방적 커뮤니케이션이란 커뮤니케이션과정에서 수용자의 적극적인 피드백이 있느냐 없느냐에 따른 유형이다. 일방적 커뮤니케이션은 다른 사람의 피드백을 확인하지도 않고 일방적으로 의사를 전달하는 것을, 쌍방적 커뮤니케이션은 다른 사람과의 대화, 상담, 면담 등과 같이 서로 의사를 주고받는 반복적인 과정 속에서 의사를 교환하는 것을 말한다.

권위적인 조직에서는 일방적인 커뮤니케이션방식이 주로 사용되나, 보다 자유로운 조직분위기가 형성되어 있는 경우는 쌍방적 커뮤니케이션이 보다 효과적이다.

3.2 사회적 자본의 개발

3.2.1 사회적 자본의 의미

구성원간 혹은 집단간 커뮤니케이션을 원활하게 하기 위해서는 사회적 자본(social capital)이 형성되어야 한다.

사회적 자본은 "개인, 공동체, 네트워크 등의 사회적 관계에 내재된 조직의 자산"으로 정의할 수 있다. 즉 사회적 관계 내에서 일정한 지위나 위치를 확보함으로써 여러 가지 이점을 실현하는 행위자의 능력을 말한다.

사회적 자본은 구조적, 관계적, 인지적 등의 세 가지 차원으로 구분되어 커뮤니케이션에 기여한다.

구조적 차원(structural dimension)은 전체로서의 관계 특징, 즉 행위자 사이의 전체적 연결패턴으로 사회적 관계의 연결 유무, 연결 정도, 연결 형태, 적당한 조직 형성 등을 말한다. 이는 의사의 교환을 위해 다른 행위자에 접근할 수 있는 기본 관계망으로 유용하게 활용된다.

관계적 차원(relational dimension)은 상호작용의 과정을 통해 행위자들 사이에 형성된 감정적 상태로 사회적 관계에 대한 신뢰, 규범, 의무, 동일성 등이 해당된다. 이는 서로의 의사를 교환하기 위한 모티베이션을 촉진하고, 나아가 그 결합의 가치를 예상하게 하여 행위자간 상호작용을 촉진시킨다.

인지적 차원(cognitive dimension)은 행위자 사이에서 의미의 표현, 해석과 관련되는 것으로 공유된 언어나 대화가 해당된다. 이는 정보나 의사를 신속하게 전달하는 촉매역할을 한다.

결국 사회적 자본은 조직이 보유한 능력으로 구성원간 혹은 집단간 의사교환의 가치를 증가시키는 역할을 하는 기업의 자산이라 할 수 있다.

3.2.2 사회적 자본의 개발

기업이 사회적 자본을 촉진하기 위해서는 우선 구성원의 사회적 능력(social skill)을 향상해야 한다. 이를 위해 다음과 같은 몇 가지 방안을 제시할 수 있다.

첫째, 사회적 지각(social perception) 능력을 향상한다. 이는 다른 사람의 동기, 장점, 의도 등을 파악하는 데 있어서의 정확성이다. 다른 사람의 현재 기분과 감정, 개인적 특징을 측정할 수 있는 능력을 갖추어야 한다.

둘째, 인상관리(impression management) 능력을 향상한다. 타인에게 첫인상을 좋게 하거나 호감이 가도록 한다.

셋째, 설득과 영향(persuasion and influence) 능력을 향상한다. 바람직한 방향으로 다른 사람의 행동이나 태도를 변화시키는 능력을 갖춘다.

넷째, 사회적 적응(social adaptability) 능력을 향상한다. 다양한 사회적 상황에 대한 적응 및 다양한 배경을 가진 사람과 불편함이 없이 지내는 능력이다. 모든 주제에 대해 모든 사람과 이야기할 수 있고, 자기 자신을 소개하며, 새로운 상황에 기꺼이 적응할 수 있도록 한다.

직장상사-커뮤니케이션 점수 낙제점

직장인들의 직속상사의 커뮤니케이션 점수는 평균 42.6점에 그치는 것으로 조사됐다.

직장내 직속상관에게서 가장 결핍된 커뮤니케이션 요소를 묻는 질문에 칭찬이 38.2%로 1위를, 격려가 18.9%로 2위를 차지했다.

취업사이트 파워잡(http://pocwerjob.co.kr)이 지난 2일부터 3일까지 직장인 385명을 대상으로 훌륭한 일터를 만드는 최고의 커뮤니케이션 요소를 묻는 설문조사에서 직장인 37.0%가 격려를, 32.6%가 칭찬을 꼽은 것으로 조사됐다.

이를 토대로 보면 직장인 10명 가운데 7명은 격려와 칭찬이 담긴 커뮤니케이션이 있는 직장을 훌륭한 일터로 생각하고 있는 것으로 해석된다.

이밖에 훌륭한 일터를 만드는 커뮤니케이션 요소에 대해 직장인들은 배려(11.4%), 유머(5.7%) 등의 순으로 꼽았다.

한편, 우리 회사에서 가정 먼저 고쳤으면 하는 커뮤니케이션 유형으로는 자기 입장에서만 얘기하기가 50.5%로 1위를 차지해 가장 바람직하지 못한 커뮤니케이션 유형으로 꼽혔다.

이 밖에 적게 듣고 많이 말하기(18.6%), 말 자르기(10.6%), 상대방의 얘기에 무관심한 반응 보이기(5.8%), 감정적으로 대응하기(5.4%) 등의 순으로 조사됐다.

출처: 파워잡

Chapter 11

의사결정

경영자들의 의사결정 유형에 관한 조사에서 다음의 5가지 유형이 발견되었다.

Charismatics: 새로운 아이디어나 제안에 처음에는 매우 적극적이지만 균형잡힌 정보에 기초하여 최종적인 결정을 한다.

Thinkers: 단일 미팅에서는 반대되는 관점을 나타내고, 의사결정을 하기 전에는 모든 옵션들을 주의 깊게 검토한다.

Skeptics: 자신들의 세계관에 적합하지 않는 데이터에 대해서는 여전히 큰 의심을 갖고 있으며, 자신들의 본능적인 감성(느낌)에 기초하여 의사결정을 한다.

Followers: 다른 신뢰받는 경영자나 자기 자신들이 과거에 유사한 의사결정을 어떻게 했느냐에 기초하여 의사결정을 한다.

Controllers: 자신들이 갖고 있는 두려움이나 불확실성 때문에 하나의 의사결정에 순수한 사실 및 분석(pure facts & analytics)에 집중한다.

여러분의 의사결정 유형은 무엇인가?

제 1 절

의사결정의 의의와 유형

1.1 의사결정의 의의

우리는 매일 눈을 떠서 잠들 때까지 수많은 의사결정의 연속을 경험한다. 아침에 뭘 먹을까? 몇 번 버스를 탈까? 점심은 누구랑 먹지? 저녁엔 어디를 갈까? 수많은 의사결정의 결과 우리는 행동하고 만족하고 실망하며 살아가게 된다.

의사결정은 경영관리의 핵심적 측면이다. 의사결정은 기업조직경영에서 가장 중요한 요소라는 사실을 입증하고 있다. 의사결정의 본질적 내용은 무엇인가? 우선 의사결정(decision-making)이란 문제해결을 위한 여러 가지 대안적 해결책 중 하나이다. 그리고 문제해결에서 문제란 바람직한 상태와 현재의 실제적인 상태간의 차이를 말한다. 그래서 의사결정이란 문제해결을 위한 여러 대안적 해결책 중에서 가장 합리적인 해결방안을 선택하는 과정이다. 또 의사결정이란 조직경영의 상황에서 문제점이나 기회를 찾아내고 해결하는 과정이라고 말하고 있다.

1.2 의사결정의 유형

경영자들은 여러 가지 유형의 의사결정을 한다. 어떤 제품을 얼마나 생산할 것인가? 제품이나 서비스 가격을 얼마로 책정할 것인가? 종업원을 얼마나 많이 고용할 것인가? 의사결정의 범위는 단순한 의사결정에서 복잡한 의사결정에 이르기까지, 그리고 일상적인 의사결정에서 특수한 결정에 이르기까지 매우 다양하다. 일반적으로 모든 의사결정을 정형화된 의사결정(defined decision)과 비정형화된 의사결정(ill-defined decision)으로 분류한다.

1.2.1 의사결정의 유형

(1) 정형화된(구조화된 혹은 프로그램화된) 의사결정

정형화된 의사결정은 일상적이고 좀 구조화되어 있으며 반복적으로 일어나는 문제를 해결하기 위한 의사결정이다. 이와 같은 상황에서는 관리자가 미래에 유사한 문제가 발생할 때 적용할 수 있도록 절차나 규칙을 개발한다. 예를 들어, 은행의 입출금 문제는 그 문제의 내용이 정해져 있고 절차도 정해져 있다. 또는 어떤 직무수행에 필요한 기술수준이나 자격요건을 결정하는 일도 정형화된 의사결정 문제이다. 기업조직에서 일상적인 절차나 기본적인 운영상의 의사결정은 많은 부분이 정형화된 의사결정이다.

(2) 비정형화된 (비구조화된 혹은 비프로그램화된) 의사결정

비정형화된 의사결정은 특수하고 비교적 비구조화되어 있으며 윤곽이나 한계가 애매한 성질의 문제로서 조직에 중요한 결과를 초래하게 될 문제를 해결하기 위한 의사결정이다. 이와 같은 문제상황에서는 문제해결을 위한 어떤 표준적인 절차나 규칙이 존재하지 않는다. 왜냐하면 같은 의사결정 문제가 사전에 발생한 적이 없어 적합한 결정이 복잡하고 불확실할 뿐만 아니라 조직에 중요한 결과를 초래하므로 조직은 그 문제의 특수성에 적합한 의사결정을 해야 하기 때문이다. 예를 들어, 대부분의 전략계획은 비정형화된 의사결정이다. 불확실성이 높고 결정이 복잡하기 때문이다.

일반직원들은 반복적으로 발생하는 문제를 해결하기 위한 정형화된 의사결정을 내리는 반면 기업의 인수 합병과 같은 전략적 업무를 담당하는 CEO 및 관리자들은 여러 불확실한 사항들을 고려해야 하는 비정형화된 의사결정을 내린다.

은행의 업무에서 비정형화된 의사결정의 예로는 은행의 합병문제가 될 수 있다. 은행합병 문제는 과거 은행의 업무에서 거의 발생된 적이 없을 뿐 아니라 그 처리 과정도 정해져 있지 않다. 그리고 새로운 공장설립을 위한 결정, 신제품 및 새로운 서비스의 개발결정, 새로운 지역시장의 진입, 본사의 다른 도시로의 이전, 다른 회사와의 전략적 제휴, 영업확장을 위한 투자결정, 새로운 직위의 신설 등에 관한 의사결정들이 이에 해당된다. 〈그림 11-1〉은 경영자와 의사결정문제의 유형과의 관련성을 나타낸 것이다. 〈그림 11-2〉는 의사결정문제의 유형과 경영관리수준과의 관계를 나타내고 있다.

그림 11-1 경영자와 의사결정문제의 유형과의 관련성

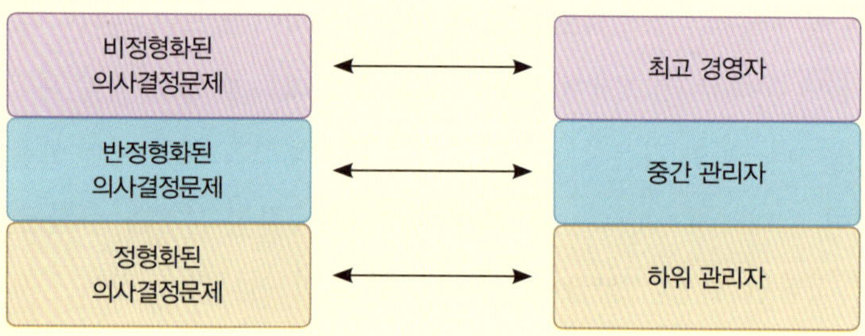

그림 11-2 의사결정문제의 유형과 경영관리 수준의 관련성

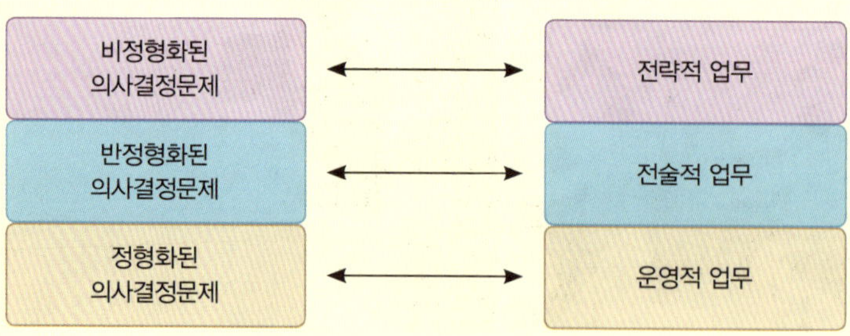

1.2.2 의사결정에 영향을 미치는 상황

완벽하고 이상적인 기업의 경영 의사결정상황이라면 관리자가 의사결정에 필요한 모든 정보를 가지고 있는 경우이다. 하지만 대부분의 의사결정상황은 불완전하고 모호한 정보에 의존하여 판단하는 경우가 많다. 따라서 그와 같은 상황은 의사결정의 확실성 수준에 영향을 미친다. 일반적으로 의사결정에 영향을 미치는 세 가지의 상황요인이 존재한다고 한다. 확실성, 위험, 및 불확실성 등이 그것이다.

(1) 확실성하의 의사결정

확실성은 의사결정자가 문제의 내용, 그 문제의 대안적 해결책, 그리고 각 대안적 해결책의 예상되는 결과에 대해 충분한 정보를 가지고 있는 상황이다. 확실성하의 의사결정의 예는 흔하지 않다. 경영상황은 불확실성으로 가득 차 있기 때문이다. 여러 가지 거래조건이나 신용조건이 매우 좋은 업체로부터의 자재주문의 경우는 확실한 상황같이 보이지만 갑작스러운 운송사고 등으로 인한 불확실한 상황이 완전히 제거될 수는 없다. 또 다른 예로 어떤 회사에서 향후 3년간 매년 4억원의 원가절감을 위해 새로운 설비도입에 1억원씩을 투자하기로 결정하려고 할 경우, 투자액의 25%의 투자수익 발생을 계산할 수 있다고 할 때 다른 조건이 일정하다고 가정한다면 이러한 의사결정은 확실성하의 의사결정이라 할 수 있다.

(2) 위험하의 의사결정

위험하의 의사결정상황은 의사결정자가 불완전하지만 신뢰할 만한 정보를 근거로 의사결정하는 상황이다. 위험 하에서는 의사결정자가 대안적 해결책에 따른 미래의 결과를 확실히 알지 못한다. 그러나 관리자는 각 대안적 해결책의 결과에 대한 확률(성공확률과 실패확률)을 계산할 수 있는 충분한 정보를 가지고 있다. 그래서 관리자는 성공의 확률이 가장 높은 대안적 해결책을 선택할 수 있게 된다. 이러한 위험은 확실성과 불확실성 사이의 연속선상 어딘가에서 발생한다.

(3) 불확실성하의 의사결정

기업의 CEO들은 기업의 성장을 위해 불확실성이 높고 복잡한 사안에 대해 결정하여야 한다. 이러한 최고 경영자의 전략적인 의사결정은 기업의 성과를 좌우하기도 한다.

불확실성하의 의사결정은 문제의 성질, 대안적 해결책, 각 대안적 해결책의 결과에 대한 실제적 정보를 거의 가지고 있지 못하거나 전혀 가지고 있지 않은 경우에 존재하는 상황이다. 불확실성 하에서는 의사결정자가 각 대안적 해결책의 결과에 대한 확률을 계산할 수 있는 충분한 정보를 가지고 있지 않다. 이와 같은 불확실성하의 의사결정은 오늘날의 경영상황에서 흔히 있는 현상이다. 따라서 경영자들은 대안적 해결책을 찾아내기 위해 논리적 사고, 독창력, 판단력, 경험 등을 활용하게 되고 가능한 한 신빙성이 있는 적절한 정보를 많이 수집하려고 노력한다. 달성해야 할 목표나 대안을 위한 정보가 불완전하고 또 거기에 따른 위험도 분석할 수 없는 상황에서 의사결정을 해야 하기 때문이다. 이와 같은 불확실성하에서의 의사결정에서는 최적성과를 기대할 수 없다. 현대의 불확실성하의 의사결정은 효과적인 의사결정을 위해 관리자는 창의적인 방법 등을 동원하여 불확실성을 극복할 수 있어야 한다.

제 2 절

의사결정의 단계

의사결정이 프로그램화된 성질의 것이든 비프로그램화된 것이든 간에, 그리고 그 결정이 어떤 상황하에서 이루어지든 간에 의사결정은 일반적으로 다음의 6가지 단계로 이루어진 과정이다.

그림 11-3 의사결정 단계

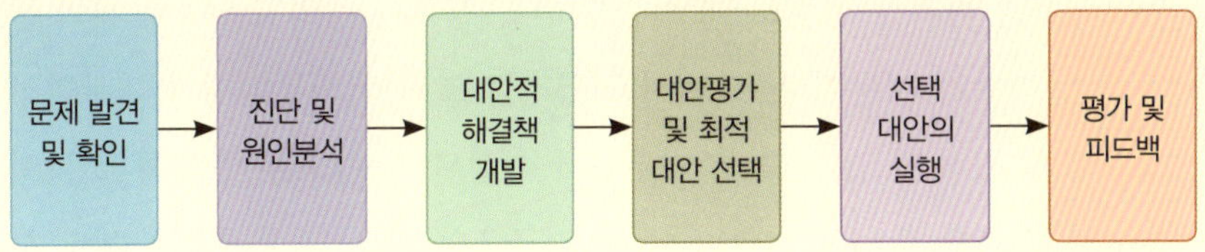

① 문제의 발견 및 확인

② 진단 및 원인분석

③ 대안적 해결책의 개발

④ 각 대안의 평가 및 최적대안의 선택

⑤ 선택된 대안의 실천

⑥ 평가 및 피드백 등이 그것이다.

〈그림 11-3〉은 의사결정 단계를 나타낸 도표이다.

2.1 문제발견 및 확인

모든 의사결정과정의 첫 번째는 문제의 발견 및 확인이다. 경영자가 경영기능의 수행과정에서 당면하게 되는 의사결정의 필요성은 문제점이나 기회라는 형태로 나타난다. 문제(problem)는 일반적으로 정상이 아닌 상태를 말하며 계획과 어긋난 상태를 말한다. 즉 조직에서 문제란 조직의 업적이 이미 설정된 목표치에 미달할 때 나타나며, 기회(chance)는 조직업적이 현재의 업적수준을 초과할 때 나타난다. 첫 번째 단계인 문제의 발견 및 확인의 중요성은 관리과정에서 가장 중요한 단계라 할 수 있다. 문제 확인의 과정에서 문제 그 자체와 문제의 징후

문제의 본질을 파악하기 위해서는 내부 및 외부에서 수집된 정보를 바탕으로 신중하게 파악해야 한다.

를 혼돈해서는 안 된다. 징후는 문제가 존재할 가능성에 대한 표시이다. 예를 들어, 특정 부서에서 높은 결근율을 보였다면 이는 문제의 징후이지 문제 그 자체는 아니다. 하지만 징후도 매우 중요하다. 징후는 경영자에게 문제의 존재 가능성을 알려주기 때문이다. 그래서 경영자는 조직의 외부환경과 내부환경에 대한 정보를 수집하고 조직 내부·외부에서 수집된 정보의 분석을 통해 문제가 정확히 무엇인가를 확인해야 한다. 높은 결근율의 경우 그 문제점은 해당 부서의 직무가 적절히 설계되지 않았다거나, 그 부서의 직무에 대한 임금률이 상대적으로 너무 낮다거나 또는 그 부서의 책임자의 지휘방법에 문제가 있다거나 하는 것이 될 것이다.

2.2 문제의 진단 및 원인분석

문제점이나 기회의 가능성이 확인되면 그 상황에 대한 이해가 강조되어야 한다. 문제의 저변 및 의사결정 환경에 있는 원인을 분석하기 위한 노력이 곧 진단이다. 문제의 원인을 깊이 있게 탐색하는 노력 없이 곧바로 대안적 해결책의 개발로 넘어가는 것은 관리자가 범하기 쉬운 오류중의 하나이다. 예를 들어, 우리에게 영향을 미치고 있는 불균형상태는 무엇인가? 그와 같은 상태가 언제 발생하였는가? 그러한 문제가 어디에서 일어났는가? 그러한 문제가 어떻게 일어났는가? 그러한 문제가 누구에게 일어났는가? 그러한 문제의 긴급성은 무엇인가? 그러한 문제에 존재하는 여러 요인들 간의 상호연관성은 무엇인가? 어떤 활동에서 어떤 결과가 초래되는가? 이와 같은 의문의 제기는 실제로 어떤 일이 왜 발생했는가를 구체화하는 데 도움이 될 것이다.

2.3 해결방안 개발

의사결정과정의 세 번째 단계는 문제에 대한 대안적 해결책을 발견하는 단계이다. 이 단계는 현재의 문제 상황과 추구하는 결과와의 차이를 줄이기 위한 활동이 무엇인가를 찾아내는 단계이다. 이 단계가 효과적으로 수행되기 위해서는 의사결정자가 창의적인 대안을 마련할 수 있도록 충분한 시간 및 여건을 제공하며 창의적인 대안을 창출하는 과정에서 이해관계자들은 다른 사람들의 아이디어를 이해하고 수용하여야 한다. 간혹 대안적 해결책의 개발에 대한 중요성이 이를 위해 소요되는 시간과 노력 때문에 간과되는 경향이 있다. 신속한 해결을 추구한 결과 다른 차선책의 대안을 개발하지 못하고 넘어가 버리므로 효과적인 해결책을 고안해 낼 수 있는 기회가 그만큼 줄어들게 된다. 이 단계의 예로서 높은 결근율 때문에 어려움을 겪고 있는 그 부서의 사례를 생각할 수 있다.

상위 관리층에서 이 부서의 결근율 원인을 조사하고 나서 그 부서의 관리자가 대인관계 능력에 문제가 있다고 결론을 내렸다고 할 때 문제의 해결에 대한 대안은 다음과 같이 생각해 낼 수 있을 것이다. ① 그 관리자를 해고한다. ② 그 관리자를 다른 부서로 전근시킨다. ③ 그 관리자를 강등시킨다. ④ 새 관리자를 배치한다. ⑤ 승진대상자를 그 관리자의 직위에 배치한다. ⑥ 다른 부서의 관리자와 수평적 교체를 한다. ⑦ 대인관계 능력 개발을 위한 훈련 및 연수를 받도록 조치한다.

2.4 대안평가 및 선택

네 번째 단계는 대안이 마련되고 대안의 목록이 작성되고 나면 각 대안을 평가하는 힘든 작업을 시작하는 단계이다. 대안을 평가하는 데에는 여러 가지 방법이 있다. 각 대안의 찬·반 양론을 전개하여 평가하는 방법, 각 대안에 대한 비용/수익분석, 각 대안의 요인별 충족능력을 비교하는 방법 등 다양하다. 어떤 평가방법을 사용하든지 의사결정자가 각 대안적 해결책을 3가지 기준에 의해 평가하게 된다.

여기에서 말하는 3가지 평가기준이란 ① 실행가능성 기준(feasibility), ② 효과성 기준(effectiveness), ③ 결과의 중요성 기준(consequences) 등이다. 결근율의 예를 다시 생각해 보자. 결근율이 높았던 부서의 경우 의사결정자는 7가지의 대안들(해고, 강등, 수평적 이동, 신임관리자 채용, 승진, 훈련 등)을 평가할 때 위와 같은 3가지 평가기준을 적용해야 한다. 이와 같은 평가가 이루어지고 나면 그 다음은 최적의 대안을 선택한다. 사용된 평가방법에 따라 선택과정은 매우 단순하게 진행된다. 그러나 철저한 평가과정을 거쳤을지라도 최선의 대안이 드러나지 않는 경우가 있다. 이와 같은 경우에 관리자는 실행가능성기준과 효과성기준 및 조직에 초래될 최소비용의 결과기준을 모두 고려하여 최선의 대안을 선택하게 된다. 결근율이 높은 부서의 경우 그 부서의 관리자를 대인관계 능력을 위한 연수프로그램에 참가시키는 대안이 가장 최선의 대안이 될 것이다. 다른 대안에 비하여 실현가능성이 높고 효과성도 높으며 비용이 가장 낮은 대안이 되기 때문이다. 그렇게 함으로써 조직이 훈련에 대해 높은 가치를 부여하며, 어려운 처지에 있는 사원을 도와 계속 성장하게 한다는 경영철학에 대한 손상이 없게 될 것이다.

2.5 대안실행

선택된 대안의 개념을 현실화시키는 과정이 바로 대안의 실행단계이다. 대안의 실행은 의사결정의 과정에서 매우 중요한 단계이다. 아무리 훌륭한 대안이라 하더라도 적절하게 실행되지 않으며 문제를 해결할 수 없다. 흔히 관리자들은 필요한 자원이나 에너지, 능력, 지식, 리더십기술, 동기유발 등이 결여되어 대안의 실행을 그르치는 결과를 초래하기도 한다. 의사결정의 성공적인 실행은 성원들의 결정내용에 대한 수용 여부와 그와 같은 결정이 잘 실행될 수 있도록 해야 한다. 그러므로 그와 같은 의사결정에 의해 영향을 받게 될 구성원들을 다른 단계에는 물론 실천단계에도 참여시켜야 한다. 의사결정과정의 모든 단계에 걸쳐 구성원들을 참여시키면 의사결정에 대한 그들의 지지는 물론 문제해결을 위한 헌신적 노력을 얻어 낼 수 있다.

2.6 평가 및 피드백

의사결정과정의 마지막 단계는 의사결정의 효과성에 대한 평가 및 피드백 단계이다. 의사결정과정의 첫 번째 단계에서 확인되었던 문제가 해결되었는가? 그렇지 않다면 최적의 대안이 실천된 후 첫 단계에서 확인된 문제의 상태보다는 훨씬 개선된 상태에 접근하고 있는가?

만약 실천된 의사결정이 문제해결을 하지 못하고 있다면 관리자는 그와 같은 실패의 원인을 규명해야 한다. ① 잘못된 대안을 선택한 것은 아닌가? ② 올바른 대안을 선택하였으나 실천과정이 적절하지 않았는가? ③ 의사결정과정의 첫 번째 단계에서 확인된 문제점이 잘못 확인된 것은 아닌가? ④ 실천된 대안이 효과를 발휘할 만한 충분한 시간이 경과되지 않은 것은 아닌가?

앞에서 예로 들었던 부서에서 높은 결근율의 원인을 리더의 대인관계 능력의 결여로 보고 여러 대안 중에서 리더를 대인관계 능력 훈련프로그램에 참가시키도록 했던 경우 관리자는 그와 같은 대안의 효과성을 평가하는 수단으로서 다음 몇 가지를 고려할 수 있을 것이다. ① 그 리더의 대인 간의 기술이 향상되었는가를 관찰하고, ② 그 부서의 결근율 수준을 측정하고 그 수준이 용인할 만한 수준에 와 있는가를 확인해 보며, ③ 성원들이 리더의 대인 간의 기술수준에 만족하고 있는가를 알아보기 위해 성원들로부터 피드백을 받아보는 것 등이 이에 해당된다.

제 3 절 의사결정의 모형

3.1 고전모형

의사결정의 고전모형은 관리자가 의사결정을 어떻게 해야 한다는 것을 제시하고 있는 서술적 접근법이다. 그리고 이 모형은 합리적 모형이라고 부르기도 한다. 이 모형은 경제적 가정에 근거하고 있으며 관리자는 논리적이고 합리적이어서 조직에 최선의 이익이 되는 의사결정을 한다고 가정한다. 〈표 11-1〉은 고전모형의 기본 가정을 제시하고 있다.

표 11-1 고전모형의 기본 가정

고전모형의 가정
① 관리자는 의사결정에 관한 완전한 정보를 가지고 있다. 그래서 확실성의 상황하에서 의사결정을 한다.
② 문제점은 속속들이 분명하게 밝혀질 수 있다. 의사결정자는 가능한 모든 대안을 찾을 수 있고, 그 대안의 실천결과에 대해 알고 있다.
③ 계량적 기법과 합리적 및 논리적 사고를 활용한다. 의사결정자는 모든 대안을 평가하여 최적의 대안을 선택한다. 즉, 문제에 대한 최선의 해결책을 제시함으로써 의사결정의 효과를 극대화시킬 수 있다.

3.2 관리모형

고전모형과는 대조적으로 의사결정의 관리모형은 관리자가 실제로 어떻게 의사결정을 하고 있는가에 대한 현상을 제시하고 있는 실증적 모형이다. 조직모형, 신고전모형, 행동모형으로도 불리는 이 관리모형은 사이먼(H.A. Simon)의 연구에 근거를 두고 있었으며 1978년 노벨 경제학상을 수상하였다. 사이먼

표 11-2 관리모형의 기본 가정

관리모형의 가정
① 의사결정에 관한 불완전한 정보를 가지고 있다. 그래서 위험과 불확실성의 상황하에서 의사결정을 한다.
② 문제점은 속속들이 분명하게 밝혀질 수 없다. 의사결정자는 가능한 대안적 해결책이나 그 결과에 대해 한정된 정보나 지식 및 자원만을 가진다.
③ 의사결정자는 대안을 탐색한다. 의사결정자는 첫 번째 접하게 되는 만족스런 대안을 선택한다.

은 사람이 반드시 논리적 사고와 합리성을 가지고 의사결정을 하는 것은 아니라는 사실을 인정하고 있다. 관리모형을 대표하는 두 가지 개념인 제한적 합리성의 개념과 만족의 개념을 제시하고 있다. 제한적 합리성이란 사람의 합리성에는 한계가 있다는 의미이다. 사람은 자신의 가치관, 자신의 기술, 불완전한 정보 등에 의해 제약을 받기 때문에 인간의 합리성이란 제한적이라는 것이다. 만족의 개념이란 의사결정자가 의사결정과정에서 문제점을 만족스럽게 해결해 줄 것이라고 생각되는 첫 번째 대안을 선택하고 만다는 개념이다. 그래서 만족의 개념은 관리자가 더 나은 대안적 해결책이 비록 존재하고 있을지라도 첫 번째로 접하게 된 만족스러운 대안을 선택하여 실천하게 되는 경향이 있다는 것을 제시해 주고 있는 것이다. 〈표 11-2〉는 관리모형의 기본 가정을 보여주고 있다.

허버트 사이먼(H.A. Simon)은 경제학에서 개념으로 설정한 합리적인 경제인이 아닌 확정된 범주의 합리성에 기초하여 행동하는 만족인을 제시하여 '제한적 합리성'이라는 개념과 '만족'이라는 개념을 의사결정과정에 적용하였다.

3.3 의사결정모형의 적용

어떤 의사결정모형이 가장 옳은 것인가? 고전모형은 규범적이다. 즉, 의사결정자가 어떻게 의사결정을 해야 하는가를 설명하고 있는 모형이다. 이 모형은 의사결정자가 이상적인 최선의 의사결정을 하도록 하는 어떤 지침을 제공한다. 그러나 고전모형은 지나치게 비현실적이고 시간이 소요되어 현실적인 경영상황에 적용하기가 어렵다. 관리모형은 관리자들이 실제로 어떻게 의사결정을 하고 있는가를 정확하게 설명하고 있는 실증적 모형이다.

특히, 비정형화된 의사결정이나 위험과 불확실성의 상황에서의 의사결정을 잘 대변하고 있다. 의사결정모형은 관리자의 의사결정과정을 보다 더 잘 이해하는 데 도움이 될 때 그 가치가 인정될 수 있다. 고전모형은 관리자가 의사결정과정에서 보다 더 논리적이고 합리적이 되기 위해 최선의 노력을 해야 한다는 것을 제시하고 있다. 반면에 관리모형은 의사결정과정에서 관리자의 합리성에 한계가 있다는 것을 제시하고, 그러한 한계가 의사결정에 어떻게 영향을 미치는가를 설명하고 있다. 그래서 두 모형은 모든 관리기능의 바탕이 되는 의사결정에 대한 이해를 위해 유용한 지침과 통찰력을 제공해 주고 있는 것이다.

제 4 절

집단의사결정

지금까지 논의된 모든 주제들은 의사결정의 유형, 의사결정에 영향을 미치는 상황, 의사결정과정의 단계, 의사결정모형으로 개인에 의한 의사결정이나 집단에 의한 의사결정에 적용될 수 있는 주제들이다. 그러나 오늘날 거의 대부분의 의사결정이 집단에 의해 이루어지고 있다.

조직에서 의사결정이 한 사람에 의해 이루어지고 있는 경우를 찾아보기가 쉽지 않다. 복잡하고 동태적인 경영환경은 한 사람이 가지고 있는 것보다 전문화된 지식을 요구하고 있다. 그래서 기업은 건실한 경영의사결정에 필요한 충분한 정보와 전문성을 확보하기 위해 집단의사결정에 의존한다. 일단 의사결정이 이루어지고 난 다음에는 그 실행의 성공 여부가 그 결정을 실행에 옮기는 집단성원들의 강한 실천의지에 달려 있다. 그래서 의사결정과정의 모든 과정에 걸쳐 집단이 참가되고 그 결정을 수용하게 되며 그 결정의 실행에 대한 헌신성을 확보할 수 있게 된다. 팀, 태스크 포스, 위원회와 같은 집단이 권한 확대를 통해 의사결정을 하도록 하는 것은 조직에서 일반화되고 있는 현상이다.

4.1 집단의사결정의 기법

4.1.1 브레인스토밍(Brain-Storming)

브레인스토밍은 집단성원들이 문제해결을 위해 머리에 떠오르는 아이디어를 즉흥적으로 제시하도록 하는 기법이다. 이 방법의 기본목적은 제안된 아이디어의 실천가능성 여부를 떠나 창의적인 대안(아이디어)을 많이 만들어내려는 데에 있다. 전형적인 브레인스토밍은 6~12명으로 구성된 집단이 탁자에 둘러앉아 십난리너에 의해 설명된 구체적인 문제를 해결하기 위해 모두가 새로운 아이디어를 제출한다. 〈표 11-3〉은 브레인스토밍을 위한 원칙이다.

브레인스토밍을 통해 아이디어를 획득하고 이를 바탕으로 문제해결을 위한 방법을 도출해 낸다.

표 11-3 브레인스토밍을 위한 원칙

브레인스토밍을 위한 원칙
① 비판엄금의 원칙: 아무리 엉뚱한 아이디어라도 서로가 비판하지 않는다.
② 자유분방의 원칙: 마음에 떠오르는 것은 무엇이나 제출한다.
③ 질보다 양의 원칙: 우수한 해결책보다는 양적으로 많은 아이디어를 생각해 낸다.
④ 결합 및 개선의 추구: 브레인스토밍이 실시되고 있는 동안에는 다른 사람의 아이디어에 대한 비판이나 평가가 결코 허용되어서는 안 된다.

4.1.2 노미널 집단기법(Nominal Group Technique)

노미널 집단기법에서는 모임의 진행순서가 정해져 있고 의사결정(해결책을 제안하는)과정에서는 상호간의 커뮤니케이션을 하거나 논의를 하는 것을 제한한다. 이 방법은 상호작용적이고 짜임새 없이 자유분방한 브레인스토밍과는 달리 집단성원들이 전통적인 회의에서와 마찬가지로 회의장에 출석하여 상호 독립적으로 문제해결을 위한 창의적인 아이디어를 제안하도록 한다.

노미널 집단기법은 다음과 같은 단계를 따라 진행된다.

① 성원들이 하나의 집단으로 모여 문제해결을 위한 논의가 시작되기 전에 각 성원들은 독자적으로 그 문제해결에 대한 자기의 아이디어를 종이에 적는다.
② 이 같은 무언의 아이디어 창출 시간에 뒤이어 각 성원은 집단 전체 앞에 자신의 아이디어를 제출(제시)한다. 이 경우 모든 집단성원들이 차례로 돌아가며 자신의 아이디어를 제시하고 제시된 모든 아이디어는 기록이 되고, 모든 아이디어의 기록이 끝날 때까지는 논의를 하지 않는다.
③ 그리고 나서 집단은 논의를 시작하여 그들의 아이디어의 내용이 무엇인가를 분명히 한다거나 평가를 한다.
④ 그리고 각 성원들은 말없이 독자적으로 그 아이디어들의 서열을 매긴다. 그리하여 종합순위서열이 최고인 아이디어가 최종결정으로 채택된다.

노미널 집단기법은 다음과 같은 이유로 매우 유용한 기법이다. 첫째, 모든 집단성원들이 의사결정과정에서 동등한 투입을 할 수 있다. 둘째, 동조의 압력, 자기검열, 몇몇 성원들의 독점적 지배, 적대감, 갈등 등을 피할 수 있게 한다.

4.1.3 델파이 기법(Delphi Technique)

앞의 두 방법보다는 더 복잡하고 시간이 소요되는 기법이다. 델파이 기법에서는 공식적인 회합이 없이도 많은 전문가들로부터 전문적 의견을 수집하기 위해 설문지를 사용한다. 브레인스토밍이나 노미널 집단기법과는 달리 델파이 집단에 참여한 사람들은 대면적인 회합이 결코 없고 또 지역적으로 다른 지역에 살고 있기 때문에 서로간에 얼굴을 보게 될 우려도 없다. 델파이 기법의 단계는 다음과 같다.

① 해결할 문제 파악: 해결해야 할 문제가 무엇인지를 그 문제의 내용을 보다 명확히 하여 신중하게 작성된 설문지를 각 성원들에게 발송하고 설문지에 그 문제의 해결책이 될 수 있는 아이디어를 적어 다시 회송해 달라고 요구한다.

② 최초 설문지 작성: 각 성원들은 독자적으로, 그리고 익명으로 첫 번째 설문지를 완성하여 다시 회송한다.

③ 설문 결과 분석: 첫 번째 설문의 결과는 진행담당부서에 의해 수집·분석·정리되어 그것을 다시 각 성원들에게 발송한다.

④ 해결책 제시: 성원들은 첫 번째 설문의 결과를 검토한 후 자신이 제안한 해결책을 수정하거나 전혀 새로운 해결책을 다시 제시하여 설문지를 회송한다.

⑤ 의견합일에 도달할 때까지 ③단계와 ④단계의 작업을 되풀이한다.

4.2 집단의사결정과 개인의사결정의 차이

어떤 기법을 활용하든지 간에 집단의사결정은 개인의사결정과 비교하여 분

표 11-4 집단의사결정의 장점과 단점

장 점	단 점
① 보다 완전한 정보와 지식: 한 사람의 개인보다는 집단에 더 많은 정보가 있는 것이 전형적이다. 그래서 집단은 의사결정에 보다 다양한 정보를 제공할 수 있다. ② 해결책에 대한 수용가능성의 증진: 최종적인 의사결정이 실행단계에서 실패하게 되는 경우가 있는데 이는 사람들이 그와 같은 해결책을 수용하려고 하지 않기 때문이다. ③ 합법성의 증대: 집단의사결정과정은 민주적 이상과 일치되는 것이다. 그래서 집단의사결정은 한 개인에 의한 결정보다 더 합법적인 것으로 지각된다.	① 시간의 소비: 집단회의를 소집하는 데는 시간이 소요된다. 집단이 일단 소집되어 상호작용을 하게 되며 그것이 종종 비능률적인 경우가 있다. ② 동조의 압력: 집단에는 사회적 압력(social pressure)이 있다. 집단성원들의 대부분이 그 결정을 수용하고자 하는 열망이 있고, 그 결정이 집단에 중요한 것으로 생각하는 경우 그것이 의견의 불일치를 억누르게 되는 결과를 초래할 수 있다. ③ 책임소재의 불분명: 의사결정의 책임은 집단성원들이 분담한다. 그러면 최종결과에 대하여 누가 실제로 책임을 질 것인가? 개인의사결정에 있어서는 의사결정의 책임소재가 분명하다.

명한 장단점을 가지고 있다. 집단의사결정은 개인의사결정보다 더 위험한 결정을 하는 경향이 있다는 것이다. 개인의사결정과 집단의사결정의 결과를 비교한 연구에 의하면 집단은 평균적인 개인보다 더 높은 양질의 의사결정을 내린다. 그러나 과업이 복잡하고 집단구성의 능력이 비교적 낮은 개인들로 집단이 이루어졌을 때에는 특출한 개인이 집단보다 더 나은 업적을 올린다는 것이다. 두 사람의 머리가 한 사람의 머리보다 더 나은가? 이에 대한 대답은 과업의 특성, 집단성원의 능력, 상호작용의 형태 등과 같은 여러 가지의 요인에 달려 있다. 〈표 11-4〉는 집단의사결정의 장점과 단점을 제시하고 있다.

제 5 절

의사결정모형 및 창의력 개발

5.1 의사결정모형

의사결정은 개별관리자가 하는 것이라고 생각되지만 경영현실에서는 개인의사결정자도 집단의 한 부분이고 많은 관리자들이 의사결정과정에 낮은 계층의 종업원들을 참여시키고 있다. 사실 어떤 결정은 고도의 종업원참가를 요구하고 있다. 이와 같은 경우에는 위원회, 태스크 포스, 부서 전원의 참여 등을 통하여 의사결정이 이루어진다. 이하에서는 브룸-제이고 모형을 가지고 참가적 의사결정을 설명해 보기로 한다. 이 모형은 의사결정에 종업원참가의 정도를 결정하는 데 도움이 될 수 있는 지침을 제공하고 있기 때문이다.

브룸과 제이고는 관리실무자들에게 실무적인 지침을 제공해주고 있는 의사결정참가모형을 개발하였다. 이 모형은 관리자들로 하여금 의사결정과정에 종업원의 참가수준을 어떻게 정하는 것이 옳은가를 제시하고 있다. 그리고 이 모

상황론적 접근방법을 통한 이 모형은 지도자의 의사결정 행동이 의사결정의 질과 구성원의 수용성에 어떤 영향을 미치는가에 대한 분석을 하는 데 근거하고 있다.

형은 3가지 요소로 구성되어 있다. ① 리더의 의사결정(참가) 스타일, ② 의사결정상황을 분석하기 위한 진단적 질문, ③ 의사결정의 규칙 등이 그것이다.

5.2 의사결정의 개선

오늘날의 경영환경에 대응하기 위해서는 신속한 의사결정이 이루어져야 한다. 의사결정의 질적 수준을 높이기 위해 조직성원들의 창의력과 혁신능력을 촉진할 수 있는 조직의 능력이 중요시되고 있다. 경쟁압력이 관리자들로 하여금 창의적인 사고를 촉진하고 다양한 의견을 공유할 수 있는 환경을 만들어가도록 요구하고 있다. 모든 의사결정을 리더가 혼자서 단독으로 진행되어 그 결정이 실행되어 일선작업자에게 하향적으로 지시하는 방식은 부적절한 것일 뿐만 아니라 비능률적이다. 따라서 조직은 문제의 핵심에 가장 가까이 있는 모든 사람들을 참여시켜 개발되지 않고 있는 그들의 잠재적인 창의력의 발휘를 촉진해야 할 것이다.

잘못된 의사결정에 빠지는 5가지 함정

경영은 수많은 의사결정으로 이루어진다. 특히, 기업 전체의 나아갈 방향을 결정하는 경영진의 의사결정은 기업의 생존과 멸망을 좌우할 정도로 매우 중요하다. 잘못된 의사결정에 빠지게 되는 몇 가지 함정과 극복 방안에 대해 살펴본다.

90년대 초부터 선진 기업들은 해외 시장 개척을 위해 직/간접 투자, 전략적 제휴, 인수/합병, 생산/마케팅 기능 이전 등을 활발히 전개하였다. 이들 기업 중 성공한 기업도 있으나 상당수는 실패하였는데, 그 주된 원인 중 하나는 진출 국가의 문화적 특성이나 현지인의 가치관/행동 양식에 대한 충분한 사전조사 없이 성급하게 진출한 것에 있다고 하겠다. 즉, 실패한 기업들은 진출 국가에 대한 면밀한 조사 없이, 자국에서의 사업 경험을 바탕으로 기존의 전략이나 관리시스템을 그대로 적용했던 것이다. 이러한 추측과 성공에 대한 막연한 기대에 의한 의사결정은 많은 기업들의 성공적인 해외 진출의 꿈을 접게 만들었다.

당시 비주력 분야였던 이동통신으로 집중하여 세계적 이동통신 전문 회사로 성장한 Nokia의 Ollia 회장을 들 수 있다.

반면, 잘못된 의사결정으로 쇠락의 길로 접어드는 기업도 많이 있다. 제약 산업에 있었던 Upjohn은 Merck 등 대규모 제약회사들이 대규모 R&D 시설을 확충하면서 신제품 개발 등 기술적인 면에서는 더 이상 경쟁할 수 없는 현실에 처하게 되었다. 그럼에도 불구하고 맹목적으로 R&D 투자를 더욱 늘리는가 하면, 충분한 역량 검증 없이 그 당시 성장 산업이었던 플라스틱과 화학사업으로 다각화를 하다가 결국 자금 부족 및 수익성 악화로 Pharmacia 회사에 합병되는 결과를 맞이하였다. 이러한 사건들을 보면 경영진의 의사결정이 얼마나 중요한가를 새삼 느낄 수 있다.

이러한 잘못된 의사결정을 내리게 되는 원인 중의 하나는 의사결정의 주체인 사람에게 있다. 아무리 많은 컨설턴트나 비즈니스 전문가들의 분석과 조언, 풍부한 정보, 체계적인 의사결정 시스템 등이 있더라도 의사결정자의 왜곡되고 편협한 관점과 사고로 인해 잘못된 방향으로 판단하는 경우가 종종 있다. 잘못된 의사결정에 빠지게 되는 몇 가지 함정과 그 대책방안에 대해 살펴본다.

함정 1: 눈으로 보는 것만이 현실이다

의사결정과정에서 흔하게 빠져들 수 있는 첫 번째 함정은 눈으로 보이는 것만을 현실이라고 믿는 것이다. 두 눈으로 직접 보지 못하거나 경험하지 않은 것들은 현실에서 발생하지 않을 것이라는 착각이 바로 그것이다. 이런 함정에 빠질 경우 현재 자신이 생각하는 틀 내에서 항상 보던 방식대로 사물을 바라보는 '관점의 고착화'가 발생하게 된다. 즉, 시장, 경쟁사 등 사업 환경을 전체적으로 바라보지 못하고 좁은 시야에서 보기 때문에 의사결정에 필요한 충분한 정보를 얻지 못하게 된다. 또한, 과거의 패턴이나 추세에 입각하여 현실을 바라보며 이미 자기에게 익숙한 과거의 대응 방식만을 선택하기도 한다. 이러한 현상은 다양한 산업/환경에서의 경험이 부족하거나 특정 분야에만 오래 일하여 생각과 관점의 폭이 좁아진 사람에게서 주로 나타나게 된다.

1800년대 중반에 설립된 Western Union은 송금업무 전문기업으로 기술과 규모에 따른 진입장벽의 이점으로 1960년대까지 엄청난 수익을 내며 안정적으로 사업을 운영해 왔다. 그러나 1960년대부터 텔렉스, 팩스, 일일 배달 등 대체재 산업이 등장하였지만, 동사의 경영진들은 자사의 독점적 지위를 허물어뜨린 전신 사업에 진입한 기업들과의 경쟁에 더욱 신경을 썼다. 그러는 동안에 대체재 성격의 산업들이 급속히 발전하면서 1980년대에는 현금 유동성이 악화되는 등 기업 상황이 어려워져 결국 1987년 도산하였다. 이는 기업이 속해 있는 현재 산업만을 전부로 여기고 주변 환경에 적절한 주의를 기울이지 않을 경우, 기업의 생존에 얼마나 큰 영향을 주는가를 잘 보여주는 예라 하겠다.

한편, 이러한 현재에 국한하지 않고 폭넓은 관점에서 의사결정을 하여 성공한 기업도 있다. 제과용 빵의 소다(Soda)를 만드는 Arm & Hammer는 누가 보더라도 시장이 점차 줄어드는 사양산업이었다. 그러나 소다가 먼지 흡수기능이 있다는 사실이 발견된 이후, 동사는 세제, 카펫 클리너, 치약, 세수 용품 등 다양한 제품으로 사업을 확장하여 새로운 사업 성장기를 맞이하였다.

함정 2: 결정한 것은 끝까지 성공시켜야 한다

두 번째 함정은 이미 지나간 과거 의사결정에 대한 미련과 집착이다. 비록 그것이 안 좋은 결정이라고 하더라도 포기하기에는 이미 너무 많은 투자나 노력을 기울였기 때문에 미련을 갖게 되는 경우이다. 문제는 이런 과거에 대한 집착이 현재, 또는 미래의 전략적 방향 설정 및 투자 등 중요한 의사결정에도 부정적인 영향을 미칠 수 있다는 것이다. 이러한 함정에 빠지는 근본 이유는 무엇인가? 자신의 실패를 공개적으로 인정하기 싫어하는 사람의 심리에 있다. 자기 실수를 인정하고 포기할 경우, 주위의 비난은 물론 스스로 자존심에도 심각한 타격을 받게 되기 때문이다. 즉, 자존심과 체면을 지키기 위해 잘못된 결정인 줄 알면서도 계속 진행해 가는 것이다.

때로는 조직 분위기가 의사결정자의 과거에 대한 집착을 유도하는 경우도 있다. 예컨대, 실패에 대한 용서가 전혀 허용되지 않는 분위기에서는 잘못을 은폐하기 위한 노력을 더욱 많이 할 것이다. 그 결과 실제 중요한 정보가 왜곡되고 불필요한 자원이 투입되는 등의 부작용이 발생하게 된다. 이러한 함정은 과거 지속적으로 순탄하게 성장해 오거나 이미 많은 성공을 통해 대·내외적으로 명성을 얻는 사람들이 쉽게 빠질 수 있다.

예를 들어보자. Quaker의 회장인 William Smithburg은 Snapple이라는 브랜드를 더욱 성장시킬 목적으로 Snapple이라는 청량음료 회사를 인수하였다. 그러나 생각과는 달리 Snapple의 매출은 날로 떨어져 갔다. 회장은 자신의 판단이 적절했음을 보이기 위해 새로운 포장과 라벨, 광고를 위해 더욱 막대한 돈을 퍼부었으며, Snapple 브랜드를 포기하자는 의견을 제시하는 임원들은 누구든 해고하였다. 2년이 지난 후 Quaker는 결국 Snapple을 다시 매각할 수밖에 없었다.

함정 3: 과거 자료나 추세만을 중시한다

사람의 특성 가운데 하나는 자신의 생각이 옳은 것인가를 가늠할 수 있는 기준점(프레임)을 찾는 것이라고 한다. 어떻게 행동해야 할지 막연하거나 불확실한 상황에서는 더더욱 그러할 것이다. 이러한 기준점은 심리적으로 편안함을 주고 판단의 척도로 사용될 수 있다는 장점이 있으나, 그런 것들에 너무 집착할 경우 잘못된 의사결정으로 흐를 수 있다. 기준점으로 많이 활용되는 가장 대표적인 예가 바로 과거의 자료나 추세를 통한 미래 예측이다. 예컨대, 마케팅/생산 계획, 연간 예산계획을 수립하는 보고서들을 보면 항상 처음에 나오는 것이 바로 과거의 매출, 성장률, 수익성 등 추세와 관련된 자료들이다. 이러한 자료들은 경기를 예측하거나 향후 경영 여건을 가늠하는 데에는 상당 부분 도움을 줄 수 있으나, 문제는 주어진 기준이나 프레임 외의 다른 요인에 대한 관심을 저하시킬 수 있다는 것이다. 또한, 그 기준이 정말 옳은 것인지에 대한 근본적 사고보다는 기준에 의한 의사결정 그 자체만을 주된 목적으로 삼는다면 보다 중요한 요인들을 간과하거나 창의적이고 혁신적 사고를 저해할 수 있다.

함정 4: 늘 하던 대로 자신에게 편한 방식을 고수한다

새로운 것을 찾기보다는 늘 하던 대로 자기에게 편한 방식을 고수하는 경우이다. 이러한 함정은 장기간 동안 어느 한 분야에만 몸 담았던 사람들에게서 자주 발생한다. 이들은 다양한 주장이나 관점을 받아들이기 보다는 자신이 이미 머릿속에 가지고 있던 생각이나 틀에 맞는 자료나 정보만 선별하여 흡수하며, 새로운 결정을 하는 것을 두려워하고 참신한 것의 도입을 꺼려 한다. 이러한 함정에 빠지는 경영진은 모든 데이터에 의심의 눈초리를 보내며, 특히 자신의 가치관/세계관에 반하는 정보에는 강한 거부감을 가지게 된다.

Polaroid는 탁월한 사진기술을 기반으로 한 전통적인 R&D 회사이었다. 그러나 너무 강한 R&D 회사라는 가치관은 기업 전체의 의사결정에 오히려 부정적인 영향을 미쳤다. 개발된 제품을 효과적으로 생산, 판매하기 위해서는 마케팅이나 자금 조달 등과 같이 다른 부문도 충분히 고려하여 의사결정을 내려야 했음에도 불구하고, 항상 R&D를 투자의 우선 순위로 삼았다. 시장, 경쟁사, 고객의 변화나 추세는 그다지 중요한 점이 아니었다.

그 결과 점차 매출이 감소하고 자금이 원활히 흐르지 않게 되어 서서히 기업이 위축되는 결과를 초래하였다.

함정 5: 나의 능력을 믿는다

자신의 능력에 대한 과대평가도 의사결정 실패의 주요한 원인 중의 하나이다. 보통 '이 정도면 충분하다', '우리 회사의 현 위치를 보면, 달성할 수 있다'는 식의 생각을 하는 사람이 전형적인 예이다. 자신이 모든 상황을 통제할 수 있다고 믿는 특성이 있으며, 아주 작은 확률을 가지고 있는 상황은 거의 의사결정 과정에서 배제한다. 이러한 함정은 과거의 성공 체험에 익숙하거나 시장에서 선도기업을 경영하는 사람에게서 자주 발생하게 된다.

예컨대, McDonald는 90년대 초반까지 생산 과정의 표준화를 통해 최대한 신속하게 제품을 만드는 것을 주된 경쟁력의 원천으로 삼고 있었다. 그러나 고객들의 요구는 변해가고 있었다. 다양한 메뉴를 고르고 싶어 했고, 보다 영양가 있는 다양한 제품을 먹고 싶어 했다. 이러한 틈새를 노리고 Burger King, Taco Bell 등의 회사가 신규 제품을 들고 시장에 들어왔다. 그러나 McDonald는 전통적으로 강점을 갖고 있는 표준화된 대량 생산방식으로 신규 경쟁자를 누를 수 있다고 생각하였다. 그러나 결국 고객들이 외면하게 되었고, 이에 동사는 곧바로 Mc Pizza, McLean, Arch Deluxe 등 신제품을 출시하였으나, 다시금 소비자를 사로 잡는 데에는 실패하고 말았다.

성공적 의사결정을 위한 포인트

경영진이 잘못된 관점과 생각을 바로 잡고 합리적이고 올바른 의사결정을 하도록 도와주기 위한 몇 가지 방안에 대해 살펴보자.

포인트 1: 서로 다른 유형의 사람을 옆에 두어라

경영진이 다양한 관점에서 의사결정을 하도록 도와주기 위해서는 경영진 주위의 사람을 다양하게 구성할 필요가 있다. 경영환경이 점점 더 복잡해지고 정보가 훨씬 다양화되면서 특정한 사람이 모든 사업 사안에 대해 깊이 알고 결정을 내리기는 힘들게 되었다. 따라서 경영진에게 다양하고 신선한 정보를 제공하고 균형된 시각에서 의사결정을 할 수 있도록 다양한 배경과 지식을 가진 사람들을 주위에 포진시켜 두어야 한다. 예컨대, Yahoo의 설립자인 Jerry Yang과 David Filo는 사업 기회를 포착하는 데에는 남다른 능력이 있었으나, 경영자로서는 역량이 부족함을 느꼈다. 이에 그들은 탁월한 경영능력을 지닌 Timothy Koogle을 CEO로, 마케팅 지식을 지닌 Jeffry Mallet을 CEO로 영입하는 등 다양한 기능적 전문성을 보유한 사람으로 경영진을 구성하여 의사결정의 질을 높였다고 한다.

또한, 다양성을 확보하기 위해서는 조직 내부에서 자신과 성격이나 스타일이 다른 사람을 의도적으로 육성할 필요가 있다. 흔히, 자신의 후계자를 지목하거나 팀원을 선발할 때, 자신과 비슷한 사람을 선발하려는 경향이 많이 있다. 실력이나 자질보다는 성격, 가치관, 태도 등에 있어서 자신과 비슷한 사람이 함께 일하기에 심리적으로 편하기 때문이다. 그러나 너무 지나칠 경우, 생각과 관점의 다양성이 부족해질 수 있다.

예컨대, GE의 전 회장인 Reginald Jones는 차분하고 조용한 성격이었으나, 자신의 후계자로서 다소 무례하고 거침없고 논쟁을 좋아하는 Jack Welch를 후계자로 지목한 바 있다. 그의 결정은 오늘날 GE가 초일류 기업으로 부활하는 계기가 된 것이다.

포인트 2: 현실을 냉철하게 직시하라

냉엄한 현실을 직시하면서 철저히 현실에 기반을 두고 의사결정을 해야 한다. 대·내외적 환경적 여건을 충분히 고려하지 않고, 낙관적/이상론적 사고에 의해 의사결정을 할 경우 실패할 가능성이 높다. 최악의 상황이 발생할 확률이 작다 하더라도 이에 대처할 수 있는 시나리오를 만들어 둘 필요가 있다. 따라서 최대한 다양한 루트(Root)를 통해 의사결정에 필요한 정보를 수집하고, 여러 상황들을 종합적으로 고려하여 냉철하게 결정해야 한다.

앞서 언급한 Upjohn과는 달리 Abbott Labs는 더 이상 최고의 제약회사가 될 수 없다는 현실을 냉철하게 직시하고, 대신 최고의 수익률을 높일 수 있는 영양제, 진단 장비 쪽으로 사업방향을 전환하여 집중하였다. 그 결과 1974년 이후 15년간 지속적 성장하였으며 시장수익률의 4배 이상의 성과를 거두었다고 한다.

포인트 3: 가치 있는 실수는 과감히 포용하라

Cisco Systems의 John Chambers 회장은 '실패는 할 수 있다. 그러나 실패로부터 배우지 않는 사람에게 줄 자리는 없다'고 말하면서, 실패 자체보다는 실패로부터 학습하지 않는 것을 경계하고 있다. 의사결정의 질을 높이기 위해서는 실수는 누구나 할 수 있다는 점을 인정하고 가치 있는 실수에 대해서는 충분히 배려하고 포용해야 한다. 잘못된 결정에 대한 비판과 문책만을 앞세울 경우, 거짓된 정보와 헛된 기대감에 휩싸여 더욱 왜곡된 의사결정을 초래할 수 있다. Boeing에는 이러한 실패로부터 배우는 문화가 잘 조성되어 있다. 'Project Homework'라는 진단 팀을 구성하여 과거 실패한 프로젝트나 결함이 많은 기종들의 개발과정을 철저히 분석하여 제품 생산 역량을 높여가고 있는데, 가장 성공적인 기종인 757, 767기도 이러한 과정을 거쳐 나온 것이라고 한다.

포인트 4: 현장에서 정보를 얻어라

의사결정을 내릴 때 반드시 결정 사안과 관련된 현장을 직접 방문하고, 사실(Fact)에 기초한 의사결정을 내리도록 해야 한다. 머릿속에 있는 가설적 추론에 의존한 결정은 실제 원하는 결과와 많은 괴리를 보일 수 있기 때문이다. 실제 토론과정에 직접 참여하는 것도 좋은 방법이다. 보통 경영진은 최종 보고서를 보고 의사결정을 하는 경우가 많은데, 이럴 경우 그러한 최종 보고서가 만들어지는 과정에서의 수많은 논의와 현실에 대해 잘 모를 수 있다. 따라서 경영진이 보고서를 만드는 팀의 의사결정 과정에 참여하여 직접 이야기를 듣는 것도 의사결정의 성공률을 높일 수 있는 좋은 방법이다.

포인트 5: 자신에게 솔직해야 한다

의사결정은 결국 자신에게 얼마나 정직하고 진솔하게 대하는가의 문제라고 볼 수 있다. 모르는 부분이 있으면 솔직히 인정하고, 다른 사람에게 조언을 얻어서 더 나은 의사결정을 내리려는 자세를 지녀야 한다. 자신의 과오나 부족함을 인정하지 않는 사람은 결코 훌륭한 결정을 내릴 수 없다.

이를 위해서는 자신의 장·단점을 충분히 인식할 수 있는 감성적 역량의 확보가 선행되어야 한다. 자신을 잘 모르는 사람은 다른 사람에게도 정직하게 대하지 못하게 된다. 자기를 아는 사람만이 타인의 의견과 관점도 충분히 수용할 수 있으며, 부족한 부분을 개선하기 위해 노력할 수 있다. 특히, 의사결정 과정에서 실수를 하더라도 이를 숨기기보다는 솔직히 인정하고 더 큰 문제로 확대되지 않도록 대안을 마련해야 한다. 중요한 점은 다시는 그러한 실수를 범하지 않도록 원인을 철저히 규명하고, 이러한 학습을 통해 의사결정 능력을 개발하려는 노력을 게을리 해서는 안 될 것이다.

출처: LG경제연구원.

Chapter 12

통제화

조직이 효과적으로 그 기능을 발휘하려면 사전에 목표가 설정되어야 한다. 그러나 목표설정 그것만으로는 불충분하다. 목표가 일단 설정되고 나면 목표달성을 위한 제반 활동과 여러 자원이 조직화되어야 하고, 관리자와 종업원들은 그 목표의 달성을 위한 여러 가지 활동을 바르게 수행해야 한다. 그런 후 그 목표의 달성을 향한 종업원들의 활동의 성과가 측정되어야 하고, 그 활동의 성과가 목표달성에 공헌을 하고 있지 못할 경우, 그 활동은 변경되든지 아니면 제거되어야 한다. 즉, 통제가 이루어져야 한다.

이번 장에서는 통제에 대한 전반적인 의미와 유형 및 전략, 그리고 통제의 영향에 대하여 설명하고자 한다.

제 1 절

통제기능의 의의

통제기능은 경영관리과정의 최종 부분이다. 통제(control)란 실제 결과와 예상했던 목표 간의 일치 여부를 검토하는 관리과정이다. 두 일이 일치하지 않을 경우 필요한 조치를 취하는 것이라고 할 수 있다. 즉, ① 업무수행의 성과와 원래의 계획을 비교하고, ② 업무수행의 성과와 원래의 계획 간에 차질이 생겼을 때, 그것을 수정하는 조치를 취하는 것을 말한다.

조직이 효과적으로 그 기능을 발휘하려면 사전에 목표가 설정되어야 한다. 그러나 목표설정만으로는 불충분하다. 목표가 일단 설정되고 나면 목표달성을 위한 제반 활동과 여러 자원이 조직화되어야 하고, 관리자와 종업원들은 그 목표를 달성하기 위한 여러 가지 활동을 바르게 수행해야 한다. 그런 후 그 목표의 달성을 향한 종업원들의 활동의 성과가 측정되어야 하고, 그 활동의 성과가 목표달성에 공헌을 하고 있지 못할 경우, 그 활동은 변경되든지 아니면 제거되어야 한다. 이러한 통제기능은 대부분의 조직상황에서 공통적으로 나타나는 다음과 같은 사실들 때문에 그 중요성이 강조되고 있다.

① 불확실성: 미래는 계획이나 목적에 의해 다루어진다. 그러나 미래는 항상 불확실하므로 통제가 필요하고 시간의 경과와 함께 활동, 계획, 목적까지도 수정 및 조정이 필요하게 된다.

② 복잡성: 조직의 규모가 방대해지면 그에 수반되는 활동범위가 다양해지고 복잡성이 증가하므로 적절한 통제를 통해 활동, 계획 및 목적의 조정과 통합이 필요하다.

③ 능력한계: 인간의 능력은 한계가 있다. 미래의 복잡하고 예측 불가능한 환경에 대한 대응은 언제나 오류가 있기 마련이다. 따라서 어떤 상황에서도 판단의 오류는 나타날 수 있기 때문에 통제는 그와 같은 오류를 지

경영상의 통제는 체계적인 시스템을 활용한 모니터링을 통해 조직의 목표달성을 위한 방향을 제시하는 것이다.

적해 내는 데 도움이 된다.

④ 위양과 분권화: 위양과 분권화를 통해 하위계층의 의사결정권한은 증대된다. 의사결정권한이 계층을 따라 상위계층에서 하위계층으로 하향하게 되면, 그 결과에 대한 책임을 묻기 위해 통제메커니즘이 필요하게 된다. 즉, 통제는 위양과 분권화를 통하여 결과에 대한 책임을 확실히 할 수 있다.

그러나 이러한 통제기능의 효과적인 수행은 계획을 선행조건으로 한다. 계획이 수반되지 않고는 무엇이 바람직한 기업 경영활동을 위한 목표이며, 그 경영활동을 수행하기 위한 기준이 무엇인가에 대한 사전의 이해가 있을 수 없다. 따라서 경영활동을 수행하기 위한 바람직한 기준이 무엇인가에 대한 이해가 없이는 통제기능을 수행할 수 없다.

제 2 절

통제과정의 단계

통제는 문제를 사전에 예방하고, 문제에 대한 수정을 가하며, 기회에 대한 탐색을 통해 필요한 조치들에 강조점을 두게 된다. 통제과정의 고전적 의미에서는 공학에서 다루는 순수한 형태로 온도조절기를 들 수 있다. 자동온도조절장치의 기침을 특정한 온도에 맞추어 놓으면, 실제온도가 목표온도를 벗어나는 경우되면 자동온도조절장치는 그 차이온도를 스스로 측정하여 목표온도로 돌아가도록 수정조치를 취한다. 이러한 자동온도조절장치를 일종의 사이버네틱 통제체계라 한다. 사이버네틱스는 결과 또는 성과를 감시하고 수정할 수 있는 능력을 가진다는 점에서 자체 해결적이다. 그러나 관리상의 통제에 있어서는 사이버네틱 통제시스템이 거의 불가능하다. 그래서 관리자는 다음 〈그림 12-1〉과 같은 관리과정의 4가지 단계를 거쳐 통제기능을 수행하게 된다.

그림 12-1 통제과정의 4가지 단계

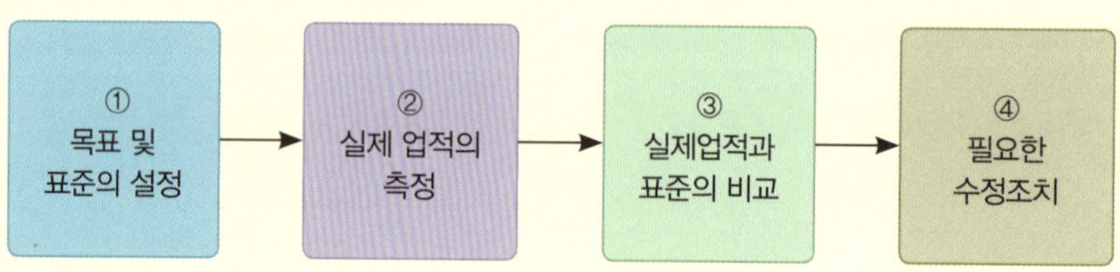

2.1 표준설정

활동성과 혹은 업무수행업적을 측정하고 수정조치를 취하기에 앞서 적절한 표준이 설정되어야 한다. 사실 이 표준설정은 계획단계의 목표설정에 해당되

는 것이지만, 통제기능의 주요한 부분을 이루고 있다. 표준설정은 계획기능 속에 포함되기도 하지만 통제활동의 일부분이기도 하다. 달성해야 할 업적의 표준이 설정되지 않으면 조직활동을 정확하게 측정·평가할 수 없다. 예를 들어, 인사관리를 담당하고 있는 관리자가 자기 부서의 성공적인 업적에 결정적인 영향을 미칠 수 있는 중요한 성공요인들을 찾아내었다고 하자. 첫째, 회사 전체의 월간 이직률을 1.5% 이하로 한다. 둘째, 일선 감독계층에서의 고충처리율을 4대1로 되게 한다. 셋째, 사고발생률을 작업시간 백만 시간당 7건 이하로 한다. 위의 표준들은 인사관리부서의 활동성과를 측정하는 표준척도가 될 수 있다.

일반적으로 관리자가 당면하게 되는 통제상의 문제점은 표준이 없어서가 아니라 표준달성의 어느 부분이 부서나 조직의 성공에 결정적으로 영향을 미치게 되는가를 결정하는가이다. 관리자는 어느 누구 할 것 없이 자기기 맡은 부서나 조직이 모든 활동에서 표준을 능가하는 성과를 올리게 하고 싶겠지만, 그것은 거의 불가능한 일이다. 그러므로 관리자에 의해 설정된 표준에는 목표달성에 있어 가장 중요하게 작용하는 분야, 즉 성공 여부에 결정적 역할을 하는 분야가 반영되어야 한다.

2.2 성과측정 및 표준비교

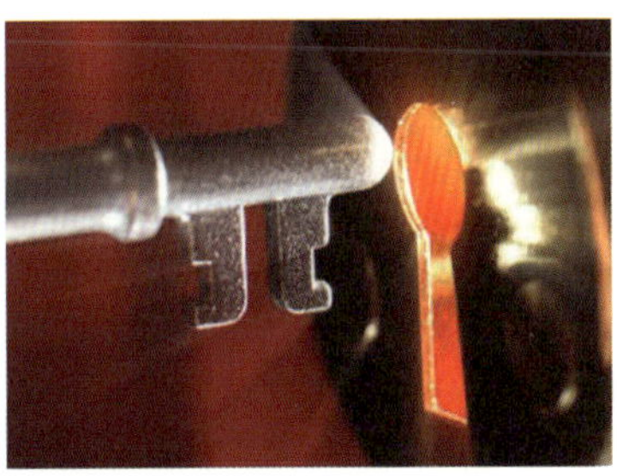
통제과정의 1단계에서 설정된 표준과 실제업적을 비교하여 성과를 측정한다.

표준이 설정되고 나면 조직활동을 통해 그 표준이 어느 정도로 되고 있는가를 측정하기 위한 여러 가지 방법을 고안해야 한다. 활동의 투입, 처리과정, 산출 등에 관한 정보를 수집하고, 이를 표준과 비교해야 한다. 만약 두 가지 결과가 도출되었다고 하자. 첫째 결과는 실제업적이 업적표준과 동일한 경우이다. 이러한 결과는 현상유지의 경우로서 수정조치를 하지 않는다. 그러나 미래에도 바람직한 업적을 유지하기 위해서 경영관리적 노력은 지속적으로 필요하게 된다. 두번째 결과는 실제업적이 업적표준과 차이가 나는 경우이다. 예외의 경우로서 관리자는 이를 위해 어떤 조치를 취해야 하는가에 대한 의사결정을 하기 위해 필요한 준비를 해야 한다.

2.3 수정조치 및 피드백

활동성과를 표준과 비교한 후에는 수정조치를 취할 것인가를 결정해야 한다. 활동성과가 설정된 표준에 미달성되면 이에 상응하는 수정조치가 요구된다. 만약 이직률이 표준으로는 2%가 책정되어 있으나, 실제로 8%로 나타났다면 그 원래 설정했던 표준치의 4배나 높은 이직률이 된다. 그러면 경영자는 이러한 결과에 대한 원인을 파악하고 이에 상응하는 수정조치를 취해야 할 것이다.

제 3 절

통제 유형과 전략

3.1 연구대상

통제는 일반적으로 세 가지 유형으로 분류된다. 투입통제(혹은 사전통제), 과정통제, 산출통제(혹은 사후조치, 피드백통제) 등이다. 투입통제는 작업이 시작되기 전에 실시되는 통제활동으로서, 여기에서는 적절한 방향이 설정되고 있는가, 목표달성을 위해 적절한 자원 활용이 가능한가 등의 검토를 통해 일이 시작되기 전에 수정될 수 있도록 표준이나 목표로부터 벗어난 차이를 찾아낸다. 따라서 여기에는 목표의 재점검, 선발·배치의 적정성 여부, 원자재 검사, 예산요구, 직무기술서, 훈련, MBO 계획, 생산 일정계획, 판매예측들이 포함된다.

과정통제는 작업과정에서 무슨 일이 일어나는지에 초점을 맞춘다. 현재 진행되고 있는 운영상의 활동들을 감시하고 올바르게 진행되고 있는가를 확인한다. 이와 같은 통제는 제조과정에서 수정조치를 취하려는 통제방법이다. 여기에는 업적평가, 리더십, 품질관리, 보상, 생산관리 통제, 갈등해결, MBO 중간 점검, 편람, 돌발사태 대응 계획 등이 포함된다.

산출통제는 작업이 완결된 후에 실시된다. 산출통제는 투입통제나 과정통제와는 달리 최종제품이나 서비스에 초점을 둔다. 산출통제는 계획이나 활동에 도움이 될 수 있는 피드백 정보를 제공해 주며 자원투입이나 작업흐름의 과정에서 어떤 부분이 최종제품이나 서비스의 개선을 가져오게 될 것인가를 확인함으로써 투입통제와 과정통제에 도움을 준다. 여기에는 품질통제, 비용분석, 재무분석, 성과급 인상, 훈련, 갈등해결, MBO 최종점검, 감사, 상여금 등이 포함된다.

3.2 통제전략

통제의 책임에는 두 가지 방법이 있다. 첫째는 종업원들로 하여금 스스로 행동하도록 하는 통제법이다. 이를 내적 통제전략이라고 부르는데, 동기화된 개인이나 집단이 직무상의 기대를 충족시키기 위해 자기규제를 하게 한다. 둘째는 종업원들의 과업행동을 통제하기 위해 관리자가 직접적인 조치를 취하는 방법이다. 이를 외적 통제전략이라고 하는데, 개인적인 감독이나 공식적 관리시스템을 활용함으로써 이루어진다.

3.2.1 내적 통제(Internal Control)

내적 통제는 곧 자율통제이다. 맥그리거가 주장한 Y이론에 근거한 것으로 사람은 자신들의 활동에서 자율적 통제를 하려고 한다는 것이다. 그리고 내적 통제전략은 종업원에 대한 관리자의 높은 신뢰도를 유지시킨다. 자율통제는 직무에 대한 헌신성이 높은 경우에 가능하다. 따라서 내적 통제전략을 활용하려면 구성원들을 성과목표 및 성과표준의 설정과정에 참여시켜야 한다.

3.2.2 외적 통제(External Control)

외적 통제는 내적 통제를 보완하여 조직구성원들이 조직의 목표를 달성할 수 있도록 유도한다.

외적 통제는 내적 통제를 보완하는 것으로서 조직 내의 공통목표를 지향하도록 하기 위해 관리자가 직접 종업원을 통제하는 전략이다. 외적 통제에 있어 우선 관리자는 종업원들의 작업을 직접 관리·감독한다. 결과로 나타날 성과를 위한 필요 조치를 취함으로써 통제 기능을 수행한다. 이와 같은 외적 통제에는 직무기법이 중요한 역할을 한다. 예를 들어, 어떤 직무에서는 컴퓨터기술이 개인의 작업행동과 업적을 통제하는 데 활용되고 있다. 기술집약형 생산시스템 내에서는 기술적 통제가 가능하고 업적의 예측까지 가능하게 된다. 그리고 외적 통제는 관리자들이 적절한 관리·통제시스템을 개발하여 실천할 때 더욱더 완벽해진다.

다음 두 가지의 기본적인 통제(모티베이션)전략 중 내적 전략은 종업원들에게 내적 보상(성취감, 책임감, 성장, 직무충실) 등을 제공한다. 외적 전략은 종업원들에게 외적 보상으로 신분의 상징, 관료적 통제 등을 제공한다. 그러나 이들 두 가지 사이에는 여러 가지 형태의 결합이 가능할 것이므로, 상황에 적합하게 전략을 결합하는 것이 가장 효과적이다.

〈표 12-1〉은 통제전략에 대한 질문과 해답이다. 지금까지 통제의 개념적인 측면, 즉 통제의 단계, 통제의 유형 및 통제의 전략에 대하여 설명하였다. 이하에서는 통제의 구체적인 측면, 즉 통제의 단계들을 구체적으로 설명하고 통제의 기법들과 효과적인 통제방법 등에 대하여 설명해 보기로 한다.

표 12-1 통제전략의 결정을 위한 질문과 해답

1. 나는 일반적으로 관리 유형을 가지고 있는가?	참가적 스타일	나는 의사결정과정 중 종업원들의 견해가 나와 다를 때 그것을 말하도록 한다. 그래서 정보를 교환하며, 가능하면 그들이 의사결정을 하게끔 한다.
	지시적 스타일	가장 필요한 직무관련 정보만을 전달하고 자세하고 세밀한 지시를 내리고 있다.
2. 조직은 특정한 형태의 조직풍토 및 보상시스템을 가진다.	참가적 스타일	조직의 모든 계층의 종업원들이 의사결정에 참여하고 있고, 어떤 사건의 방향에 나름대로의 영향력을 행사하도록 하며 구성원은 종업원의 기술개발 및 의사결정 능력에 대해 보상을 받게 한다.
	비참가적 스타일	가장 중요한 결정이 최고위층의 몇 사람에 의해 결정된다. 관리자들이 종업원의 능력개발에 대한 보상을 받게 되어 있도록 의사결정에 참여하도록 고무하지도 않는다.
3. 종업원 업적의 중요한 부분에 대한 측정이 정확하고 신뢰할 만하다.	정확하다	측정은 신뢰할 만하다. 측정치에 있어서의 변화는 업적의 변화를 측정할 수 있다. 측정에 대해 종업원들이 쉽게 조작하거나 속일 수 있다.
	부정확하다	업적의 모든 중요한 측면이 측정되지 않고 있다. 좋은 업적에 대한 정의가 규정되어 있지 않다.
4. 종업원들이 의사결정에 참가하고 싶어 하는가?	참가의욕이 높다	종업원들이 의사결정에 몹시 참가하기를 원한다. 구성원들은 의사결정에 공헌할 수 있으며 더 많은 책임을 맡기를 원한다.
	침가의욕이 낮다	종업원들이 의사결정에 관여하고 싶어하지 않는다.

제 4 절

활동성과의 측정 및 비교

4.1 활동성과의 측정 및 표준과의 비교

일단 표준설정이 이루어지고 나면 그 다음은 성과를 측정하는 일이다. 성과측정은 활동성과가 설정된 표준에 도달되었는가 미달되었는가를 알려준다. 〈표 12-2〉는 측정방법이 제시되어 있다.

표 12-2 활동성과 측정의 종류 및 설명

종 류	설 명
회계 자료	기업조직내 많은 활동의 내용이 회계처리과정(accounting process)에 의해 기록된다. 보유현금상황, 완제품의 재고상황, 외상매입금 및 외상매출금, 간접비 등에 관한 정보는 모두 회계기록에서 얻어진다. 이 밖에도 회계정보를 통해서 얻을 수 있는 활동성과에 대한 정보는 매우 많다. 관리자가 어떤 회계정보를 활용하여 활동성과를 측정할 것인가는 설정된 표준 여하에 달려 있는 것이다.
산출 총량의 측정	그 회사가 생필품을 생산하든지 보험을 판매하든지 간에 그들의 활동성과를 총량적으로 측정하여 설정된 표준총량과 비교해야 한다. 예를 들어, 1일, 1주일 혹은 1개월 동안 그 부서에서 산출되는 산출량을 나타내는 생산기록에서 산출총량을 측정하고 그것을 표준총량과 비교하게 된다. 그 밖에 종업원 이직률 및 결근에 대한 보고기록도 총량적 측정에 활용될 수 있다.
품질의 측정	오늘날 산업체에서 품질을 측정하기 위한 많은 기술들이 개발되어 활용되고 있다. 예를 들어, 어떤 회사에서 베어링(bearing)을 생산하고 있다면 생산된 베어링의 품질이 일정한 품질표준에 적합한가를 알아보기 위해서 마이크로미터(micrometer)라고 하는 장치를 이용하여 수시로 표본검사를 실시한다. 그리하여 매 표본의 검사결과는 관리도(control chart)에 기록된다. 이와 같은 관리도에 나타난 정보가 곧 베어링의 품질표준의 미달 여부를 말해줄 수 있다. 그리고 관리자는 품질에 관한 정보를 소비자들로부터 얻어 낼 수도 있다. 소비자들을 고무하여 그들이 기대했던 것보다 낮은 품질의 상품에 대하여 이야기하도록 한다. 이렇게 해서 얻은 정보를 검토·분석하고 그 결과를 설정된 표준과 비교한다.
시간의 측정	모든 활동에는 시간기준이 설정되어 있다. 작업자의 업무수행에 소요되는 시간을 측정하기 위해서 스톱 워치(stop watch)를 사용하는 것이 그 일례이다. 다음 장에서 설명하게 되는 간트도표(Gantt chart)는 시간측정을 위해 고안된 매우 좋은 도표이다. 이 간트도표는 실제 생산진도와 미리 설정된 시간표준을 비교함으로써 시간통제를 유효하게 해보자는 데 그 목적이 있다. 그 밖의 시간측정기법에는 PERT기법이 있다.
태도 및 사기의 측정	종업원들의 욕구충족은 조직의 과업성적에 매우 중요한 영향을 미친다. 그들의 욕구충족의 여부는 그들의 태도에 나타나고, 태도는 곧 그들의 업무수행에 연결되기 때문이다. 이와 같은 태도에 대한 간접적인 측정은 고충발생률(grievance rate)이나 이직률 및 결근율 등을 통해서 할 수 있다. 그러나 오늘날에는 많은 조직에서 종업원들의 내부상태를 알아보기 위해 태도 혹은 사기조사(morale surveys)를 주기적으로 시행하고 있다.

4.2 적절한 수정

4.2.1 표준 및 목표의 수정

설정된 표준 자체가 비현실적일 수 있다. 현재의 경영자원이나 기술을 가지고는 그것을 달성할 수 없는 상황인데도 무리한 목표를 설정하는 경우가 있기 때문이다. 이 같은 경우에는 다음과 같은 두 가지 문제를 고려해야 한다. 첫째, 목표달성을 뒷받침하는 정책, 절차 및 방법의 적절성을 검토해야 한다. 둘째, 설정된 표준이나 목표의 수준을 줄이는 문제도 고려되어야 한다. 이와 같은 목표수준의 변경결정에는 설정된 목표나 표준이 현재의 조직능력이나 집단능력으로 달성하기 힘들다는 확신이 전제되어야 한다.

4.2.2 훈련 및 선발방법의 개선

종업원 선발방법의 개선과 훈련방법의 개선을 통하여 통제 가능하다. 만약 능력이나 자질이 낮은 사람들 혹은 그 직무에 흥미가 없는 사람들이 채용된다면 그 직무수행을 위한 적절한 훈련이 어렵다. 결국 이러한 문제를 해결하기 위해서는 적재적소의 선발원칙이 요구된다.

4.2.3 모티베이션

종업원의 업무수행은 능력과 모티베이션의 승수관계에 있기 때문에 종업원이 능력을 갖추고 있어야 할 뿐만 아니라 열심히 일하려고 하는 의지가 필요하다. 따라서 관리사는 모티베이션을 위해 계속적인 노력을 기울여야 한다. 종업원들의 모티베이션을 위해 관리자가 고려해야 할 내용들을 열거하면 ① 보람 있고 도전적인 일, ② 높은 업적성과에 대한 인정, ③ 업적수준에 따른 승진, ④ 의사결정에의 참가, ⑤ 지원적인 리더십 등이다.

2.2.4 직무 재설계

조직설계의 잘못과 직무설계의 잘못으로 인해 설정된 목표수준에 미달되는 경우도 있다. 이와 같은 경우 구성원들 간의 업무가 중복되어 누구도 그 업무수행의 결과에 책임을 질 수 없게 된다. 어떤 경우에는 그 직무수행의 책임을 가지고 있으나 그 업무를 수행할 권한은 결여되어 있는 경우도 있다. 이러한 경우는 잘못된 조직화의 결과로 나타나는 현상이다. 따라서 관리자가 수정조치를 취해야 할 경우 조직을 재편성하는 문제도 고려에 넣어야 한다.

제 5 절

통제기법

오늘날 조직 내에서 빈번하게 활용되고 있는 통제기법이 무엇인가를 아는 것은 경영자의 중요한 업무 중의 하나이다.

5.1 예산통제

예산은 모든 관리기능의 수행에 도움이 되는 것 이외에도 다양한 조직활동에 걸쳐 연결되어 있기 때문에 중요한 의미를 가진다. 제품생산활동에 있어서 원자재 및 설비의 구입, 마케팅활동에 있어서 판매비 및 광고비, 인적자원관리에 있어서 인력의 선발 및 훈련비용 등은 모두 예산의 뒷받침이 있어야 하기 때문이다.

5.1.1 예산편성 과정

예산은 보통 다음 두 가지 방법으로 편성되는데 하향식 방법과 상향식 방법이 그것이다. 하향식 방법은 최고 경영층에 의해 편성되며, 하위계층과 별다른 논의 없이 하위 경영층에 시달된다. 상향식 방법에 의한 예산은 재무담당 부서장이나 경리담당자에 의해 편성되는 것이 보통이다. 그러나 대부분의 조직은 예산실행의 책임을 지고 있는 관리자들에 의해 예산이 편성되도록 하는 절차를 따르고 있다. 이와 같은 상향식 방법에 의한 예산편성은 다음과 같은 몇 가지 장점을 갖는다. ① 하위계층의 관리자들이 그들의 예산요구의 내용 및 제약점 등에 대한 현실적 감각을 가지게 된다. ② 예산의 중요한 요소들이 간과될 가능성이 줄어든다. ③ 예산편성과정에 참여한 관리자들이 좋은 업적을 이루기 위한 동기화가 용이하다.

그러나 관리자들은 상향적 방법에 의한 예산편성에서 나타날 수 있는 다음과 같은 몇 가지 문제점을 인식하지 않으면 안 된다. 첫째, 많은 관리자들이 희소하고 한정된 기업내 자원을 놓고 서로 많이 배분 받으려고 경쟁하게 되는 경우 정치적 행위가 증가하게 된다. 상급자와 지나치게 우호적 관계를 유지하려 하거나 다른 관리자의 능력과 기술을 깎아 내리고, 정보시스템을 통해 은밀히 다른 경영자의 예산상의 비밀을 알아내려고 하는 것이 바로 정치적 행위의 예이다.

둘째, 자기 부서에서 필요하다고 생각되는 자금을 확보하기 위해 자기들의 재무적 필요를 과장하여 요구하기도 한다. 그런데 이 같은 상향적 방법에 의한 예산편성과정에는 다음과 같은 중요한 단계들이 포함된다.

5.1.2 예산의 종류

조식 선체의 예산은 부서의 예산, 부문의 예산, 그 밖의 개별 부서 예산 등으로 구성되어 있다. 조직에서 흔히 볼 수 있는 세 가지 유형의 예산은 운용예산, 재무예산, 변동비 및 고정비 예산 등이다.

① 운영예산: 예산회기 동안 각 조직단위가 소비할 것으로 기대되는 원자재, 상품 및 서비스 등을 고려한 예산이다. 이 운영예산은 책임중심점을 기초로 하여 가장 잘 분석될 수 있다. 여기에서 책임중심점이란 비용센터, 수익센터, 이익센터 등을 의미한다.

② 재무예산: 재무예산은 특정기간 동안 조직이 자금을 어떻게 사용하는가를 다루고 있는 예산이다.

③ 고정비예산/변동비예산: 지금까지의 예산들은 단일수준의 산출을 가정하여 수립한 예산들이다. 이와 같은 예산을 고정비예산이라 한다. 그러나 산출수준이 달라지는 경우가 발생하는 경우에는 변동비예산이 요구된다.

5.1.3 예산편성의 현대적 접근법

영리조직이나 비영리조직들이 예산수립과정에서 새로운 접근법을 도입하고 있다. 이 중 가장 널리 알려진 것들 가운데 PPBS(Planning-Programming-Budgeting System)와 영기준예산접근법(Zero-Base Budgeting System)이 있다.

① PPBS접근법: 미국의 케네디 행정부에서 PPBS라고 하는 예산편성기법을 최초로 사용하였다. 이 기법은 국방성 내에서 비용이 많이 드는 프로그램의 중복을 찾아내어 그것을 제거시키려는 기법이다.

② 영기준예산접근법: 예산수립과정에서 경영자들은 당해년도의 현행예산을 기준으로 하여 차기의 예산년도에 발생할 변화에 맞추어 각 예산항목을 조정한다.

즉 이런 방법은 과거의 지출은 적절한 것이고 또 그러한 지출이 지속되어야 한다는 것을 가정한 것이다. 그래서 경영자의 관심은 차기 연도에 추가되는 비용을 전년도를 기준으로 적절하게 조정하는 데 있다. 그러나 '영기준예산접근법'에 의한 예산편성에 있어서는 그러한 가정이 존재하지 않는다. 매 회계연도의 예산편성은 무의 상태, 즉 영기준에서 출발해야 한다는 것이다.

5.2 감사

감사(audit)란 어느 한 집단이 다른 집단의 업무수행에서 잘못한 점을 찾아내려는 노력을 의미한다. 감사대상기관의 업무상의 비행을 밝혀내는 것이 감사의 기본목적이지만 그것이 감사의 유일한 목적은 아니다. 감사의 가장 핵심적인 목적은 분석, 확인 및 수정을 목적으로 하는 조직활동의 조사활동이다. 따라서 감사는 조직의 재무제표의 정직성과 공정성을 검증하는 데 초점을 맞출 수 있다. 사실 이것은 지금까지 감사의 주된 목적이 되고 있다. 그런데 조직 내에는 세 가지 유형의 감사가 있다. 외부감사와 내부감사, 그리고 경영감사가 있다. 외부감사 및 내부감사는 재무적 자료를 다루며, 경영감사는 관리실무와 정책을 평가한다.

5.2.1 외부감사

외부감사는 재무제표의 독립적 평가이다. 외부감사는 공인회계법인에 의해 실시되는 것이 일반적이다. 감사인의 업무는 재무제표를 작성하는 것이라기보다는 조직이 자산과 부채를 평가하는 데 있어 일반적으로 인정되는 회계원칙을 준수하고 있는가를 검증하는 것이다.

5.2.2 내부감사

많은 조직들은 자체 인력을 활용하여 지속적으로 내부적인 감사를 실시하고 있다. 내부감사의 목적도 외부감사의 그것과 유사하다. 즉, 내부감사도 조직의 재무제표가 조직의 실제 재무상태를 정확하고 정직하게 반영하고 있는지를 확인하고 검증하는 것이다.

5.2.3 경영감사

경영감사는 전체 조직의 운영에 대한 평가 및 사정과 관련된 감사라 할 수 있다. 경영감사에는 재무자료의 분석도 포함될 수 있지만 재무자료의 분석에 한정되지는 않는다. 경영감사는 조직의 목적, 전략, 계획, 정책, 자원 그리고 미래의 기회를 평가하고 검토한다.

5.3 재무분석

예산통제는 본질적으로 투입통제라 할 수 있다. 예산은 조직활동이 시작되기 전에 수립되는 것이다. 그래서 운영이 일단 시작되고 나면 그 다음 단계에는 관리자들이 다른 재무적 문제에 관심을 두게 된다. 즉 재무제표, 비율분석, 인적자원회계 등이 여기에 해당된다.

5.4 PERT

The start of a PERT Chart (Planning Evaluation Revue Technique)

PERT는 계획도구로서 유용하게 활용되고 있을 뿐만 아니라 통제도구로서도 널리 활용되고 있다. PERT가 비용통제에도 활용되고 있지만, PERT의 기본적인 활용목적은 프로젝트의 완성시간을 통제하는 데 있다. 다음은 PERT를 위한 실행순서이다.

① 프로젝트의 분해: PERT를 활용하기 위해서 먼저 프로젝트의 내용을 사건(event)별로 분해하고, 또 그 분해된 사건들을 다시 분석하여 일련의 네트워크를 형성한다. 이 경우 각 사건은 전체 프로젝트를 완성하기 위해 달성해야 할 하위목표가 된다. 그 다음으로 관리자가 고려해야 할 점은 이들 사건들이 어떻게 연결되고 있는가를 알아보기 위해 어떤 사건이 다른 사건의 달성 이전에 달성되어야 하는가를 확인해야 한다.

② 시간관계: 그리고 나서는 각 사건을 완성하는 데 소요되는 시간을 추정한다. 이와 같은 각 추정시간은 관리자가 전체 프로젝트 완성시간을 추정하는 데 크게 도움이 된다. 그리하여 결과적으로 만들어진 것이 PERT의 네트워크이다. 다시 말해서, 프로젝트를 각 작업의 활동으로 세분하여 이들 각 작업활동의 상호간에 시간적 순서관계를 연결하는 네트워크가 만들어진다. 하지만 모든 사건들이 다 서로 연결되어 있는 것은 아니다. 그들이 모두 다 서로 의존관계에 있지 않기 때문이다.

③ 주공정: 전체프로젝트를 완성하는 데 시간이 얼마나 걸릴 것인가? 이는 네트워크상에 나타나는 모든 사건이 완성되는 시간에 의해 결정된다. 네트워크상에서 프로젝트의 시발점부터 종료하기까지 가장 오랜 시간이 걸리는 경로, 즉 일련의 연결된 사건을 주공정(critical path)이라고 한다. '주공정'상에 있는 각 작업이 예정보다 많은 시간이 소요되면 전체프로젝트의 완성시간은 그만큼 늦어지게 된다. 그리고 '주공정'이 아닌 다른 경로는 그다지 중요하지 않다. '주공정'이 아닌 다른 경로는 '주공정'보다 시간이 덜 소요되기 때문이며, 여유시간(slack)이 생기게 되기 때문이다.

표 12-3 PERT의 이점과 한계점

이 점	한계점
첫째, 요소작업 상호간에 유기적인 관계를 밝혀 작업분배 및 진척관리를 명확히 할 수 있다. 둘째, 최적계획안을 선택함으로써 자원의 효율화를 기할 수 있다. 셋째, 업무수행에 따른 문제점을 사전에 예측해서 조치를 취할 수 있다. 넷째, 최저비용에 의한 공기단축이 가능하며, 불필요한 야간작업을 배제할 수 있다. 다섯째, 주공정 파악과 여유 있는 작업을 구분함으로써 중점관리가 가능하다. 여섯째, 계획공정표상의 요소작업별로 책임 부서가 명확해짐으로써 책임소재가 명확하다.	첫째, 프로젝트 네트워크의 개발과정에서 소수의 중요한 활동들이 누락될 수도 있다. 둘째, 활동의 선후관계가 반드시 정확하지 않을 수도 있다. 셋째, 시간추정은 항상 부정확한 요소를 포함하고 있다. 넷째, 대규모 프로젝트를 위해서는 컴퓨터를 사용해야만 한다.

④ 통제도구로서의 PERT: 앞에서도 언급한 바와 같이 PERT는 유용한 계획 도구이지만, 네트워크가 일단 개발되어 '프로젝트'상의 작업활동이 개시되면 PERT는 유효한 통제도구로 활용될 수 있다. 관리자는 예정된 진행계획을 실제의 진행실적과 대비함으로써 프로젝트의 어떤 부분에 관리의 중점을 둘 것인가를 판단할 수 있게 될 뿐만 아니라 언제 어디에서 시간 차질이 발생하는가를 확인할 수 있게 된다. 그리하여 관리자는 발생된 문제점을 수정하기 위하여 즉각적인 조치를 취할 수 있게 된다. 다음 도표는 PERT의 이점과 한계점을 제시하고 있다. PERT를 중심으로 한 프로젝트 일정계획기법은 프로젝트관리자에게 중요한 공헌을 할 수 있는데, 먼저 이 기법의 도입으로 기대되는 효과를 들면 〈표 12-3〉과 같다.

5.5 손익분기점 분석

손익분기점(BEP · break-even point) 분석은 예상되는 미래의 판매수익과 비용을 판매수익과 비용이 일치하는 점에서 판매량의 수준을 결정하는 것을 말한다. 그래서 손익분기점을 상회하는 판매량의 수준은 이익을 발생시키는데, 이는 수익

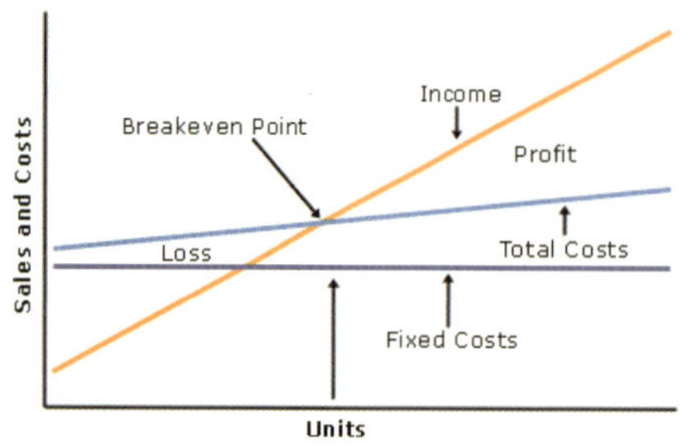

손익분기점은 총비용과 수입이 교차하는 지점에서 형성된다.

이 비용보다 크기 때문이다. 반면 손익분기점을 하회하는 판매량의 수준은 손실을 초래하게 되는데 이는 비용이 수익보다 크기 때문이다.

즉 손익분기분석이란 손익분기도표에 의해 기업조직의 판매액과 비용과의 관계를 비교하고 분석하기 위한 것으로, 이를 다른 말로 비용·판매량·이익관계(CVP·cost-volume-profit relationship) 분석이라고도 하며, 고정비와 변동비 및 판매수익을 나타내는 부분으로 구성된다. 이 손익분기도표는 선형관계, 즉 이들이 일정률로 변화하는 관계를 표시하고 있다.

손익분기점은 다음과 같은 공식에 의해 계산된다. 생산 또는 매출액을 S, 고정비를 F, 변동비를 V, 매출액에 대한 변동비의 비율을 $V/S=f(\%)$라고 하면 손익분기점생산액을 다음과 같이 계산할 수 있다.

$$\text{손익분기점의 산출공식}: X=F\div(1-(V/S))$$

이와 같이 하여 얻은 분석결과는 이익계획 및 이익목표의 설정을 위한 기초자료가 될 뿐만 아니라 이익목표의 달성을 위한 통제도구로도 사용할 수 있다.

제 6 절

통제의 영향

조직 구성원들의 행동이 완벽하게 이성적이고 논리적이라면 별로 문제될 것이 없다. 논리적이고 예측 가능한 시스템에서는 통제기능이 발휘되어 업무수행의 성적이 측정되고 적절한 수정조치가 취해지기 때문이다. 그러나 인간의 행동은 비논리적이고 예측 불가능한 측면이 많다. 만약, 사람들은 자기 행동이 엄격하게 통제 받는다면, 엄격하고 밀접하게 통제받고 있지 않을 때보다 더욱 불량한 업무수행을 하는 경우가 있다. 또한 어떤 사람은 관리자가 세밀하게 통제하지 않으면 자기에 대한 무관심으로 받아들이는 경우도 있다. 그러면 어떻게 하면 통제시스템이 종업원의 긍정적 지지를 확보하면서 업무활동을 통제할 수 있을 것인가?

6.1 흥미 상실

종업원들이 매우 엄격하게 통제되고 있다면 엄격한 통제에 대하여 종업원들은 불쾌하게 생각할 것이다. 그리하여 종업원들은 해고당하지 않을 정도의 최소한으로만 작업활동을 하고, 육체적으로는 직무에 임하고 있어도 정신적으로는 흥미를 잃게 될 수 있다. 결국 조직 내부의 많은 업무에서 종업원은 문책을 낭하시 않을 최소한의 능력만 발휘하게 되어 조직의 성과 향싱에 영향을 미치게 될 것이다.

6.2 이직 및 결근율 증가

많은 사람들은 자기가 싫어하는 통제상황에 대한 반응으로서 그 상황으로부터 벗어나려는 성향을 보이는 경우가 있다. 작업에서 오는 긴장에 원인이 있기도 하지만, 종업원들은 건강상의 핑계로 결근을 하거나 다른 회사로 일자리를 옮기는 경우도 있다. 어느 경우이든 조직은 경영성과의 감소, 이직 및 결근과 관련된 수당의 지급 및 인력충원을 위한 선발과 훈련비용 때문에 조직성과는 더욱 감소될 수 있다.

6.3 노동조합 참가

통제에 대한 또 하나의 반응으로 노조운동을 들 수가 있다. 만약 종업원들이 사용자들로부터 지나치게 통제 당한다면 강력한 노조를 결성하여 사용자의

행동에 대응할 것이다. 종업원들이 노조에 가입한다거나 혹은 노조를 결성하는 유일한 이유가 반드시 통제에 대한 저항은 아니지만 많은 사례에서 사용자의 지나친 통제가 자신들의 생존권에 위협을 준다고 생각하여 노조를 결성한다는 사실이 제시되고 있다.

6.4 자발적 협조

종업원들이 모든 통제에 대하여 부정적 혹은 저항만 하는 것만은 아니다. 그렇게 된다면 관리자가 종업원들의 업무수행을 측정할 수 없게 된다. 따라서 관리자는 종업원들이 자발적 협조를 할 수 있도록 생산적 통제를 계획하고 실천해야 한다. 그러면 어떻게 하면 그러한 통제 시스템을 개발할 수 있을 것인가?

6.4.1 구성원의 참가

통제를 위한 표준설정의 과정과 업무수행의 측정과정에 구성원을 참가시키는 것이 유익하다. 표준을 설정하는 과정이나 업무 수행을 측정하는 과정에 구성원을 참가시켜야 한다. 여기에는 다음 두 가지 점에서 이점이 있다. 먼저 새로운 통제시스템에 대한 저항을 감소시키고, 둘째는 관리자로 하여금 유익한 아이디어를 줄 수 있게 한다. 그러나 유의해야 할 사항은 관리자 자신이 진심으로 구성원의 참가를 원하지 않을 때는 결코 구성원의 참가를 요구해서는 안 된다는 것이다. 왜냐하면 구성원들은 기만적이고 위장된 참가요구에 더욱 강력한 저항을 할 수 있기 때문이다.

6.4.2 개방적 커뮤니케이션

사람들은 공감대를 갖고 있지 않은 사실에 대하여 훨씬 더 저항하려는 경향이 있기 때문에 관리자는 통제시스템이 어떠한 것이며, 왜 그렇게 해야만 하는가를 종업원들에게 설명하려는 노력을 보여야 한다. 만약 제시된 통제시스템으

개방적 커뮤니케이션은 관리자와 직원 간의 효과적인 협조를 이끌어 낸다.

로부터 종업원이 유익을 얻을 수 있다면 그 통제시스템은 종업원들이 이해할 수 있도록 설명되어져야 할 것이다. 그러나 여기에서 유의할 것은 관리자가 결코 이행 불가능한 약속을 해서는 안 된다는 점이다. 효과적인 커뮤니케이션은 일방통로가 아니라 종업원들과 상호 작용할 수 있는 통제시스템이어야 한다. 그렇게 하기 위해서는 관리자가 회의를 소집하여 통제시스템에 대한 합리적이고 개방적인 의견교환이 이루어져야 하며, 그 결과 통제에 대한 종업원들의 저항을 감소시킬 수 있어야 할 것이다.

성공하는 기업의 지식의 스폰지 조직

지식비전을 루틴으로 삼은 대표 기업은 혼다다. 1970년 미국에서 개정된 '맑은 공기 법령'에 준하는 CVCC엔진을 개발할 당시 회장인 혼다 소이치로는 "이것이 미국의 자동차 3사를 이길 수 있는 절호의 기회"라고 선언했다. 당시 미국의 자동차 3사는 새 법령에 반대하는 입장이었다.

하지만 혼다의 기술자들은 소이치로의 동기에 동의하지 않았다. 그들은 "자신들이 진정으로 원하는 것은 유해가스를 줄인다는 자동차 회사로서의 사회적 책임에 부합하는 엔진을 개발하는 일"이라고 말했다. 그들은 "우리의 아이들을 위해 그 일을 하겠다"고 말했다. 이 말을 들은 소이치로는 자신을 매우 부끄럽게 여긴 나머지 은퇴를 결심하기에 이른다.

이것이 기업이 추구해야 할 흔들림 없는 지식비전이다. 혼다의 지식비전은 'The Power of Dream'이라는 기업 모토처럼 '공익을 위한 꿈의 실현'이라는 절대가치에 있다. 기업이 공익의 지식비전을 간직하는 한 이기적이거나 누군가를 타도하기 위한 전략을 세울 수 없다는 것이다. 혼다는 오늘날까지도 설립자인 회장마저 뒤흔들 수 없었던 지식비전으로 정상을 지키는 기업이다.

피터 드러커가 지식의 중요성을 이야기했다면 노나카 교수는 그 지식을 나선형으로 상승시켜 기업의 흔들림 없는 경쟁력을 키울 일상(루틴)을 만들라고 주문한다. 앞으로도 끊임없이 소용돌이칠 세계에서 변화에 갈팡질팡하고 적응하지 못하는 우를 범하지 않으려면 말이다.

출처: 노나카 이쿠지로, 〈창조적 루틴〉, 2009.

3

PART 3

경영기능별 전략

제13장 인적자원관리와 조직관리

제14장 마케팅관리

제15장 생산관리와 경영정보시스템

제16장 재무관리와 회계

제17장 지식경영

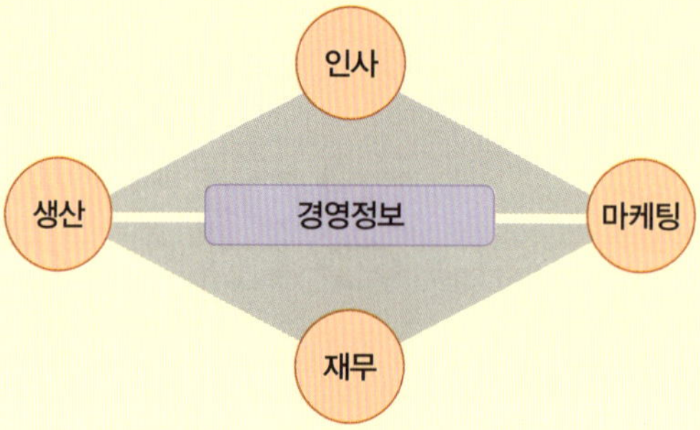

기업은 기업의 목적을 달성하기 위하여 생산, 마케팅, 인사, 경영정보 등의 여러 가지 전문화된 활동을 수행한다. 이들 전문화된 활동을 기능(function)이라 한다. 기업의 여러 기능 중에서 마케팅은 수요를 창조하고, 생산은 제품과 서비스를 창출하며, 인사는 인적자원을 관리하고, 재무는 자금흐름을 관리하고, 경영정보는 기업경영에 필요로 하는 정보를 제공하는 기능이라 할 수 있다.

기업 내의 각 기능은 기업이라는 큰 시스템의 하위시스템(subsystems)으로 서로 밀접한 의존관계가 있다.

Chapter 13

인적자원관리와 조직관리

과거에는 인사관리(personnel management)로 불리다가 인적자원의 개발측면이 강조되어 인적자원관리(HRM · human resource management)로 부르게 되었다. 요즘에는 회사 전반의 전략적 관점에서 인적자원을 관리해야 한다는 전략적 인사관리(Strategic HRM)로 발전하고 있으나 우리는 이 장에서 인사관리의 기본적 내용들만 공부하기로 한다.

제 1 절

인사관리 활동이란?

1.1 인사관리의 의미와 중요성

여기서 인사관리에 관한 학문적 정의는 명확하게 내릴 수 없다. 왜냐하면 학자마다 그 범위를 약간씩 달리 정하기 때문이다. 원래 기업의 인적자원을 관리하는 데 관련된 모든 기능과 과정을 의미하는 인사관리(personnel management)라는 말로 통칭된다. 이는 회사가 인적자원을 확보, 훈련, 평가, 보상, 유지하는 일련의 경영과정을 의미하는 것이다. 그러나 여기서 노사관계관리(labor relations)를 포함시킬 것이냐의 여부를 놓고 학자에 따라 의견이 다르지만 대개 기업의 미시적인 노사관계관리도 포함시킨다.

그 후 인적자원관리(human resource management)란 말이 새로이 등장하여 사용되어 왔는데 전통적 용어인 인사관리와 큰 차이점은 없지만, 인적자원관리라고 할 때에는 인적자원의 활용적 측면보다는 그 개발과 전략적 중요성, 그리고 관리자로서의 기능이 더 강조되는 말이다.

인사관리는 왜 중요한가? 기업에는 인적자원 말고도 기계, 원료, 정보, 자

표 13-1 인사관리와 인적자원관리의 비교

인사관리	인적자원관리
• 인사, 노무관리 제도에 초점	• 인사관리 + 전략적 어프로치
• 인사관리에만 중점	• 인사관리 + 조직구조
• 인재의 능률적 선발 강조	• 교육훈련을 통한 능력개발

금 등 여러 자원이 있는데 기계설비나 자금을 효율적으로 다뤄야 기업성과를 높일 수 있음은 말할 필요도 없다. 이러한 물질적·재무적 자원을 얼마나 효율적으로 다루느냐의 여부는 그것을 다루는 사람의 능력과 의지에 달려 있으며, 그 또한 이들이 얼마나 효율적으로 관리되느냐에 달려 있다. 뿐만 아니라 인적자원은 물적자원과 달리 키우고 증대시켜서 사용할 수 있는 자원이기 때문에 효율적 활용에 앞서서 개발시키고 발전시키는, 즉 자원을 확대하는 작업이 효율적 관리의 필수적 단계이다.

그리고 기업은 물적자원 그 자체로부터 어떤 성과를 얻는 것이 아니라 이들 분야에서 일하는 종업원의 활동에 의해서 목적을 달성하는 것이다. 따라서 인사관리는 기업의 모든 분야에 걸친 공통적이며 필수적인 활동이 되는 것이다.

1.2 인사관리의 양면성

인사관리 활동은 그 관리의 대상이 돈이나 물건이 아니라 인간인지라 여러 측면에서 이중적이고 애매한 특성을 지니고 있는데 그중에서 다음의 사항들은 특히 염두에 두고 관리행동에 임해야 하는 것들이다.

1.2.1 인사관리 주체의 양면성

회사조직의 각 기능은 생산, 판매, 재무, 인사 등으로 나누어지는데, 생산은 생산팀 직원이 판매는 판매팀 직원이 담당하기 마련이다. 그렇다면 인사관리는 인사팀 직원이 하는 것인가, 그렇지만은 않다. 물론 인사팀의 전문가(personnel staff)들은 채용에서 보상에 이르기까지 전반적 기능을 담당하기는 하지만 당장 한계에 부딪치게 된다. 공장의 생산라인에 종사하는 한 사원의 기술적 능력과 업적을 평가할 자세한 정보나 권리가 없다. 이는 공장에 있는 해당 사원의 동료나 직속 상사가 가장 잘해 낼 수 있을 것이다.

따라서 생산팀장도, 마케팅 이사도, 경리과 대리도, 사장도, 현장의 작업반장도 자기 부하에 대한 지도와 관리, 평가와 훈련을 담당해야 하는 것이다. 그러

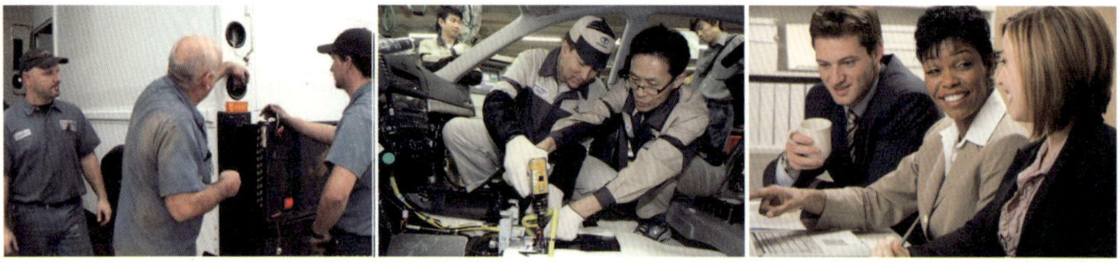

종업원을 관리하는 주체는 인사담당자가 아니며 각 부분 관리자들이 직접 실행할 때 효율적인 인적자원관리가 이루어질 수 있다.

므로 모든 관리자가 인사관리자인 것이다. 요즘은 과거보다도 더 현장경영과 권한위임을 강조하는 시대이다. 우리나라에서도 팀제의 도입으로 업무의 위임은 물론 평가와 보상, 심지어는 사원채용에 이르기까지 현장의 부서장에게 맡기는 추세가 늘고 있는 것이다. 그럴수록 현장의 관리자들은 자기 고유의 업무에 인사업무를 추가해야 한다.

그러나 역시 각 기능 담당 관리자들이 자기 부서 구성원에 대한 인사업무를 모두 맡는 것은 한계가 있다. 생산과장이 생산관리보다 인사관리에 투자할 시간도 지식도 더 많지 않다. 그러므로 인사부서의 전문적인 지원과 보조를 얻어서 관리할 수밖에 없다. 즉, 인사관리에 관한 각 부서의 라인 담당자와 인사부서 스텝간의 긴밀한 협조가 필요한 것이다. 주의할 것은 인사관리가 인사팀 직원들이 하는 것으로만 알아서는 안 된다는 사실이다.

1.2.2 인사관리 목표의 양면성

생산관리, 재무관리, 마케팅관리 등은 기업의 목표를 달성하기 위해 자금, 원료, 기술 등을 이용함에 있어서 능률에 초점을 두고 있다. 인사관리도 예외는 아니지만 그 관리대상이 물적 요소가 아니라 인간이라는 점에서 약간 궤를 달리하고 있다. 즉, 타 부문에서 목표로 하는 효율이라는 의미와 인사관리에서 효율이라는 의미가 다소 차이가 있다는 뜻이다.

인사관리도 물론 능률과 성과를 무시하는 것은 아니다. 예를 들어 초과인원을 채용해서는 안 되고 노동생산성에 비해 훨씬 더 많은 임금을 준다면 기업 자체가 계속 존속되기 어려울 것이다. 그렇다고 물적자원관리처럼 최소비용에 최대수익만을 목표로 한다면 기업의 인적자원을 혹사시키거나 불만을 해결해 주지 못해서 그들로 하여금 기업을 떠나보내는 결과를 가져온다.

회사별로 인센티브나 각종 복리후생제도는 천차만별이다. 헤드헌팅 전문가들은 "연봉협상할 때는 연봉뿐 아니라 인센티브나 복리후생 등을 포함한 '연봉패키지' 전체를 고려해야 한다"고 조언한다.

돈, 기계, 건물 같은 자원에는 인격이 없지만 인간자원은 인격을 소요하고 있으므로 잘못 관리하다가는 회사가 인간보다 우선되거나 개인이 회사의 부속품이 되거나 회사인간을 만들어 냄으로써 비인간화를 초래하게 된다. 경영학 발전의 초기에는 생산성을 우선시하였기 때문에 구성원들은 회사의 부속품에 지나지 않았다.

그러나 점차 그들이 인간다운 삶을 원하고 상위욕구가 증대하므로 구성원 개개인의 풍요로운 삶을 고려하게 되었다. 즉, 회사는 개인의 욕구충족과 자아개발의 터전을 마련해 주는 역할을 담당하고 개인은 회사발전에 기여한다는 점이 강조되고 있는 것이다. 결국 인사관리자는 한편으로는 기업의 성과와 능률을 목표로 함과 동시에 다른 한편으로는 종업원들의 만족향상과 인간다운 생활을 목표로 해야 한다.

그런데 이 성과중심 목표와 인간중심 목표라는 양대 목표는 상호보완관계에 있지만 경우에 따라서는 서로 상충적이고 이율배반적일 때도 많이 있으므로 이 둘을 조화시키는 방법이라든지 어느 것을 우선할 것인가에 상당한 관심과 지혜가 필요하다.

1.2.3 인사관리 연구대상의 양면성

인사관리는 어떻게 연구되고 가르쳐야 하는지에 관해서도 크게 두 가지 주장이 있을 수 있다. 그 하나는 인사관리도 기업현실에서 직접 응용되어지는 것이므로 인사문제와 관련되는 관리기법을 개발하여 보급하는 데 초점을 두어야 한다는 것이며, 다른 하나는 실제의 기업현실보다는 인사관리의 대상이 인간인 만큼 심리학, 사회학, 문화인류학 등에서 연구 분석되어진 내용들을 실무적 기법보다 먼저 가르치고 배워야한다는 것이다.

후자는 인적자원에 대한 관리제도나 관리기법 자체보다는 그 제도나 기법이 왜 그렇게 만들어졌는지에 대해 연구하자는 것이다. 구체적인 인사문제에 대하여 '어떻게'보다도 '왜'에 초점을 두면서 인사관리담당자는 기능인, 즉 직무분석, 인사고과방식 등에 능통하기보다는 관리의 인간화, 인적조직체계 수립, 인적자원의 개발 등을 연구하는 과학자로서 행동해야 한다.

따라서 인사관리의 응용 연구분야가 관리기법, 관리제도, 관리과정 등 실무방법에 초점을 두고 행해지는 것이라면 인간적 접근방법은 그 실천의 이론적 근거가 되는 인간의 행동과학적 본성을 배우는 것이라 할 수 있다. 우리나라 대학에서는 제도와 실천과정은 인사관리라는 과목명으로, 관련된 기초이론부문은 조직행위라는 과목명으로 가르쳐지고 있는데 이 장에서는 실무분야에 초점을 두고 개괄적으로 소개하기로 한다.

1.3 우리나라 인적자원의 변화추세

현대적 경영환경의 변화속도에 적응하려면 어떠한 사업을 하든지 간에 고도로 숙련되고 전문화된 인력이 필수적이다. 제품을 만드는 기술자이건 판매원이건 거래처 상담원이건 자기분야에 대한 전문적 실력이 없으면 기업에 공헌하기 어렵고 종업원들의 체력과 손재주보다는 점차 지적능력이나 전문지식이 더 필요해지는 사회가 되어가고 있다. 이와 더불어 기업계에 불고 있는 인적자원의 변화바람은 기업 인력을 보강하고 교육, 개발하는 일을 더욱 어렵게 하고 있다. 특히 우리나라에서는 여러 가지 국면에서 다음과 같은 변화가 진행되고 있다.

1.3.1 고령화 사회

해방과 전쟁 이후 태어난 베이비붐세대는 반세기 동안 우리나라 기업계에 젊은 인력을 충분히 공급하였다. 그들은 산업사회의 경력과 기술을 축적하면서 생산의 정점에 이르도록 경제발전을 주도해왔다. 아직도 거리와 학교에는 젊은 이들이 넘쳐나지만 핵가족 붐과 고도 산업화로 인해 우리나라도 고령화 사회로 진입하기 시작했다고 볼 수 있다. 아울러 의료산업이나 보험, 여행 등은 물론 유료 양로원, 애완 동물시장 등 실버산업에 열을 올려야 할 시기가 성큼 다가온 것이다.

고령화 사회란 65세 이상 노인인구 비율이 전체 인구의 7% 이상을 차지하는 사회를 말한다. 한국은 21세기 초입인 2000년 7월 1일부터 노령인구지수 7.1%의 고령화 사회가 되었다.

1.3.2 전체 노동인구 감소

IMF 이후 우리나라 산업계에서는 기업합병과 파산으로 많은 종업원들이 퇴출되었고 건전한 기업에서도 조기퇴직, 명예퇴직 등으로 수많은 사원들이 회사를 떠났다. 3D업종은 물론 음식업, 숙박업, 단순노무직, 운수 제조업 등에서는 국내인력 이외에 외국 노동자에게도 눈길을 돌려야 할 정도이다.

1.3.3 노동 이동의 증가

검은머리 파뿌리될 때까지 종신고용, 생애고용은 찾아보기 어렵게 되었고 1인 다기능, 1인 다경력 시대가 되어 노동자도 한 회사에 영원히 구속되기를 싫어하고 회사 또한 연봉계약 등으로 연 단위 또는 2~3년 정도로 고용계약을 맺는다. 하나의 조직 내에서도 구성원들의 전출·입 횟수가 많아서 인간관계나 인사관리제도의 변화가 예견된다.

1.3.4 노동자 구성의 다양성

과거의 낮은 산업화단계에서 기업 내 업무는 대개 비슷하고 단순한 업무였기에 노동인력도 경력, 학력, 신분, 연령 등에서 대체로 비슷하게 구성되었지만 오늘날에는 성별, 신분, 학력수준뿐만 아니라 가지고 있는 기술과 가치관 심지어는 인종과 국적까지도 다양화되었다. 따라서 인사담당자나 관리자는 과거의 획일적이고 반복적인 관리관행을 벗어나서 개개인에게 알맞은 리더십 스타일과 인사제도를 개발하여 적용해야 할 것이다.

1.3.5 업무성격의 변화

우리나라의 60, 70년대는 주로 경공업제품이나 건설업이 위주였으나 80,

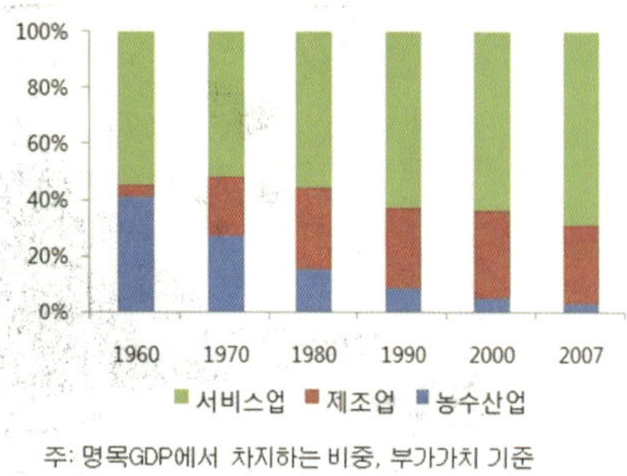

대한민국은 60년대 농수산업, 70~80년대 제조업 중심에서 2000년대 서비스업 중심으로 산업구조가 이동하고 있다(자료: 통계청).

90년대로 올수록 첨단 전자제품과 지식서비스산업이 주를 이루기 때문에 과거의 근로자가 하던 노동과는 사뭇 다르다. 이제 노트북만 있으면 집에서도 재택근무를 할 수 있으며, 심지어는 모든 업무를 외주에 의존하고도 생산과 서비스가 이루어질 수 있다. 또한 과거에는 체력에 의존하는 업무가 많았으나 이제는 여성의 섬세함이나 무경력자의 신선한 아이디어가 많이 필요한 업무도 증가하고 있다.

제 2 절

인사관리 활동의 변천

2.1 근대의 인사관리

고대 이집트나 바빌로니아 시대의 유물이나 기록을 보면 한 국가를 다스렸던 왕이나 지방군주의 관리능력과 제도의 치밀성에 감탄을 금할 수 없는 부분이 많다. 그러나 근대공업이 발전하면서 공장과 임금노동자가 탄생되고 산업혁명기에 생겨난 많은 공장에서 초기의 인사관리 문제가 많이 발생하고 이를 해결하기 위한 여러 제도와 초보적인 기법들이 나왔다고 여겨진다.

산업혁명이후 노동자와 사용자간의 고용계약을 보면 명목상 지위는 대등했지만 실제로는 노동자에게 저임금과 장시간 노동이 강요되었던 것이 사실이다. 특히 저임금, 열악한 노동조건, 부녀자, 미성년자 노동 등으로 인한 노동자생활이 사회문제로 되었다. 이것이 사회여론의 대상이 되었고 유럽제국에서는 이들을 보호하는 법률이 제정되고 직업에 관한 적성, 피로연구, 노동시간 연구 등의

Frederick W. Taylor(1856~1915)는 과학적 관리의 아버지였다. 미드베일 철강회사에서 근무하면서 Taylor는 많은 비효율성을 목격했다. 그는 생산성 효율성을 향상시키기 위한 명확한 지침을 정의함으로써 근로자와 경영자 모두에게 있어서 정신적 혁명을 일으키고자 했다.

인사관리 제도에 관한 연구가 태동하였다.

그러나 아직 노동자의 공급 과잉과 사회적 열세 등으로 기업주는 명령, 지휘, 감독 일변도의 권위주의적 관리가 행해졌다. 그러다가 비인도적 관리에 저항하고 경영자의 각성을 바라던 몇몇 사상가들에 의해 온정적인 관리방식이 제창되었고 가족주의적 가부장적 관리를 신봉하던 시대가 도래하기도 했었다.

그러나 자본주의가 발전되어감에 따라 대기업 간의 경쟁이 심화되고 불황에 대응하면서 공장주인의 일방적 온정주의는 한계에 부딪쳤고 다시 노사 간에 틈이 벌어지면서부터 좀 더 능률적인 관리방법을 모색하는 움직임이 일기 시작하는데 이것이 과학적 관리법으로 결실을 보게 되었다.

2.2 과학적 관리시대

금세기 초 기업의 주 관심사는 부족한 생산기술이었고 노동력은 얼마든지 있었기 때문에 자연히 기업의 관심은 생산성의 향상에만 있었다. 즉, 노동자가 자기 책임량을 다하고 있는지만 조사하여 임금을 조정함으로써 그들로 하여금 일을 더 열심히 하도록 하는 데 목적이 있었다. 그러므로 근로자의 사기를 부여하는 수단을 물질적 보상에만 의존하였으며 인간은 합리적이기 때문에 손실을 극소화하고 이익을 극대화하는 방향으로만 행동한다는 경제인 가설을 신봉했으므로 자유경쟁적 계약으로 노동을 거래하는 것이 효율적 관리라고 생각했던 것이다.

따라서 이때의 인사관리 업무는 채용과 보상액 책정, 그리고 상벌과 해고

같은 일이 주류를 이루었으며 이를 담당하는 사람도 특별한 지식이 필요 없었고 단지 직권을 사용하여 공식적인 규정대로 지시하는 행정가적 역할만 담당하였다. 즉, 누가 규정을 얼마나 잘 지키는지 감독, 판단하는 재판관 역할만 담당하고 있었던 것이다. 그러나 이때의 생산방식, 노동자 이용방식은 모든 분야의 과학적 이론에 근거하여 개발된 것들이었기 때문에 오늘날 우리는 이를 과학적 관리라고 부르고 있는 것이다.

공무원 사회에도 혁신의 바람이 – 고위공무원단 제도

고위공무원단이란

1~3급 고위공무원을 중·하위직 공무원과 분리하여 체계적이고 집중적으로 관리·육성하기 위해 중앙인사위원회가 도입하는 인사관리 정책이다. 이는 정부 정책의 핵심적 역할을 수행하는 고위직을 범정부적 차원에서 활용하기 위한 것이다. 또한 고위직의 개방과 경쟁을 확대하고 성과책임을 강화하여 일 잘하는 정부가 되기 위한 것이다.

고위공무원단의 구성

고위공무원단은 중앙행정기관 실·국장급의 일반직·별정직·계약직 및 외무직 공무원을 대상으로 한다. 지방자치단체 및 지방교육행정기관에 근무하는 국가직 고위공무원(부시장, 부지사 및 부교육감 등)도 포함되며 법령에 의해 교육 파견되거나 직무 파견되는 고위공무원도 포함된다. 다만, 국회 등 다른 헌법기관 소속 공무원과 지방공무원 등은 대상에서 제외된다.

고위공무원단의 인사관리기준

고위공무원단 소속 공무원에 대해서는 현행 1~3급의 계급구분(관리관, 이사관, 부이사관)이 폐지되어 신분적 계급이 아닌 담당하는 업무와 직위 중심으로 관리된다. 즉, 담당하는 업무의 책임도와 난이도에 따라 부여되는 직무등급을 기준으로 보수지급과 인사관리가 이루어지게 된다.

고위공무원단 공무원의 소속과 인사권

고위공무원단제도가 도입되면 모든 실·국장급 국가공무원은 '고위공무원단에 속하는 공무원'이 되어 범정부적 풀 관리의 대상이 된다. 각 부처 장관은 소속에 구애되지 않고 고위공무원의 전체 풀에서 적임자를 임용 제청할 수 있다. 이러한 절차를 거쳐 각 부처에 배치된 고위공무원에 대해서는 현행과 같이 소속 장관이 인사권과 복무감독권을 행사하게 된다. 중앙인사위원회는 임용제청 과정에서의 부처간 이해관계 협의·조정과 초과현원의 관리 등 공정한 제3자로서의 역할을 수행하게 된다.

고위공무원단의 충원방식

고위공무원단제도가 도입되면 고위공무원단 직위 중 일정비율은 민간과 공무원이 경쟁하는 개방형 직위로 운영되고 일부는 소속 부처를 불문하고 공무원 간의 경쟁을 통해 적임자를 임용하는 공모직위로 운영된다. 개방형 직위와 공모직위 이외의 직위는 부처자율 인사직위로 부처 장관이 임용방법을 결정할 수 있다.

고위공무원의 신분관리

고위공무원단에 대해서는 종래 안정 지향적이고 온정적인 신분보장에서 능력과 실적에 의한 합리적 신분관리로 전환된다. 정년 및 신분보장제도는 존치하되, 성과가 극히 부진하거나 능력이 현저히 미달되는 고위공무원에 대해서는 적격심사를 통해 엄정한 신분상의 조치를 실시하게 된다. 적격심사제는 매 5년마다 정기적으로 실시하며, 성과평가 결과 연속하여 2년간 또는 총 3년간 최하위 등급을 받거나 정당한 사유없이 보직을 총 2년간 부여받지 못하는 등 부적격 사유가 발생한 경우에는 수시로 적격심사를 받게 된다.

이러한 적격심사는 중앙인사위원회에 설치하는 고위공무원단 적격심사위원회에서 하게 된다.

출처: '고위공무원단' 네이버 지식iN

2.3 심리적 관리시대

공장이 늘어나고 생산기술이 복잡해져 감에 따라 한 사람 혹은 한 부서가 어떤 제품을 얼마나 정확하게 많이 만들어 내느냐의 문제보다는 제조공정이 더욱 세분화되고 전문화되어 감에 따라 한 작업장 내의 공정들끼리의 효율적 연결이 더 중요한 것으로 부각되었다. 뿐만 아니라 사람들의 생산활동 수준이 임금의 많고 적음에 관계없이 집단 분위기나 그때 그때의 기분에 달렸음이 밝혀지면서부터 인적자원의 통제를 임금과 수당같은 경제적 보상에 의존하는 관리방식에 대해 의심을 품기 시작했다. 한 개인을 독립된 개인을 보지 않고 조직 내에서 타인의 영향을 받는 존재로 보고 그가 하는 작업을 노동과 임금의 교환관계에서 뿐만 아니라 인간 상호간의 심리적 인간적 관계에서 파악하게 되었다. 이런 추세로 인하여 전통적인 인사관리는 설자리를 잃게 되었으며 인간에 대한 문제는 보다 상위 관리층의 주요 관심사로 옮겨졌다.

관리내용도 물질과 감독보다는 심리상태를 만족시켜 줄 수 있는 작업장의 안전과 위생, 고용안정과 퇴직관리, 노조 설립권 인정 등으로 변화되어 나갔으며, 따라서 과거의 인사관리자는 공식적 규칙만 알고 있으면 충분한 역할 수행이 가능했었지만 이제는 노동권, 인간관계, 노조문제 등 좀 복잡한 문제를 해결할 수 있는 자질과 역할이 요구되게 되었다. 그러나 이런 자질은 하루아침에 갖출 수 없는 것들이기에 인사담당자들은 많은 고충에 부딪치게 되었던 때이기도 하다.

2.4 총체적 관리시대

오늘날의 기업은 사회경제적 차원뿐 아니라 정치, 문화적 차원과도 깊은 관련을 갖게 되었으며 외부의 영향력을 매우 많이 받게 되었다. 따라서 기업은 이제 경제적, 상업적, 기술적 효율성을 넘어서 사회적, 정치적, 문화적 환경에 부응하는 활동을 펴야만 그 사회 속에서 존속, 번영할 수 있게 되었다. 결국 기업의 목표와 제도, 관리방식은 이러한 변화에 맞게 재수정되어야만 했다. 예를 들면, 고용기회의 창출, 노동조건의 개선, 임금수준 향상, 기업의 대외 이미지 개선, 사회적 책임의 실현, 나아가서 인간생활의 질적 향상까지도 기업이 책임져야 하게 되었다. 결과적으로 사회의 여러 이해자 집단끼리의 상호충돌을 조정하면서 이들 모든 구성원들의 생활의 질(quality of life)을 높여줘야 한다는 것이 오늘날 인사관리의 최대 관심사가 된 것이다.

인사관리의 또 하나의 관심사는 회사원 개인의 목표를 회사목표와 조화시키는 일이다. 그리하여 궁극적으로는 개인의 목표와 조직의 목표를 동시에 달성토록 해주는 것이 중요하게 되었다.

그러나 이러한 일이 그렇게 용이하게 이루어질 수 있는 성질의 것이 아니라 상호간에 이해가 상충되기도 하고 따라서 중용의 미를 살려야 되는 것이기에 인사관리자의 사명과 위상은 과거와는 비교될 수 없을 정도로 변해 있다고 볼 수 있다.

많은 조직은 조직의 목표와 조직구성원 개인의 목표를 조화시키기 위해 많은 노력을 한다. 최근에는 기업의 사회적 책임이 관심을 받으면서 영리목적만을 추구하는 기업의 모습에서 벗어나고 있다. 이러한 조직의 활동들이 구성원들의 내적 만족을 이끌어 낼 수 있다.

결론적으로 오늘날의 인사관리자가 과거의 상업적이거나 과학적 관리기법 관점에서만 관리행위를 한다면 많은 부작용을 낳게 될 것이요, 노동력만을 교묘하게 활용하여 기업의 경제적 부를 증가시키는 것은 옛날과는 달리 유능한 관리자가 아니라는 것을 알아야 할 것이다.

2.5 인사관리 패러다임의 변화

기업의 살림살이를 꾸려나가기 위해서는 자본, 시장, 기술, 정보 등 모두가 필수적인 요소이며 이들 모두가 급변하고 있지만 오늘날 인적자원관리의 패러다임이 특히 많이 변했다. 여기서는 인사관리의 혁신양상이라고 할 수 있는 몇 가지 변화를 요약해보기로 한다.

2.5.1 반응적 인사에서 대응적 인사로

문제발생시 무계획적으로 단편적 처방을 하는 것이 아니라 인적자원에 대한 투자와 능동적인 개발과 전략에 의한 관리로 인적자원의 효율적 운용을 목표로 한다.

2.5.2 연공중심에서 능력중심으로

학력, 근속연수, 온정주의, 연고주의에 만연해 있던 우리나라 기업들이 이제 승진과 보상결정에 능력과 업적을 감안하고 있다.

2.5.3 비용관점에서 수익관점으로

과거에는 인건비를 비용으로 취급하여 가능한 한 최소화하려고 했다면 최근에는 교육, 훈련에 투자도 많이 하면서 전문적이고 질적으로 우수한 인재개발을 목표로 한다.

2.5.4 인사부서에서 전체 부서로

과거에는 인사팀에서만 인사관리를 담당한다고 믿었으나 이제는 최고 경영층에서부터 각 단위부서 담당자들 모두가 채용, 평가, 보상, 개발에 이르기까지를 담당하고 책임지는 방향으로 가고 있다.

2.5.5 표준형 인재관에서 이질적 인재관으로

오직 조직에 순응하고 남들과 협조를 잘하는 회사형 인간을 채용하고 교육하던 방식을 바꾸어서 개별화되고 다양하며 이질적이면서 창의적 아이디어를 잘 내고 혁신을 자극하고 변화를 주도하는 인재를 채용하고 길러내는 방향으로 변했다.

2.5.6 내부노동시장에서 외부노동시장으로

과거에는 회사 내의 다른 부서에서 훈련된 인재를 이동, 배치하면서 운영해 나갔으나 이제는 유능한 인력시장에서 사원을 스카웃하기도 하고 아웃소싱을 하여 이미 밖에서 만들어진 기성품 인력을 확보하여 배치하기도 한다.

제 3 절

인사관리 활동의 실제

구체적 인사관리 활동이란 훌륭한 사람을 적정량 뽑아서 적합한 업무를 맡기고 일한 만큼 공정하게 보상을 하고 부족한 능력을 계속 향상시켜 주며 승진, 이동을 당사자와 회사의 목적에 부합되도록 조정해주며 노동자단체의 집단적 요구를 적절하게 해결해 주는 것이라고 할 수 있다. 이들 각각에 대하여 기초적인 내용들만 훑어보기로 한다.

3.1 확보관리

인사관리의 최종 목표는 능력 있고 혁신적인 인력을 채용하여 유지하는 것이다. 적절한 인력이 없다면 아무리 잘 만들어진 계획과 잘 설계된 조직이 있더라도 효율적 경영이 이루어질 수 없다. 기업조직에서 우선 필요한 인적자원을 구성하기 위해 누구를 얼마만큼 채용해야 하느냐를 정해야 한다. 이 일을 위해서 이러한 인적자원들이 해야 할 일들의 특성을 우선 알아보는 직무분석(job analysis)이란 것이 있는데 이러한 직무분석을 통해 그 일에 필요한 사람의 학력과 자격, 기술 정도와 능력, 심지어 신체조건과 성격에 이르기까지를 명시해 놓는다. 이것은 이전 업무의 진행과정을 살펴보고 관찰함으로써 가능한데 이렇게 만들어진 보고서를 직무기술서(job description), 직무명세서(job specification) 등으로 부른다. 회사는 이를 기초로 채용인원과 채용대상자의 자격 등을 미리 정할 수 있다.

필요한 인원과 대상이 정해지면 모집(recruitment)과 선발(selection)과정을 거쳐 배치하게 된다. 모집이란 능력 있는 인재를 회사로 끌어오는 과정이다.

즉, 회사에서 필요로 하는 사람들이 가능한 한 많이 지원하도록 정보를 제공하고 동기를 유발하는 활동이다. 물론 모집대상자를 회사 외부에서 찾는 사외모집이 대부분이지만 요즘은 사내에서 계약이 완료된 사람이나 다른 부서로 이동, 승진하고 싶은 사람을 대상으로 하는 사내모집(혹은 사내 공모제도)비율도 증가하고 있다. 사내모집은 절차가 간편하고 교육, 훈련비용도 별도로 들지 않아서 좋은 점이 있지만 이직, 사직, 조기퇴직 등과 같은 인력변동으로 인하여 회사 내부의 인력만으로는 충분하지 못한 경우에는 사외모집 방법을 택할 수밖에 없다. 최근에는 인터넷 공모 등 모집루트가 매우 다양해지고 있어서 사외모집이 더욱 수월해지고 있다.

피곤한 한국의 워킹맘

OECD 국가 여성 근로자의 주당 근로시간
(단위: 시간 · %, 2008년)

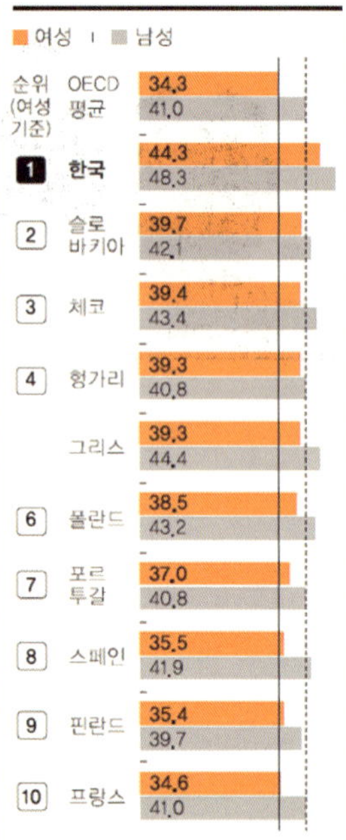

한국의 워킹 맘들이 일과 가정을 양립할 수 없게 하는 최대의 적은 바로 살인적 노동시간이다.

경제협력개발기구(OECD) 통계에 따르면 2008년 기준으로 한국 근로자의 주당 평균 근로시간은 여성이 44.3시간, 남성이 48.3시간으로 남녀 모두 세계 1위다.

여성은 OECD 평균보다 주당 10시간 더 일하고 있으며, 남성도 근무시간이 7시간 더 길다. 남녀를 합친 연간 평균 근로시간은 2,390시간으로 OECD에서 두 번째다. 노동시간이 두 번째로 긴 나라보다도 20%나 수치가 높다. 그렇다고 생산성이 높은 것도 아니다. OECD가 매년 발표하는 노동생산성 순위에서 한국은 지난해 30개 국가 중 22위에 머물렀다.

장시간 근로에 혹사당하기는 남녀 모두 마찬가지지만 한국 여성은 남성과 비슷한 시간 동안 일하는데도 임금은 38%나 적게 받는 열악한 상황에 처해 있다. OECD 국가의 여성들이 평균적으로 남성 근로시간의 83.5%만 근무하는 데 반해 한국 여성은 91.6%나 일한다. 네덜란드 여성들은 남성 근로시간의 68.1%만 일하고도 임금은 17%만 적게 받는다. 반면 일과 가정의 양립이 가능한 취업 형태인 단시간근로를 하는 경우는 여성 근로자 가운데 12.5%에 지나지 않는다. 이는 OECD 평균인 25.3%의 절반 수준이다.

출처: 한국일보, 2010.1.12.

모집한 후보자들을 중심으로 서류전형, 필기시험, 면접 등의 시험 절차를 거쳐 채용을 결정하고 나면 적정업무에 배치한다. 물론 노동시장의 여건과 회사의 기존인력에 관한 상황을 감안해야 할 것이다. 이때 선발시험 방법을 어느 것을 쓰느냐는 인재의 선발에 많은 영향을 미칠 수 있는데 기업의 특성, 전통, 사회적 분위기, 경쟁사의 전략 등을 고려해야 할 것이다. 영어시험만 볼 것인가, 학교성적으로 할 것인가, 심리 적성검사를 할 것인가에 따라서 합격, 불합격 대상이 달라질 것이기 때문이다. 채용계획도 남녀평등 고용법, 기회균등원칙, 경력 사원과 신입사원비율, 신규채용과 승진, 공개채용과 특별임용 등 여러 가지 상황을 고려해야 할 것이다. 그리고 여러 가지 다양한 채용기법들도 모두가 장·단점을 갖고 있을 뿐만 아니라 사회적, 문화적, 법적 제약도 있고 기업의 사정도 있기 때문에 개별기업의 특수성에 맞도록 적절한 전략을 선택할 필요가 있다.

3.2 교육, 훈련관리

Effective HRM Practices have a strong positive impact on the bottom line

일단 채용된 인력은 말할 것도 없고 회사 내의 기존 인력도 가끔 재훈런이 필요한데 교육 훈련 내용은 크게 둘로 나눌 수 있다. 하나는 업무처리를 위한 기술, 지식교육이요 다른 하나는 사기부여, 태도변화를 위한 정신교육이다. 후자는 인간관계와 업무능률을 위해 전자 못지않게 중요한 부분인데, 여유가 없는 기업에서는 사실 여기까지 눈을 돌릴 겨를은 없다. 그러나 인적자원의 중요성이 강조되면 될수록 사원의 자질을 높이는 것이 아울러 중요하게 됨은 말할 필요도 없다.

교육의 종류도 그 대상이 누구냐에 따라 간부교육, 경영자교육, 신입사원교육 등으로 나누어지고 어디서 하느냐에 따라 사내교육과 위탁교육 등의 사외교육이 있을 수 있다. 사내 교육도 직접 업무현장에서 시행착오를 겪으면서 배우는 직장내(현장) 교육(OJT·On the Job Training)과 현장에서 직접 교육하기에는 너무 위험하고 비용이 비쌀 경우에는 별도 강의실이나 연수원을 이용하는 직장외(현장 밖) 교육(Off-JT · Off the Job Training)으로 나눠지기도 하는데 이 두 가지 방식은 시기적절하게 병용되기 마련이다.

교육과 훈련은 신입사원을 위한 직무교육이나 기존사원을 위한 재교육이 전부라고 생각해서는 안된다. 구성원이 원하는 경력증진의 욕구가 어디 있는지를 파악하여 회사가 이들의 욕구를 실현해줄 마당을 제공한다면 회사와 사원 서로가 좋을 것이다. 개인적으로는 자신의 욕구를 달성해가니까 좋은 것이요 회사로서는 개인의 헌신적 노력과 높은 사기를 얻을 수 있으니 좋은 것이다.

그래서 회사는 구성원들 개인과 상의하여 개개인마다 경력개발계획(CDP · Career Development Planning)을 세워 실행하는 것이 필요하다. 회사는 개인과 상담을 통해서 그가 원하는 직무분야와 승진계획을 알아내고 회사는 그러한 직무분야가 어느 정도 필요한지, 그리고 다른 사람은 몇 명이나 더 있는지 종합적으로 검토하여 본인에게 가능성과 경력을 쌓아가는 방법을 알려주고 그대로 실행해 나가도록 하면 된다. 원하는 종착역이 부산인데 회사는 그를 서해안 고속도로에 배치해서도 안된다. 그리고 50세에 부산에 가려고 한다면 30세에 천안에서 일하면서도 대전이나 대구에 대한 경력 쌓기를 게을리 하지 말아야 할 것이다. 동시에 자기가 현재 왜 천안에 있는지, 대구에 있는지 뚜렷한 목표의식을 가질 수 있는 것이 경력관리의 또 다른 좋은 점이다.

3.3 보상관리

종업원에 대한 보상은 한편으로는 노력의 대가로 지급되는 것이지만 다른 한편으로는 노력을 유인하는 수단이 되기 때문에 인사관리의 중요한 부분을 이룬다. 그 목표는 휴머니즘 차원을 너무 강조할 수도, 전혀 배제할 수도 없는 입장이지만 사원들의 생활비의 기초가 된다는 것을 감안하지 않을 수 없다. 따라서 임금수준은 영업순이익과 노동생산성뿐만 아니라 물가수준, 정부정책, 경영방침 등에 의해서 결정해야 한다.

일단 전체적인 임금수준이 정해지더라도 이를 사원들 각자에게 어떤 기준으로 배분하느냐의 문제가 남는다. 대개는 신분을 기준으로 나이, 경력이 어느 정도냐(연공급), 하는 일이 무엇이냐(직무급), 어떤 기술과 자격을 가졌느냐(직능급), 회사목표를 얼마나 달성했느냐(성과급) 등이 고려되지만 이들 모두가 병행되는 것이 현실이며 각 기업의 형편과 특성에 달라 그 비중을 약간씩 달리하여 종합한다.

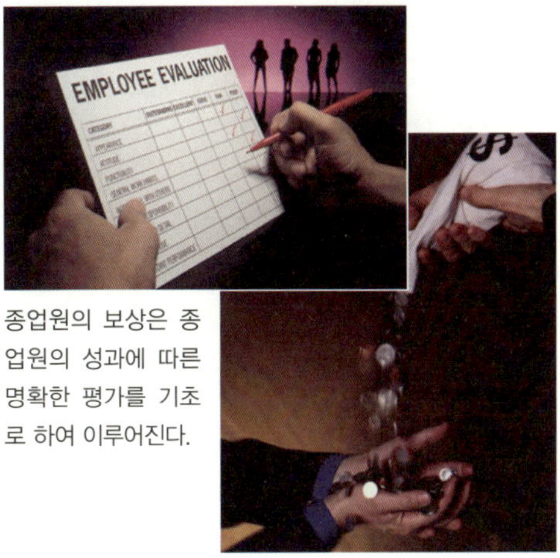

종업원의 보상은 종업원의 성과에 따른 명확한 평가를 기초로 하여 이루어진다.

그러나 공정한 배분의 측면에서 이것이 여간 어려운 일이 아니기 때문에 직무평가(job evaluation), 인사고과(personnel assessment) 등의 방법이 매우 심도 있게 발전되어 있으나 이의 적용에는 많은 주의가 필요하다. 업적을 평가하고 나면 회사에 공헌한 대가로 사원에게 보상을 하게 되는데 특히 보상은 생계비나 욕구충족 등 생활수준을 유지하며 나아가서 모티베이션을 시키기에 충분한 역할을 해야 하는 것이다.

보상의 유형으로는 기본급, 수당, 상여금 등의 직접임금과 교통비, 자녀장학금, 의료보험료, 전세금보조, 중식비 등의 명목으로 지급되는 복리후생으로 구분될 수 있다. 그런데 직접보상은 사원들의 업적평가나 고과결과에 따라서 차등 지급되겠지만 중식비, 의료비 등은 모든 사원들에게 비슷하게 지급되는 것이 보통이다.

그리고 복리후생은 선진국으로 갈수록 그 비중이 더 많아지는데 이는 노조의 요구도 있겠지만 소득세율이 낮고 각종 요구사항들이 늘어나기 때문으로 보인다. 어떤 회사는 일정액의 복리후생 경비를 들여서 문화상품권, 여행티켓, 학자금보조, 병원진료권 등 다양한 형태의 선택권을 사원들에게 주면서 사원들 각자가 자신의 기호에 맞게 찾아 쓰도록 하여 그 효과를 극대화시키는데 이는 같은 금액을 내고 자기가 좋아

종업원들에게 급여 외의 복리후생지원은 그들의 조직에 대한 충성심을 높일 수 있는 가장 좋은 방법 중 하나이다.

하는 음식을 골라 먹는 뷔페방식과 유사하여 카페테리어 복리후생제도(cafeteria benefit system)라고도 한다.

3.4 유지관리

인적자원의 유지관리라 함은 확보된 인력을 훈련시켜서 업무를 주고 그에 대한 보상을 하는 것도 중요하지만 한편으로는 그들의 능력을 계속 개발시키고 회사에 붙어 있도록 정신적 안정감을 주기도 하고 때로는 이직을 막고 때로는 적정인원의 유지를 위해 퇴직대책을 마련하면서까지 조직구성원을 효과적으로 유지하는 전략을 말한다. 그러므로 유지관리에는 종업원의 사기부여뿐만 아니라 승진, 이동, 사직, 해고와 관련된 회사의 인력수급정책 등 모두가 포함된다.

시장의 변화나 회사 정책의 변화 등으로 인하여 회사 각 부서의 필요인력의 규모나 자격 수준은 수시로 변한다. 또한 사직, 해고, 명예퇴직 등 수시로 사원은 회사를 들고 날고 하기 마련이다. 회사 내에서 어느 사원이 승진이나 직무이동을 하는 경우는 사내이동이 되지만 회사 밖으로 나가게 되면 이직이라고 한다. 관리자는 회사 내에 적정인력을 유지하는 것도 중요하지만 있는 사원들을 적재적소에 배치하고 수시로 회사와 개인의 필요에 맞추어 이동시키는 일도 매우 중요하다.

종업원의 능력에 따른 승진은 그들이 능력을 인정해주는 대표적인 방법 중 하나이다.

사내이동은 주로 승진에 의해 보직이 바뀌는 경우인데 우리나라는 연공에 의한 승진제도를 능력과 업적을 기초로 하는 능력별 승진체제로 바꾸고 있는 만큼 공정한 업적평가가 되도록 합리적 기준을 만드는 일이 인적자원 관리자들의 커다란 숙제가 되었다. 직무이동은 사원들의 훈련 차원에서 회사 일을 두루 섭렵하도록 기회를 주고 각 부서의 분위기도 쇄신할 겸 수년에 한 번씩은 이동 배치하는 것인데, 앞에서 논의된 경제개발 계획에 의해 해당 사원의 종착역이나 다음 정거장이 어디인지를 살펴보고 합리적으로 배치할 필요가 있다.

이직(separation)에는 자발적으로 나가는 사직(resignation)과 강제로 퇴출되는 해고(lay off)가 있으며 정년이 다되어 그만두는 퇴직(retirement)이 있는데, 최근에는 회사의 구조조정으로 인원을 줄이기 위해 명예퇴직, 조기퇴직이란 이름으로 정년을 앞당겨 사직 아닌 사직을 하기도 한다.

제 4 절 노사관계관리

4.1 노사관계란 무엇인가?

노사관계란 노동을 공급하는 자(근로자)와 공급받는 자(사용자)간의 개별적 고용관계에 바탕을 두고 있지만 사실은 노동조합과 사용자 사이의 집단적 관계를 뜻한다. 즉 노동자 단체와 경영진(혹은 그들을 대변하는 중간관리자)들 사이의 문제(이슈)들이 집단적 수준에서 해결되어진다는 의미이다.

이 두 단체의 상호관계는 갈등관계와 협조관계라는 이중적인 특징을 갖고 있는데 우선 갈등관계라 함은 노동자는 노동력을 가능한 한 비싸게 팔려고 하고 사용자는 가능한 한 품질 좋은 노동력을 싸게 사려고 하기 때문에 양자 간에 힘의 줄다리기가 있다고 가정하기 때문이다. 협조관계라 함은 회사가 잘되어야 거기에 속한 노동자들도 고용이 보장되고 높은 임금을 받을 수 있기 때문에 양자 간의 이행관계가 하나의 목표로 수렴된다고 보기 때문이다. 그러나 최근 노사관계의 의미는 노·사의 양측 당사자 이외에도 정부가 자주 개입하여 문제를 제기하기도 하고 해결도 해주기 때문에 이러한 관점에서 본다면 노사관계란 사용자, 근로자 및 정부라는 삼자간 상호작용의 복합체라고 할 수 있다.

노사관계의 당사자는 근로자와 사용자이지만 실제 노동조건을 놓고 타협하고 협상하는 노사관계의 주도자(담당자)들은 노동조합의 간부들과 경영진(혹은 그들을 대표하는 중간간부)들이다.

노사관계의 특징은 다음과 같다.

① 협조와 대립이라는 이중적 관계이다. 즉 생산 측면만 보면 노사가 서로 협조해야 하지만 생산의 성과를 배분할 때는 서로 많이 가지려고 대립하는 관계이다.
② 개별관계와 집단관계의 두 차원이다. 즉, 종업원 개인과 경영자와의 관계가 있을 수 있으며 단체협약에 바탕을 둔 집단적인 협상관계를 포함한다.
③ 경제적 관계와 사회적 관계를 동시에 갖는다. 즉, 임금 등의 경제적 문제로 협상을 벌이기도 하지만 노동자의 사회적 지위를 결정하는 신분이나 경영권 참여 등을 놓고 타협을 벌이기도 한다.
④ 종속관계와 대등관계의 양면성을 가진다. 생산이란 측면에서는 근로자는 경영자의 지휘, 명령에 순종해야만 한다. 그러나 집단적인 근로조건 결정과 운영에 대해서는 사용자측과 대등한 입장에서 흥정과 교섭을 벌인다.

4.2 노사관계의 발전 과정

산업혁명 이후 오늘날까지 각국에서 추진되어온 산업화과정을 배경으로 노사관계의 형태는 일관적이지 못하고 시대와 사회에 따라 독특한 형태를 보였다.

4.2.1 전제적 관계

자본주의 초기에 기업은 소유자가 직접 경영하는 단계였으므로 절대명령과 근로자의 절대복종이라는 예속적 관계가 유지되었다.

4.2.2 온정적 관계

정착노동이 증대되면서 사용자는 노동자의 협조를 얻기 위해 그들에게 주택, 의료, 후생시설을 제공하는 등 가부장적 온정주의로 바뀐다.

4.2.3 완화적 노사관계

자본과 경영의 분리현상에 따라 사용자의 전제적 성향을 어느 정도 완화시키고 경영자는 근로자의 요구를 일부 수용하는 관계에 이른다.

4.2.4 민주적 노사관계

전문경영자의 영입, 기업규모의 확대, 기계화, 미숙련 노동자의 대거 채용 등에 따라 단체교섭과정은 한 국가의 대중들의 문제가 되었으며 자연적으로 노사는 대등한 사회적 지위를 인정받게 되는 산업민주주의 이념을 형성하게 되었다.

4.3 노동조합

임금노동자들이 노동조건 개선을 목적으로 조직한 영구적 단체를 노동조합이라고 정의하는데 이 정의를 분석해 보면 노조의 의미를 정확히 알 수 있다. 첫째는 노조의 주체는 임금노동자라는 점이다. 자원봉사자 단체는 안되며 몇몇 예외가 있지만 임금을 받는 근로자는 누구나 노조를 구성할 수 있다는 뜻도 된다. 둘째는 노조의 목적인데 다른 부차적 목적이 있을 수 있지만 결국 최종 목적은 경제적·비경제적 노동조건의 개선에 있어야 한다는 것이다. 그리고 일시적으로 모였다가 목적이 달성되면 해체되는 조직이 아니라 멤버는 들고 날고 하더라도 항구적으로 존속되어야 한다는 것이다.

노동조합이 담당하는 기능도 다양하다.

4.3.1 노동조합의 기능

(1) 경제적 기능

노동력의 판매자로서의 흥정, 교섭기능을 하면서 임금인상, 근로조건 개선 등을 추구한다.

(2) 공제적 기능

조합원 상호간의 상호부조활동인데 공제조합, 공동구매조합, 탁아시설운영 등이 그것이다.

(3) 정치적 기능

노사간 교섭과 분쟁을 유리한 방향으로 해결하기 위한 법률의 제정과 제도 개선을 위해서 정치적 기능도 필요하다. 또는 사회복지, 물가정책, 보험 등 노동자 계층에 유리한 정부의 지원을 얻기 위해서 입법화운동, 정치자금 후원회 등을 운영하기도 한다.

4.3.2 노동조합의 유형

(1) 직종별 노조(craft Union)

가장 일찍 발달한 것으로 어느 회사에 근무하느냐에 상관없이 같은 직종, 같은 직업을 가진 사람끼리 조직한 단체인데 숙련노동자들이 기득권을 유지하면서 노동시장을 독점하는 데 유리하다.

(2) 일반 노조(General Union)

직종, 숙련도 등과 무관하게 근로자라면 누구라도 폭넓게 받아들여 다수의 근로자의 힘을 발휘할 수 있다. 대량의 미숙련 노동자들의 최저임금 혹은 최고 노동시간의 제한 등 최소한의 노동조건 유지와 확보를 위해 만들어졌다.

(3) 산업별 노조(Industrial Union)

일반 노조가 지나치게 다양화되어 산업군마다 이행관계가 달라지게 되니

이번에는 산업별로 노조를 조직하여 업종의 특성도 살리고 가입자의 수도 늘려서 단체활동을 하게 되었다.

(4) 기업별 노조(Corporate Union)

같은 회사의 종업원들끼리 조직한 것이므로 자기회사 내부상황에 맞게 요구하고 얻어낼 수 있으며 경영자들과도 대화를 하기 쉽고 조합원들 상호간의 유대관계도 강하게 유지할 수 있는 장점이 있다.

4.4 단체교섭

노사가 대등한 입장에서 노동조건을 놓고 타협을 벌여 결정을 하고 계약된 사항을 실행해 나가며 관리하는 일련의 과정이다. 노사 서로의 힘이 어느 정도냐에 따라서 결정되기 때문에 노동시장 수급상태, 기업의 이익률, 사회·정치적 상황 등으로부터 영향을 받는 것이 보통이다.

협상은 노사 양측 교섭력의 크기에 의해 결정된다지만 정당성의 한계를 벗어나서는 안된다. 교섭의 대상은 임금인상 문제에서부터 사소한 문제까지 모두가 될 수 있으나 무조건 교섭에 임하기보다는 사전에 자료수집, 홍보, 요구사항 정리 등 교섭에 대비하는 사전준비가 필요하다. 상대를 어떻게 설득하고 어디까지 얻어낼 것인가의 교섭전략도 구성한다. 단체교섭을 시작하기 전이나 진행 중에 노사 쌍방은 자신들의 힘을 과시하여 유리한 협상을 하려고 노동쟁의를 할 수 있다. 근로자 측에서는 파업, 태업, 준법투쟁 등을, 사용자 측에서는 직장폐쇄 등을 감행하여 서로가 더 유리한 쪽으로 결론을 내려고 한다.

물론 파업 등의 노동쟁의는 합법적인 것이지만 사회적 통념을 벗어난 행동이나 일반 국민에게 커다란 위협이 되는 전기, 상수도 분야 공무원의 파업 등은 대개의 국가에서 금지하는 경우가 많다.

협상이 결렬되거나 노동쟁의가 자극적으로 해결되지 않을 때 정부가 중재하기도 하고 중재자 혹은 사법기관을 통해 조정의 단계를 거친다. 이렇게 해서

결정된 단체교섭의 결과 단체협약(collective bargaining)이란 계약서가 만들어지고 이를 쌍방이 성실히 이행하면 된다. 이행과정에서 발생하는 오해나 불이행도 물론 교섭과 중재의 대상이 됨은 물론이다.

현대자동차의 경쟁력은 무파업

무파업 임단협 타결이라는 현대자동차 노사 협상 역사상 가장 의미있는 족적을 남겼습니다. "그동안 파업에 낭비한 에너지를 노사 상생을 바탕으로 한 글로벌 경쟁에 쓸 수 있게 됐습니다."

24일 현대자동차 노조의 올해 임단협 잠정 합의안이 62.2%의 높은 찬성률로 가결됐다는 소식이 전해지자 울산공장 일반 조합원들은 이구동성으로 "노조가 회사 발전을 위해 새로운 전환점을 마련해야 할 때"라고 한목소리를 냈다. 노사 합의안에 대한 강성 조직들의 줄기찬 반대 공세와 압박에도 불구하고 임단협 안이 가결되자 조합원 스스로도 뭔가 해냈다는 자부심에 찬 표정들이었다.

현대차 노조가 1987년 설립 이후 22년간 크고 작은 파업에 들어가면서 회사에 입힌 손실은 가히 천문학적이다. 파업일수만 1년 365일에서 3일 모자란 362일에 이르고 차량손실 대수는 110만9,000여대, 파업 손실은 11조6,000여억원에 달한다.

노조 안팎에서는 "이번 임단협 타결은 중도실리 노선으로 당선한 이경훈 집행부가 파업 악순환의 고리를 걷어내고 노사 상생의 새로운 전환점을 마련한 것"이라며 이를 통해 변화의 중심에 서야 한다는 여론이 확산되고 있다.

조합원들은 부결 운동을 벌인 강성 조직의 압박에도 꺾이지 않고 끝까지 밀어붙인 이 지부장이 여세를 몰아 회사의 글로벌 경쟁력 향상에도 힘을 보태야 한다는 목소리를 냈다.

합리적 노동운동을 지향하는 '낮은소리모임'의 김재근 의장(51)은 "62%가 넘는 찬성률은 조합원들이 투쟁 일변도 노동운동에 얼마나 많이 염증을 느끼고 있는지 재확인한 것"이라며 "노조가 이런 조합원의 뜻을 철저히 받아들여야 한다"고 강조했다.

울산의 자동차부품 협력업체들은 "이번 타결로 현대차 조합원들은 1인당 1,600만~1,700만원의 목돈을 쥐게 됐지만 협력업체 근로자들은 그렇지 못해 상대적 빈곤감을 갖고 있다"면서도 "앞으로 중소 협력업체 근로자와 상생할 수 있는 기반을 강화해야 할 것"이라고 말했다.

경주의 한 협력업체 사장은 "현대차 노조 파업 때마다 공장 가동이 중단돼 근로자들이 임금 손실을 보았다"며 "이번에 무파업 타결이 이뤄짐에 따라 협력업체의 영업 여건도 크게 좋아질 것"이라고 기대했다. 울산시는 "이번 임단협 타결을 계기로 현대차와 협력업체가 공동으로 추진하고 있는 녹색 그린카 개발에 적극 힘을 보태주면 울산 경제에도 크게 기여하는 상생의 노조가 될 것"이라고 강조했다.

출처: 한국경제, 2009.12.24.

Chapter 14

마케팅관리

고객 맞춤 마케팅

한 이탈리안 레스토랑에서는 독특한 방식으로 피자를 주문받는다. 고객들은 메뉴판 대신 피자 위에 얹히는 재료인 토핑을 고르게 되어 있다. 먼저 토핑 종류가 가득 써 있는 종이에 원하는 토핑을 표시하면 주방장은 고객이 선택한대로 피자를 만들어 준다. 최근 들어 개인을 목표로 하는 맞춤 마케팅(Individual Marketing)이 점점 늘고 있다. 대중마케팅이 세분화 마케팅, 표적마케팅, 미시마케팅에 이어 맞춤 마케팅으로 발전된 이유는 기업들의 경쟁이 치열해지고 개인의 욕구가 더 다양화되기 때문이다. 맞춤 마케팅은 비용 측면에서 비현실적이기 때문에 소규모 업체들 중심으로 시행되어 왔다. 그런데 최근의 맞춤 마케팅의 사례는 새로운 마케팅의 흐름의 가능성을 제시하고 있다.

리플렉트닷컴(Reflect.com)은 인터넷을 통해 맞춤 화장품을 생산, 판매하는 기업이다. 기업주식의 65%는 세계적인 생활용품 제조회사인 P&G가 소유하고 있다. 고객이 이 회사의 화장품을 구입하려면 먼저 자신의 피부 특성에 관한 질문에 응답해야 한다. 그 다음 자신이 원하는 향기와 용기를 선택하면 자신만의 화장품이 만들어지고, 택배 서비스를 통해 편리하게 받아볼 수 있다. 친구를 위해 특별한 화장품을 만들어 선물할 수도 있다. 자신이 만든 화장품은 당연히 기록에 남게 되어 다음에 새로운 화장품을 구입할 때 참고할 수 있다. 가격도 15 내지 20달러 선으로 대량 생산 제품에 비해 비싸지 않다. 리플렉트는 대량 생산 화장품과 비슷하거나 저렴한 수준으로 가격을 책정하고 있기 때문에 아직 큰 이익을 내지는 못하고 있다. 그러나 고객이 증가하여 생산 효율이 높아진다면 원가 절감 및 수익성 개선이 이루어질 것으로 예상된다.

나이키의 경우 인터넷을 통해 '나이키 아이디(NIKEiD)'라는 이름의 맞춤 운동화를 판매하고 있다. 고객은 사이즈, 재질, 색상 등을 선택할 수 있고, 원할 경우 나이키라는 브랜드 대신에 자신만의 브랜드나 이름을 새겨 넣을 수도 있다. 세계 최고의 브랜드 가치를 갖고 있는 나이키가 고객에게 자신만의 브랜드를 새겨 넣을 수 있도록 허용한 것은 뜻밖의 일이다.

맞춤 마케팅의 성공은 두 가지에 달려 있다. 하나는 고객 한 사람 한 사람의 욕구(needs)를 얼마나 정확히 파악하는가이고, 다른 하나는 그러한 소비자의 욕구를 충족시킬 수 있는 제품을 얼마나 저렴한 가격에 생산할 수 있느냐이다. 지금 현재 맞춤 마케팅을 수행하는 기업들은 그러한 해결방책으로 인터넷을 이용하고 있다. 기업은 인터넷을 통하여 고객의 개별적 욕구를 파악하고 컴퓨터를 활용하여 자동화된 설계 및 생산 방식으로 대응하고 있다.

출처: 조선일보, 2002.10.14.

제 1 절

21세기 마케팅이란?

과거에는 기차를 탄다는 것은 큰 재밋거리였다. 시커먼 괴물 같은 쇳덩어리가 흰 연기와 요란한 소리를 내면서 빠른 속도로 움직인다는 것은 신기한 일이었다. 비행기를 탄다는 것도 빠르게 목적지로 옮겨간다는 것 이외에 하늘을 난다는 흥분이 있었다. 그러나 오늘날 기차와 비행기 등을 이용하는 데에는 이러한 기대감보다는 일정 가치에 비해 얼마나 빨리, 안전하게, 그리고 편안하게 목적지에 도달할 것인가가 이용자의 주요 관심사인 것 같다.

이제 우리 기업들도 고객중심(custormer-oriented)의 사고를 외치고 있다. 기차 여행이라는 상품이 있으면 고객이 찾아오던 제품중심(product-oriented)의 시대는 이미 지나고 고객만족을 위한 고객중심의 고객화(customerizing)를 부르짖고 있다. 부산에서 서울로 가는 항공시장을 두고 대한항공과 아시아나항공만이 경쟁하고 있지 않다. 새마을호, 무궁화호 등 여러 종류의 기차와 우등고속버스, 일빈고속버스, 관광버스 등 그 외에도 자가운전까지 다양한 대체수단이 성생하고 있을 뿐만 아니라 가공할 속도의 고속전철마저 일부 구간이 개통되어 운행되고 있다. 이것은 환경변화가 가져온 결과이다.

20세기 초 개화된 미국의 철도 산업은 난공불락의 성장산업으로 보였다. 하버드 대학의 레비트(Levitt) 교수는 〈하버드 비즈니스 리뷰〉에서 '근시안적인 마케팅(marketing myopia)'이라는 글을 통하여 미국의 철도산업의 경쟁자는 철도업자들이 아니라 운수업자 전체임을 경고하였다. 레비트 교수의 이 지적대로 이제 미국의 철도산업은 다른 운송수단의 발달로 더 이상 그 막강한 지위를 유지할 수 없었다.

근시안적 마케팅을 탈피하자는 그의 주장은 최근 기업환경에서 더욱 빛나 보인다. 즉 철도산업뿐만 아니라 금융업 등 모든 산업 및 기업들에게 이 경고는 현실로 나타났다. 특히 그는 근시안적 마케팅의 경고와 더불어 제품중심의 사고에서 고객중심의 고객만족 사고로의 전환을 강조하여 마케팅 역사에 커다란 한 획을 긋는 업적을 남겼다.

1.1 마케팅의 정의

오늘날에는 소비자들과 소통할 수 있는 다양한 매체가 마케팅의 도구로 이용되고 있다.

소비자들은 기업에서 생산하는 제품들을 구입하여 사용하지만 많은 기업에서 생산하는 제품을 모두 다 구매하지는 않는다. 소비자들의 욕구나 필요에 맞는 제품만을 구입하여 사용한다. 따라서 기업들은 소비자들에게 자신들이 만든 제품을 보다 더 좋은 이미지로 인식시키고, 보다 더 많은 제품을 판매하려고 노력하게 된다. 이러한 기업들의 노력을 마케팅활동이라고 한다.

과거에는 마케팅을 단순히 생산한 제품을 판매하여 이익을 극대화시킨다는 소극적인 판매(selling)의 개념으로만 생각하였다. 그러나 최근의 마케팅(marketing)의 의미는 소비자들의 욕구나 필요를 충족시키기도 하지만 이들의 욕구나 필요를 불러일으키도록 하는 개념까지 포함하게 되었다. 또한 이러한 마케팅 개념을 기업활동에서뿐만 아니라 정부, 병원, 학교 등 여러 분야에서 응용하면서 그 중요성이 더욱 크게 부각되고 있다.

최근의 마케팅 개념은 고객지향(customer orientation), 즉 소비자가 원하는 욕구가 무엇인지를 정의하는 작업에서 마케팅활동이 시작되고 이러한 욕구가 충족될 때 마케팅활동이 종료된다는 관점에 바탕을 두고 있다.

따라서 마케팅은 생산자와 소비자 사이에서 제품과 서비스를 단순히 판매한다기보다는 교환하는 활동이라고 할 수 있다. 즉 목표고객을 선택하고 마케팅조사를 통해 이들 고객들의 욕구를 올바로 이해하여 차별적인 가격결정, 유통, 촉진 등 마케팅 수단을 개발하여 전달함으로써 고객만족을 실현하게 하는 과정이라고 할 수 있다.

1.2 전략적 마케팅관리

오늘날 마케팅활동은 생산·판매 지향적 입장에서 벗어나 '고객으로부터 시작하여 고객으로 끝난다'는 관점에 기초를 두고 있다. 현대적 의미의 마케팅이란 고객이 무엇을 원하고 있는가를 미리 파악해서 그것에 부응하는 제품이나 서비스를 만들어 고객에게 공급하는 일련의 활동이라고 할 수 있다. 다시 말하면 마케팅의 기본적 역할은 고객이 원하는 제품이나 서비스를 필요로 하는 수량만큼 원하는 장소와 시간에 공급하는 것을 의미한다.

앞에서 고객지향적 마케팅 개념을 설명하면서 기업이 고객의 욕구를 파악하여 이를 충족시키기 위한 마케팅활동의 중요성을 강조했다. 그러나 이러한 활동은 우리 회사만 하는 것은 아니고 경쟁기업도 똑같이 하고 있다. 따라서 경쟁사와 차별화시킬 그 무엇이 필요하게 되는데, 여기에 전략(strategy)의 개념이 필요하게 된다. 고객의 욕구를 충족시키기 위한 마케팅 개념과 경쟁에 대처하기 위한 전략의 개념을 결합시켰을 때 마케팅전략이 나오게 된다.

마케팅전략(marketing strategy)은 고객지향적 마케팅 개념과 전략적 사고를 결합시킨 것으로 고객의 욕구를 충족시키고 시장경쟁에서 경쟁기업에 이길 수 있는 지속적인 경쟁우위를 확보하기 위한 활동, 즉 마케팅믹스(marketing mix)(4P's)—제품, 가격, 유통, 촉진—를 효율적으로 통합하는 활동을 뜻한다.

1.2.1 마케팅전략

마케팅전략의 수립에 있어서 중요한 세 가지 요소는 고객, 우리 회사, 경쟁기업이다. 마케팅전략 수립의 출발점은 고객의 분석에서부터 시작된다. 고객이 누구이며, 어떤 욕구를 갖고 있는지를 파악해야 한다. 여기에 직면하는 사실은 고객들은 다양한 욕구를 갖고 있다는 점이다. 따라서 분석은 고객세분화(customer segmentation), 시장세분화(market segmentation)로부터 시작된다.

다음은 여러 세분화된 시장 중에서 어떤 고객층을 주요 표적으로 선택할 것

그림 14-1 마케팅전략의 3C's와 STP

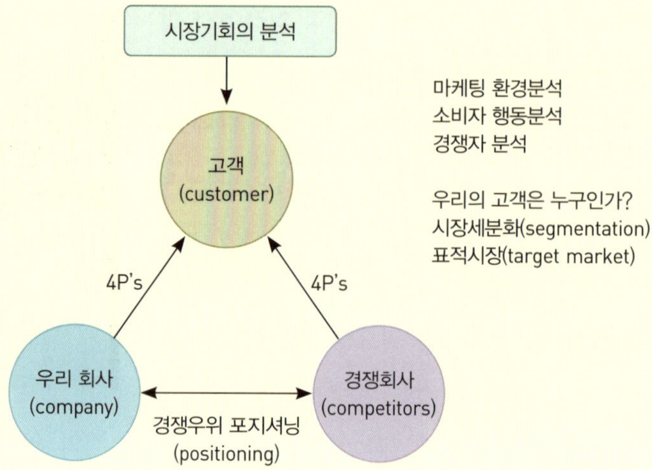

인가를 결정해야 한다. 표적고객(target market)이 선택되고 이들의 여러 특성이 파악되면, 다음에는 이들 고객에게 우리 회사를 어떻게 경쟁기업과 차별화시켜 알릴 것인가 하는 과제, 즉 포지셔닝(positioning)에 직면하게 된다. 모든 기업은 고객에게 일정한 가치를 공급하고 대가를 받으려고 한다. 이 가치는 구체적으로 마케팅 믹스로 나타난다. 기업들은 마케팅믹스를 통하여 경쟁기업과 차별화하려고 노력하며, 성공적으로 제품차별화가 이루어지면 이는 곧 경쟁우위로 연결된다.

제품차별화(product differentiation)란 고객이 특정회사의 제품이나 서비스가 경쟁기업보다 더 우수하다고 믿고 있는 상태를 가리킨다. 즉 제품차별화는 고객들의 마음속에 경쟁우위를 확보하고 있음을 뜻한다.

고객들은 여러 경쟁제품이나 브랜드 등을 나름대로의 기준, 즉 개별적인 속성에 의해서 평가하고 있다고 할 수 있다. 만약에 고객들이 구매시에 중요시하는 기준이 무엇이며, 또한 경쟁제품들이 그런 기준에 의해서 어떻게 평가되는지를 파악할 수 있다면 자사의 브랜드가 고객의 마음속에 어떻게 포지셔닝되는지도 알 수 있다.

그러므로 마케팅전략의 마지막 단계는 제품이나 브랜드를 표적고객에게 원하는 특성을 가진 제품이나 브랜드임을 인식시키는 활동, 즉 포지셔닝으로 집약된다.

결국 현대적 개념의 마케팅전략은 고객세분화(segmenting), 표적시장 선택(targeting), 포지셔닝(positioning) 등 STP의 단계로 진행된다.

1.2.2 에이밀의 차별화전략

브라질 상파울루 거리의 구두닦이 소년 부에노(Edson de Godoy Bueno)는 어렵게 의대를 마쳤다. 그에게 오늘의 브라질 초고속 성장 기업 에이밀(Amil Assistencia Media)의 출발을 가져다 준 것은 리우데자네이루 근처 인구 60만 명의 소도시 상호세에 있는 병동수 35개의 쓰러져 가는 산부인과 병원이었다.

부에노(Edson De Godoy Bueno) Amil그룹 회장

1971년 이 병원은 직원들의 급여를 4개월째 체불하면서 파산의 초읽기에 몰리자 부에노 박사는 소유자에게 그 병원을 달라고 이야기하여 병원 회생에 전력투구하였다. 이 병원은 1년 후 환자수가 2배로 늘고 상호세의 가장 인기 있는 병원이 되었다.

그 성공의 비결은 코카콜라 한 병이었다. 당시 브라질의 월평균 임금은 약 60달러 수준으로 콜라를 사서 마신다는 것은 여간한 사치가 아니었던 시절이었다.

부에노 박사는 병원을 찾는 모든 임산부뿐 아니라 그들을 따라온 아이들에게까지 코카콜라 한 병씩을 무료로 제공하였다. 이로 인해 비록 6%의 원가 부담 요인이 추가로 발생하였으나, 가난한 사람들이라도 '사람을 사람답게 취급한다'는 소문이 도시 내에 삽시간에 퍼지면서 병원은 말 그대로 문전성시를 이루게 되었다. 그 후 부에노 박사의 병원은 점차 그 수가 늘어났으며, 회사의 주력 esw사업도 의료보험사업으로 전환 확대된 후 에이밀 그룹으로 발전하였다.

그 외에도 에이밀의 기발한 마케팅전략은 브라질뿐만 아니라 전 세계의 관심을 집중시켜 왔다. 회사상호 중 밀(Mil)이 포르투갈어로 1,000이라는 숫자에

착안하여 모든 홍보 말미에 '221-1000으로 전화하십시오'라는 문구를 넣어 에이밀의 전화번호를 모르는 브라질 사람이 없을 정도로 만들었다. 부에노 박사가 브라질의 한 유명 호텔에 묵을 때 종업원에게 갑자기 "혹 지금 기억하고 있는 전화번호 생각나는 것 있느냐"고 물었더니 "221-1000"이라고 하여 흐뭇해하였다는 일화도 유명하다.

에이밀의 의료 보험자를 위한 헬기 수송체계의 구축, 미국 세계 최고 정보지의 포르투갈어판 무료 배부 등 '우리는 당신을 돌봐 드립니다(We take care of you)'라는 캐치프레이즈 아래 이 회사는 인간존중의 이념을 독특한 방법으로 실천하였다.

지난 10년 간(1982~1992) 에이밀 그룹의 연평균 성장률은 무려 45%로 말 그대로 숨가쁜 성장을 거듭해 왔다. 이러한 에이밀 초고속성장의 동인은 한마디로 경쟁자에 대한 끊임없는 차별화 전략의 추구이며, 그 시발이 콜라 한 병이라면 좀 지나친 비약일까?

부에노 박사가 23년 전 가난한 작은 도시에서 무료로 제공한 콜라 한 병이 대단한 위력을 발휘했듯이 우리 주변에도 조금만 생각을 달리하면 상당한 차별화 효과를 가져올 요소가 많을 것이다.

커피만 해도 그렇다. 오는 고객이나 방문객 모두에게 무차별적으로 자동판매기 커피를 아무런 생각 없이 대접하는 것이 대부분이다. "설탕과 프림은 어떻게 할까요?"라는 한마디에 그 기업에 대한 고객의 이미지와 느낌이 다를 것이다. 만약 1개월 뒤나 2개월 후에 그 고객이 다시 찾았을 때 "설탕 한 스푼에 프림은 안 넣지요?"라고 되묻는다면 소위 고객만족을 지나 조그만 감동까지도 줄 수 있을 것이다.

1.3 고객가치와 고객만족

1.3.1 고객가치

고객은 최대의 가치를 제공하는 기업으로부터 제품이나 서비스를 구매한다. 고객가치(customer value)란 고객이 특정 제품이나 서비스로부터 기대하는 여러 가지 혜택과 지불하게 될 총비용 사이의 차이를 의미한다.

고객가치 = 고객이 기대하는 혜택 − 고객이 지불하는 가격

위의 식이 시사하는 점은 우리 회사와 경쟁기업 사이의 상대적 위치 평가와 기업이 고객에게 상품이나 서비스에 대한 전달가치가 상대적으로 취약한 경우 총가치를 향상시키거나 고객의 부담을 경감시키는 방안을 강구해야 한다는 것을 알려준다.

1.3.2 고객만족

고객만족(customer satisfaction)이란 고객의 제품이나 서비스에 대한 사전 기대와 구매 후 제품이나 서비스의 지각된 실제성능을 비교함으로써 나타나는 심리적 상태를 의미한다.

고객만족 = f(고객이 지각하는 성능, 기대)

제품이나 서비스의 지각된 성능이 고객의 기대보다 낮은 경우 고객은 불만족을 느끼게 되고 고객들은 이탈하게 된다. 또한 제품이나 서비스의 지각된 성능이 고객의 기대에 충족시킨 경우에 고객은 만족하게 된다. 이에 더하여 제품이나 서비스의 지각된 성능이 고객의 기대보다 큰 경우 고객은 감동하게 된다.

1.3.3 고객유지

고객이탈률을 5% 줄이게 되면 25~85%의 이익을 증가시킬 수 있다. 또한 신규고객의 개발이나 유치를 위하여 소요되는 비용은 기존고객의 유지비용보다 5배나 더 든다. 따라서 신규고객의 창출을 위한 공격적 마케팅전략을 사용할 것인가 아니면 기존고객 유지를 위한 방어적 전략을 사용할 것인지를 기업들은 결정해야 한다.

고객과의 연속적 관계, 즉 고객유지(customer retention)를 위한 두 가지 과제는 다음과 같다.

① 고객이 이탈하지 못하도록 장벽을 높게 세우는 것: 전환으로 말미암아 높은 자본비용과 탐색비용을 지불하게 되거나 할인혜택이 감소하게 되는 경우, 고객은 다른 경쟁업체로 전환하기가 쉽지 않을 것이다.
② 높은 고객만족을 꾸준히 제공하는 것: 이러한 경우 고객은 경쟁업체의 단순한 저가제공 혹은 전환권유 등으로 인하여 기존 관계를 이탈하지는 않게 된다.

따라서 고객과의 연속적 관계에 초점을 둔 관계마케팅(relationship marketing)이란 이와 같은 보다 강력한 고객충성도(customer loyalty)를 창출하고 유지하는 과업을 의미한다.

기업이 관계마케팅을 수행할 경우, 기업과 고객 사이의 가능한 관계를 다음의 5가지 수준에서 파악할 수 있다.

① 초보적 관계: 판매원이 제품이나 서비스 판매를 하지만 그 고객을 또 다시 접촉하지 않는다.
② 고객반응적 관계: 판매원이 제품이나 서비스를 판매하고, 고객이 궁금해하거나 불평이 있을 경우 이를 고객에게 알려주도록 권유한다.
③ 점검위주의 관계: 판매원이 제품이나 서비스 판매 직후 제품이나 서비스가 고객의 기대에 부응하는지의 여부를 점검한다.
④ 선행적 관계: 판매원이 고객에게 수시로 전화를 걸어서 개선된 제품이나

서비스 사용법을 알려 주거나 고객에게 도움이 될 만한 새로운 제품이나 서비스를 소개한다.

⑤ 동반자적 관계: 기업은 고객과 더불어 고객의 노력을 절감시킬 수 있게 하고 고객제품이나 서비스의 보다 나은 기능수행을 돕기 위한 방안을 지속적으로 모색한다.

CRM(cutomer relation management)은 관계마케팅을 위해 필수적으로 구축되어야 하는 시스템이다. CRM은 고객에 대한 모든 정보를 시스템화하여 고객 개개인에게 적합한 상품과 서비스를 제공할 수 있도록 한다.

제 2 절 전략적 마케팅관리의 과정

전략적 마케팅관리(strategic marketing management)는 시장점유율, 매출액, 상표선호도 등 마케팅목표를 설정하고, 이를 달성하기 위하여 필요한 활동들을 계획하고 통제하는 과정이다. 이러한 과정에는 다음의 3가지 구성요소로 나눌 수 있다. 즉 사업기회의 탐색, 표적시장의 결정, 마케팅믹스의 개발 및 실행 등이 그것이다.

2.1 사업기회의 탐색

모든 기업은 시장성이 있는 새로운 기회를 포착할 수 있어야만 계속기업으로서 존속할 수 있다. 이렇게 사업기회를 포착하기 위해서는 우선 마케팅환경을 분석해야 한다. 마케팅환경(marketing environment)이란 기업이 제품을 생산하고 판매하는 등의 경영활동에 영향을 미칠 수 있는 모든 환경을 말한다. 따라서 마케팅환경 분석에 직접적으로 영향을 주는 원자재 공급업자, 경쟁기업, 유통업자, 고객 등 이해관계자뿐만 아니라 정치적 환경, 경제적 환경, 기술변화 등 제품에 영향을 미칠 수 있는 각종 환경을 분석하는 것을 말한다.

또한 마케팅환경 분석과 함께 소비자들의 행동이 어떠한지를 분석해야 한다. 이는 소비자의 구매심리가 어떻게 변화하는가를 파악하는 것이다. 또한 개인소비자뿐만 아니라 제품을 대량으로 구매하는 회사, 학교, 정부, 소매상 등 단체소비자에 대해서도 고려해야 한다.

그리고 경쟁기업이나 경쟁제품에 대한 분석도 해야 한다. 우리 기업의 주요 경쟁기업은 어느 기업인지, 주요 경쟁제품은 어떤 것인지, 경쟁기업이 취하는 전략은 무엇인지, 마케팅전략은 어떻게 변화하고 있는지 등에 대한 상세한 분석이 이루어져야 한다.

마케팅을 실천하기 위해서는 표적 고객들이 원하는 바를 충족시키되 그것도 경쟁자에 비하여 보다 효과적으로 충족시켜야 한다. 그 이유는 고객들은 마케팅믹스를 평가하는 데 있어서 항상 경쟁자와의 상대적인 가치를 고려하기 때문이다. 따라서 마케터는 상표나 기업수준에서만 경쟁을 인식하는 근시안적인 마케팅에서 탈피하여 기본적인 욕구의 수준에서도 경쟁을 인식함으로써 새로운 기회와 시장잠식의 가능성을 조기에 포착하고 대응할 수 있어야 한다.

이와 같은 여러 가지 분석을 통해서 해당 제품이 사업기회를 가지고 있는지, 즉 시장성이 있는지를 판단하게 된다.

2.2 표적시장 결정

소비자의 욕구가 다르므로 한 제품으로는 모든 소비자의 욕구를 동시에 충족시켜 줄 수 없다는 전제 아래, 소비자의 욕구를 충족시키기 위해서 전체 시장을 일정한 기준에 따라 세분화하여 각 세분시장별 고객특성과 이들의 욕구를 이해해야만 올바른 마케팅전략의 수립과 실행이 가능하다. 따라서 시장세분화(market segmentation)는 매우 중요한 개념이다. 소비자행동을 연구하고 마케팅조사를 실시하는 이유도 전체시장을 효과적으로 세분화하기 위한 기초자료를 얻기 위한 것이다.

기업은 상황분석을 통하여 시장을 세분화하여 평가한 후 그 가운데에서 표적시장(target market)을 선정하게 된다. 표적시장을 선정하는 것은 그 기업의 제품이나 서비스를 구매할 만한 고객들이 누구인가를 찾아내는 것을 말한다.

따라서 시장세분화란 욕구가 유사한 소비자집단별로 전체시장을 나누고(segmenting), 기업의 목적달성에 가장 적합한 표적시장을 선택하며(targeting), 표적시장에서 지속적 경쟁우위를 위하여 상품이나 서비스를 적절하게 위치시키는(positioning) 전략을 개발하는 과정을 의미한다.

표적시장을 결정하고 나면 선정된 표적시장 내에서 소비자들을 대상으로 자사제품이 경쟁제품과 비교하여 우위를 갖도록 여러 가지 마케팅믹스활동을 하게 된다. 이러한 마케팅믹스활동은 제품(product), 가격(price), 유통(place), 촉진(promotion), 즉 4P에 대하여 이루어지게 된다.

마케팅관리의 주요 대상인 4P는 기업이 표적시장으로부터 원하는 반응을 창출하기 위해 통제할 수 있는 마케팅 대상을 의미한다. 이러한 마케팅관리에서의 4P는 각각 별개의 과정을 통해 결정되어질 수 있으나, 따로 볼 때는 적절한 결정이지만 기업 전체적인 측면에서는 적절하지 못한 경우가 종종 발생할 수 있다.

따라서 마케팅믹스활동인 4P는 전체적인 측면에서 적절하게 혼합하여 결정하여야만 효과적일 수 있다. 이러한 요인들은 별개의 요인으로 보고 의사결정을

그림 14-2 시장세분화전략 수립과정

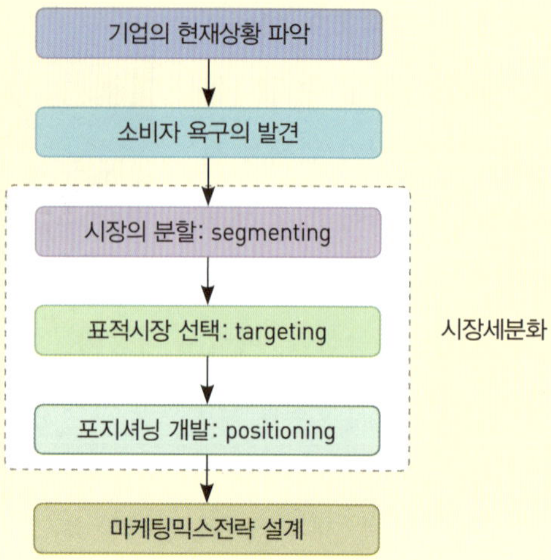

내리는 것이 아니라 제품의 특성에 맞도록 가격, 유통, 촉진 등 모든 요소들이 조화를 이루도록 하여야 기업의 목표를 달성할 수 있을 것이다.

2.3 제품전략

2.3.1 제품전략

제품은 서비스, 브랜드, 마케팅, 원료, 전략 등을 고려해서 전략을 결정한다. 그리고 최근에는 안전보건환경관리(EH&S)부분까지 고려해야 한다.

소비자의 욕구를 충족시키기 위한 제품의 제공이야말로 기업의 마케팅활동에서 가장 중요한 요소이다. 아무리 가격을 잘 결정하고 최적의 유통경로를 선택하여 홍보를 잘한다 하더라도 제품이 없는 마케팅활동은 있을 수 없다. 따라서 기업이 어떠한 제품을 생산할 것인가 하는 결정은 마케팅믹스의 기본이 된다.

마케팅믹스에서의 제품전략(product strategy)이란 무엇인가? 제품전략을 이야기하기 전에 먼저 제품(product)이란 무엇인가 살펴볼 필요가 있다. 좁은 의미의 제품이란 고객의 기본적 욕구와 욕망을 충족시키기 위해 제공하는 물리적이고 기능적인 제품이나 서비스 그 자체를 말한다. 반면 넓은 의미의 제품이란 물리적이고 기능적인 제품이나 서비스뿐만 아니라 브랜드, 포장, A/S, 판매장소의 분위기 등을 포함한다.

이 때 제품의 유형성 측면에서만 제품의 정의를 내리는 근시안적 마케팅(marketing myopia)에서 벗어나 제품을 넓은 의미로 이해하는 것이 시장에서 경쟁우위를 점할 수 있는 위치를 확보하는 데 도움이 될 것이다. 따라서 제품전략이란 고객을 만족시키기 위한 물리적이고 기능적인 제품 결정뿐만 아니라 거기에 수반되는 브랜드, 포장, 이미지 등을 결정하는 것을 말한다.

2.3.2 제품믹스

제품믹스(product mix)란 기업이 판매하는 모든 제품계열을 어떻게 결정하는가를 말한다. 여기서 제품계열(product line)이란 소비자의 욕구, 사용용도, 판매처, 가격범위 등에서 서로 연관성이 있는 제품의 집단을 말한다. 제품믹스를 구성하는 데 있어서 고려해야 할 사항은 다음과 같다.

그림 14-3 제품믹스

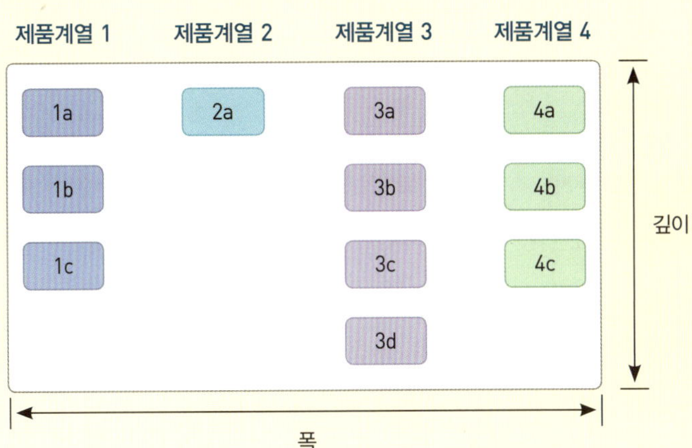

① 폭(width): 한 기업이 취급하는 제품계열의 수
② 깊이(depth): 각 제품계열에 속한 제품품목의 개수
③ 길이(length): 제품믹스 내에 있는 전체의 수
④ 일관성(consistency): 제품계열의 유사성

2.3.3 브랜드

브랜드(brand)는 제품이나 서비스에 붙여진 이름, 상징, 도안 등을 말한다. 브랜드는 보통 브랜드명과 브랜드 마크로 구분되는데 브랜드명은 브랜드 중에서 말로 부를 수 있는 이름을 말하고, 브랜드 마크는 상징이나 도안 등과 같이 시각적으로 보여지는 부분을 말한다.

이 때 브랜드는 특정제품이나 서비스의 고유 이름이므로 같은 이름이 둘 이상이거나 유사한 이름이 있어서 소비자가 혼돈을 일으키게 되면 안되기 때문에 브랜드를 법적으로 보호할 수 있도록 하기 위해서 브랜드를 등록하여야 한다.

소비자는 일반적으로 높은 브랜드 선호도를 가지고 있는 제품이나 서비스를 구매하게 되며, 비록 경쟁제품이 더 낮은 가격으로 판매되거나 많은 광고를 할지라도 쉽게 끌리지 않는다. 따라서 많은 기업들은 자사 브랜드에 대한 인지도와 선호도를 높이기 위해서 막대한 투자를 아끼지 않고 있다.

2.3.4 포장

포장(packaging)이란 제품을 싸거나 담을 용기나 포장지를 만들고 디자인하는 활동을 말한다. 이러한 포장은 과거에는 단순히 제품을 보호하기 위한 수단으로 인식되었으나 최근에는 포장의 형태, 색상, 재질 등으로 제품의 이미지를 형성하여 소비자들의 욕구를 불러일으키도록 하고 있다. 따라서 경영자는 포장을 '말없는 세일즈맨'이라고 인식할 필요가 있다.

네슬레의 브랜드 전략

유엔이 현지화 세계 1위로 평가한 기업은 어디일까?

흔히 첨단업종에서 회사를 찾게 되지만 결과는 의외의 곳에 있다. 바로 네스카페초이스 커피, 로레알 화장품으로 우리에게 친숙한 네슬레(Nestle)다.

스위스 본사를 중심으로 전 세계 5백여 곳에 진출해 있으며, 종업원 수만 해도 23만 명이 넘는다. 국내 매출은 총매출의 2%에 불과하다.

스위스 기업이라는 것을 아는 사람이 거의 없을 정도니 진정한 국제화 기업이라 할 수 있다. 다른 많은 회사들은 네슬레로부터 무엇을 배우고자 할까? 단순히 국제화 능력일까?

1998년 가을 모 신문사의 일본 총국장은 소니의 이데이 노보유키 사장을 인터뷰할 기회를 가졌다. 시간은 단 1시간. 조금이라도 더 많은 내용을 얻어내기 위해 깨알 같은 글씨로 질문할 내용을 메모해 갔다.

질문 중의 하나가 소니는 어느 기업을 벤치마킹하는가였다. 사실 소니는 많은 기업들의 벤치마킹 대상이다. 이러한 회사는 도대체 누굴 보고 배우는 것일까?

이데이 사장은 잠시 고민하더니 "포트폴리오 차원에서는 유럽의 ABB, 미국의 GE다. 제조메이커로는 HP이고, 브랜드와 시너지 효과로는 네슬레, 그리고 부가가치 창출에 성공한 기업으로는 디즈니를 꼽고 싶다. 기업변신의 측면으로는 IBM에서 배우려고 한다"고 답했다. 이처럼 네슬레의 브랜드력은 소니가 배우고 싶어할 정도다.

말이 쉬워 국제화지 식품기업만큼 국제화하기 어려운 산업도 없다. 최소한 제조업 중에서는 그렇다. 소니 워크맨, 벤츠 자동차. 세계 어디에서나 사용하는 데 큰 지장이 없다. 그렇지만 음식은 다르다.

일본은 미국시장에 '스시'와 '사시미'를 뿌리내리기 위해 얼마나 많은 노력을 했던가? 생선을 날로 먹는 야민인에서 '역시 생선은 날로 먹어야 고급 문화를 향유할 줄 아는 것'이라는 이미지를 심기 위해 '엔'화를 미국 전역에 뿌리지 않았던가.

이처럼 각국의 소비자들이 서로 다른 다양한 식생활 문화를 갖고 있다는 측면에서 보면, 식품산업만큼 글로벌화가 어려운 사업은 없을 것이다.

네슬레는 이의 대응 전략으로 '글로벌 브랜드 전략'을 채택하였다. 네슬레는 항상 각국의 이질적인 소비자와 시장의 변화를 파악해 왔다.

즉 제조 중심에서 소비자 중심의 시장 접근 방법을 채택하여 브랜드와 소비자의 관계를 중시해온 것이다. 네슬레의 기업 브랜드와 수많은 제품 브랜드를 국제화하는 데 지난 1세기 동안을 투자해온 것이다.

네슬레는 경쟁 브랜드와 품질, 편의성, 소비자 만족도에서 차별성을 강조한다.

차별적 요소가 없다면 개성을 중시하는 오늘의 세계 소비자들에게 어떻게 네슬레 브랜드를 선택하도록 확신시킬 수 있겠느냐는 이슈에 충실하게 대처해 온 것이다.

네슬레는 모든 문제의 핵심은 '브랜드'에 있다는 신념을 갖고 체계적인 글로벌 전략을 추구해옴으로써 성공한 글로벌 브랜드로 우뚝 선 것이다.

네슬레는 기업 브랜드 전략과 제품 브랜드 전략의 밸런스를 매우 잘 유지·발전시켜 왔다. 특히 기업 브랜드 개념(Corporate Brand Concept)이 확고한 대표적인 회사다.

지난 1백30년간 많은 기업과 브랜드를 인수, 합병시키면서 네슬레를 세계 최대의 글로벌 브랜드로 성장시킬 수 있었던 것은 기업 브랜드 개념의 확립이었다.

네슬레는 기업 브랜드의 힘을 신봉하면서도 제품 브랜드의 힘 또한 중시해왔다. 네슬레는 제품 브랜드(Product Brand)와 기업 브랜드(Corporate Brand)의 상호 연계가 브랜드 시너지 효과를 최대화시켜준다는 신념을 갖고 있다.

소위 엄브렐러 브랜드(Umbrella Brand)라고도 표현되는 기업 브랜드는 소비자가 기업으로부터 기대할 수 있는 가치, 즉 신뢰, 품질 보증을 보장해주는 기능을 갖고 개별 제품 브랜드의 브랜드력을 돕는다는 신념이다.

네슬레는 또한 개별 제품 브랜드는 소비자의 취향과 맛에 부합될 수 있는 독특한 개성과 가치를 소비자에게 전달할 수 있도록 제품 브랜드로서의 가치를 갖도록 관리해왔다.

그렇다면 네슬레가 기업 브랜드와 제품 브랜드의 상호 연계를 강화시킨 성공 요인은 무엇인가?

그것은 네슬레의 형이상학적 개념인 브랜드 플랫폼(Brand Platform)이다. 기업 브랜드 플랫폼(Corporate Brand Platform)이란 기업의 형이상학적 존재 개념을 의미하는 것으로 기업 브랜드의 기본 축이다.

기업 브랜드 플랫폼의 핵심 요소는 기업 브랜드 철학, 기업 브랜드 퍼스낼러티, 기업 브랜드 포지셔닝이다.

기업 브랜드 철학(Corporate Brand Philosophy)이란 소비자와 내부 종사자들에게 전달하고자 하는 기업의 가치, 비전, 그리고 사명(使命)을 의미한다. 왜 그 기업이 존재해야 하는가 그 이유를 밝히는 것이다.

네슬레는 'The World Food Company'가 되어 '전 세계 소비자들에게 최고의 식품을 제공하여 그들의 삶의 질을 높인다'라고 네슬레의 존재 이유를 밝히고 있다.

네슬레의 비전은 '세계 최고의 식품회사'인 것이다. 기업 브랜드 퍼스낼러티(Corporate Brand Personality)란 기업이 목표집단에 전달하고자 하는 기업의 품격, 개성을 의미한다.

이는 모든 사람들이 개별적인 개성과 인격을 갖는 것처럼 기업도 하나의 유기체로서 퍼스낼러티를 갖게 되는데 그 목표된 퍼스낼러티가 무엇인가를 밝히는 것이다.

네슬레는 '책임감 있는, 일관성 있는, 적극적인, 보수적인, 융통성 있는' 개성을 기업의 목표 퍼스낼러티로 정하고 있다. 그래서 네슬레는 보수적인 것 같으면서 세계 각 시장과 소비자의 특성에 적응할 수 있도록 융통성을 발휘하는 기업 품격을 소유하고 있다.

기업 브랜드 포지셔닝(Corporate Brand Positioning)은 소비자 또는 목표집단의 마음속에 자리매김을 하려는 기업의 이미지 목표다.

네슬레는 세계 고객들의 생활 속에서 최고의 식품을 제공하는 세계 최고의 식품 회사로 소비자 마음속에 각인되기를 희망하고 이를 위해 부단한 노력을 해오고 있는 것이다.

출처: 〈브랜드가 모든 것을 결정한다〉

2.3.5 신제품개발

오늘날 소비자들의 욕구와 기술 및 경쟁양상이 급격하게 변화하기 때문에 기업들이 기존제품에만 의존해서는 살아남을 수 없게 될 것이다. 포스트잇(Post-It) 메모지로 잘 알려진 3M사는 신제품을 강조하는 회사로 유명하다. 현재 6만여 가지 제품을 판매하는 이 회사는 매년 200가지 이상의 신제품을 출시하고 있으며, 매년 25% 정도의 매출이 최근 5년내 시장에 출시된 제품들로부터 나오고 있다. 신제품개발이 이처럼 중요하지만, 문제는 신제품의 실패율이 매우 높다는 데 있다. 미국시장을 대상으로 한 조사에 의하면 신제품의 실패율이 소비재 40%, 산업재 20%, 그리고 서비스업 18%라고 한다. 또한 다른 조사에 의하면 매년 시장에 도입되는 2,500여 신제품 중 90%가 3년 이상을 버티지 못한다고 한다.

신제품의 성공률을 높이기 위해서는 개발과정을 효과적으로 관리해야 한다. 보통 신제품개발은 아이디어 창출→아이디어 선별→제품개념 개발 및 테스트→마케팅전략 개발→사업성분석→제품이나 서비스 개발→시험마케팅→시장에 출시 등의 8단계를 거치는 것으로 볼 수 있다.

2.3.6 제품수명주기

경영자는 제품전략의 수립에 있어서 제품은 일종의 수명주기를 가지고 있다는 사실을 인식해야 한다. 인간의 일생과 마찬가지로, 제품은 일반적으로 도입기, 성장기, 성숙기, 그리고 쇠퇴기의 4단계를 거치게 된다.

제품수명주기(PLC·product life cycle)에 있어 단계별로 제품이 처한 시장상황, 경쟁, 수요 등이 변하기 때문에 경영자는 이러한 변화된 각 상황에 적합한 마케팅믹스전략을 수립할 필요가 있다. 또한 제품수명주기 개념을 토대로 수명주기의 새로운 형태를 재구축하기 위한 전략을 수립할 수 있다. 예를 들면, 기계식 전화기에서 전자식 전화기로, 그리고 무선전화기 등으로 발전시킴으로써 전화기에 대한 제품수명주기를 연장하여 왔다.

그림 14-4 제품수명주기(PLC · product life cycle)

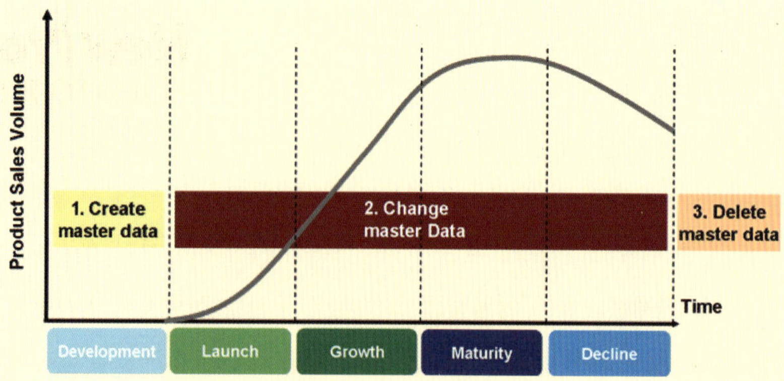

제품수명주기(PLC · product life cycle)를 고려하여 상황에 적합한 마케팅믹스전략을 세울 수 있다.

표 14-1 제품수명주기의 단계별 마케팅전략

단계 \ 측면	도입기	성장기	성숙기	쇠퇴기
경쟁기업	중요하지 않음	소수의 경쟁업자 등장	많은 경쟁업자가 시장에 있음	거의 없음
전반적 전략	시장확보, 제품 사용을 위한 초기 사용자 설득	시장침투, 자사제품을 선호하도록 소비자 설득	브랜드 위치 방어	취약제품폐기 준비, 가능한 모든 이익을 고려한 철수
이익	낮은 생산성과 높은 마케팅 비용으로 적자	고가격과 수요증가로 절정수준에 도달	성장률 둔화	마이너스 성장
가격	고가격	고가격(소비자의 집중적 수요)	경쟁대응가격 설정, 저가격	저가격
유통	선택적 유통 (유통경로 구축 단계)	집중적 유통구축	집중적 유통구축	선택적 유통
광고전략	초기 사용층 목표	대중시장에서의 상표이점의 인식	유사브랜드 차이점 부각	재고제품 감소를 위한 저가격 강조
광고강조	높음	보통(구전광고)	보통	제품폐기를 위한 최소의 비용
촉진	과다지출(견본, 쿠폰 및 기타 유인물 제공)	보통(상표선호도 창출)	과다	최저수준

2.4 가격전략

2.4.1 가격전략

마케팅믹스에서 가격전략(price strategy)이란 제품이나 서비스를 구입하기 위하여 소비자가 지불해야 하는 금액을 결정하는 것을 말한다. 제품이나 서비스의 가격은 기업의 입장에서는 수익과 이익의 유일한 원천인 반면, 소비자가 지불해야 할 제품이나 서비스 구매의 대가이기 때문에 촉진의 한 수단이면서, 동시에 경쟁의 도구 역할을 한다. 또한 기업이 결정한 제품의 가격수준에 따라 다른 마케팅활동의 실행수준이 결정되기 때문에 가격은 다른 마케팅믹스전략의 기초가 된다.

2.4.2 가격결정

기업이 가격을 결정하는 데 있어서 흔히 사용하는 방법은 원가중심적 가격결정 방법이다. 즉 제조원가에 일정한 이익을 가산하여 가격을 결정하는 방법이다. 이에 더하여 기업은 제품이나 서비스의 가격결정에 있어서 경쟁기업을 고려하여 다음의 두 가지 전략을 사용한다.

초기 고가격전략(skimming pricing strategy)을 사용하기도 하고 저가격 침투전략(penetration pricing strategy)을 사용하기도 한다. 초기 고가격전략은 고소득층 시장을 노리고 초기에 가격을 높게 책정하는 것이다. 즉, 초기에 높은 가격을 책정하고 고소득층을 대상으로 판매촉진을 하여 투자비용을 조기에 회수하고 그 후 경쟁기업이 들어올 때는 낮은 가격으로 경쟁력을 확보하는 경우라고 할 수 있다. 이 가격전략은 주로 신제품의 경우에 상당수의 소비자들이 현재의 수요를 지속적으로 창출하는 경우, 높은 가격의 제품 이미지를 돋보이게 하는 경우 등에서 효과적이다.

저가격 침투전략은 많은 소비자층을 대상으로 초기에 낮은 가격으로 단기간에 시장점유율을 높여 경제규모와 생산성을 달성함으로써 단위당 비용을 낮추어 목표 이익을 달성하고 경쟁기업의 시장진입을 저지하는 전략이다.

2.5 유통전략

2.5.1 유통전략

마케팅믹스에서 유통전략(place strategy)은 제품이나 서비스를 생산자로부터 최종소비자인 고객에게 전달하는 과정을 결정하는 것을 말한다. 다시 말하면 제품이나 서비스가 표적고객들이 바라는 시점과 장소에 적절한 양만큼 공급될 수 있도록 전달하는 과정을 결정하는 것이다. 이러한 유통활동은 도시가스관과 같은 파이프라인으로 비유할 수 있다.

전통적으로는 대부분의 생산자들은 최종소비자에게 직접 제품을 판매하지는 않는다. 생산자와 최종소비자 사이에는 여러 가지 기능을 수행하는 많은 중간상(middleman)이 존재한다. 따라서 마케팅믹스활동에서 유통전략의 주요 관심대상은 유통경로를 결정하고, 운송방법을 결정하고, 적정재고를 결정하는 것이다.

2.5.2 유통경로

유통경로(channel of distribution)는 제품이나 서비스를 최종소비자에 이를 때까지 통과하게 되는 경유노선을 말한다. 경영자는 각 제품이나 서비스의 유통경로상에서 중간단계의 수를 얼마로 할 것인가, 그리고 각 단계에 있어서 판매자의 수를 얼마로 할 것인가에 대한 결정을 하게 된다. 가장 효율적인 유통경로란 상품이나 서비스를 고객들이 원하는 시간과 장소에 최소의 비용으로 전달하는 것이다.

효율적인 유통경로를 구축하는데는 오랜 시간과 상당한 자금이 소요되며, 일단 유통경로가 구축되고 나면 이를 변경하기란 대단히 어려우므로 유통경로의 설계와 관리는 마케팅의 성공 여부에 매우 중요한 영향을 미치는 의사결정 중의 하나이다.

2.5.3 물류

최근 들어 기업은 물류(physical distribution, logistics)에 대한 관심이 높아지고 있다. 우리나라의 경우 물류비용이 가격의 15% 가까이를 차지함에 따라 물류비용을 관리해야 할 필요성이 크게 부각되고 있다. 물적 유통, 간단히 물류란 원자재, 재공품, 완제품 및 관련정보를 생산지점에서 소비지점까지 효율적이고 효과적으로 이동되도록 계획, 실시, 통제하는 과정으로, 고객서비스, 수송, 창고 및 보관, 공장의 위치선정, 재고관리, 유통정보, 조달, 원료취급, 부품 및 서비스 지원, 폐품처리, 포장, 반품처리, 수요예측 등의 활동을 포함한다. 효과적이고 효율적인 물류관리는 가장 낮은 비용으로 소비자가 원하는 시간에 적절한 장소에서 물자를 획득할 수 있게 하여 소비자를 만족시키고 기업의 경쟁력을 키워나가는 가치창출활동이다.

대형할인마트에 최첨단 POP광고

제4의 TV로 불리는 최첨단 POP광고가 눈길을 끌고 있다.

미국의 경우 월마트 등 약 5,000여 개의 매장에 지능형 전자 POP광고가 설치되어 있으며, 매달 약 2억 번 이상 소비자 노출효과가 있는 것으로 조사됐다.

POP광고란 소비자가 제품을 구매 하는 시점에 해당제품의 구매욕구를 자극하는 방법으로 넓은 의미로는 카탈로그, 각종 포스터를 포함해 외부에 설치되는 모든 광고물을 통칭한다.

일반 소비자들이 가장 많이 접하는 POP광고의 대표적인 형태로는 백화점이나 할인점의 제품진열대에서 아기자기하게 손으로 쓴 가격표 등이다. 이미 미국에서는 PRN(Premier Retail Networks)이라는 사업자가 월마트, 베스트바이 등 굴지의 쇼핑몰에 특화된 서비스를 제공해 왔으며, 현재 제4의 TV로 불릴 정도로 위력적인 광고채널로 자리잡힌 지 오래다. P&G, 네슬레, 디즈니, 닌텐도, 소니, 필립스, 마이크로소프트, 리바이스 등이 PRN의 장기고객이다. 이러한 전자 POP광고는 잦은 현장 프로모션을 진행하는 광고주들이 특히 선호한다. 고객들도 자신에게 필요한 할인 행사 등의 이벤트를 놓치지 않을 수 있어, 알뜰한 쇼핑을 즐길 수 있다. 이뿐 아니라 POS(Point of Sale)와 연동하여 현재 판매량이나 재고물량을 파악하는 데도 도움을 준다. 정확한 광고 효과 측정이 가능해져 어떤 메시지가 효과적인지도 파악할 수 있어 일석이조의 효과를 얻을 수 있다. 현재 국내에서는 할인점 홈플러스가 이런 형태의 POP광고를 도입했다.

출처: 매일경제신문.

2.5.4 적정재고 결정

재고(inventory)를 얼마로 하는 것이 적정한 것인지도 유통상의 중요한 결정사항이다. 특히 계절상품이나 유행상품인 경우에는 재고를 어느 수준까지 확보할 것인가 하는 문제가 매우 중요하다. 따라서 적정재고 수준을 합리적으로 결정하기 위해 다양한 방법을 연구할 필요가 있다.

2.6 촉진전략

2.6.1 촉진믹스

촉진전략(promotion strategy)이란 기업이 제공하는 제품이나 서비스에 대한 정보를 소비자에게 제대로 전달하기 위하여 주요 4가지 촉진유형의 수단을 활용하여 촉진의 노력을 기울이게 되는 것을 말한다. 이는 기업의 제품이나 서비스를 소비자가 구매하거나 계속적으로 구매하도록 유도할 목적으로 이루어진다.

이에 따라 제품의 장점을 알리고 잠재구매자들이 실제로 제품이나 서비스를 구매하도록 설득하는 방향으로 활동이 이루어지게 된다. 촉진믹스(promotion mix)는 기업이 마케팅목표를 달성하기 위하여 촉진전략을 시행하기 위한 여러 가지 촉진유형(광고, 인적판매, 판매촉진, 홍보 등)의 결합을 의미한다.

2.6.2 광고

광고(advertising)는 TV, 라디오, 잡지, 신문, 옥외간판 등을 활용하여 소비자들이 제품이나 서비스에 대해 인식하도록 하는 비인적인 매체를 통한 촉진방법이다. 소비자들은 많은 광고에 노출되지만 대부분의 경우 소비자들의 관심을 끌지 못하고 사장되어 버린다. 따라서 기업은 소비자들이 관심을 끌 수 있는 광고를 개발하기 위하여 많은 노력을 기울여야 한다.

소비자의 심적 상태의 변화과정을 설명하는 모형 중에서 대표적인 것은

AIDMA모형이다. 즉 인지(awareness)→흥미(interest)→욕구(desire)→기억(memory)의 과정을 통해서 소비자는 구매행동(action)을 한다.

2.6.3 인적판매

인적판매(personal selling)는 세일즈맨과 예상고객 또는 기존고객이 직접적인 대면관계를 통해 이루어지는 인적 촉진활동이다. 인적판매는 세일즈맨이 고객에게 직접 정보를 제공하고 설득하기 때문에 고객이 마음을 정하도록 하는데 효과적이다.

인적판매의 접근방법에서 대표적인 모형은 AIDAS모형이다. 세일즈맨들은 잠재고객의 주의(attention)를 모으고, 관심(interest)을 유발하고, 제품이나 서비스에 대한 욕망(desire)을 자극하고, 구매행동(action)을 일으키고, 거래에 대한 만족(satisfaction)을 구축하는 5단계를 거치게 된다.

2.6.4 판매촉진

판매촉진(sales promotion)은 기업이 자사의 제품이나 서비스의 판매를 늘리기 위하여 중간상이나 최종소비자를 대상으로 단기적으로 벌이는 마케팅활동을 말한다. 여기에는 가격할인, 쿠폰, 무료견본, 경품 등이 주요 수단이 된다. 경쟁이 치열할 때는 가격할인이나 행사개최와 같은 판매촉진이 효과적이지만 너무 자주 사용하게 되면 오히려 그 브랜드에 대한 이미지와 선호도를 저하시키게 된다.

주로 사용하는 수단에는 푸시 마케팅전략과 풀 마케팅전략이 있다. 푸시 마케팅(push marketing) 전략은 도매상, 소매상 또는 세일즈맨에게 판촉물을 제공함으로써 제품이 판매상의 경로에 도달하도록 할 뿐만 아니라 판매를 증대시키는 목적으로 수행하는 촉진활동으로 예로는 초기가격공제, 광고비용공제 등이 포함된다. 풀 마케팅(pull marketing) 전략은 생산자가 주로 제품광고나 소비자 판매촉진에 의존하는 전략이다.

2.6.5 홍보

홍보(publicity)는 TV, 라디오, 신문, 잡지 등 언론매체에 뉴스 등의 형태로 자사제품이나 서비스에 관한 기사를 다루게 함으로써 수요를 자극하게 하는 마케팅활동으로 기자회견, 제품홍보, 기업홍보, 로비활동, 카운셀링 등의 수단이 있다.

이와 같은 여러 가지 촉진활동들은 소비자의 욕구를 자극하여 계속적인 구매활동을 유발시키게 된다. 따라서 경영자는 시장의 성격, 제품이나 서비스의 성격, 비용 등을 고려하여 광고, 인적판매, 판매촉진, 홍보활동 등을 적절히 결합하여야 한다.

최신 마케팅 기법

MOT 마케팅(Moment of Truth 진실의 순간)

일상생활 공간을 파고드는 마케팅 기법을 말한다. MOT는 'Moment of Truth'의 영문 약자로 굳이 번역하자면 "결정적인 순간 또는 진실의 순간을 포착하라"는 뜻이다. 소비자들이 아침에 일어나서 신문을 보는 순간부터 집을 나와서는 교통수단을 통해, 식당에서 또는 친구를 만나 차를 마시는 곳, 그 어느 곳에서나 제품의 이미지를 심어주는 것이 MOT 마케팅의 핵심 전략이다. MOT 마케팅은 본래 70~80년대 스웨덴 항공사인 〈스칸디나비아 항공〉이 세계 최초로 고안해 큰 성공을 거둔 이후 많은 다국적기업들이 벤치마킹을 해오고 있다.

DB 마케팅

고객정보, 산업정보, 기업 내부정보, 시장정보 등 각종 1차 자료들을 수집, 분석해 이를 판매와 직결시키는 기법이다. 데이터베이스 마케팅은 타 고객과는 차별되는 인적정보와 구매정보를 활용, 고객의 요구에 따른 차별적인 정보를 제공함으로써 고객의 만족도를 높이고 효과적인 마케팅 효과를 얻을 수 있다.

DM 광고 마케팅(Direct Mail Advertising)

우편에 의해서 직접 예상 고객에게 송달되는 광고로 직접광고의 일종이다. DM 광고의 특성은 광고물을 예상 고객에게 직접 우송하는 점에서 시장의 세분화 전략에 적당하다. 따라서 DM의 가장 중요한 점은 메일 리스트의 작성이다.

POS(Point of Sales 판매의 시점)

POS는 금전등록기와 컴퓨터 단말기의 기능을 결합한 시스템으로 매상 금액을 정산해 줄 뿐 아니라 동시에 소매 경영에 필요한 각종 정보와 자료를 수집, 처리해주는 시스템으로 판매 시점관리 시스템이라고 한다. POS 시스템은 POS 터미널과 스토어 컨트롤러, 호스트 컴퓨터 등으로 구성되어 있으며, 상품코드(bar code) 자동판독장치인 바코드리더가 부착되어 있다. 이를테면 상품 포장지에 고유마크(바코드)를 인쇄하거나 부착시켜 판독기(스캐너)를 통과하면 해당 상품의 각종 정보가 읽혀지는 것이다.

고객 로열티 마케팅

고객 데이터베이스를 기반으로 보상 프로그램과 퍼스널 마케팅 프로그램을 통합적으로 수행하여 장기적으로 고객 로열티를 구축하고 기업 수익성의 극대화를 추구하는 마케팅 방식을 의미한다.

공동상표 마케팅

공동상표 마케팅은 장기간의 소비 침체로 고심하고 있는 일본 기업들이 타개책의 일환으로 도입한 신종 마케팅 전략이다. 대표적인 사례가 토요타자동차와 마쓰시타전기 외에 맥주회사와 생활용품회사 등 다양한 업종의 유수 기업들이 참여하여 만든 윌(will)이라는 공동상표다. 공동상표는 더 적은 비용으로 더 많은 판매를 달성하고 자사 제품의 브랜드 가치를 획기적으로 높일 수 있는 방법을 찾던 기업들 간에 이심전심으로 뜻이 통하여 새로운 전략적 제휴 방법으로 등장하게 된 것이다. 국내의 경우에는 주로 중소기업의 활로를 모색하는 차원에서 지역적 기반이 같고 유사한 업종의 영세업체들 사이에 공동상표가 활발히 도입되고 있다.

관계 마케팅

고객 등 이해관계자와 강한 유대관계를 형성, 이를 유지해 가며 발전시키는 마케팅활동을 말한다. 고객만족 극대화를 위한 경영 이념으로 최근 관심을 끌고 있는 개념이다. 말하자면 기존 마케팅의 판매 위주의 거래 지향적 개념에서 탈피하여 장기적으로 고객과 경제, 사회, 기술적 유대 관계를 강화함으로써 '나에 대한 고객의 의손도를 제고시키는 것'이다. 개별석 거래의 이익 극대화보다는 고객과의 호혜 관계를 극대화하여 고객과 우호 관계를 구축하면 이익은 절로 수반된다고 보고 있으며 최근에 많은 관심을 끌고 있는 CRM과 관계가 있다.

구전 마케팅 (Word of Mouth Marketing)

구전 마케팅은 소비자 또는 그 관련인의 입에서 입으로 전달되는 제품, 서비스, 기업 이미지 등에 대한 말에 의한 마케팅을 말한다. 사람들이 알게 모르게 이야기하는 입을 광고의 매체로 삼는 것이다. 구전 마케팅의 기본 원칙은 전체 10%에 달하는 특정인의 공략이며, 90%의 다수소비자는 10%의 특정인에 의해 영향을 받게 되므로 기업들은 10%의 특정인의 전달자를 공략한다. 특정인에게 무료 샘플을 보내거나 기업들이 무료 체험, 시공, 시음과 같이 소비자로 하여금 상품을 실제 써보고 품질, 성능을 파악해보게 하는 체험형 판촉도 구전 마케팅 효과를 노린 것이다.

귀족 마케팅 (Noblesse Marketing)

VIP 고객을 대상으로 차별화 된 서비스를 제공하는 것을 말한다. e-귀족 마케팅이라고도 한다. 온라인상에서의 귀족 마케팅은 철저한 신분 확인을 통해 선발한 특정계층의 회원을 대상으로 고급 와인,

패션, 자동차 등 상류계측을 위한 정보와 귀족 커뮤니티, 사이버 별장 등의 인터넷 멤버십 서비스와 오프라인의 사교 공간 등을 제공한다. 귀족 마케팅은 의류업체들이 같은 상표라도 블랙라벨이라고 하여 디자인과 소재를 고급화하여 고가에 판매했던 것에서 비롯되었다.

일부에서는 신분 상승의 욕구를 자극하고 계층 간의 차별화를 조장하고 있다고 비판하기도 하지만 그럼에도 불구하고 젊은 층을 대상으로 한 〈영 노블리안 클럽〉, 〈노블리안 닷컴〉, 〈아이노블레스 닷컴〉 등 명품 전문 쇼핑몰이 성황리에 운영되고 있다.

그린 마케팅

고객의 욕구나 수요 충족뿐만 아니라 환경보전, 생태계 균형 등을 중시하는 마케팅전략이다. 소비자보호운동에 입각하여 공해를 유발하지 않는 상품을 제조하고 판매함으로써 삶의 질을 높이려는 새로운 기업 활동을 의미한다. 전통적인 산업 시대에는 자연 환경의 훼손이 가시적이지 않았으나, 최근 들어 사회적·경제적·생태적 비용이 증가하면서 생산업체가 자연 환경 훼손에 대한 부담을 지게 되는 입법이 확대되고 있다.

기상 마케팅

기상 변화에 대한 정보를 활용해 사업계획을 조정하는 마케팅전략을 말한다. 기상 마케팅은 정보 기술을 활용한 서비스 마케팅으로 미리 예측된 기상변화 정보를 제공받아 이를 사업 계획에 반영하는 것이다. 기상 정보 서비스 업체들은 국가 기상청으로부터 위성사진, 기상 데이터 등 자료를 건네받고 가공 분석한 뒤 필요로 하는 업체들에 제공한다. 각 업체들은 기상 정보를 이용해 손실에 미리 대비하거나 재고량, 판매량 조절 등 여러 가지 경영 계획을 결정한다. 활용업체도 맥주, 음료, 빙과 등 식료품업체에서부터 의류, 냉 난방기, 항공, 해운업체 등에 이르기까지 그 폭이 점차 확대되고 있다. 국내에서는 1997년 7월 일기예보 사업자 제도가 시행된 이후 기상 정보 서비스 업체들이 속속 등장하여 다양한 기상 정보를 제공하고 있다.

네트워크 마케팅

네트워크 마케팅이란 기존의 중간 유통단계를 배제하여 유통 마진을 줄이고 관리비, 광고비, 샘플비 등 제 비용을 없애 회사는 싼 값으로 소비자에게 직접 제품을 공급하고 회사 수익의 일부분을 소비자에게 환원하는 시스템이다. 네트워크 마케팅은 프로세일즈맨이 아니라 보통사람이 하는 사업으로 대부분의 판매는 끊임없이 소비자를 찾아 판매를 하여야 하고 매월 새로 실적을 쌓아야 한다. 피라미드와 근본적으로 다른 점은 회원을 아무리 많이 가입시켜도 소용없고 그 회원들이 그 제품을 애용해야 한다는 것이다.

누드 마케팅

제품의 속을 볼 수 있도록 투명하게 디자인함으로써 소비자들의 신뢰와 호기심을 높이는 판매전략을 말한다. 누드 제품은 포화 상태인 가전제품 시장에서 기존의 틀을 깨는 파격적인 디자인으로 제품에 대한 소비자들의 구매 욕구를 높이고 있다. 국내뿐만 아니라 일본 등 외국에서도 누드 마케팅이 확산되고 있는데, 청소년층을 대상으로 한 휴대용 전화기, 컴퓨터 제품 등에서 그 예를 찾아볼 수 있다.

니치 마케팅

빈틈을 공략하는 것

다이렉트 마케팅

생산자→도매상→소매상의 순서를 따르지 않고 직접 고객으로부터 주문을 받아 판매하는 것을 다이렉트 마케팅이라고 한다. 전형적 마케팅이 소비자에 대한 대량 광고를 통해 소비자의 소비 욕구를 자극하여 구입으로 연결시키는 과정을 거치는 데 비해 다이렉트 마케팅은 소비자와의 보다 긴밀한 광고 매체 접촉을 이용하여 소비자와 직거래를 실현하는 마케팅 경로를 의미한다.

대의명분 마케팅(Cause Related Marketing)

기업이나 상표(브랜드)를 자선이나 대의명분과 연관지어 이익을 도모한다는 전략적 위치설정의 도구이다. 예컨대 상품과 서비스 판매를 수재민 구호사업과 연계시키는 것이 있다.

데이터베이스 마케팅

데이터베이스 마케팅이란 고객에 관한 데이터베이스를 구축, 필요한 고객에게 필요한 제품을 직접 판매하는 것으로, 원투원(one-to-one) 마케팅이라고 한다. 다시 말해서 어느 고객이 무엇을 얼마나 자주 구매했는지, 어느 매장에서 어떤 유형의 제품을 구매했는지, 언제 재구매, 대체구매를 할 것인지 등과 같은 데이터를 가지고 고객의 성향을 분석, 향후 필요한 마케팅전략을 수립하는 것이다.

디마케팅 (Demarketing)

디마케팅이란 기업들이 자사의 상품 판매를 의도적으로 줄이려는 마케팅활동을 말한다. 이윤 추구가 기업의 목표라는 점에 비추어보면 얼른 이해하기 어려운 면도 있으나 소비자들의 건강 및 환경 보호 등 기업의 사회적 책임을 강조함으로써 오히려 기업의 이미지를 긍정적으로 바꾸는 효과를 기대하거나, 또는 해당 제품이 시장에서 독과점이라는 비난을 받을 위험이 있을 때 사용되는 마케팅전략이다. 담배·식품의약품 등의 포장이나 광고에 적정량 이상을 사용하면 건강을 해칠 수 있다는 경고 문구를 삽입하는 경우가 그것이다.

디지털 마케팅(Digital Marketing)

기존 마케팅 활동에서 장해 요인으로 작용했던 시간, 공간의 장벽이 허물어지고 기업과 고객이 상호 연결되어 가치를 만들어 가는 통합형 네트워크 마케팅을 말한다. 구체적으로 디지털 쿠폰, 팩스, 셀룰러폰, 인터넷, e-메일 등 디지털 기술을 응용한 제품이 이용되는 모든 상업적 활동이 이에 속한다. 이에 비해 인터넷 마케팅은 인터넷을 기반으로 하는 상업적 활동을 가리키는 것으로 디지털 마케팅보다 협의의 의미로 사용된다.

릴레이션십 마케팅

고객의 기호가 다양해지고 신상품의 개발은 경쟁 기업의 즉각적인 유사 상품 개발로 이어져 이익이 오래가지 못하며, 광고를 통한 판촉활동 또한 막대한 비용이 이익과 직결되지 않기 때문에 전통적인 마케팅 수단인 4P(제품, 판촉, 가격, 유통)만으로는 충분한 힘을 발휘하기가 어렵게 되었다. 이러한 전통적인 마케팅 수단의 한계를 극복하고 변화하는 시장 환경의 위협을 판매신장, 이익증진의 기회로 바꾸고자 하는 것이 릴레이션십 마케팅이다. 릴레이션십 마케팅은 사회 전체의 효익과 복지를 증진시킨다는 기본 테두리 안에서 자사의 판매 신장과 이익 증진에 도움이 된다면 무엇이든 협조자로 만든다는 것이 기본 입장이다.

마이크로 마케팅

소비자의 인구통계적 속성과 라이프 스타일에 관한 정보를 활용, 소비자의 욕구를 최대한 충족시키는 마케팅전략이다. 이를 위해 시장을 가장 작은 상권 단위로 나눈 다음, 시장별로 소비자 특성에 관한 데이터를 수집해 마케팅 계획을 세운다. 주로 많은 매장을 가지고 영업하는 대형 유통업체, 은행, 보험회사 등에서 활용할 수 있다.

바이러스 마케팅

컴퓨터를 통해 자료를 다운로드받을 때 컴퓨터에 바이러스가 침투되듯이 자동적으로 홍보 내용 또는 문구가 따라 나오게 하는 마케팅 기법으로 미국의 무료 전자우편인 〈핫메일(hotmail)〉이 처음으로 시도해 큰 성공을 거둔 이후 보편화되었다. 핫메일은 무료 전자우편 서비스를 시작하면서 빠른 시간 내에 여러 사람들에게 핫메일의 존재를 알리기 위해 전자우편을 주고받을 때는 반드시 편지 말미에 '무료 전자우편 서비스 핫메일'이라는 홍보 문구를 붙이도록 하였다. 사이트 광고를 주변 사람들에게 재 전송해 줄 경우 경품이나 현금을 주는 것도 바이러스 마케팅의 일종이다.

복합 마케팅(hybrid marketing)

복합 마케팅 시스템이란 선도수요 창출, 판매수요 검토, 예비 판매, 판매 마무리, 판매 후 서비스, 거래선 관리 등 각 수요 창출 과정과 소비자 규모마다 마케팅의 경로와 방법을 달리해 시장점유율 및 수익성을 극대화하는 효과적인 마케팅이다.

부동산 마케팅

부동산과 부동산업에 대한 태도나 행동을 형성, 유지, 변형하기 위하여 수행하는 활동을 말한다.

비차별적 마케팅

소비자들의 욕구에서 공통적인 부분에 초점을 맞추는 것으로 하나의 제품이나 서비스를 가지고 세분화되지 않은 전체 시장을 대상으로 비즈니스를 하는 것을 말한다. 필요한 정보를 찾기 위해 사용하는 〈야후〉나 〈알타비스타〉와 같은 검색엔진이나 디렉토리 등이 대표적인 예다.

사업장소 마케팅 (Business site Marketing)

사업장소 마케팅은 공장이나 점포, 사무실, 창고 및 회의실과 같은 사업장이나 장소를 개발하여 팔거나 혹은 임대해 주는 것을 포함하고 있다. 대규모 개발업자들은 기업의 토지에 대한 기본적인 욕구를 조사하고, 산업시설의 주차장과 쇼핑센터 및 새로운 사무실, 건물 등과 같은 부동산 문제를 해결하여 준다.

사이버 마케팅

사이버 딜링이라고도 불리는 사이버 마케팅은 사이버 공간을 이용한 마케팅활동이다. 사이버 마케팅을 활용할 수 있는 분야는 오락, 정보, 유통, 광고, 전송, 교육, 전자출판 등으로 무궁무진하다. 현재 국내에서 추진중인 사이버 마케팅은 데이콤에 의한 〈인터파크〉를 시작으로 주로 백화점을 중심으로 구축되어 있다. 특히 사이버 마케팅은 고객들의 거래 패턴, 구매습관, 제품 선호도 등이 정보화되기 때문에 보다 맞춤고객지향 서비스가 가능해진다.

선점 마케팅

고객이 선호하거나 기대하는 모델을 사전적으로 파악하여 이를 제품이나 서비스를 통해 홍보하는 마케팅을 말한다. 주로 고객의 온라인 소비 습관을 분석하여 대처하는 방법을 사용한다.

소시얼 마케팅

소시얼 마케팅은 기업이 자기의 이익을 추구하기 전에 사회 전체의 이익을 손상시키지 않도록 하고 구매자의 이익뿐만 아니라 사회 전체의 이익을 고려해야 한다는 사고방식에 기초를 두고 있다. 기업이 사회 전체의 이익을 손상시키지 않도록 배려하는 것이 중요하다는 사실을 강조한 사고 방식이다.

스포츠 마케팅

경기 시작 전부터 끝날 때까지 관련된 모든 업무를 대행하는 사업, 또는 여러 가지 프로모션 활동을 통해 팀 선수의 부가가치를 높이고 상품화를 도모하는 활동을 말한다. 주된 업무 내용은 라이선싱 사업, 연감 사진집 등의 출판 업무, 팀 선수의 매니지먼트 업무, 그리고 이벤트 매니지먼트 업무 등이다.

시간 마케팅

가격이나 품질뿐만 아니라 고객의 시간을 아껴 줌으로써 판매촉진에 기여한다는 전략이다. 예를 들면 백화점에서 계산대를 늘려 고객의 대기 시간을 단축시켜 준다든지 30분 이내에 신사복을 수선해 주는 서비스 등이 시간 마케팅이다. 은행도 현금자동지급기가 고장나거나 대출 신청 후 24시간 내에 처리되지 않을 때 직장 내 객장에 비치된 '옐로우카드'를 제시하면 수표발행수수료, 송금수수료 등을 면제해 주기도 한다.

시스템 마케팅

판매활동을 조직적으로 하는 것을 말한다. 시장환경이 복잡해지고 제품 종류가 많아지며 또 그 수명이 짧다는 조건하에서 효율적인 판매를 하기 위해 판매를 지원하는 다양한 전략의 전개를 조직적으로 추진해야 한다. 그렇게 하기 위해 필요한 정보의 신속한 처리가 요청되고, 그것이 판매활동에 활용되는 것이다.

시험 마케팅

하나 이상의 시장을 선정하여 신제품과 마케팅 프로그램을 도입하고, 얼마나 성과가 좋은가를 검토하여 필요한 부분을 수정하는 것

심바이오틱 마케팅기법 (Symbiotic Marketing)

대기업이 자사의 막강한 영업 조직을 통해 판로가 취약한 영세 업체들의 제품을 자사 상표를 붙여 판매하는 새로운 마케팅 기법

애프터 마케팅

고객 만족 마케팅의 수준을 넘어, 다시 말해서 고객이 제품을 구입하도록 만드는 과정을 넘어 그 후까지 고객의 심리를 관리하고 고객에게 제품에 대한 확신을 심어주는 〈완전한 고객 중심 마케팅〉이라고 할 수 있다. 그래서 애프터 마케팅의 당면 목표는 또 다른 구매를 촉발시키는 것이 아니라 고객에게 제대로 된 제품을 구매했음을 확신시켜 주는 데 있으며 이러한 고객의 확신은 장기적으로 이익을 가져다 주는 요소가 된다. 특히 구매한 제품이나 서비스의 품질에 대한 고객의 기대가 현실적인 수준을 넘지 않도록 조절함으로써 만족도 얻을 수 있도록 도와주어야 한다는 것이 애프터 마케팅의 요체다.

앰부시 마케팅

앰부시 마케팅은 스폰서의 권리가 없는 자가 마치 자신이 스폰서인 것처럼 가장해 마케팅활동을 펼치는 것이다.

에어리어 마케팅

전국을 동일한 성질의 하나의 시장으로 보고 전개하는 마케팅 수법에 대응되는 개념으로 각 지역의 특성을 파악하여 그에 맞는 치밀한 마케팅 수법을 통틀어 일컫는 말이다. 고도성장, 대량 소비시대에서 점차 안정성장, 소비 다양화 시대로 이행되어감에 따라 새로운 마케팅 수법으로 등장했으나 개념 규정도 아직 뚜렷하지 않으며 구체적인 방법론도 확립되지는 않았다. 메이커나 유통업계에서 이러한 발상에 차츰 관심을 모으고 있다.

원투원 마케팅

고객에 관한 데이터베이스를 구축, 필요한 고객에게 필요한 제품을 직접 판매하는 것이다. 개별 고객

의 데이터베이스 분석을 통해 서비스와 제품을 고객의 필요에 맞게 제공해 고객을 유치하고 장기적으로는 경쟁력을 확보하기 위한 마케팅으로서 1 대 1 마케팅 또는 개별 마케팅이라고도 한다. 원투원 마케팅은 개별 고객의 성별, 나이, 소득 등 통계 정보와 고객의 취미, 레저 등에 관한 정보 및 구매 패턴을 데이터베이스화 하여 고객에게 가장 적절한 상품, 정보, 광고를 제공하는 것이 핵심이다.

인다이렉트 마케팅

상품 유통에 있어서 메이커가 소비자와의 사이에 판매업자를 개입시켜 메이커→판매업자→소비자라는 전형적인 마케팅 경로를 채택할 때 이것을 인다이렉트 마케팅이라 한다. 이것에 대하여 중간에 판매업자를 개입시키지 않고 자사 상품의 마케팅 경로 전반의 관리를 메이커 스스로 행하는 마케팅활동을 다이렉트 마케팅이라 한다.

인더스트리얼 마케팅

생산재에 관한 마케팅을 말한다. 그 대상은 기업체로서 소비재인 경우와 같이 고객의 감정을 자극하여 구매 의욕을 부채질한다기보다 경제성, 합리성을 갖춘 신제품을 개발하여 고객의 이성에 호소함으로써 판매를 촉진한다.

인디케이터 마케팅

소비자의 편의를 높이기 위하여 제품 사용 시기나 상태를 알려주는 상품 개발이다. 예를 들면 오줌을 싸면 색깔이 변하는 기저귀, 맥주를 마시는 최적 온도를 알려주는 특수마크 등이 인디케이터 마케팅을 이용한 것이다.

인터넷 마케팅

개인이나 조직이 인터넷을 이용하여 양 방향 의사소통을 바탕으로 마케팅활동을 하는 것을 말한다. 전통적인 마케팅과 비교할 때 인터넷 마케팅은 불특정 다수가 아닌 1대1 마케팅을 할 수 있고 비용을 절감할 수 있으며, 실시간으로 고객의 욕구를 파악해 신속하게 대응할 수 있는 장점이 있다.

임페리얼 마케팅

가격 파괴와 정반대의 개념으로 높은 가격과 좋은 품질로써 소비자를 공략하는 판매 기법이다. 이 전략은 최근 주류업계에서 고급소주 개발 등에 활용되었으며 다른 업종으로 빠르게 확산되고 있다.

지역 마케팅

지역 마케팅은 특정한 지역이나 장소에 대한 태도나 행동을 새로이 창출해 내고, 유지 또는 변화시키기 위해 행해지는 제반 활동을 포함한다. 지역 마케팅은 크게 휴가 마케팅과 사업 장소 마케팅의 두 가지로 구분할 수 있다. 최근 들어 우리나라에서도 국가적인 차원, 또는 지방자치단체 차원에서 관광객이나 기업체 시설 유치를 위해 많은 노력을 기울이고 있다.

착신 텔레마케팅

TV, 카탈로그, 우편물 등과 같은 기존의 광고 매체에 의해 이미 제품에 대해 알고 있는 고객이 직접 걸어온 전화를 받음으로써 단순히 주문을 접수하는 것들을 의미한다.

컨트리 마케팅

컨트리 마케팅은 경제적 잠재력은 크지만 개발 노하우와 운영능력이 부족한 개발도상국을 상대로 경제 정책 제안과 아이디어를 투입해 고부가가치를 올리는 해외사업 전략의 하나다.

컬러 마케팅

색상으로 소비자의 구매욕을 자극하는 마케팅 기법이다 컬러 TV와 함께 성장한 감각적인 20~30대 여성층이 늘어나면서 식음료를 비롯한 가구, 자동차, 가전 등 소비재 전 분야에 걸쳐 확산되고 있다. 노랑, 파랑 등 원색의 목재가구, 검정색 냉장고, 색상을 활용한 패션 음료 등 컬러 마케팅전략이 실제 매출 증대에 많은 도움을 주자 업체에서는 상품 기획부터 생산, 사후 관리까지 종합적인 컬러 마케팅에 주력하고 있다. 컬러 마케팅의 효시는 미국 파커사로, 1920년대 당시로는 파격적인 빨간색 만년필을 시장에 내놓아 선풍적인 인기를 끌었다.

테스트모니얼 마케팅(Testimonial Marketing)

마케팅 기법의 일종으로 소비자나 구매자들을 직접 광고나 이벤트에 등장시켜 제품 성능을 테스트하게 한 후 증언이나 진술을 받는 방식으로 이뤄진다. 유명 연예인을 등장시키지 않기 때문에 비용이 적게 들 뿐 아니라 소비자들에게 친근감을 준다.

텔레마케팅

텔레마케팅에 대한 정의는 여러 가지가 있다. 텔레마케팅이란 "계획된 전화 통화를 이용하여 예상되는 표적 고객으로부터 의무감(obligation)을 유발하여 이익을 얻고자 하는 노력이다"가 있고, 또는 마케팅의 관점에서 보다 간결하게 정의한 것으로서 "텔레마케팅은 보통 비대면 접촉을 사용하는 인적 판매로 특징지어지는 것으로서 잘 계획되고, 조직화되고 관리된 마케팅 프로그램의 일부로서 텔레커뮤니케이션 기술을 사용하는 새로운 마케팅 분과 학문이다"가 있다. 텔레마케팅의 적용 분야는 1) 전화 판매, 2) 직접 반응 마케팅, 3) 주문 접수, 4) 고객에 대한 정보 서비스, 5) 시장조사, 6) 마케팅 이외의 적용 등이 있다.

퍼미션 마케팅

고객에게 동의를 받은 마케팅 행위를 말한다. 퍼미션 마케팅은 오프라인 세계에서도 존재하여 오던 것이었지만 인터넷이 등장하면서 본격화되고 있다.

퍼스널 마케팅

고객 한 사람 한 사람의 개별 욕구에 적합한 마케팅 활동을 통해 차별적인 고객 각자의 니즈를 충족시켜줌으로써 만족도를 극대화시키는 기업활동을 뜻한다. 고객 개개인의 주관이 뚜렷해져 자신의 욕구에 적합하지 않은 서비스는 수용하지 않는 경향이 생겨나자 퍼스널 마케팅의 필요성이 증대되었다.

표적마케팅

소비자의 인구 통계적 속성과 라이프 스타일에 관한 정보를 활용, 소비자 욕구를 최대한 충족시키는 마케팅 전략. 이를 위해 소비자들을 가장 작은 단위로 나눈 다음 계층별로 소비자 특성에 관한 데이터를 수집해 마케팅 계획을 세운다. 주로 대형기업들에서 활용되는데, 대우자동차의 〈매그너스〉 골든 키 챌린지와 중형차 비교 클리닉 등을 예로 들 수 있다. 대우자동차는 표적마케팅을 통해 잇단 악재에도 불구하고 5월부터 판매 증가세를 유지하고 있다.

풀 마케팅

광고, 홍보 활동에 고객들을 직접 주인공으로 참여시켜 벌이는 판매 기법을 의미한다. TV나 신문, 잡지 광고, 쇼윈도 등에 물건을 전시하여 쇼핑을 강요하던 종전의 '푸시(Push)' 마케팅에 대치되는 개념이다. 예를 들면 새로운 제품을 출시하면서 전국을 누비며 모델 선발대회를 개최한다거나 어린이 그림 잔치 등을 열어 고객이 제품의 홍보에 적극 참여토록 유도하는 것이다.

프로슈머 마케팅

프로슈머란 앨빈 토플러 등 미래학자들이 예견한 상품 개발 주체에 관한 개념으로 기업의 생산자(producer)와 소비자(consumer)를 합성한 말이다. 기업들이 신제품을 개발할 때 일반적으로 기획, 생산하여 소비자 욕구를 파악하는 단계에서 고객의 만족을 강조하고 있다. 프로슈머 마케팅 개념은 이 단계를 뛰어넘어 소비자가 직접 상품의 개발을 요구하며 아이디어를 제안하고 기업이 이를 수용해 신제품을 개발하는 것으로 고객 만족을 최대화시키는 전략이다. 국내에서도 컴퓨터, 가구, 의류회사 등에서 공모작품을 적극적으로 수용하고 있다.

프리마케팅

서비스와 제품을 공짜로 제공하는 마케팅 방법으로 말한다. 유료 정보를 공짜로 열람하는 대신 화면에 광고를 노출시키거나 인터넷 무료 접속 서비스를 사용하는 대신 개인의 신상정보를 공개하는 등 소극적 프리마케팅이 주를 이루어왔으나, 최근에는 특정 통신 서비스를 몇 년간 사용하겠다고 약속하면 PC를 무료로 제공하는 형태로도 발전하였다. 국내 이동통신업체가 특정 시간대에 무료 통화를 제공하는 것도 프리마케팅의 일종이다.

플래그십 마케팅

플래그십 마케팅이란 시장에서 성공을 거둔 특정 상품 브랜드를 중심으로 마케팅활동을 집중하는 것이다. 이를 통해 다른 관련 상품에도 대표브랜드의 긍정적 이미지를 전파, 매출을 극대화하는 전략이다. 토털 브랜드 전략과는 상반된 개념이다. 토털 브랜드는 강력한 기업 인지도를 바탕으로 통합된 이미지를 앞세워 제품 매출을 확대하는 것인 반면, 플래그십 마케팅은 주로 초일류 이미지를 가진 회사와 정면 대결을 피하기 위해 구사하는 전략이다. 조선맥주가 〈하이트〉맥주로 사명을 변경한 것이 그 대표적인 예이다.

하이브리드 마케팅

하이브리드 마케팅이란 비용을 절감하는 동시에 비교 우위를 확보하려는 마케팅 기법을 말한다. 이 방법은 기존 산업부문에 인터넷을 접목하는 방식으로 이용되고 있다. 국내에서는 SK그룹이 주유소와 이동통신 등의 사용 실적을 종합 관리하면서 포인트 제도를 운영하고 있는데, 이것이 하이브리드 마케팅의 대표적인 예라고 할 수 있다.

휴가 마케팅

휴가 마케팅은 온천이나 휴양지, 특정 도시 등으로 휴가를 떠나는 사람들을 유치하려는 활동을 말한다. 이런 활동은 주로 여행사나 항공사, 호텔, 지방자치단체 등이 수행하고 있다. 오늘날 거의 대부분의 도시나 국가는 일반인들에게 그 지역을 관광지로서 알리는 활동을 하고 있다.

출처: 저자가 정리.

Chapter 15

생산관리와 경영정보시스템

기업을 비롯한 모든 조직은 생산을 함으로써 에너지와 자원을 얻을 수 있다. 제품이나 서비스, 특허, 저작권 등 생산물의 종류는 다양하지만 생산시스템은 유사한 과정으로 구성된다.

생산시스템의 기본과정은 원료의 투입에서 변환, 산출과정으로 이루어진다.

이번 장에서는 생산관리의 개념과 생산시스템의 설계, 운영과 품질관리, 경영정보시스템, 지식경영을 살펴본다.

제 1 절

생산관리와 운영관리

1.1 생산활동의 중요성

먼 옛날 어느 임금님이 아주 이상한 보물을 하나 가지고 있었다. 곡식을 가는 맷돌처럼 생겼는데, 이 보물 매통은 그냥 돌리면서 바라는 것이 무엇이든 나오라고 말하면, '그만' 할 때까지 그 물건이 얼마든지 나오는 것이다.

어느 도둑이 우여곡절 끝에 이 매통을 훔쳐 배에다 싣고 바다로 도망을 갔다. 당시는 소금이 귀한 때라 배를 타고 가는 도중 매통에게 소금을 달라고 했다. 눈빛같이 귀하고 비싼 소금이 꾸역꾸역 나오는 까닭에 이에 정신이 팔려 '그만' 소리를 못하고 노래만 불렀다. 그리하여 소금이 무거워져서 배는 가라앉게 되었고, 그때부터 바닷물이 짜게 되었다는 이야기이다.

경영이란 인적·물적·재화적 자원, 즉 사람과 설비, 그리고 자금을 투입하여 최종 생산물을 산출하는 과정이다. 여기서 설비(기술)란 바로 매통에 해당된다고 할 수 있다. 그러나 이러한 투입 요소에는 모두 일정한 한계가 있다. 인력의 활용에 있어서 24시간 연속 근로가 불가능하므로 노동력에 제약요인이 있는 것이고, 자금에 있어서도 그 운용수익률에는 한계가 있게 마련이다.

설비의 경우도 그 최종 생산물인 제품이 도입-성장-성숙-쇠퇴라는 소위 S자형의 일생을 보내게 되므로 영원할 수는 없는 것이다. 그러나 S자형의 곡선은 S1곡선이 끝나면 S1곡선에서 S2곡선으로 끝없이 새로운 S자형 곡선을 창출해 낼 수 있는 것이다.

흔히 사양산업이라고 하면 그 산업이 곧 끝장날 듯이 보이나 현실적으로 어느 단계가 지나면 다시 새로운 산업과 제품으로 되살아나기 마련이다.

이러한 예로 오늘날 누가 구두를 수선해 신는가 싶지만, 미니츠(Minitz)라는 회사는 현대식 구두수선점으로 고수익 서비스를 제공하고 있고, 이미 성숙단계로 진입한 미국과 유럽의 자동차 시장도 어떤 형태로든 지속적으로 성장할 전망이다.

한때 미국이 이제 제조업은 끝났다는 인식으로 서비스업과 금융업에 편중함으로써 상대적으로 일본 제조업의 융성을 가져다 주어 오늘과 같은 경제성장 형성의 계기를 마련해 주었다고도 한다.

최근 제조업을 다소 경시하고 기피하는 경향이 있으나 요술 매통의 이야기는 경영의 근간을 이루는 것이 기술임을 알려 준다. 세계 초우량 기업들의 공통점 중 하나가 부단한 연구개발 노력이며, 이를 위해 매년 매출액의 10% 정도를 투자하고 있는 것도 매통의 요술을 지속시키기 위한 노력일 것이다.

이제 매통 속에 들어가서 어떠한 소금이 어떻게 만들어지는지 살펴보자.

생산활동(production activity)은 기업의 가장 기본적인 활동으로 자원을 활용하여 고객들이 원하는 제품이나 서비스를 창출하는 활동이다. 생산·운영관리(production/operation management)는 생산활동을 관리하는 기능으로 기업이 사용할 수 있는 모든 자원을 이용하여 고객이 원하는 제품이나 서비스를 만들어내도록 생산시스템을 계획하고 실행하고 통제하는 활동을 말한다.

이러한 생산활동은 제조업의 생산활동과 서비스업의 생산활동으로 구분될 수 있다. 생산관리라는 용어는 주로 제조업의 생산을 관리하는 활동으로 통용되어 왔으며, 서비스업의 생산을 관리하는 활동으로는 운영관리라는 용어를 사용했었다. 그러나 최근에는 제조업과 서비스업 모두를 통틀어 생산하고 운영하는 활동을 생산·운영관리라고도 한다.

또한 과거에는 생산관리를 단순히 제조업에서 제품을 생산하는 활동으로만 생각하고 서비스업의 생산활동은 크게 관심을 두지 않았다. 그러나 최근에는 서비스산업의 비중이 커지면서 서비스업에서의 생산활동에도 많은 관심을 갖게 되었다.

이에 더하여 제조업에 있어서도 수익의 원천이 제조부문에서 서비스부문으로 이동하는 현상이 나타나면서 자사제품과 관련된 서비스부문을 사업화하는 추세가 증가하

표 15-1 제조업과 서비스업의 다른 점

제공 상품형태	제조업	서비스업
	유 형	무 형
재고	재고가 가능하고 미래의 고객을 위하여 보관했다가 사용할 수 있다. 또한 교환, 복원이 가능하므로 결함에 대한 보상도 가능하다.	생산과 소비가 현장에서 즉시 이루어지고, 한 번 소비되어 사용되면 그 자체가 소멸하며 저장이 불가능하다.
고객의 상품 지각	고객이 유형의 상품을 사용한다.	무형의 상품을 고객들이 직접 경험한다.
품질관리	모양, 무게, 크기 등 외양적인 것으로 결정되므로 표준화 등을 통해 품질관리가 가능하다.	서비스를 제공하는 사람에 의해 결정되므로 표준화하기도 어렵고 일관성 있게 제공하기도 어렵다.

고 있다. 따라서 제조업의 생산활동과 서비스업의 생산활동을 분리해서 고려하기보다는 통합해서 생산활동으로 이해할 필요가 있는 것이다.

제조업에서의 생산활동과 서비스업에서의 운영활동은 〈표 15-1〉과 같이 몇 가지 다른 점이 있다.

하지만 우리는 일상생활에서 유형의 제품과 무형의 서비스를 하나로 묶어 제공하는 경우가 많다. 예를 들면, 컴퓨터를 고객에게 제공하기 위해서는 컴퓨터라는 유형부분이 있고 세일즈맨의 친절이나 애프터서비스 등의 무형부분이 포함되어 있다. 또한 대학에서 학생에게 교육서비스를 하는 경우에 교육프로그램이라는 무형부분이 있으며 동시에 교육시설이라는 유형부분도 있는 것이다.

최근에는 소비자들이 유형의 제품보다는 오히려 무형의 서비스에 관심을 가지는 경우가 점점 많아지고 있다. 따라서 제품과 서비스를 모두 고려해서 효과적으로 고객에게 제공할 수 있도록 해야 할 것이다.

1.1.1 공정계통도

최근의 생산관리는 더욱 계량화되는 경향이다. 선형계획법이나 대기행렬 등 경영과학(OR·operation research) 쪽으로 더욱 발전되고 있다. 그러나 효율적인 생산관리는 복잡한 고등 수학에 의하지 않더라도 단순한 공정분석과 수량분석으로도 가능하다.

이러한 분석은 우선 공정계통도(process flow chart)의 작성으로부터 시작된

그림 15-1 공정계통도

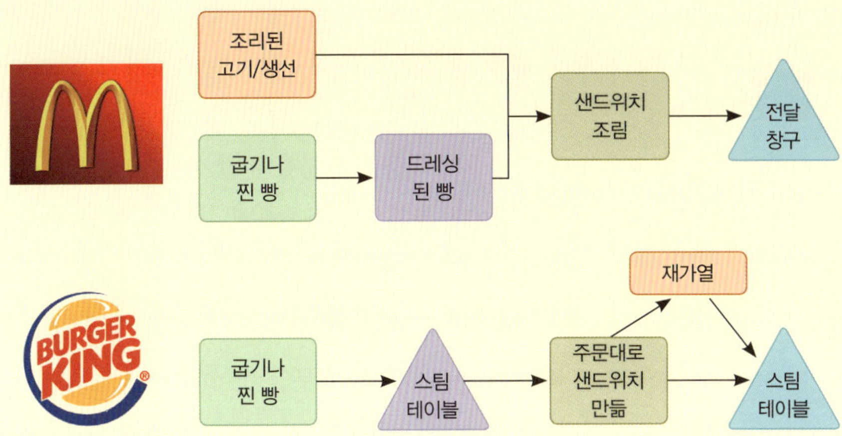

다. 즉 제품이 공장내에서 어떤 흐름을 거쳐 완성되는지를 도형으로 표시하는 것이다.

생산의 흐름을 도형으로 나타낸 후 그 흐름을 수량화할 필요가 있다. 빅맥 하나를 생산하는 데 소요되는 총시간, 단위 시간당 빅맥의 최대 생산능력, 단위 당 원재료비 및 노무비 등의 직접비, 시간별 고객의 예상수요량 등을 산출해 내야 한다.

〈그림 15-1〉은 맥도날드의 빅맥(Big Mac)과 버거킹의 와퍼(Whopper)에 대한 공정 계통도이다.

다음에는 생산과 관련된 경영상황을 검토하고 문제가 있다면 그 요인을 분석하여 문제를 해결하는 것이다.

패스트푸드 산업의 가장 중요한 성공 요인은 신속함과 신선함, 그리고 맛일 것이다. 위의 그림에서 보면 맥도날드의 공정은 일괄 조리공정인 데 반해 버거킹은 흐름의 작업공정임을 알 수 있다. 즉 빅맥의 조리공정은 표준화를 통하여 손님을 기다리게 하지 않는 신속함을 추구하고 있고, 와퍼의 경우는 손님이 입맛대로 먹을 수 있게끔 생산공정을 구성하고 있다.

신속함과 기호는 서로 상충(trade-off) 관계에 있으므로, 결국 패스트푸드 가게를 찾는 고객이 어떠한 선택 동기를 가지고 있느냐에 따라 사업의 성패가 좌우될 것이다.

결국 생산공정 문제 등을 비롯한 제반 생산관리도 기업의 경영목표와 고객의 요구에 부응하는 것이 무엇보다 중요하다. 특히 생산공정을 포함하는 설비문제는 이것이 제품이나 서비스의 내용을 결정할 뿐만 아니라 이를 바꾸는 데는 많은 비용이 들기 때문에 장기적 관점에서 철저하게 시장(고객)과 연계하여 접근돼야 할 것이다.

빅맥과 와퍼는 햄버거이지만 그들을 찾는 고객의 층이나 수가 다른 것은 근본적으로 그들의 요리 과정이 각각 다르기 때문일 것이다.

제 2 절 생산·운영관리의 기능

기업 생산활동은 투입물, 변환과정, 산출물, 피드백 등 4개의 구성요소들로 이루어진 생산시스템(production system)에 의하여 수행된다.

첫 번째 요소는 생산에 필요한 원자재나 부품들인 투입물(input)이다. 생산활동에 필요한 자원은 원자재, 시설·장비, 인력, 자금 등의 유형자원과 정보, 기술, 경영능력 등의 무형자원으로 크게 분류된다.

두 번째 요소는 원자재 등을 이용하여 제품을 만들어내는 변환과정(transformation)이다. 변환과정은 생산활동에 투입된 투입물을 고객이 원하는 제품이나 서비스로 가공하는 과정이다. 따라서 변환과정은 생산활동의 핵심이라고 할 수 있다.

세 번째 요소는 투입된 자원이 가공되어 만들어지는 산출물(output)이다.

그림 15-2 생산시스템의 구성요소와의 관계

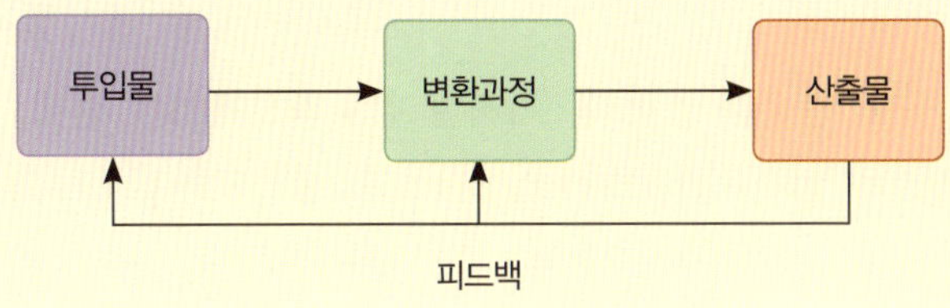

산출물은 가전제품, 자동차, 컴퓨터와 같은 유형의 물리적 제품과 교육, 의료서비스, 은행 등과 같은 무형의 서비스 제품으로 크게 나눌 수 있다.

네 번째 요소는 생산에 필요한 자원이 적절하게 투입되고 있는지, 기업이 설정한 목표나 기준에 의하여 적절하게 생산되고 있는지, 소비자가 원하는 형태로 생산되었는지 등을 통제하고 소정하는 과정이 필요하다. 이러한 통제과정을 피드백(feedback)이라고 한다. 기업들은 피드백과정을 통해 생산활동을 보다 효과적, 효율적으로 수행하게 된다. 〈그림 15-2〉는 생산시스템의 구성요소와 그들의 관계를 나타내고 있다.

2.1 생산시스템의 설계

2.1.1 수요예측과 제품설계

제품설계(product design)는 고객의 욕구가 무엇을 원하는지 정확하게 예측한 결과를 바탕으로 이루어진다. 따라서 경영자는 우선 제품을 설계하기에 앞서 시장을 조사하여 소비자가 필요로 하는 것이 무엇인지를 알아야 한다. 제품에 대한 수요예측(demand forecasting)은 생산활동의 첫 걸음인 것이다.

시장성이 있다고 예측되면 다음에는 제품을 생산하기 위한 설계를 하게 된다. 제품설계는 시장에 내보낼 제품을 생산하기에 앞서 제품의 기능뿐만 아니라, 모양, 색깔, 기능 등과 같은 제품의 디자인까지 어떻게 할 것인가에 대해서

그림은 수요예측의 전형적인 5단계 과정을 나타내고 있다.

결정하는 것을 말한다. 또한 이 때 제품이 의도했던 기능, 신뢰성 등과 함께 실제로 제품을 생산했을 때 예상되는 납기, 원가 등도 검토해야 한다. 이러한 검토과정에서는 설계, 제조, 운영, 검사, 마케팅 부서 등 각 분야의 담당자들이 동시에 참여하는 것이 바람직하다.

2.1.2 공장입지의 선정

제품에 대한 수요를 예측하여 시장성이 있다고 판단되면 제품의 특성을 결정하는 제품설계가 이루어지며 그 제품을 생산할 공장입지(location)를 선정하게 된다.

공장입지를 선정할 때 중요 고려사항은 해당 기업의 업종이나 규모, 작업성격에 따라서 다르지만 일반적으로 입지, 원료, 공장용수 등 자연적 요인과 수송, 노동력, 시장, 토지가격, 건설비용 등 경제적 요인 및 관계법규, 지역사회의 특성, 공해문제 등 사회적 요인들이다. 또한 기술적 요인도 고려해야 할 것이다.

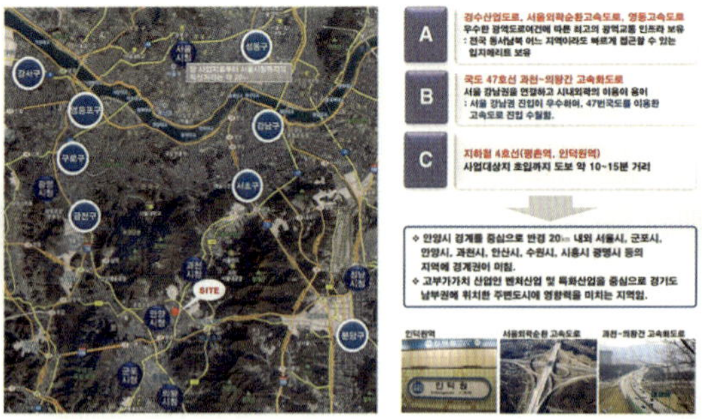

공장입지의 선정은 교통과 주변 환경을 고려하여 신중하게 결정하여야 한다.

공장입지의 선정은 대부분의 경우 공장이 한 번 건설되고 나면 공장이전이 어려울 뿐만 아니라, 이전하는 경우 생산원가가 크게 달라지게 되기 때문이다. 따라서 처음부터 신중하고 세심한 검토를 거쳐서 최적의 입지를 선택하여 공장을 건설해야 한다.

2.1.3 공장시설의 배치

공장입지가 선정되고 나면 내부시설을 배치하기 위한 의사결정을 해야 한다. 공장시설의 배치(layout)란 제품생산을 위하여 기계·설비와 인력을 효율적으로 배치하는 것을 말한다.

공장시설의 배치에서는 전체 가용공간, 공정유형, 공정기술, 기계설비의 구조, 작업특성, 작업흐름, 작업자의 수 등 여러 가지 요소를 종합적으로 고려해야 한다.

이러한 공장시설의 배치에는 작업흐름의 유형에 따라서 제품별 시설배치, 공정별 시설배치, 고정형 시설배치, 셀룰러 시설배치 등이 있다.

(1) 제품별 시설배치

제품별 시설배치(product layout)는 특정제품을 생산하는 데 필요한 작업순서에 따라 시설을 배치하는 방식이다. 이 방식은 대량생산이나 연속생산에 사용되며 자동차, 전자조립공장 등에서 볼 수 있는 형태이다.

(2) 공정별 시설배치

공정별 시설배치(process layout)는 동일한 기능을 가진 시설을 종류별로 작업장에 모아 배치하는 방식이다. 예를 들면, 붙박이장을 제작할 때 필요한 모든 선반은 선반부서에, 밀링은 밀링부서에 배치하는 것을 말한다.

(3) 고정형 시설배치

고정형 시설배치(fixed-position layout)는 제품의 부피가 크거나 무게가 무거워 운반할 수 없는 경우에 한 곳에서 작업을 하도록 원자재 및 시설을 운반하는 형태를 말한다. 예를 들면, 항공기, 선박, 아파트 건축 등이 여기에 해당된다.

(4) 셀룰러 시설배치

셀룰러 시설배치(cellular layout)는 작업시설 및 소요자원이 생산량 변화 및 자재량 변화에 적절하게 대응할 수 있도록 작업장을 배치하는 형태를 말한다. 여러 종류의 제품이 생산될 때 이용되는 공정별 시설배치의 유연성과 소수의 제품을 대량으로 생산할 때 이용하는 제품별 시설배치의 장점을 결합한 방식이다.

이 외에 혼합형 시설배치(mixed layout)는 위의 방식을 혼합하여 시설을 배치한 경우이다. 이러한 여러 가지 시설배치 가운데 어느 방식으로 하느냐는 작업자의 효율성과 자재운반비를 기준으로 선택하여야 한다.

2.2 생산시스템의 운영

제품생산을 위한 공장입지가 선정되고 공장에 들어설 시설배치가 완료되면 이제는 실제로 공장을 가동하게 된다. 생산시스템의 운영(operation of production system)은 기업에 있어서 가장 중추적인 활동으로서 기본생산계획, 주생산계획, 자재소요계획, 일정계획 등에 따라 체계적으로 이루어져야 한다.

2.2.1 기본생산계획

기본생산계획은 생산자원의 적정배분과 비용의 최소화라는 제약하에서 일정기간 동안의 생산계획을 말한다. 이 계획에서 예측된 수요를 토대로 하여 생산량, 재고수준, 작업시간, 소요인력 등에 관하여 총괄적으로 검토하게 된다.

2.2.2 주생산계획

기본생산계획이 세워지면 이를 기초로 하여 각 품목별로 단기적인 주생산계획을 세우게 된다. 주생산계획은 분기별, 월별 또는 주별 단위로 각 품목의 생산량과 생산시기를 결정하는 것을 말한다. 즉 기업이 실제로 언제, 무엇을, 얼마나 생산할 것인지를 나타내는 제조계획인 것이다.

2.2.3 자재소요계획

기본생산계획이 수립되면 제품생산에 필요한 원자재나 부품의 종류, 주문량, 주문시기 등에 대한 자재소요계획을 세우게 된다. 자재의 소요량을 계산하고 그에 따른 발주계획을 수립하며, 또한 노동력과 설비능력이 언제 필요한가를 나타내는 계획을 수립하게 된다.

2.2.4 일정계획

자재소요계획이 수립되면 세부적인 일정계획을 수립하게 된다. 작업량과 작업순서 등의 세부일정계획이 수립되면 이에 따라 대개 일일단위로 작업지시를 내리게 된다.

이렇게 각 단계별로 생산계획이 짜여지면 구체적인 운영활동에 들어가게 된다. 운영활동을 하면서부터는 제품의 품질검사를 해야 한다. 제품의 품질검사는 완성된 제품의 품질을 확인하는 과정을 의미한다.

모든 제품은 미리 설정된 표준과 일치되어야 하다. 특히 오늘날 제품의 품질은 기업의 이미지와 직접적인 관련을 가지며 기업의 경영성과에 결정적인 요인으로 작용하고 있기 때문에 제품의 품질에 대한 철저한 검사와 관리는 더욱 강조되어야 한다.

제 3 절 전사적 품질경영

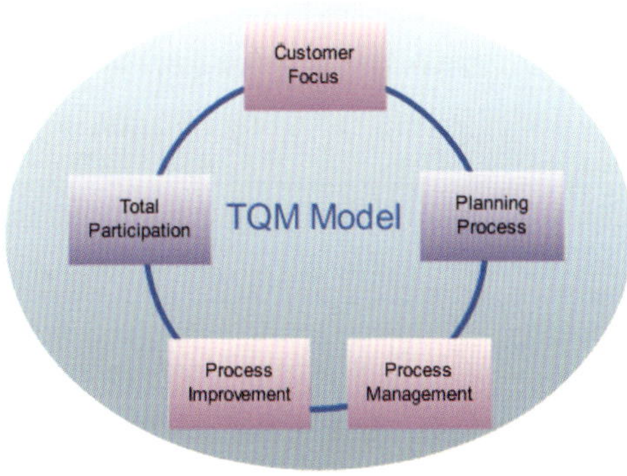

생산활동에서 품질관리(QC · quality control)는 제조업이나 서비스업에 관계없이 생산활동에 있어서 점차 중요한 위치를 차지하고 있다. 왜냐하면 단순히 원가절감을 통한 생산량의 증대에만 관심을 가지던 과거에 비해 고객만족을 위한 품질관리가 이루어져야만 경쟁력을 확보할 수 있기 때문이다. 따라서 품질과 고객에 초점을 둔 생산활동은 이제 기업이 경쟁우위를 확보하는 데 결정적인 역할을 하는 요인이 되고 있다.

또한 품질관리는 제품이나 서비스가 디자인되는 첫 단계에서부터, 생산이 이루어지는 모든 단계마다, 그리고 고객에게 제품이나 서비스가 제공된 이후까지도 이루어져야 한다. 이러한 의미에서 현재 품질관리는 전사적 품질경영

(TQM · total quality management)으로 불려지며 기업의 중요한 경쟁수단으로 자리잡고 있다.

TQM은 제품이나 서비스의 품질을 관리하고 보증하는 것뿐만 아니라 업무, 직장환경, 종업원의 자질까지도 품질개념에 넣어 종합적으로 관리하는 것을 말한다.

TQM은 1960년대 이후 크게 부각된 전사적 품질관리(TQC · total quality control)에서 발전한 개념이다. TQC에서는 통계적 기법이 중요했으나 TQM은 통계학적인 것은 물론 조직적이며 관리적인 면에서도 많은 비중을 두고 있다. 특히 품질을 개선시키기 위해서는 노동의 질적인 측면도 고려해야 한다는 일본식 품질관리 이론에 영향을 받으면서 발전했다.

TQM은 예전의 경영 · 기술 차원에서 실천되던 고객지향적 품질관리활동을 품질관리 책임자뿐 아니라 엔지니어링, 생산, 마케팅, 노사관계 등 기업의 모든 분야에 확대하여 적용한 것이다. 이에 따라 생산부문의 품질관리만으로는 기업이 성공할 수 없고 기업 전체 및 종업원 모두가 품질관리의 실천자가 되어야 성공한다는 것을 강조한다.

그러므로 기본적인 정신이나 사고방식을 소홀히 한 채 단순히 지엽적인 제도나 기법에만 매달려서는 TQM의 진정한 효과를 얻기 어렵다. 오로지 품질을 제일 우선으로 하는 기업문화를 창조하고 종업원의 의식을 개혁해야만 궁극적으로 기업의 국제경쟁력을 높일 수 있다고 보는 것이다.

우리나라에서도 1992년부터 정부가 새로운 산업정책의 일환으로 TQM을 강조하여 많은 기업들이 이를 도입, 추진하여 대외경쟁력을 높이고 있다. 예를 들면, 자동차부품업체인 광진상공이 1991년부터 표준화진단제도를 도입하고 품질분임조활동을 전개할 때만 해도 품질불량으로 인한 손실은 연간 2~3억원에 달했다. 이에 TQM을 도입하여 전사적 품질마인드 고취를 위해 전사원 집체교육, 관리직 현장실습을 실시했으며 전 부서가 일일단위로 불량현황을 검색할 수 있도록 전산화했다. 광진상공의 이 같은 노력은 1993년 품질경영대상, 1997년 GM의 우수협력업체 선정으로 이어졌다.

3.1 6시그마 경영

전사적 품질경영과 유사한 개념으로 최근 기업들이 많은 관심을 보이고 있는 것은 6시그마 경영(6 sigma management)이다.

6시그마 경영은 1987년 마이클 해리가 창안한 것으로 품질을 획기적으로 향상시키기 위해 통계지식을 활용하는 데에서 출발하였다. 모토롤라에서 출발한 이 기법은 텍사스인스트루먼트, ABB, GE, IBM, 소니 등에서 도입하였다.

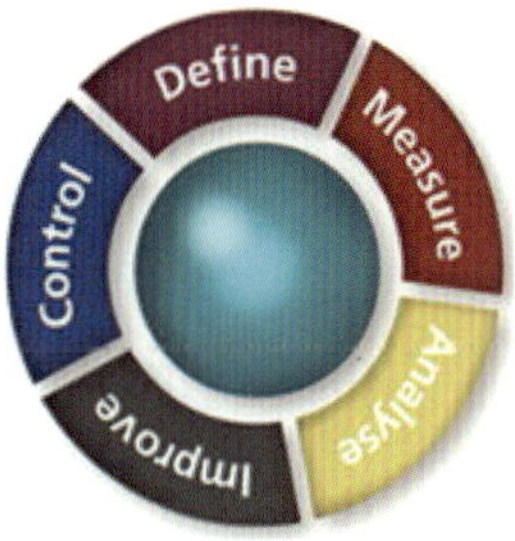

여기서 시그마(σ)라는 것은 통계학에서 표준편차를 의미하는 것으로 오류가 발생할 확률을 가르키는 용어로, 6시그마는 1백만 개당 불량품 3.4개를, 100PPM은 100개를 목표로 하기 때문에 무려 30배 가량 차이가 나는 수치이다.

6시그마 경영은 100PPM운동과 같은 단순한 품질개선 활동이 아니라 총체적인 경영혁신전략으로 기업문화 자체를 바꾸는 경영혁신운동으로 제품설계에서 출하까지의 모든 경영활동과정을 대상으로 하고 있다.

6시그마 경영은 특징은 다음과 같다.

첫째, 통계적 측정치로 객관적인 통계 수치로 나타나기 때문에 제품이나 업종, 업무 및 생산프로세스가 다르더라도 비교할 수 있게 해주며,

둘째는 기업전략으로 시그마 수준을 높이는 만큼 제품의 품질이 높아지고 원가는 낮아지므로 고객만족경영을 달성할 수 있다.

셋째는 철학으로 6시그마는 기업의 사고방식을 바꿔준다. 6시그마는 QC, TQC, TQM 등 전통적 품질관기기법과는 큰 차이가 있다. 과거 품질관리기법이 대량생산 시대에 부합하는 공장 중심의 운동이었다면 6시그마는 정보화시대에 알맞은 21세기형 전방위 경영혁신운동으로 요약할 수 있다.

TQC와 TQM은 QC의 한계를 극복하기 위해 품질운동의 대상범위를 확대했으나 부분적인데 그친 반면, 6시그마는 특정 부문의 개선이 아니라 경영 전반을

대상으로 한 혁신활동이라 할 수 있다.

최고 경영자가 6시그마를 도입키로 하고 시스템 구축이나 종업원들에 대한 교육훈련 등 6시그마 경영에 필요한 인프라를 구축하면 프로젝트의 수행에 들어간다.

프로젝트 대상은 품질에 영향을 미칠 수 있는 모든 기업활동, 즉 프로세스 자체이다. 일단 선정된 프로젝트는 DMAIC의 5단계를 거쳐 개선된다.

① 프로젝트 대상을 명확히 하고 목표를 설정하는 정의단계(define)
② 불량빈도는 얼마나 되는지 현실적 문제를 파악하는 측정단계(measurement)
③ 결함이 언제 어디서 발생하는지를 통계수치로 전환하는 분석단계(analysis)
④ 통계수치를 통해 해결 방안을 찾는 개선단계(improvement)
⑤ 통계적 해결을 현실에 적용하고 개선된 공정의 유지 방안을 찾는 관리단계(control) 등이다.

MAIC를 거친 프로젝트는 개선효과가 있었는지 사후평가를 받고 여기서 성과가 입증되면 계속 관리된다. 기업활동의 전부분에 대해 프로젝트를 지속하면 결국 1백만 개당 불량품 3.4개란 6시그마 목표를 달성하게 되는 것이다.

제 4 절 적시생산시스템

토요타는 적시생산시스템(JIT · just-in-time system)을 개발하여 생산시스템에 혁신을 꾀하였다. 이는 제품생산에 요구되는 부품 등 자재를 필요한 시기에 필요한 수량만큼 조달하여 낭비요소를 근본적으로 제거하려는 생산시스템으로 전통적인 재고관리시스템과 달리 생산활동 전반에 영향을 미친다.

JIT는 미국의 슈퍼마켓에서 아이디어를 얻었는데 그 요체는 고객이 원할 때에 고객이 원하는 제품을 공급하는 제도이다. 즉 제조 공정에 간반(看板: Kanban)시스템을 도입하여 시장에서 요구하는 재고 수량만을 생산하고 원재료나 부품도 소요량만큼만 제조시에 구입하여 공장 안팎으로 자금이 재고자산에 묶이지 않도록 관리하는 제도이다.

전통적인 생산시스템은 불확실한 소요량에 대비하여 안전재고를 보유하지만, 적시생산시스템은 매일 또는 매 시간별로 요구되는 자재를 소량으로 조달하게 하여 재고를 최소화하고자 하는 방식이다. 그러므로 적시생산시스템은 재고를 줄임으로써 여러 가지 비용을 절감하고 품질개선과 작업자의 작업능률 향상으로 생산성을 높이는 생산시스템이라 할 수 있다.

1986년에 MIT공대 연구팀이 세계 최대 자동차 회사인 미국의 GM과 토요타를 비교한 결과, GM의 부품재고 회전기간이 2주인 데 비해 토요타 공장의 경우 불과 2시간이라는 사실을 발견하고 그 상상을 초월하는 생산성과 부품공급업자에 대한 관리에 놀란 바가 있다.

이후 포드, GM, 제너럴 일렉트릭, HP, IBM, 제록스와 같은 세계적 기업들이 JIT를 받아들이면서 JIT는 서구 경영자들의 초미의 관심사 중 하나로 떠올랐다.

국내에서도 많은 기업들이 적시생산시스템으로 생산성을 향상시키고 있다. 예를 들면 삼성중공업은 대형조선소로서는 처음으로 선박건조에 적시생산시스템을 도입하면서 조립공정을 획기적으로 단축시키는 데 성공하여 선박의 건조기간을 대폭 앞당기고 있다.

토요타 방식의 14가지 원리

토요타의 생산방식의 핵심 개념은 'Kaizen' 즉, 끊임없이 개선을 추구하는 것을 일컫는 말로 이를 바탕으로 토요타는 세계에서 가장 수익성이 높은 자동차 제조기업이 되었다.

토요타가 생산하는 자동차 수는 2005년 포드를 넘어설 것이며, 곧 GM의 전 세계 생산량을 뛰어넘게 될 것이다.

토요타의 성공의 열쇠는 린 생산방식을 강조하는 토요타식 생산방식이다. TPS(Toyota Production System)는 단순히 문제해결에 적용하는 도구의 집합이 아니라 문화적인 방식이다.

토요타의 방식은 14개의 기본적인 원리로 구성되어 있으며 여기에는 오랫동안 내려온 기업의 철학과 리더를 육성하는 방식도 포함되어 있다.

1. 장기적인 철학에 기반한 의사결정

단기적인 목표가 희생되더라도 의사결정은 기업의 장기적인 철학에 기반한다. 장기적인 전략을 추구하는 것은 언제나 가장 현명한 방법이며, 오랜 기간 동안 추구할 목표는 단순히 돈을 버는 것 이상이어야 한다. 예를 들면, 장기적인 철학의 일환으로 토요타는 비용을 감축하기 위한 해고는 하지 않는다. 토요타는 자립과 자신의 운명을 스스로 결정하는 책임을 가질 것을 강조한다. 토요타는 지구촌의 구성원으로서 장기적인 책임을 느끼고 비즈니스 파트너의 장기적인 안정에도 책임을 느낀다.

2. 지속적인 프로세스 흐름을 만들어라

지속적이고 단편적인(one-piece)의 흐름을 만들어냄으로써 문제가 발생할 소지가 있는 곳이 표면상에 드러나도록 하라. 린(lean) 흐름상에서는 하나의 문제가 발생하면 전체 조립 라인을 정지시킨다. 이것이 상당히 비효율적으로 보이지만, 이는 모든 사람들이 문제를 해결하는 데 집중함으로써 문제를 재빨리 해결한다는 것을 의미한다.

3. 풀(pull) 시스템으로 과잉생산 방지

푸쉬(push) 시스템은 판매상이 얼마나 빨리 그것을 파느냐에 관계없이 제품을 밀어붙이는 시스템이다. 반면 풀(pull) 시스템은 판매상이 제품을 필요로 할 때 제품을 제공한다. 이는 제조업의 가장 큰 낭비의 원인인 과잉생산을 방지하게 해준다.

4. 작업량의 평준화

과잉생산을 피하고자 한다고 해도 생산활동이 상당히 비효율적이라면 제품을 효율적으로 만들어낼 수가 없다.

5. 올바른 문화의 정립

"정확한" 문화는 문제를 해결하고 최고의 품질을 얻기 위해 모든 것을 멈추게 하는 것이다. 이는 질적인 측면에서의 타협을 거부한다.

6. 과업의 표준화

어느 공정에서든 작업을 가능하면 비슷하게 만들어 표준화한다. 표준화된 작업 시트는 결함을 줄이는 데 도움이 된다.

7. 시각적인 관리 기법 사용

어떤 공장들은 재고나 각 생산 파트가 너무 복잡하여 실제로 어떤 일이 일어나는지 파악할 수 없는 곳이 있다. 공장을 관리할 때는 어떤 생산 과정이 이루어지고 있는지 눈으로 확인할 수 있어야 한다.

8. 신뢰할 수 있고 검증된 기술만 사용

토요타는 최첨단의 기술을 좀처럼 사용하지 않는다. 오히려 검증된 기술만을 찾는다. 실질적으로 종업원들, 생산 프로세스, 기업의 가치에 도움이 되는 기술만을 채택해야 한다.

9. 철학을 가진 리더를 육성하라

조직의 리더들이 입으로만 TPS를 이야기하는 것이 아니라 가장 열정적으로 TPS 철학에 따라 행동할 때, 조직원들의 생각도 그에 따라가고, 고객을 최우선으로 여기게 된다.

10. 뛰어난 인재와 팀을 개발하라

뛰어난 팀을 갖기 위해서는 뛰어난 팀원이 필요하다. 사람을 존중한다는 것은 그들의 마인드와 생각, 능력을 존중하다는 의미이다.

11. 확장된 네트워크를 존중하라

보다 나은 공급자를 갖기 위해서는 현재의 공급자들이 보다 개선되도록 도전하게 하고 지원하라. 토요타는 모든 공급자들이 최고의 수준으로 올라갈 수 있다고 기대하고, 그들이 그렇게 하게끔 지원하였다.

12. 근원을 눈으로 직접 확인할 것

어떤 상황을 직접 가서 눈으로 확인하고 이해하라. 토요타의 매니저들은 항상 프로세스를 관찰하고 그것을 이해할 때까지 끊임없이 '왜'라는 질문을 반복한다.

13. 결정은 신중하게 하되, 실행은 신속히!

건전한 조직은 어떤 사안을 결정할 때는 모든 대안들을 충분히 고려한 후에 시간이 걸리더라도 합의하에 결정을 내린다. 그러나 일단 합의된 아이디어를 실행할 때는 재빨리 이루어낸다.

14. 냉정한 반성을 행하라

냉정한 반성은 Kaizen, 즉 지속적인 개선을 이룩해낸다. 지속적인 개선을 이룩한다는 것은 학습조직이 됨을 의미한다. 문제를 일으키는 근원을 파악하고, 해결 방안을 모색하는 데 있어 열정적이 되어야 한다.

출처: Jeffrey K. Liker, 〈*The Toyota Way*〉.

제 5 절

경영정보시스템

5.1 경영정보란?

지금까지 우리는 여러 가지 다양한 기업활동, 이익창출을 위한 주된 활동으로써 생산·운영관리와 마케팅관리를 살펴보았고, 이러한 주된 활동이 효과적으로 수행되도록 지원해주는 활동으로 인적자원관리, 자금의 조달 및 운용 등에 관해서 살펴보았다. 기업은 이러한 기업의 경영활동에 있어서 자주 의사결정을 해야 할 상황에 놓이게 된다. 이 때 해당문제에 대해 어떠한 정보자원을 갖고 있느냐에 따라 합리적인 의사결정을 할 수 있느냐 없느냐가 결정된다.

사실 경영자가 적절한 정보를 적시에 갖고 있지 못한다면 우수한 의사결정을 기대하기란 매우 어려운 것이다. 그래서 기업의 경영활동에서 합리적 의사결정을 내리기 위해 정보기술과 정보자원은 매우 중요하다.

우선 데이터와 정보에 대한 이해가 필요하다. 라틴어로 데이터(data)는 '준다'는 단순한 뜻을 가지고 있지만, 정보(information)는 '누구에게 무엇인가를 준다'는 뜻을 가지고 있다. 즉 데이터의 의미는 가공하지 않은 있는 그대로의 사실을 말한다. 이 때 데이터는 그 자체로는 의미가 없고 이용자의 의도에 맞게 유용한 형태로 전환되어야만 비로소 의미를 가지게 된다. 따라서 있는 그대로의 데이터를 경영자의 목적에 맞도록 가공처리한 데이터가 정보인 것이다. 이러한 정보를 경영활동에 활용함으로써 기업은 보다 효과적이고 효율적인 의사결정을 내릴 수 있다.

경영정보(management information)란 급격하게 변하는 경영환경 속에서 경쟁력을 확보하고 지속적으로 유지하기 위하여 정보자원과 정보기술을 효과적으로 이용하여 경영활동을 수행하는 것을 말한다.

지금까지는 경쟁력 강화를 위한 많은 전략들이 주로 인적자원이나 물적자원에 초점을 두어 수립·실행되었다. 그러나 21세기 정보화사회에서는 정보자원과 정보기술을 체계적으로 활용하여 기업의 경영활동에서 합리적인 의사결정을 할 수 있어야 경쟁력을 확보·유지할 수 있을 것이다. 이처럼 정보자원과 정보기술을 활용하여 기업의 경쟁력을 강화하는 것이 바로 경영정보의 핵심이다.

5.2 경영정보시스템이란?

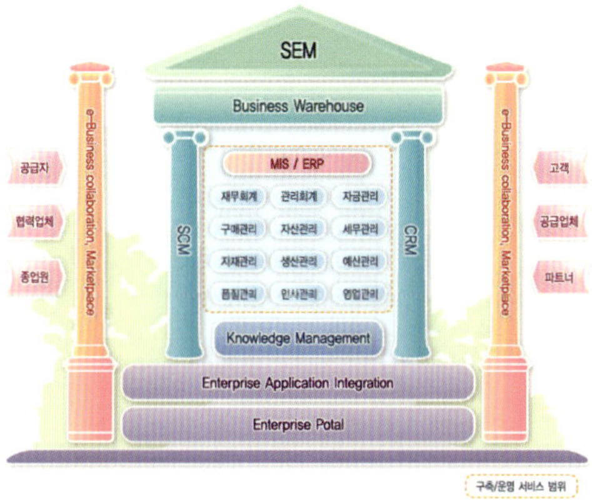

경영정보시스템(MIS·management information system)은 1954년 미국에서 컴퓨터가 조직의 정보처리에 응용되기 시작하면서부터 발전한 분야로 학문적으로는 경영과학의 한 분야로, 응용면에서는 조직관리의 근대적 기술로 인정되었으나 최근에는 독자적인 영역을 구축하고 있다. 특히 급격하게 변하는 정보기술의 발전에 힘입어 정보화 지식사회로 이행됨에 따라 기업의 경영정보시스템의 관리는 그 중요성이 더욱 확대되고 있는 실정이다.

경영정보시스템은 기업의 외부환경 및 내부환경에서 발생하는 정보자료를 처리하고 조직의 구성원, 특히 각 계층의 경영자들의 의사결정에 필요한 정보를 적절히 제공해 주는 체계를 의미한다. 즉 경영정보시스템이란 경영자들이 기업의 경영활동을 계획, 통제, 평가하는 데 필요한 의사결정 지향적인 정보를 제공해 주도록 설계된 시스템이라고 말할 수 있다.

사이먼(H.A. Simon)은 의사결정과정을 탐색(intelligence), 설계(design), 선택(choice)의 3단계로 구분하고 있다.

이와 같은 관점에서 경영정보시스템과 의사결정과의 관련성을 살펴보면 먼저 탐색단계는 의사결정을 필요로 하는 내·외부 환경을 조사하는 것으로서 경영정보시스템은 이에 대해 효과적인 정보의 저장매체로서 데이터베이스를 제공하며, 설계단계는 가능한 행동대안을 개발하는 단계로서 이 때 경영정보시스템은 가능한 상황에 대한 모델설계 및 가능 해결안의 추출을 위한 소프트웨어와 타당성분석을 위한 소프트웨어를 제공하고, 마지막 단계인 선택단계는 가능한 행동대안들 중 하나의 행동대안을 선택하는 단계로서 경영정보시스템은 이를 위해 다양한 의사결정모형을 제공해 준다.

이와 같이 경영의사결정에 대한 효과적인 지원을 목적으로 하는 경영정보시스템은 포괄적인 데이터베이스와 정보검색능력 및 모델을 필요로 하며 경영계층 전반에 대해 효과적인 정보를 제공하게 된다.

5.3 다른 경영활동의 지원

오늘날 경영정보시스템을 기업의 경영활동의 모든 분야에 가장 활발히 적용되고 있다. 예를 들면, 생산정보시스템, 마케팅정보시스템, 회계 및 재무정보시스템, 인사정보시스템 등이 있으며 그 역할이 급격히 증가하고 있는 실정이다.

먼저 생산정보시스템의 경우 오늘날 가장 활발히 진행되고 있는 부분이다. 생산정보시스템은 제조량, 종업원 수를 포함한 제약조건, 변경된 재고정책 및 품질관리계획 등을 입력함으로써 거래처리시스템을 만들 수 있다. 또한 생산계획시스템, 재고관리시스템, CAD/CAM, CIM, FMS 등은 대표적인 생산경영정보시스템의 산출물이라고 할 수 있다. 최근에 각광받고 있는 JIT, EC/CALS, ERP 등은 생산정보시스템의 대표적인 예라고 할 수 있다.

마케팅 및 로지스틱스 분야의 정보는 소비자 및 시장에 관한 정보, 상품의 물적 유통, 재고관리, 생산공정계획, 운송 등에 관한 정보를 포괄하는 것으로서, 대부분의 대규모 기업에서는 이와 같은 정보의 수집과 처리 및 보급 등에 컴퓨터를 이용하고 있다. 신속대응시스템(QR · quick response system), 효율적 고객대응시스템(ECR · efficient customer response system), 전자상거래(EC) 등이 마케팅정보시스템의 예라고 할 수 있다.

회계 및 재무분야의 정보체계에서는 회계기록, 재무제표 및 예산 등이 포함되는 자료를 신속하고 적시에 얻을 수 있을 뿐만 아니라, 재무제표상의 제 요소를 분석·비교하는 작업도 간편하게 처리할 수 있게 되었으며, 실제 성과와 예산을 비교·평가하기가 용이하여 미래성과를 개선하기 위한 신속한 조정이 가능하게 되었다.

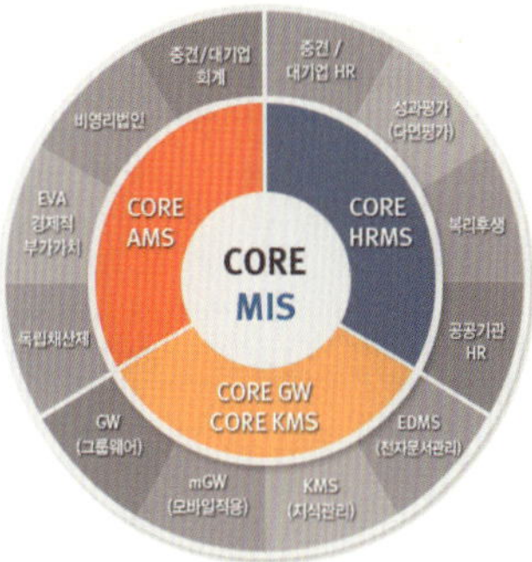

MIS는 급변하는 기업환경에서 Web 환경으로 통합된 중견/대기업용 전문 경영관리 시스템으로 독자적인 구축뿐만 아니라, 기간업무시스템과 융합되어 시너지를 창출할 수 있도록 구성되어 있다. 또한 기업상황에서 기본적인 경영관리 업무처리가 전산화된 후에 높은 의사결정이나 경영정보를 제공할 수 있는 관리 시스템이다.

인사분야의 정보는 종업원 각자의 훈련 및 교육수준, 능력 및 경력, 지식, 성격, 적성, 흥미, 희망, 전공과목, 숙련기능, 예상정년시기 등 종업원에 관한 모든 사항을 포괄하는 것으로서, 이와 같은 정보내용을 컴퓨터에 보관해 두었다가 승진, 배치, 이동, 훈련의 적격자가 누구인가를 컴퓨터로 하여금 출력하도록 하는 인사자료시스템(PDS·personnel data system)을 이루고 있다.

사실 조직의 규모가 확대되면 종업원 한사람 한사람의 능력이나 경험 및 희망 등을 일일이 파악하여 인사관리에 반영하기란 매우 힘든 일이다. 이와 같은 문제를 해결하기 위한 방안으로서 이 분야에 컴퓨터가 도입되어 컴퓨터에 의한 경력관리제도(CDP·career development program) 등이 활용되고 있다.

5.4 경영정보시스템의 유형

기업의 경영활동을 수행하는 데 있어서 경영자의 계층에 따라 필요한 정보도 서로 다르다. 또한 필요한 정보가 다르기 때문에 계층별로 사용해야 하는 경영정보시스템도 달라지게 된다. 다음의 몇 가지 경영정보시스템의 유형에 대해서 살펴보기로 한다.

5.4.1 거래처리시스템

거래처리시스템(TPS·transaction processing system)은 기업이 일상적인 업무를 수행하는 거래활동의 결과로 발생하는 데이터를 처리, 저장, 관리하는 경영

그림 15-3 경영 계층별 정보시스템의 유형

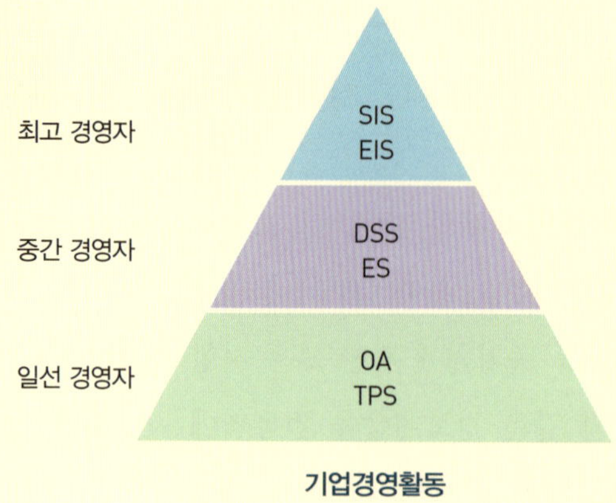

정보시스템을 말한다. 이는 가장 기본적인 정보시스템으로 은행의 온라인시스템, 항공회사의 예약시스템, 유통업체의 주문을 처리하는 POS(point of sales) 시스템, 주민등록자료의 전산망 등의 활동을 처리하는 시스템이다.

그러나 이는 주로 사용자가 하는 단순하고 반복적인 업무를 컴퓨터가 처리해주는 기능만을 하게 된다. 따라서 경영자가 의사결정을 내리는 데 도움이 되는 정보를 제공해주지는 못한다.

5.4.2 사무자동화시스템

사무자동화시스템(OA · office automation system)은 업무처리 과정을 컴퓨터로 처리함으로써 사무종사자와 일선 경영자의 생산성을 증가시키고 의사소통을 원활히 하도록 만들어진 경영정보시스템을 말한다. 팩스, 워드프로세스, 전자결재, 전자사서함, 데스크탑 출판, 화상회의, 음성우편 등의 응용분야들이 업무의 생산성을 높이기 위하여 이용되고 있다.

최근 기업들은 사무실에서 생산성을 높이는 사무자동화시스템에 많은 관심을 보이고 있다.

5.4.3 의사결정지원시스템

의사결정지원시스템(DSS · decision support system)은 다양한 계층의 경영자들이 필요한 정보를 적시에 제공받아 다양한 분석을 통해 합리적 의사결정이 가능하도록 하는 시스템을 말한다. 통계적 기법, 재무분석기법, 경영과학기법, 시뮬레이션 등의 계량적 분석모형들이 의사결정지원시스템에 널리 이용되고 있다.

의사결정지원시스템을 이용하여 제품의 가격을 10% 올릴 경우 매출액이 어떻게 변화할 것인가, 재고수준을 10% 낮출 경우 재고비용은 얼마나 절약되며 또는 재고부족으로 인한 손실은 어떻게 되는가 등과 같은 분석을 할 수 있다. 중간 경영자는 이러한 의사결정지원시스템을 활용하여 마케팅, 생산, 재무 등 다양한 경영활동을 분석할 수 있다.

5.4.4 전문가시스템

전문가시스템(ES · expert system)은 전문가의 지식을 추출하여 컴퓨터에 프로그램화하여 전문가의 역할을 대신할 수 있는 정보시스템을 말한다. 최근에 인간처럼 생각하고 판단하는 컴퓨터의 개발을 연구하고 있는데, 이 분야가 인공지능(artificial intelligence) 분야이다. 인공지능분야의 기술을 경영분야에 이용하여 전문가의 지식을 추출하여 컴퓨터에 내장하여 전문가의 역할을 대신하려는 정보시스템이 전문가시스템이다.

현재 기업에서 구축된 전문가시스템은 주식투자자문, 고객의 신용분석, 생산스케줄링, 컴퓨터설계 등의 분야에 널리 이용되고 있다.

5.4.5 중역정보시스템

중역정보시스템(EIS · executive information system)은 기업 외부환경과 내부환경에 관한 중요한 정보를 최고 경영자가 쉽게 획득하여 기회탐색과 문제해결을 효과적으로 수행할 수 있도록 지원하는 정보시스템을 말한다. 중역정보시스템은 경영자가 원하는 중요한 정보를 그래프나 표 등을 이용하여 빠른 시간 내에 제공할 수 있어야 한다.

중역정보시스템은 최고 경영자 계층에서 사용하는 시스템이기 때문에 기업의 내부정보뿐만 아니라 해당산업의 환경, 국내외 경영환경 등 기업의 외부정보도 신속하고 정확하게 제공되는 것이 중요하다. 만일 정보가 종합적으로 제공되지 못한다면 중역정보시스템은 무의미해지기 때문이다.

5.4.6 전략정보시스템

전략정보시스템(SIS · strategic information system)은 기업의 경영정보시스템을 전략적으로 활용하여 전략적 우위를 확보할 수 있도록 하는 정보시스템을 말한다. 위에서 설명한 각종 정보시스템을 전략적으로 활용하는 경우 이에 해당된다. 예를 들면, 거래처리시스템을 전략적으로 활용하여 경쟁우위를 창출할 수 있었다면 전략정보시스템인 것이다.

전략정보시스템은 시장점유율을 높이기 위한 마케팅, 생산 등의 개별시스템에서부터 전사적인 토털시스템까지 기업이 처한 상황에 따라 여러 가지가 있을 수 있다.

제 6 절

지식경영

6.1 지식경영이란?

21세기 지식사회에서 기업의 경영활동은 과거의 자본이나 눈에 보이는 물적자원뿐만 아니라 종업원들의 지식과 아이디어, 우수한 프로세스, 탁월한 고객만족 등과 같은 눈에 보이지 않는 자원들로 인해 기업의 경쟁력이 좌우되게 된다. 따라서 최근 지식을 바탕으로 하는 지식경영이 기업경쟁력의 핵심으로 떠오르기 시작하였다.

6.1.1 지식이란

우리는 앞에서 있는 그대로의 사실을 의미하는 데이터를 이용자의 의도에 맞게 가공한 형태를 정보라고 하였다. 반면에 지식(knowledge)은 이러한 정보를 모아서 체계적으로 구성하여 미래의 사용에 대비하여 보편성을 갖도록 한 형태를 말한다. 따라서 지식은 정보보다 상위의 개념으로 정보가 축적되고 가공되어 유용한 가치창출로 이어진 것이 지식이라고 할 수 있다. 피터 드러커(Peter Drucker) 교수는 지식을 "일하는 방법을 끊임없이 개선, 개발하거나 혁신해서 부가가치를 높이는 행위"라고 했다.

또한 지식보다 한 단계 위의 개념으로 지혜(wisdom)가 있다. 이는 지식창출에 대한 추론과 문제해결을 위한 지적 능력을 말한다. 따라서 지혜는 지식의 응용능력이라고 할 수 있다.

한편 일본의 노나카 이쿠지로는 지식을 암묵지와 형식지로 구분하였다. 여기서 암묵지(暗默知, tacit knowledge)는 학습과 체험을 통해 개인에게 습득되어 있지만 겉으로 드러나지 않은 상태의 지식이며, 형식지(形式知, explicit knowledge)는 암묵지가 문서나 매뉴얼처럼 외부로 표출돼 여러 사람이 공유할 수 있

그림 15-4 지식의 체계

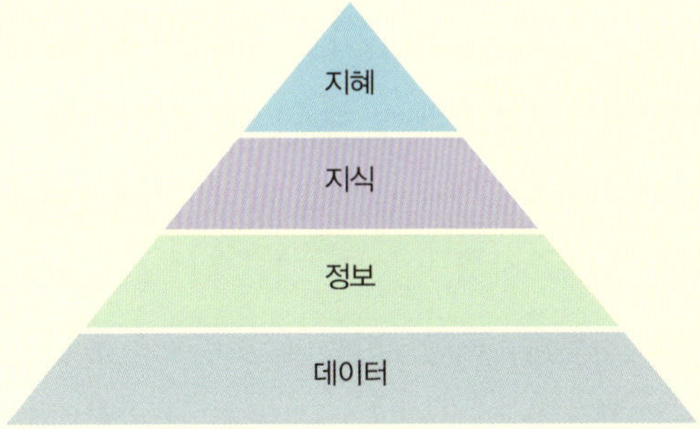

는 지식을 말한다. 따라서 형식지는 정보통신기술을 통하여 효과적으로 창출, 유통, 관리될 수 있지만, 암묵지는 사람들 간의 직접적인 상호교류를 통해 효과적으로 창출되고 확산된다.

6.1.2 지식경영이란

현재 산업사회에서 지식사회로의 전환이 빠르게 진행되고 있다. 과거 산업사회에서는 자본과 노동을 집약적으로 사용하였지만, 이제는 인간의 창의력과 정보기술이 결합된 지식사회로 재편되고 있는 것이다. 지식을 중요한 자원으로 활용해야 하는 지식사회에서는 경영활동도 기존의 방식에서 변화해야 한다. 이에 따라 기업의 경영활동에 있어서 새롭게 대두되고 있는 것이 지식경영이다.

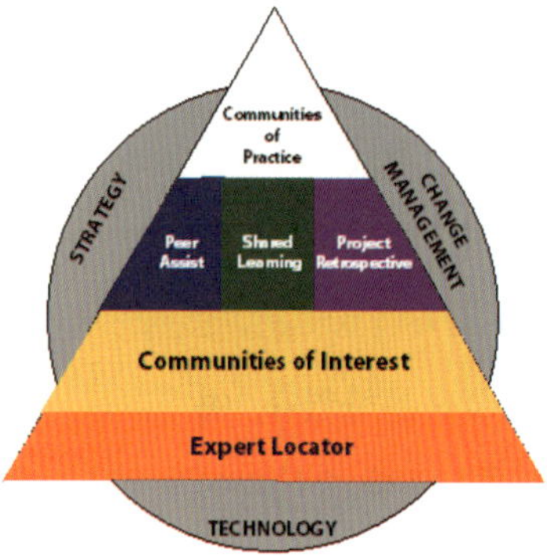

지식경영(knowledge management)은 기업이나 종업원 개개인이 가지고 있는 지식을 체계적으로 발굴하여 지식을 축적하고 이를 체계적으로 공유하여 기업 내부의 보편적인 지식으로 발전시켜 활용함으로써 기업 전체의 경쟁력을 강화시키는 경영활동을 말한다.

6.2 지식경영의 실천

6.2.1 지식근로자

지식근로자(knowledge worker)가 되기 위한 조건은 무엇인가? 이를 간략하게 3B+3S로 표현하고 있다. 3B는 컴퓨터를 자유자재로 다루며(bit generation), 최고의 경쟁력을 갖추기 위한 지속적인 개선(best practices), 개발노력과 새로운 기술에 대한 의지가 필요하고, 영어는 기본으로 2개 국어 이상을 구사해야 한다(bilingual)는 것을 말한다. 또한 3S는 자신이 하고 있는 일의 의미에 대해 누구보다도 탁월한 감각을 갖추고(sense), 강력한 대인관계기술(skill-to-skill), 그리고 기업가정신(entrepreneurship)이 있어야 한다는 것이다.

6.2.2 지식경영의 3R

지식경영을 도입하는 방법으로 3R이 제시되고 있다. 첫째로, 지식이라는 귀중한 자원을 공동으로 활용할 수 있도록 모아두는 지식공동창고(repository)를 만들어야 한다. 지식은 다른 사람들과 공유하면 새로운 지식으로 변한다. 둘째로, 이 창고가 전체 종업원들이 쉽게 활용할 수 있도록 관리하고 권장하는 지식창고관리자(reference worker)를 양성해야 한다. 이러한 역할을 담당하는 사람을 최고지식경영자(CKO · chief knowledge officer)라 한다.

셋째로, 창고에서는 늘 새로운 지식을 공급(refresh)해야 한다. 경쟁에서 이기기 위해서는 새로운 무기를 만들어 전체 종업원이 쓸 수 있도록 창고에 비치해 두어야 한다. 그러기 위해서는 새로운 무기를 만들어낸 근로자, 즉 지식을 많이 공유하도록 한 근로자에게 적절한 보상을 해주어야 한다. 이 같은 3R의 과정이 지속적으로 상호작용하며 나아갈 때 새로운 기업창조가 가능하며 성공기업으로 탈바꿈하게 되는 것이다.

6.2.3 지식경영의 4단계

지식경영이 이루어지기 위해서는 〈그림 15-5〉와 같은 4단계를 거치게 된다.

우선 기업 내부와 기업 외부를 통해서 다양한 지식을 획득하고, 이를 체계적으로 종합하고 조직화하며, 성문화하여 저장한다. 이처럼 저장된 지식을 모든 종업원들이 활용할 수 있도록 전파하고 공유한다. 공유된 지식은 경영활동에 유용하도록 새로운 지식을 창출하게 된다. 이렇게 함으로써 미래의 경영환경 변화에 따른 어떤 문제에 직면하게 되었을 때 이를 해결할 수 있는 지식으로 재창조되어 활용될 수 있다.

그림 15-5 지식경영의 4단계 모형

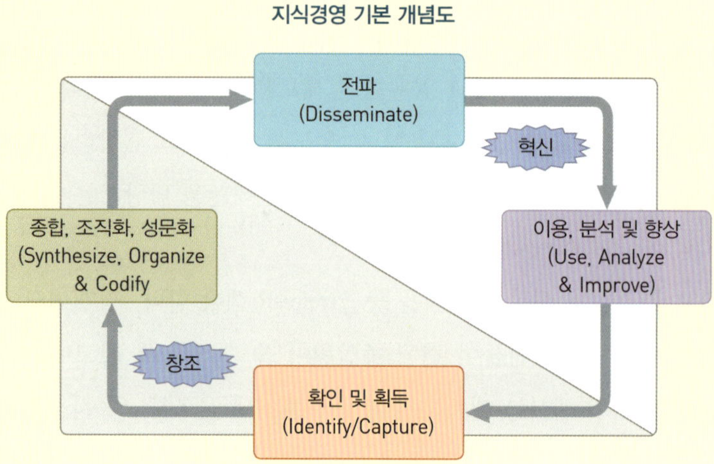

출처: 한경비즈니스, 1999.5.18.

6.3 지식경영의 성공전략

"첨단기술을 구축한다고 해서 자동적으로 성공적인 지식경영이 이뤄지는 것이 아니다. 지식경영은 인적, 기술적, 경제적 기술이 총동원되어 그것들이 조화를 이룰 때에 비로소 성공할 수 있다."

〈워킹 날리지(*Working Knowledge*)〉라는 저서로 잘 알려진 앤더슨컨설팅 지식경영 책임자인 데븐포트(Thomas H. Davenport) 박사가 지식경영에서 가장 빠지기 쉬운 오류와 성공조건에 대해 다음과 같이 설명했다.

6.3.1 올바른 지식경영

지식경영에 경주하는 노력, 시간, 돈의 3분의 1 이상을 기술적인 측면에 쏟아부어서는 안 된다. 지식경영은 인적, 기술적, 경제적인 측면이 고루 조화를 이룰 수 있도록 해야 한다. 따라서 노력도 세 부분에 걸쳐 균등하게 이뤄져야 한다.

또 지식경영을 위한 인프라를 너무 남용하는 경우가 두 번째 오류다. 즉 인트라넷이 기업 내에 구축되어 있으므로 이를 적극적으로 활용해 보겠다는 의도에서 무분별하게 정보나 지식을 올리는 경우가 여기에 해당된다. 올릴 만한 가치가 있는 정보만을 올리는 것이 무엇보다도 중요하다.

6.3.2 성공조건

지식을 위한 지식 그 자체를 얻기 위해 시간과 비용, 노력을 투자할 것이 아니라 보다 나은 경영성과를 위한 도구로서 지식을 활용하는 것이 지식경영의 참된 목표이다. 따라서 지식을 창조하고 공유하며 활용하는 것은 기업에 소속된 모든 사람의 몫이다. 하지만 지식관리 전담부서를 두어야 한다.

또한 기업의 최고 경영자나 기타 중역들이 지식경영에 대해서 충분히 인식하고 있다는 심증이 가더라도 이에 안주하지 말고 끊임없이 지식경영의 필요성을 주지시키는 노력을 게을리 해서는 안 된다.

6.3.3 실천방법

지식경영이 성공하려면 먼저 전략과 연계되어야 한다. 또 지식경영에 접근하는 것이 용이해야 하고 사용하는 방법도 단순화되어야 한다.

회사들이 가장 범하기 쉬운 함정은 어떤 장벽을 설치하는 것인데, 이게 기술적인 장벽이 될 수도 있고 보이지 않는 장애물이 될 수도 있다. 예를 들면, 회사 내에서 사용하는 인트라넷을 사용하는 경우, 사용자 입장에서 검색이 어렵다든지 또 어떤 전문가에게 물어보고 여러 가지 질문을 던져야 하는데 문화적인 차이로 이러한 것이 용이하지 않다든지, 또 전반적인 모든 것을 관리하는 관리비가 너무 높다든지 하는 것이 장애물이 될 수 있다.

중요한 성공요인 중의 하나가 피드백을 잘 해주는 것이다. 가치라는 것이 워낙 추상적이고 어떻게 사용하는가에 따라서 그 가치가 결정된다. 과연 우리가 지식경영이라는 시스템을 마련했는데 여기서 창출된 지식이 과연 가치를 창출하고 있는가, 창출됐다면 과연 얼마만큼 유용하게 사용되고 있는가 등을 항시 체크해야 한다.

Purple Ocean전략 사례

퍼플오션이 창업시장의 새로운 키워드로 떠올랐다.

퍼플오션이란 블루오션의 리스크를 줄이고 레드오션의 문제점으로 지적됐던 차별화를 강조한 전략이다. 새로운 것을 만들어 내는 것이 아니라 기존 것을 재창조한다는 의미다.

창업시장에서 매장 규모를 최소화해 창업비용을 줄인 대신 타깃 고객을 구체화한 전문점 형태의 퍼플오션 브랜드가 최근 대폭 늘고 있다.

상하이 델리, 상하이객잔, 률란 등을 운영하는 중식 전문브랜드 '아시안푸드'가 지난 7월 론칭한 '상하이짬뽕'은 대표적인 퍼플오션 아이템이다. 중식 대표메뉴인 짬뽕을 특화한 메뉴를 선보인 상하이 짬뽕은 해물짬뽕, 상하이짬뽕 등 짬뽕요리와 가족 고객을 고려한 쟁반자장면, 탕수육이 요리의 전부다. 전문주방장 없이 오픈이 가능하다. 최근 오픈한 43㎡ 정도의 매장이 일일 100만원 이상의 매출을 올릴 정도로 고객들이 즐겨 찾고 있다.

양·대창의 대중화를 선언한 '양철북'은 고급 양대창곱창전문점과 쇠고기전문점 사이의 틈새 아이템이다. 수입업체와 직거래로 가격을 낮춘 양철북은 양대창 외에도 양과 김치가 만난 철판볶음밥인 양밥, 묵사발 등의 후식 메뉴도 갖췄다. 양철북의 창업비용은 100㎡ 기준 가맹비와 인테리어를 포함, 7,600만원 정도다. 리모델링(업종전환)이나 매장 상태에 따라 창업비용을 더 낮출 수 있다.

피자&치킨 브랜드 피니치니는 피자와 치킨, 치킨, 피자 등 취향에 따라 창업할 수 있는 맞춤창업 전략을 선택했다. 또 유통시스템 개선 등으로 품질을 높였다. 세트메뉴의 가격대는 1만6,000원 선이다. 피자와 치킨 외에 그릴소시지, 마늘빵 등도 있다. 테이크아웃하면 가격이 더 저렴하다. 배달뿐만 아니라 테이크아웃 전문점의 장점을 접목했다. 치킨 개별 메뉴는 테이크아웃 때 1만원도 안된다. 경기불황에 맞춰 가맹비와 보증금 없이 창업이 가능하다. 치킨전문점만의 창업비용은 890만원이고 피자&치킨 전문점은 1,290만원이다.

창업컨설팅업체 올창이 성대권 대표는 "기존의 것을 다시 해석하고 문제점을 개선하는 전략도 창조의 일환"이라며 "예비창업자와 소비자의 기호가 다양한 듯하지만 특정 부분에 대한 선호도가 높은 점을 고려한 퍼플오션 마케팅은 한동안 지속될 것으로 보인다"고 말했다.

출처: 파이낸셜 뉴스, 2009.8.31.

Chapter 16

재무관리와 회계

투자가 위험한 것은 아니다. 배우지 않는 것이 더 위험하다. 그것은 학교에서도 가르쳐주지 않는다. 우리는 학교에서 돈이 인생의 전부가 아니라고 배운 뒤 사회에 나와서는 돈을 위해 죽어라고 일한다. 산업화 시대에는 "열심히 공부해서 안정된 직장을 얻어라"는 가르침이 적절했지만 정보화시대에는 "학교 가서 좋은 성적을 올리고 졸업한 뒤에는 창업하라"는 게 옳은 교육이다. 그 과정에서 "금융지능"이나 "금융IQ"를 높이고 위험을 관리하는 기법을 익히며 자본 활용법을 체화하는 것이 곧 진정한 자유를 얻는 방법이라는 것이다.

이번 장은 자금 조달과 운용을 위한 재무관리와 회계에 관한 내용이다.

제 1 절

재무관리란?

기업의 경영활동에 있어서 자금(돈)은 사람, 정보 등과 함께 중요한 경영자원 중의 하나로 인식되고 있다. 제품이나 서비스를 생산하고 판매하는 것이 기업의 주요 활동이기는 하지만 이러한 경영활동이 원활히 운영되기 위해서는 반드시 재무관리활동이 뒷받침되어야만 한다.

재무관리(financial management)는 기업의 목표를 달성하기 위해서 기업경영활동에 필요한 자금을 어떻게 합리적으로 조달하고, 조달된 자금을 효과적으로 운용할 것인가를 결정하는 경영활동이라 할 수 있다.

따라서 재무관리활동은 기업이 필요한 자금을 언제, 어디서, 얼마만큼 조달할 것인가 하는 자본조달결정(financing decision)과 조달된 자금을 언제, 어디에 얼마만큼 투자할 것인가 하는 자본운용결정(investment decision) 측면에서 살펴볼 수 있다.

전통적으로 재무관리의 목표는 이윤의 극대화(profit maximization)로 이해되어 왔으나, 최근에 와서는 기업가치의 극대화(value maximization)로 전환되고 있다. 이러한 기업의 가치는 기업의 수익성(profitability)과 위험(risk)에 달려 있다고 볼 수 있다. 이를 식으로 표시하면 다음과 같다.

$$기업가치 = f(수익성, 위험)$$

기업의 가치를 결정하는 변수인 기업의 수익성과 위험은 기업이 어떠한 재무의사결정을 하는가에 달려 있다. 즉 자본조달결정과 투자결정이 기업의 수익성과 위험을 좌우하게 되어 기업의 가치를 결정하게 된다.

기업의 가치는 수익성이 높을수록 커지고, 위험이 클수록 작아진다. 따라서 기업은 상충(trade-off) 관계에 있는 이들 두 요인을 적절히 조화시켜 기업의 가치가 극대화되도록 의사결정을 해야 한다.

제 2 절

자금의 조달 및 운용

2.1 자본조달결정

일반적으로 기업들은 필요한 자금을 금융시장이나 증권시장을 통해 조달할 수 있다. 이 때 기업이 주식이나 채권을 발행하여 투자자로부터 직접 자금을 조달하게 되는 경우를 직접금융을 통한 자본조달(financing)이라고 한다. 반면 투자자로부터 기업이 직접 자금을 조달하지 않고 은행 등 금융기관을 통해 간접적으로 자본을 조달하는 경우를 간접금융을 통한 자본조달이라고 한다.

2.1.1 직접금융을 통한 자본조달

직접금융을 통한 자본조달 방법에는 기업의 주식을 발행하여 자금을 조달하는 방법과 회사채를 발행하여 조달하는 방법이 있다.

(1) 주식발행

주식회사의 경우 일반투자자들을 대상으로 주식(stock)을 발행하여 자금을 조달할 수 있다. 주식발행을 통한 자본조달은 자기자본의 형태이기 때문에 기업의 재무건전성 측면에서 다른 조달방법보다는 유리하다. 주식을 발행하여 자본을 조달하는 방법에는 일반적으로 보통주를 발행하는 방법과 우선주를 발행하는 방법이 있다.

보통주(common stock)는 주식을 매입하면 해당 기업의 주주로서 이사회의 구성, 배당금의 결정 및 기타 주요사항에 대한 투표권을 가지게 된다. 또한 주식을 보유함으로써 배당금과 주가가 상승할 경우 투자에 대한 수익을 얻을 수 있다. 그러나 기업이 파산할 경우에는 투자한 원금을 잃을 수도 있다.

우선주(preferred stock)는 보통주보다 배당금을 우선적으로 지급받는 주식을 말하며 기업이 파산할 경우에도 보통주에 우선하여 기업의 남아있는 재산에 대한 청구권을 갖는다. 반면에 우선주는 보통주와는 달리 주주의 투표권이 없다.

(2) 회사채발행

기업의 회사채(corporate bond) 발행은 유동성이나 편리성 측면에서 가장 일반적인 자금조달 방법이다.

회사채는 기업이 자금을 비교적 장기간 사용하기 위하여 일반투자자로부터 공개적으로 자금을 빌리고 그 증거로서 발행하는 유가증권이다. 이 경우 조달된 자금은 기업의 장부상에는 부채로 처리된다. 기업이 과도하게 회사채를 발행할 경우 채권자들은 원리금을 회수 불가능하게 될 위험이 있으므로 채권자들을 보호하기 위하여 일정한 범위 이내로 회사채 발행을 규제하고 있다. 회사채에는 보통 채권자에게 지급될 확정이자와 만기일이 표시되어 있으며 정해진 일자에 이자를 지급하고 만기일에는 원금만 지급받을 수 있다.

그림 16-1 자본조달의 수단

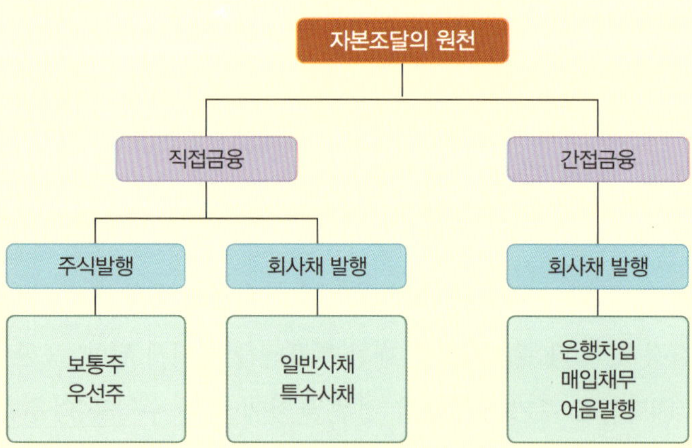

2.1.2 간접금융을 통한 자본조달

기업은 주식이나 채권 등 직접금융시장에서 자금을 조달할 뿐만 아니라 은행 등 금융기관을 통해서 간접금융시장에서 자금을 조달할 수도 있다. 간접금융을 통한 자본조달방법으로는 은행으로부터 차입, 매입채무, 그리고 기업어음을 발행하는 방법 등이 있다.

(1) 은행으로부터의 차입

은행 등 금융기관으로부터 자금을 빌리는 것은 가장 보편적인 기업의 자금조달방법이다. 우리나라의 경우 은행으로부터의 차입은 주로 단기자본조달의 원천으로 기업의 주요 자금원이 되어 왔다.

은행으로부터의 차입의 종류는 1년 기한의 일반자금대출과 1년 미만의 당좌차월, 어음할인, 적금대출, 그리고 적금담보대출 등이 있다.

(2) 매입채무

매입채무는 제품이나 원자재를 구입하고 그 대금을 즉시 지급하지 않고 연기함으로써 발생하는 채무를 말한다. 거래신용이라고도 한다.

이러한 매입채무는 대차대조표상에는 외상매입금과 지급어음의 형태로 기재된다. 외상매입금은 신용을 바탕으로 매입대금의 지급을 일정기간 연기하는 것이고, 지급어음은 채무의 증거로 구매자가 발행하여 준 어음으로 법적 구속력을 갖는다.

(3) 기업어음 발행

기업어음(CP · commercial paper)은 기업이 발행한 약속어음을 말한다. 기업이 발행하는 기업어음은 대부분 투자금융회사와 종합금융회사, 일반시중은행 등의 중개기관을 통해서 판매된다. 기업어음은 중개기관이 보증하는 담보부 기업어음과 보증이 없는 무담보부 기업어음이 있다.

기업어음은 은행대출에 비하여 담보제공을 비롯한 번거로운 절차 없이 수시로 자금을 조달할 수 있다는 점에서 편리하지만 단기 자본조달 수단이다.

2.2 자본운용결정

위에서 언급한 여러 가지 방법으로 조달된 자금을 언제, 어디에 얼마만큼 투자할 것인가 하는 의사결정을 하는 것이 자본운용(capital investment)결정이다. 일반적으로 자본을 운용하는 방법에는 현재의 사업이나 미래의 사업기회를 모색하여 투자하는 방법과 주식이나 채권 등 금융상품에 투자하는 방법으로 나누어 볼 수 있다. 여기서는 현재의 사업이나 미래의 사업기회를 모색하여 투자하는 방법에 대하여 살펴보기로 한다.

2.2.1 자본예산

기업의 경영활동에서 사업에 대한 투자결정은 매우 중요하다. 어디에 투자하는가에 따라 기업의 수익이 달라질 뿐만 아니라 그 기업의 위험도 달라지기 때문이다. 따라서 기업의 가치는 기업의 수익성과 위험에 의해 결정되므로 투자결정은 미래의 기업가치와 직결된다. 따라서 한 기업의 성패는 그 기업의 투자결정에 달려 있다고 볼 수 있다.

기업이 사업기회를 모색하여 투자를 하는 경우 통상적으로 투자의 효과가 1년 이상 장기간에 걸쳐 나타나는 경우 자본예산(capital budgeting)을 수립하게

그림 16-2 자본운영결정

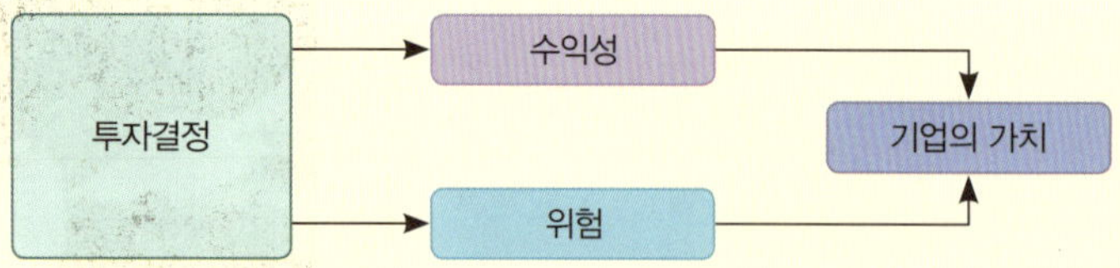

된다. 이러한 자본예산을 수행하는 과정은 일반적으로 다음과 같은 4단계를 거쳐서 이루어진다.

(1) 투자목적의 설정
(2) 투자목적 달성을 위한 투자안들의 선정
(3) 각 투자대상으로부터 기대되는 현금흐름의 추정
(4) 각 투자안의 타당성 평가(경제성 분석)
(5) 선택된 투자안의 사후 재평가, 피드백 및 통제

이러한 자본예산의 단계 중에서 가장 중요한 과정은 각 투자안별로 기대되는 현금흐름(cash flow)의 추정과 투자안의 타당성(feasibility) 평가를 통해 투자안의 선택 여부를 결정하는 과정이다.

투자안의 타당성을 분석해 주는 기법으로 회수기간법, 회계적 이익률법, 순현가법, 내부수익률법 등이 있는데, 이 중에서 자본의 시간가치를 고려한 순현가법과 내부수익률법이 주로 이용된다.

2.2.2 순현가법

순현가법(NPV · net present value method)이란 투자로 인하여 발생할 미래의 모든 현금흐름을 기대수익률로 할인하여 계산한 현재가치로 투자안을 추정하는 방법을 말한다. 이는 투자에 따른 현금흐름을 현재가치로 환산하고 여기에 최초의 투자액을 공제하여 산출한 순이익의 현재가치를 측정하는 것이다.

$$\text{순현가}(NPV) = \sum_{t=1}^{n} \frac{CF_t}{(1+R)^t} - I_0$$

CF_t는 t시점의 현금흐름, R은 할인율, I_0는 최초의 투자액

순현가가 0보다 클 경우 기업가치가 증가하는 것을 의미하므로 그 투자안은 채택될 것이다. 또한 투자안들을 평가할 때는 순현가가 가장 큰 것이 기업가치를 가장 높이는 대안이 될 것이다.

2.2.3 내부수익률

내부수익률(IRR · internal rate of return method)이란 투자로 인해 발생하는 현금유입의 현재가치와 현금유출의 현재가치를 일치시키는 할인율을 말한다. 따라서 내부수익률법은 현금유입의 현재가치와 현금유출의 현재가치를 일치시켜 투자안의 순현가를 0으로 하는 할인율 IRR을 구한 후 이를 기대수익률과 비교하여 투자 여부를 결정하는 방법이다.

$$\sum_{t=1}^{n} \frac{CF_t}{(1+IRR)^t} - I_0 = 0$$

내부수익률법을 통해서 투자안의 채택 여부를 결정할 때는 내부수익률이 미리 설정된 기대수익률을 초과하면 채택하고, 반대로 내부수익률이 기대수익률보다 낮으면 채택하지 않게 된다. 여러 투자대안들 중 내부수익률법으로 투자결정을 할 때는 내부수익률이 가장 큰 투자안을 선택하게 된다.

2.2.4 운전자본관리

기업이 성장하기 위해서는 기본적으로 자본조달결정과 투자결정이 합리적으로 이루어져야 한다. 그러나 기업의 원활한 운영을 위해서는 일상적으로 발생하는 운전자본, 즉 유동자산과 유동부채의 관리가 효율적으로 수행되어야 한다.

운전자본(working capital)은 현금, 매출채권, 유가증권, 재고자산 등의 유동자산뿐만 아니라 매입채무, 단기차입금, 미지급비용 등 유동부채도 포함한다.

유동성은 자산이 적정한 가격으로 얼마나 빨리 현금화될 수 있는가를 의미하는데, 흔히 단기부채의 지급능력을 말한다. 유동성의 근원은 현금을 비롯한 유동자산에 있다. 유동자산은 대부분 기업에 이익을 가져다주지 않는 비수익성 자산이기 때문에 과다하게 보유하면 기업의 수익을 저하시킬 우려가 있다.

그러나 유동자산이 적으면 유동성 부족으로 인하여 단기부채 지급불능 상태에 빠질 위험이 크다. 따라서 운전자본관리의 목표는 유동성을 유지하여 부도나 파산 등 지급불능위험을 감소시키며 동시에 수익성을 증대시키는 것이라 할 수 있다.

많은 중소기업들이 사업에서 흑자를 보면서도 어느 날 갑자기 도산하는 경우가 있는데 이의 많은 경우 유동자산의 부족으로 인하여 발생하는 것이라 할 수 있다. 이에 운전자본관리의 중요성이 부각된다.

제 3 절

회계정보의 산출 및 활용

3.1 회계란?

회계(accounting)는 기업이 수행하고 있는 경영활동을 기업회계기준에 따라서 측정·기록·해석하고 기업내부 및 외부관계자들에게 필요한 정보를 제공하고 의사결정을 원활하게 해주는 활동을 말한다. 이러한 회계정보를 체계적으로 주기적으로 전달하기 위한 회계시스템은 일상적인 기업활동을 기록, 요약하여 분류하고 이를 바탕으로 재무제표를 작성하는데 구체적으로 살펴보면 다음과 같이 요약할 수 있다.

(1) 일상적 기업활동에 대한 체계적 기록유지와 분개장의 정리

(2) 모든 거래 및 기업활동의 체계적 분류와 원장의 정리

(3) 의사결정을 위한 회계정보로서의 요약과 재무제표의 작성

(4) 각 기업 이해관계자들 간의 의사소통 지원

(5) 회계정보의 해석 지원

회계를 제대로 이해하지 못하는 대다수의 사람들은 부기가 곧 회계임을 착

각하고 있는데 이들은 구별되는 개념이다. 부기(book-keeping)는 말 그 자체로 장부에 기록하는 기장을 위한 절차를 의미하는 기술(art)로서 회계의 일면을 지칭하며 회계보다는 좁은 개념이다. 즉 거래를 일정한 원리에 따라 자산, 부채, 자본, 수익, 비용으로 구분하여 기록·계산하며, 그 증감 변화를 추적하는 것을 말한다. 부기의 출발점은 거래이고 도착지는 재무제표이다.

이에 반해 회계는 부기가 갖는 기술적, 기계적, 반복적인 특성을 이용하여 의사결정에 유용한 정보의 창출을 통해 합리적인 의사결정을 도모하는 것이다. 특히 회계정보의 유용성 관점에서 이 정보의 창출에 소요되는 비용과 그로 인한 효익을 끊임없이 평가해야 하는 전문가적 판단이 회계의 핵심이라는 것은 아무리 강조해도 지나침이 없다.

3.2 재무제표의 이해

재무제표(financial statements)란 한마디로 한 기업의 경영실적에 대한 성적표로, 기업활동 속에서 화폐 및 재화가 들어오고 나가는 상태와 흐름을 숫자로 나타낸 표이다. 따라서 재무제표는 기업경영분석의 가장 중요한 정보원이다. 이러한 재무제표 중에서 대표적인 것은 대차대조표와 손익계산서이다.

기업경영은 인적·물적·재화적 자원을 투입하여 이를 효율적으로 배분하면서 최종생산물을 생산하는 과정이다. 따라서 투입된 기업의 제반 자원은 여러 형태로 기업 곳곳에 흩어져 있게 되는데, 대차대조표(B/S·balance sheet)는 일정 시점에 있어서 기업의 제반 자원 상태를 나타내는 표이다.

한 예로서 호프집 하나를 개업한다고 생각해보자. 우선 이 사업을 하기 위해서는 사업장소가 필요할 것이다. 의자와 각종 내부 장식도 요구되며, 필요하다면 칸막이도 설치해야 한다. 이러한 사업용 자원을 기업회계기준에서는 고정자산이라고 하여 주요 자산 항목별로 구분 표시하고 있다.

	Starting	Month 1	Month 2	Month 3
Assets				
Current				
Cash	$3,000	$1,699	$1,891	$787
Accounts Receivable	$0	$8,500	$17,567	$19,323
Inventory	$2,000	$4,750	$5,225	$5,748
Other Current Assets	$1,850	$1,850	$1,850	$1,850
Total Current Assets	$6,850	$16,799	$26,532	$27,708
Long-term				
Long-term Assets	$11,000	$11,000	$11,000	$11,000
Less depreciation	$0	$183	$367	$550
Total Long-term Assets	$11,000	$10,817	$10,633	$10,450
Total Assets	$17,850	$27,615	$37,166	$38,158
Liabilities and Capital		Month 1	Month 2	Month 3
Current Liabilities				
Accounts payable	$0	$9,202	$7,610	$8,441
Current Borrowing	$0	$0	$13,000	$12,500
Other Current Liabilities	$0	$0	$0	$0
Total Current Liabilities	$0	$9,202	$20,610	$20,941
Long-term Liabilities	$10,000	$9,864	$9,730	$9,597
Total Liabilities	$10,000	$19,065	$30,340	$30,538
Capital				
Paid-in Capital	$0	$0	$0	$0
Earnings	$0	$700	$1,476	$2,270
Retained Earnings	$7,850	$7,850	$7,850	$7,850
Total Capital	$7,850	$8,550	$9,326	$10,120
Total Liabilities and Capital	$17,850	$27,615	$39,666	$40,658
Net Worth	$7,850	$8,550	$6,826	$7,620

대차대조표(B/S · balance sheet) 작성의 예

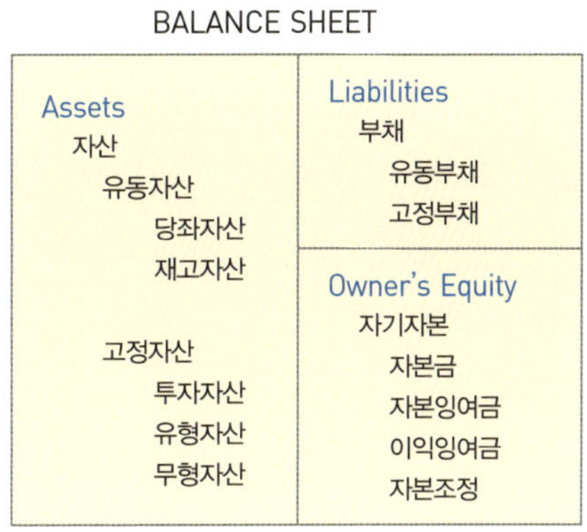

사업장소와 제반 설비가 완료되면 이제 팔 물건, 즉 맥주와 안주가 있어야 한다. 이러한 판매를 목적으로 보유하는 자원인 맥주 등을 재고자산이라 한다. 맥주와 안주는 손님들이 찾아와서 마시고 가면 현금을 바꾸어진다. 550원짜리 맥주를 3,000원짜리 현금으로 바꾸는 것이 카페의 목적이며 재미일 것이다. 그러나 때때로 현금 대신에 외상을 긋고 가는 손님도 생기게 마련이다. 이때 발생하는 것이 외상매출금이나 받을어음 계정으로 이를 매출채권이라 한다.

재고자산이나 매출채권 등과 같이 기업에서 1년 이내에 현금화되는 자산들이 유동자산이다. 그리고 사업을 하다 여유자금 등이 생길 경우 부동산을 매입하거나 계열회사를 설립하게 될 때 이를 투자자산으로 분류 표기한다.

그 외 회계처리상 비용으로 인식한 일부 금액을 수년간에 걸쳐 처리하는 이연자산 등이 간혹 발생하게 된다. 즉 기업의 자원은 크게 고정자산, 유동자산, 투자자산과 이연자산으로 운용된다. 이들 4개 자산 항목을 합친 것이 기업의 총자산이며, 이는 결국 그 기업이 현재 사업을 하면서 운용하고 있는 자원의 총계이다. 다시 말해 호프집의 총자산이 2억원이라면 바로 이 마시는 장사를 하기 위해서는 2억원이라는 자원이 필요한 것이다.

한편 자산은 그 기업의 장래에 경제적 수익을 제공할 수 있는 용역 잠재능력을 가지고 있으므로 자산은 미래의 현금을 창출하는 자원임을 직시하여야 한

다. 자산의 투입, 즉 투자 없이는 수익도 없는 법이다.

이러한 자산은 그 원천이 있어야 한다. 자원의 원천은 크게 '자기 돈'과 '남의 돈'으로 나눌 수 있다. 전자가 자기 자본이며 남에게 의존한 후자가 부채이다. 부채는 다시 단기차입금 등과 같이 1년 안에 갚아야 할 유동부채와 1년 후에 갚아도 되는 고정부채로 구분된다. 이렇듯 자산 운용의 근원이 되는 자금의 원천은 유동부채, 고정부채와 자기자본으로 조달된다. 이들을 1개 항목으로 합친 것이 자본과 부채의 총계이며, 이는 결국 기업이 현재 사업을 하면서 조달하고 있는 자원의 총계로서 총자산 규모와 일치하게 된다.

호프집의 총자산이 2억원일 경우, 2억원의 사업자금이 자기가 저축한 돈 5,000만원으로 충당된 것이라면 나머지 1억5,000만원은 타인의 자본으로 조달된 것이다.

한편 이 부채와 자본 총계는 미래의 현금지출을 요하는 경제적 의무도 됨을 직시하여야 한다. 다만 부채는 특정일에 원금과 이자의 형태로 지출되는 것이나, 자기자본은 이익을 원천으로 배당의 형식으로 또는 청산의 방법으로 지출됨에 차이가 있다.

기업은 살아 있는 조직체로 매분 매초마다 자금의 흐름이 기업활동 과정에서 여러 형태로 변하고 있다. 대차대조표란 이러한 자원의 흐름상태를 일정 시점에서 정리하여 조달과 운용 실태를 표시하고 있는 것이다. 일종의 스냅 사진처럼 매달 말, 매일, 매시간 대차대조표를 작성할 수 있으나, 우리가 흔히 신문 결산공고에서 보는 대차대조표는 결산일 24:00 현재의 기업의 자원상태를 나타내는 것이다.

Income Statement	Jan 2008	Feb 2008	Mar 2008
INCOME STATEMENT			
Income			
Job at XYZ Company	2,150.00	2,150.00	0.00
4526 Main St.	106.59	106.59	0.00
6407 Sleepy Hollow Dr.	156.00	156.00	0.00
Small Business	495.00	0.00	0.00
ADD HERE			
TOTAL Income	2,907.59	2,412.59	0.00
Expenses			
Dining	295.55	295.55	0.00
Education	439.00	439.00	0.00
Gas	160.00	160.00	0.00
Groceries	191.00	191.00	0.00
Insurance	222.00	222.00	0.00
Other	484.00	484.00	0.00
Phone	209.00	209.00	0.00
Rent	843.00	843.00	0.00
TOTAL Expenses	2,843.55	2,843.55	0.00
NET INCOME	64.04	(430.96)	0.00

손익계산서(P/L · income statement) 작성의 예

손익계산서(P/L · income statement)는 일정 기간 동안 기업의 영업성과를 나타내는 표이다. 앞서 대차대조표에서 설명하였듯이 기업에 투하된 자원은 시시각각으로 늘었다 줄었다 하면서 변화한다. 이때 기업 창설시의 투하자원과 기업 청산시의 산출자원의 차이가 바로 손익이다.

그러나 기업은 영속하는 조직체이므로 손익계

산을 청산이나 해체시까지 미루기보다는 나라에 따라 다르나 통상 1년 단위로 하여 결산한다. 기업의 손익계산은 대차대조표에서처럼 재산의 차이로 계산할 수도 있으나, 어떠한 영업활동을 통해 창출되었는지 구체적으로 알기 위해 손익계산서를 작성한다.

따라서 손익계산서는 기업의 각 활동별로 총수익과 총비용을 대응하여 산출된다. 이를 좀더 구분하여 보면, 기업이 제품이나 서비스를 판매하거나 제공한 경우 매출액이라는 수익이 발생되고 여기에서 당기 제품이나 서비스를 창출하기 위한 재료비, 노무비나 기타 경비 등의 매출원가를 차감하면 매출총이익이 계산된다. 이 매출총이익에서 판매비와 일반관리비를 차감하면 영업이익이, 여기에 수입이자나 지급이자 등의 영업외 수익과 영업외 비용을 각각 가감하면 경상이익이 산출된다.

부동산 매각 등 영업과 전혀 무관하게 발생한 특별이익이나 특별손실을 가감하는 경우 법인세 공제전 순이익이 산출되며 여기에 법인세 등을 공제하면 최종적으로 당기순이익이 산출된다.

이렇게 기업의 손익계산을 기업활동의 성격에 따라 각각 구분하여 산출하면 기업 정보이용자들에게 의사결정에 필요한 정보를 제공하게 된다는 장점이 있다.

예로서 호프집의 경우 여주인의 급여는 판매비와 일반관리비에 기록되는데 비해 현장에서 일하는 A번 종업원의 임금은 매출원가에 삽입될 것이다. 카페의 영업성과 분석에서 어느 부문에서 운영상의 문제가 있는지를 살펴볼 때 이러

그림 16-3 손익계산서

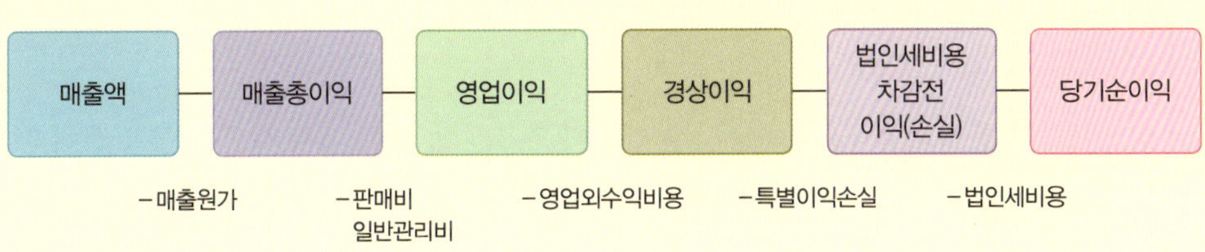

한 구분 표시된 손익계산서는 의사결정에 유용한 정보를 제공한다.

재무제표의 중요성과 보는 법이 다소 딱딱하고 기술적으로 치중된 감이 없지 않으나, 재무제표에 대한 이해가 충분하지 못하다면 경영자는 주요 의사결정을 올바르게 할 수 없음을 새삼 강조하고자 한다.

3.3 재무제표의 분석

기업의 경영실적은 재무제표에 나타나는데 이들을 평가하기 위해서는 일정한 평가기준이 필요하다. 이러한 기준에는 일반적으로 비율이 사용된다. 기업의 재무상태나 영업성과 등을 이러한 비율로 나타내면 기업의 과거나 현재상태를 구체적으로 파악할 수 있고, 미래에 대한 개선방향을 제시해 줄 수도 있다.

기업의 재무성과 분석을 내용면에서 여러 가지 비율로 나타낼 수 있으나 여기서는 다음의 일곱 가지로 구분하였다.

단기채무의 지급능력을 측정하는 유동성비율, 기업의 타인자본 의존도를 측정하는 레버리지비율(부채비율), 조달된 자본이 기업의 자산에 얼마나 적절히 배분되고 있는가를 측정하는 안정성비율(고정비율), 자산의 물리적인 이용도를 측정하는 활동성비율(매출채권회전율), 기업의 수익성을 측정하는 수익성비율(총자본이익률), 기업이 생산활동에 사용하고 있는 인적·물적 자원의 능률 및 업적을 평가하는 생산성비율(자본생산성), 증권시장에서 주식가치와 관련된 시장가치비율(주가수익비율) 등이다.

이러한 분석내용을 토대로 과거와 현재를 비교하여 기업의 경영상태가 어떻게 변화했는지를 파악할 수 있다. 또는 해당 기업의 재무비율과 그 기업이 속한 산업의 평균비율이나 경쟁기업의 비율을 비교함으로써 상대적인 재무상태를 평가할 수도 있다.

유동성비율(current ratio)은 대차대조표상에 있는 유동자산을 유동부채로 나누어 퍼센트로 표시한 것으로, 기업의 단기부채의 지급능력을 측정하는데 이용되는 대표적인 비율이다. 일반적으로 200% 이상이면 단기부채의 지급능력이 높다고 할 수 있다.

$$유동비율 = \frac{유동자산}{유동부채} \times 100$$

부채비율(debt ratio)은 자기자본의 부채총액에 대한 퍼센트이다. 보통 기업에 있어서의 차입자본은 자기자본액을 한도로 해야 한다. 부채비율을 타인자본에 대한 안전도를 측정하는 데 이용된다. 부채비율은 일반적으로 100% 이하를 표준비율로 보므로 채권자의 입장에서 보면 낮을수록 채권회수의 안정성이 높으므로 좋다.

$$부채비율 = \frac{부채총액}{자기자본} \times 100$$

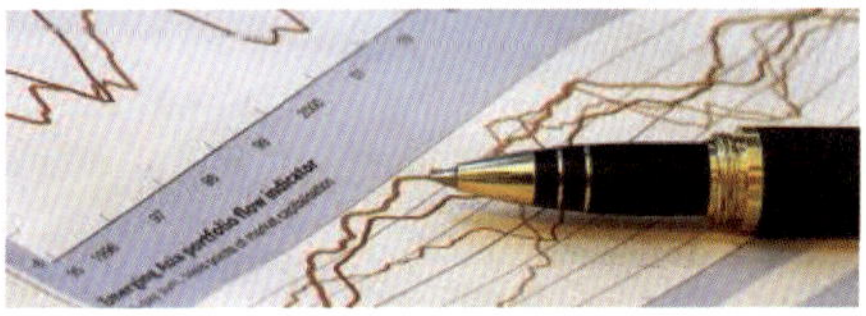

고정비율(fixed ratio)은 조달된 자본을 고정자산에 얼마나 안정적으로 배분하고 있는가를 나타내는 비율이다. 조달된 자본을 유동자산과 고정자산에 합리적으로 배분한다는 것은 자본의 효율적 이용이라는 관점에서뿐만 아니라 기업의 지급능력을 유지한다는 측면에서도 중요하다. 즉 고정비율은 기업자본의 고정화 정도를 측정하는데 이용되며, 일반적인 기준은 100%이다. 고정비율이 지나치게 높다는 것은 고정자산에 과대한 투자를 한 것을 말한다.

$$고정비율 = \frac{고정자산}{자기자본} \times 100$$

매출채권회전율(receivables turnover)은 매출액과 외상매출어음, 받을어음 등 매출채권과의 비율을 말한다. 이 비율은 높을수록 자금의 회전이 빠른 것을 뜻한다.

$$매출채권회전율 = \frac{매출액}{매출채권}$$

총자본이익률(ratio of net income to total assets)은 순이익을 총자본(또는 총자산)으로 나누어 계산한 비율로, 총자본에 대한 수익성을 측정하는 데 이용된다. 이 비율은 총투자액은 대차대조표의 총자산의 금액과 같기 때문에 투자수익률(ROI · return on investment)이라고도 하며, 기업의 목표를 투자수익률로 보고 이를 결정하는 재무요인을 체계적으로 관찰하며, 문제가 있는 재무요인을 중점적으로 통제하는 방법이다.

$$\text{총자본이익률} = \frac{\text{순이익}}{\text{총자본}} \times 100 = \text{매출액순이익률} \times \text{총자본회전율}$$

자본생산성(productivity of capital)은 기업에 투하한 총자본이 1년 동안에 얼마만큼의 부가가치액을 산출하였는가를 나타내는 비율로 총자본투자효율이라고도 한다. 이 비율이 높다는 것은 총자본이 효율적으로 운영되었음을 말하는데, 이 비율이 높게 유지되면 노동생산성(부가가치/종업원수)이 역시 높아지게 된다.

$$\text{자본생산성} = \frac{\text{부가가치}}{\text{총자본}}$$

주가수익비율(PER · price earnings ratio)은 주식의 시장가치(주가)를 1주당이익(EPS · earnings per share)으로 나누어 구한 배수이다. 이 비율은 1주당이익(보통주 순이익/보통주식 수)의 몇 배가 주식가격으로 형성되어 있는가를 보여주고 있다. 이 주가수익의 비율은 크면 클수록 그만큼 기업의 이익수준에 비해 주식의 시장가격이 높은 것을 뜻하며, 작으면 작을수록 주식의 이익수준에 비해 주식가격이 상대적으로 낮다는 것을 의미하므로 투자자에게 매력적이라고 할 수 있다.

$$\text{주가수익비율}(PER) = \frac{\text{주가}}{\text{주당이익}(EPS)}$$

재테크 10계명

① 저축부터 하고 남는 돈을 써라=샐러리맨은 언제나 돈이 모자란다. 그래서 쓰고 남는 돈을 모아 목돈을 만든다는 계획은 영원히 이뤄질 수 없다. 봉급을 받으면 일단 저축하고 보자.

② 모으는 기간은 짧게, 굴리는 기간은 길게=재테크의 초기단계는 「종자돈」을 만드는 것. 그러나 한꺼번에 너무 많이 모으려 욕심을 부리면 손해다. 목돈을 만드는 기간은 3년이면 충분하다.

③ 정보가 곧 돈이다=목돈을 만든 다음엔 정보수집에 나선다. 투자기간이나 금액에 따라 최고의 수익을 내는 상품이 분명히 있다.

④ 절세상품을 최대한 활용하라=소득이 있는 곳엔 반드시 세금이 따라 붙게 마련. 금융상품을 선택할 때는 항상 세후 수익을 비교해야 한다. 비과세 상품과 세금우대 상품을 눈여겨보자.

⑤ 단리보다는 복리를=같은 이자율이라도 단리와 복리는 차이가 많다. 예를 들어 12% 단리는 3년간 36%이지만 월 복리는 40.5%나 된다.

⑥ 돈을 빌리는 것도 재테크=부동산 교육 사업 등과 같이 앞으로 가치가 올라 갈 수 있는 자산에 투자할 경우에는 빚을 내는 것이 유효할 때가 많다. 내 집 마련 자금의 경우 이자부담을 겁내어 시기를 놓치면 평생 전세살이를 면하기 어렵다.

⑦ 주거래은행을 만들어라=각종 수수료의 면제 또는 감면뿐 아니라 대출을 받을 때도 주거래 고객에 대한 특혜가 많다. 주거래 고객이 되려면 거래기간이나 실적도 중요하지만 급여이체 공과금납부 등 부수거래도 한 곳으로 모으는 것이 좋다.

⑧ 일확천금을 노리는 투자는 금물=요행수를 바라는 것은 재테크가 아니다. 쉽게 벌 수 있는 곳에는 항상 위험이 도사리고 있다. 고수익자산인 부동산과 주식은 그만큼 위험도 크기 때문에 적절히 분산투자하는 것이 좋다.

⑨ 수시로 평가관리를 하라=재테크도 부지런한 사람이 성공한다. 투자상품을 점검하고 새로운 상품과 비교를 통해 교체하는 것도 필요하다.

⑩ 경제흐름을 잘 읽어라=세상물정을 모르면 돈을 벌 수 없다. 최근의 금융상품들은 금리변동에 영향을 많이 받는다. 따라서 금리의 움직임을 잘 알면 돈을 벌 수 있다. 경기전망 환율변동 등도 유심히 관찰해야 한다.

Chapter 17

지식경영

빠르게 변화하는 세상 속에서 조직과 인간은 어떻게 변화해야 할까? 효과적인 변화를 위해서는 조직과 인간이 함께 변화해야 한다. 그렇다면 이런 효과적인 변화를 위해 어떠한 준비를 해야 할까? 21세기는 네트워크로 연결된 세계, 즉 모든 것이 연결되고 모든 정보와 지식이 공유되는 사회이다. 이러한 21세기의 전환점에 있어 세계경제는 조직형태의 변화, 가상기업의 생성, 글로벌 경쟁의 심화, 제품 수명주기의 단축, 고객 중심의 산업과 시장의 출현, 지식근로자의 탄생 등 엄청난 변화를 경험하고 있다. 이런 지식기반 경제하에서 필요한 경영은 어떤 형태를 갖추어야 하는지 알아보도록 하자.
이번 장에서는 지식의 개념을 포함한 지식경영의 개요와 지식경영활동의 전반적인 내용을 설명하고자 한다.

제 1 절

지식경영의 개요

1.1 지식의 정의와 분류

1.1.1 지식의 정의

Peter Drucker는 지식이 경제의 가장 중요한 자원이고 지배적인 경쟁우위의 요소가 된다고 하였다. 그리고 과거 농업시대에서 현재의 지식기반 경제시대까지 부의 원천은 토지→노동→자본→지식으로 변환되었다. 그렇다면 과연 지식은 무엇인가?

플라톤은 지식을 '입증된 진실'이라고 정의하고 있으며, 옥스퍼드 사전은 지식을 '사건, 사물, 상황, 경험에 의해 이해된 사실 혹은 연구에 의해 얻은 정보'라고 정의한다. 그러나 지식은 정보와 구별되며, 가치와 암묵성의 정도에 따라 〈그림 17-1〉과 같은 계층적 구조로 표현될 수 있다.

그림 17-1 지식의 계층적 구조

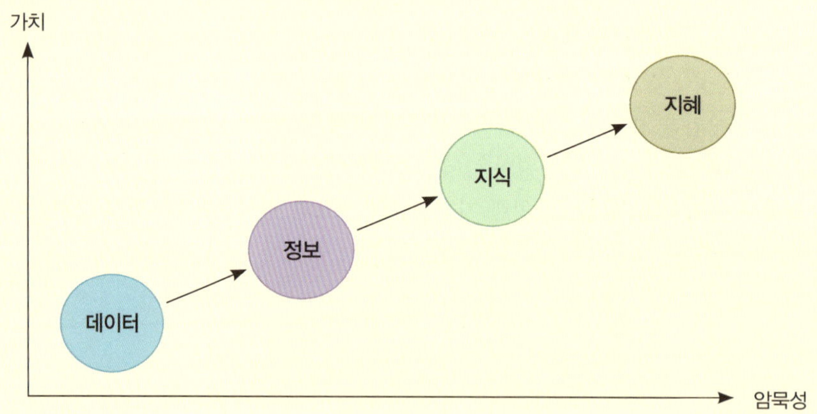

(1) 데이터(Data)

데이터는 사건과 상황을 설명하고 분석하기 위한 문자, 숫자, 시호들의 가공되지 않은 단순한 나열이다. 즉, 특정한 목적을 위해 작성될 정보를 위한 사실에 불과하다. 그러므로 데이터는 누구나 인식할 수 있으며 지식계층의 구조에서 가장 낮은 가치를 가진다.

예 대한민국의 스마트폰 사용자 수

(2) 정보(Information)

정보는 사용자가 특정한 목적을 가지고 데이터를 가공하여 부가적 의미를 창출해 내는 것이다. 그리고 가공된 정보는 문제해결을 위해 사용한다.

예 스마트폰 마케팅전략 수립을 위해 연령대별 스마트폰 사용자 수와 브랜드 분석

(3) 지식(Knowledge)

지식은 목적을 가진 사용자가 정보를 활용하여 자신의 신념, 경험, 의도 등을 반영하여 정황에 적합한 행동기준으로 변환시킨 것을 의미한다. 그러므로 지식은 정보보다 높은 가치를 지니고, 사용자의 주관성이 내재되어 있어 표준화하는 것에 어려움이 있다.

예 젊은 층의 G사 스마트폰의 높은 선호도에 따라, 경쟁사 L사도 젊은 층의 고객들을 사로잡기 위해 디자인, 콘텐츠 개발, 서비스 향상 등, 다양한 마케팅전략을 수립하여 실천

(4) 지혜

지혜는 지식을 통해 원리를 깨달음으로써 계속하여 응용하는 것을 의미한다(Tobin, 1998). 즉, 복잡하고 불확실한 상황에 대해 기존의 축적된 지식을 토대로 합리적인 의사결정을 내릴 수 있는 능력을 의미한다. 그러므로 지혜는 지식의 계층구조에서 가장 높은 가치와 암묵성을 지니고 있다.

예 L사의 마케팅 성공전략을 토대로, 국내와 비슷한 상황에 처해 있는 해외시장을 공략

그러므로 지식은 데이터를 목적에 따라 가공하여, 사용자가 처해 있는 상황에 적합하게 사용하는 것을 의미한다. 그리고 높은 수준의 지식축적은 사용자의 개인적 경험과 지혜이기 때문에 타인의 모방이 어려우며, 결국 개인, 조직, 그리고 국가의 경쟁력이 될 수 있다.

1.1.2 지식의 분류

지식의 다양한 관점과 같이 지식의 분류 또한 많다. 그러나 본 교재에서는 많이 알려져 있는 지식의 표현방식에 따른 분류에 대해 설명하고자 한다.

Nonaka와 Takeuchi는 그들의 저서 〈*The knowledge Creating Company*〉(1995)에서 지식을 암묵지와 형식지로 분류하여 설명하였다. 암묵적 지식의 표현은 Polanyi에 의해 처음 소개되었다. 그러나 그의 이론은 주목받지 못하였고, 오히려 Nonaka의 조직 지식창조와 지식경영을 통해 널리 알려지게 되었다.

(1) 형식지(Explicit Knowledge)

형식지(Explicit Knowledge)는 명시적 지식으로 표현되기도 하는데, 언어로 전달이 가능한 객관적인 지식을 의미한다. 그러므로 형식화되어 있는 지식을 개인 간 또는 조직 간에 상호전달하는 것이 쉽다. 예를 들면, 제품에 대한 사용설명서, 수학문제를 풀기 위한 여러 가지 공식, 컴퓨터의 프로그램 등과 같이 언어와 문장으로 서술되어 있는 지식이다.

(2) 암묵지(Tacit Knowledge)

암묵지(Tacit Knowledge)는 경험에 기반한 언어로, 체계화되어 있지 않은 주관적인 지식이기 때문에 타인에게 전달하고 공유하는 것이 어렵다. 예를 들면, 기업의 조직문화, 요리전문가의 손맛, 장인의 숙련된 솜씨 등 경험을 통해 체득되어지고 언어와 문장으로 표현하기 어려운 지식이다.

개인들은 많은 암묵지를 가지고 있으며, 이를 형식지로 전환해야 개인 간, 조직 간에 공유가 쉽게 이루어진다. 또한 조직 내의 암묵지가 형식지로 변환되는 반복과정은 새로운 지식의 창출로 이어지게 된다. 그러나 지식창출의 과정은 개인의 암묵지로부터 출발하기 때문에 조직 내에 공유하는 것은 어렵다.

암묵지의 활용

일본 쓰나미가 일어나는 순간, 지진 근원지 부근에서 조업 중이던 일본 어부 몇 명이 그들 특유의 경험과 감각으로 지진과 쓰나미를 미리 인지한다.

그때 이들은 당황하지 않고 선조들이 전해준 생활의 교훈을 떠올렸다. '지진과 쓰나미가 일어나면 육지가 아닌 근원지 쪽으로 배를 돌려 돌진하라!' 빠르게 이를 행한 그들은 몇 번의 심한 격동을 겪었지만 결국 모두 무사했다고 한다. 주식의 고수들에게 어떤 가이드라인으로 투자를 하느냐고 물어보았다. 여러 분석 자료나 주위 정보를 기반으로 하지만 결정적인 순간에는 오랜 투자생활에서 시행착오를 통해 터득한 자신만의 '필살기'에 의지한다고 한다.

음식점에 가면 똑같은 재료로 만든 음식이라도 어떤 집은 맛이 일품인데, 어떤 집은 짜고 맵다. 어떻게 다른 것인가 물어보면 심플하게 주인장의 손맛 차이라고 한다.

이와 같이 오랜 기간 축적된 경험, 관점, 신념 등 언어로 표현하기 어려운 주관적이고 개인적인 지식을 암묵지(暗默知 · Tacit Knowledge)라고 한다. 매뉴얼과 같이 언어, 문장으로 표현할 수 있는 객관적이고 이성적인 지식인 형식지(形式知 · Explicit Knowledge)에 비해 결정적인 순간에는 암묵지가 훨씬 더 긴요한 역할을 한다.

그런데 이러한 암묵지는 대충 형성되는 것이 아니다. 그것은 형식적인 흉내로는 절대 나올 수 없다. 문제의 본질에 접근해서 적극 해결하는 고통의 과정을 헤쳐 나가면, 그 와중에 유레카처럼 떠오르는 것이다.

문제를 회피하지 않고 정면으로 맞서 집착하다 보면 아주 작은 해결책 하나로 상황이 반전되곤 한다. 엘리베이터에 거울을 달아 늦은 속도에 대한 불만을 해결하고, 화장실 남자 변기에 파리 그림을 그려 주위가 지저분해지는 것을 막는다든지 하는 것이 좋은 예다.

형식지가 일견 명확하고 딱딱하며 디지털적이라면 암묵지는 두루뭉술하지만 따뜻하고 아날로그적이다.

출처: 매경춘추, 2011년 4월 권용원 키움증권 사장의 원고.

1.2 지식경영의 정의

지식기반 경제사회에서 지식은 토지, 자본, 그리고 노동에 비해 더 많은 가치를 창출한다. 지식은 개인과 조직 내에 존재하며 특히 언어와 글로 표현하기 어려운 개인의 암묵지가 조직 내에 형식화되는 지식창조 과정이 매우 중요하다.

지난 20년 동안 많은 기업은 지식의 높은 부가가치와 경쟁력의 원천인 개인

인천공항의 지식경영 성공사례

지식 수출 첨병으로 거듭나다. 한국의 관문인 인천공항은 이제 더 이상 '공항'에 머무르지 않는다. 단순히 효율적인 공항관리 업무에 집중하는 데 그치지 않고 공항 건설·운영 지식을 수출하는 등 새로운 수익 기반을 창출하고 있다. 인천국제공항공사는 올해 초부터 이라크 아르빌 공항에 직원 20여 명을 파견해 아르빌 공항 운영을 전담하고 있다. 5년간 컨설팅 비용으로 3,150만 달러(약 380억원)를 받는다. 러시아 하바롭스크 공항이나 예멘 공항 등에도 공항 운영 노하우 등 '지식 수출'을 추진 중이다.

이들뿐만 아니다. 세계 공항서비스 평가(ASQ)에서 4연패 위업을 달성할 정도로 뛰어난 명품 지식을 보유하고 있는 인천공항에서 한 수 배우기 위해 전 세계 공항 관계자들이 잇달아 인천공항을 찾고 있다. 중국, 몽골, 필리핀, 베트남, 남아프리카공화국 등 각국 공항 관계자들은 물론 경쟁자인 싱가포르 창이공항, 영국 히스로 공항, 일본 나리타 공항 직원들까지 앞다퉈 인천공항을 찾아와 한 수 배우고 갔다. 1999년 공사를 설립하고 창이 공항이나 홍콩 첵랍콕 공항에서 공항 운영 노하우를 배우던 때를 생각하면 그야말로 격세지감이다.

인천공항이 이처럼 전 세계 공항들의 벤치마킹 대상이 된 것은 바로 부단히 축적해 놓은 지식 덕분이다. 인천공항 직원들이 그동안 축적한 지식경영 데이터베이스(DB)만 무려 440만 건에 달한다. 모든 업무를 표준화해 규정 70여 건과 운영 매뉴얼 181건으로 만들었다. ASQ 공항서비스를 평가할 때 주요 항목인 여객서비스·보안검색·출입국·세관·환전 등 35개 분야별로 핵심 노하우를 취합해 '명품 매뉴얼'을 발간했다. 특히 업무 관련 동영상을 50여 개 제작해 직원들이 쉽게 이해할 수 있도록 조치했다. 특히 직무 전문가 40여 명, 지식경영(KM) 리더 70여 명, CoP 48개는 인천공항 지식경영의 버팀목이다.

인천공항공사는 젊은 조직이다. 공사 직원 평균 연령대가 37세다. 인터넷에 익숙한 이들 젊은 직원이 자발적으로 참여하도록 하기 위해 '와이즈 스타'를 구축하고 웹에 기반한 지식경영을 강화했다. 와이즈 스타는 재무·회계·인사 등 29개 경영정보시스템과 도면정보·건설관리·전자결제·고객 목소리(VOC) 등을 한곳에 모은 인천공항공사 지식경영 포털 사이트다. 외국 출장을 다녀온 직원들은 곧바로 외국 공항 장단점을 분석한 사이버 출장보고서를 만들어 와이즈 스타에 올리고 이를 다른 직원들과 공유한다.

인천공항공사 지식경영 활동은 국내 직원과 국내 자료에만 국한되지 않는다. 외국 자료도 꼼꼼하게 와이즈 스타에 축적하고 있다. 대표적인 것이 이라크 아르빌 지사에 파견된 직원들이 주축이 돼 활동하고 있는 '아르빌 CoP(Community of Practice·학습동아리)' 활동 내용이다. 아르빌 CoP는 인천공항이 이라크 아르빌 신공항 운영 컨설팅을 수주하고 지난 4월 지사를 설립하면서 생겨났다.

이 CoP를 만든 목적은 뚜렷하다. 인천공항이 새로운 성장동력으로 삼고 있는 외국 공항 컨설팅 사업에 필요한 노하우를 체계적으로 쌓기 위해서다. 5년 뒤 아르빌 사업이 종료되면 아르빌 CoP가 만든 '지식 패키지'는 고스란히 인천공항의 또 다른 지적 자산이 될 것이다. 국내에서 아르빌 CoP활동을 보조하고 있는 인천국제공항공사 해외사업운영팀 양행진 대리는 "매일 와이즈 스타에 접속하는 일로 하루 업무를 시작한다"며 "CoP가 본사와 현장을 연결하는 가교역을 하고 있다. 축적된 지식이 다른 국외사업 세일즈에도 큰 도움이 될 것"이라고 기대했다.

GE코리아 회장을 지내다 지난해부터 인천공항을 이끌고 있는 이채욱 사장도 "정보를 공유하지 않는 것은 회사 재산을 개인 계좌에 넣어 두는 것과 마찬가지"라며 정보 공유에 대한 중요성을 수시로 강조한다. 인천국제공항공사가 제11회 매일경제·부즈&컴퍼니 지식경영대상 우수상을 수상한 데는 1999년 기관 설립 이래 공항 건설과 운영에 관한 모든 관련 지식을 체계적으로 축적해 이를 실적으로 연결한 점을 높이 평가받았기 때문이다.

지식경영을 기반으로 인천공항은 현재 국제 여객수송 세계 12위, 국제 화물수송 2위이자 169개 도시에 항공노선을 구축한 초대형 국제공항으로 성장했다. 올해 상반기 인천공항을 다녀간 여행자는 1,357만여 명에 달했고 화물 수송 규모는 105만 t 을 넘어섰다. 또 개항 4년 만인 2004년부터 매년 1,000억원 이상 흑자를 실현하고 있다. 지난해 매출액은 1조726억원, 영업이익은 1,533억원이었다.

이 사장은 "인천공항에는 19개 정부기관은 물론 570여 개 상업시설과 물류업체가 입주해 있다"며 "앞으로 이들과 범공항 지식생태계를 구축하는 것이 목표"라고 전했다.

출처: 매일경제신문, 2009.12.

과 조직의 지식을 활용하기 위해 지식경영에 관심을 가지고, 지식경영시스템 도입을 통한 체계적인 지식경영전략부터 단순한 데이터와 정보관리까지 다양하게 실천하고 있다.

지식경영에 대한 정의를 살펴보면, Prusak(1997)는 개인의 지식을 인식하여 조직의 지식으로 확대하여 조직원들의 의사결정에 활용될 수 있는 일련의 프로세스로 정의하였으며, Nonaka와 Takeuchi(1995)는 새로운 지식을 창조하여 이를 전 조직으로 확산시키고 이것을 다시 상품과 서비스로 구체화하는 프로세스로 정의하였다. 그리고 이호성·김진봉(2001)은 기업이 지닌 지적 자산을 최대한 활용하여 기업이 생산해 내는 상품과 서비스의 부가가치를 높이고 궁극적으로 기업이 경쟁우위를 확보하도록 하는 것으로 정의하였다. 지식경영에 대한 이들의 주장은 개인의 지식을 조직 내에 확대·적용하여 기업의 경쟁력을 향상시키는 활동으로 요약할 수 있다.

그러나 정보기술의 발달, 스마트폰 사용률의 증가, 블로그, 트위터, 페이스북 등과 같은 소셜 웹의 등장은 외부지식의 중요성을 더욱 강조시키고 있다. 따라서 지식경영의 범위를 조직의 내부에서 외부까지 확대하여 정의할 필요가 있다. 이에 지식경영은 정보기술을 통해 기업의 내·외부적인 지식을 획득하고 이를 조직 내의 구성원들에게 공유시켜 부가가치를 창출할 수 있도록 관리하는 활동으로 재정의할 수 있다.

1.3 지식경영의 필요성

기업이 지속적인 경영성과를 가져오기 위해서는 환경의 변화에 적합한 경영활동이 필요하다. 무형자원인 지식이 많은 가치를 창출하는 시대에서는 지식을 효율적으로 관리할 수 있는 지식경영활동이 필요하다. 다음의 내용은 지식경영이 왜 필요한지 그 이유를 더욱 구체적으로 설명하고 있다.

1.3.1 지속적 경쟁우위

국내·외의 정치와 사회의 불안정, 정보기술의 급속한 발달, 시장에서의 고객파워 증가, 기술의 융·복합화로 인한 기업 간의 경쟁 심화 등 기업의 경영환경은 불안정하다. 지식은 경쟁사보다 앞선 혁신적 기술을 제시할 수 있으며, 상황에 대한 노련한 분석을 통해 대처방안을 제시할 수 있다. 그리고 조직내·외부의 지식을 개인과 조직이 보유할 때 조직역량이 강화되어 기업은 경쟁력을 가지게 된다.

1.3.2 정보통신기술의 발달

정보통신기술은 지식생성과 확산에 촉매제 역할을 한다. 스마트폰과 소셜웹의 사용 증가는 개인과 조직 간의 데이터의 저장 및 교환 그리고 커뮤니케이션을 활발하게 하여 저비용으로 지식을 폭넓게 사용하도록 한다. 그러나 데이터, 정보, 그리고 지식은 사용자의 상황과 의도에 따라 달리 해석되어 사용될 수 있기 때문에, 반드시 지식전문가의 분석과 평가가 필요하다. 조직의 왜곡된 정보사용은 기업성과에 악영향을 미친다. 그러므로 기업의 목적에 적합한 정보와 지식을 획득하여 사용할 수 있도록 관리가 필요하다.

지식생산성의 가치

KT 혜화지사에 근무하는 김중수 과장은 지난해 말 사내 제안 온라인 사이트 '아이디어 위키'에 디도스(분산서비스거부) 공격을 차단할 수 있는 시스템(터널링 연동 구간 변경)을 올렸다.

기업 지식생산성 향상 추진 사례

회사	사이트	내용 및 효과
KT	아이디어 위키	신사업 발굴, 업무 개선
삼성	싱글	사내 연락망 넘어 지식 공유로 발전
웅진	상상오션	신제품 개발 기간 10% 단축
포스코	포스피아 3.0	도제식 공장 업무 시스템화 추진
LG CNS	이름 공모 중	U-바이크 사업 성공, 확대 중

이 아이디어는 사이트에서 사내 전문가들의 1·2차 심사를 거쳐 채택돼 사내 디도스 대응시스템에 적용됐고 김 과장은 상금 2,000만원을 받았다.

김 과장의 아이디어는 최근 디도스 공격 때 더 빛을 봤다. 디도스 발생 시 공격 트래픽을 차단하고 정상 트래픽은 소통시킬 수 있었던 것이다. KT는 김 과장의 아이디어로 예산 34억7,000만원을 절감하게 됐다고 평가했다.

삼성그룹, 웅진그룹, 포스코, KT, LG CNS 등 국내 대기업들이 임직원의 '지식생산성'을 높이는 데 팔을 걷어붙이고 있다.

지식생산성이란 사내 임직원들이 업무에서 얻은 정보(암묵지)를 체계적으로 정리하고 공유해 생산성을 끌어올린다는 개념이다. 노동생산성이 근로자 1인이 일정 기간에 산출하는 생산량 또는 부가가치를 나타낸다면 지식생산성은 업무를 통해 얻은 지식을 통해 나타내는 부가가치를 뜻한다.

이 분야에서 가장 앞선 기업은 KT다. 이석채 회장이 취임하자마자 만든 '아이디어 위키'는 이 회장의 야심작이기도 하다. 지난해 이 사이트를 통해 2만6,000여 건이 제안됐고 제안자만 6,000여 명에 달했다. 1인당 평균 4건을 제안한 셈.

이 회장은 사내 제안시스템이 아이디어 제안에만 그칠 수밖에 없다는 점을 알고 상금 3,000만원을 내걸어 콘테스트를 실시해 경쟁을 붙였다. 결국 아이디어에 대한 직원들 관심도를 끌어올리고 스토리를 만들어 사내 아이디어 스타를 만들었다.

정준양 포스코 회장이 "올해는 지식생산성의 해다. 모든 근로자를 지식근로자로 육성하라"고 선언할 정도로 포스코도 지식생산성 끌어올리기에 올인하고 있다.

포스코의 임직원들이 작성한 문서를 데이터베이스화하는 시스템을 만들고 공장 근로자는 체화된 지식을 문서로 만들어 동료나 후임자도 공유할 수 있도록 했다.

전사통합시스템 '포스피아3.0'을 통해 재무·구매·마케팅 등의 경영관리 프로세스, 조업관리 프로세스, 스마트 워크플레이스, 글로벌 정보공유체계구축 등 일하는 방식을 혁신하고 있다. 각종 공정 개선 아이디어를 실무에 즉시 적용하는 방식을 통해 2조원의 원가를 절감하는 것이 목표다.

정 회장은 최근 신입사원과 대화하면서 "매일 반복되는 업무는 실제로는 일이 아니다. 관성적 일에서 벗어나 자신이 시스템과 표준을 개선해 효율을 높여야 한다"고 당부하기도 했다.

출처: 매일경제, 2011.3.15.

1.3.3 지식생산성의 인식강화

지식이 부의 원천이며, 기업의 지속적 경쟁력을 위한 도구라는 것은 의심의 여지가 없다. 그러나 어떤 지식을 어떻게 사용해야 할 것인가가 문제이다. 왜냐면 정보통신 기술의 발달로 정보를 포함한 많은 지식들이 쏟아져 나오고 있기 때문이다. 지식이 존재하는 것만으로는 차별화된 제품의 생산, 고객 니즈의 만족, 그리고 혁신적인 제품을 개발할 수 없다. 조직구성원 간의 지속적인 학습을 통해 전문성을 갖추고 새로운 지식과의 융합을 통해 가치 있는 제품과 서비스를 생산해야 한다. 즉, 획득하고 공유한 지식이 업무를 개선, 생산비용의 절감 그리고 제품의 매출액 증대 등과 같이 경영활동에 직접적인 영향을 미쳐야 한다는 것이다.

제 2 절

지식경영활동

2.1 지식경영 프로세스

기업에서 개인과 조직 간의 지식획득과 공유는 궁극적으로 가치를 생산하기 위해 관리되어진다. 즉, 가치 있는 지식은 제품과 서비스에 결합되어 고객의 구매력을 자극시키고 기업의 매출액을 증대시킨다. 이를 위해 지식경영활동은 네 단계로 구성되어지는데, 지식창조, 지식저장, 지식공유, 그리고 지식활용이다.

2.1.1 지식창조

Nonaka는 지식의 생성은 항상 개인에서 시작되고, 이를 조직 전체에 가치 있는 지식으로 변환해야 한다고 주장하였다. 또한 개인의 암묵지가 조직 내에 공유되는 반복적인 과정을 지식창조이론으로 제시하였다.

그림 17-2 Nonaka의 지식창조모델

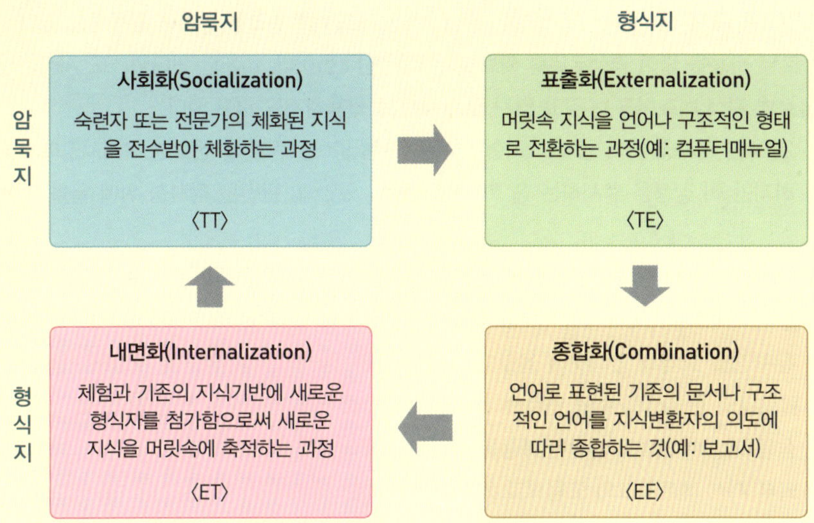

(1) 암묵지에서 암묵지로의 전환(TT)→사회화(Socialization)

특정 개인 또는 집단이 주로 훈련(training)을 통해 경험을 공유하고 노하우 또는 암묵지를 전수함으로써 새로운 암묵지를 창조하는 프로세스

(2) 암묵지에서 형식지로의 전환(TE)→표출화(Externalization)

개인이나 집단의 암묵지가 공유되거나 통합되어 새로운 형식지가 만들어지는 프로세스

(3) 형식지에서 형식지로의 전환(EE)→종합화(Combination)

개인이나 집단이 개별적인 형식지를 조합시켜 새로운 형식지를 창조하는 프로세스

(4) 형식지에서 암묵지로의 전환(ET)→내면화(Internalization)

새로운 제품사양이나 문서가 조직 내에서 공유되는 과정을 통해 암묵지가 창조되는 프로세스

혁신하려면 회사 밖 지식과도 소통해라

많은 기업들은 세계적인 판매망과 발달된 공급 사슬, 제조 네트워크를 구축해 활용하고 있다.

이들은 모두 비용을 줄여 경쟁우위를 확보하기 위한 전략들이다. 하지만 안타깝게도 지식혁신에 필수적인 '글로벌 지식 네트워크'는 갖고 있지 않고 제대로 활용하지도 않고 있다.

P&G는 2004년 감자칩 위에 글자가 적힌 신상품 '프링글스 프린트'를 선보여 북미시장에서 대박을 터트렸다. 하지만 이 상품을 출시하는 데 커다란 난관이 있었다. 관건은 감자칩 위에 글을 적는 일이었다.

고온에다 습기가 많은 감자칩 반죽이라 글자를 넣기 어려웠기 때문이다. P&G는 해법을 찾기 위해 외부 글로벌 지식네트워크의 도움을 받기로 했다.

P&G는 문제점을 요약해 인터넷에 올렸고 그러자 수년 전부터 식용 잉크를 개발해 사용하고 있던 이탈리아 볼로냐의 한 대학교수와 연결됐다. P&G는 이 교수가 제공해준 핵심지식으로 '글자가 적힌 감자칩'을 상용화할 수 있었고 개발된 제품은 황금알을 낳아줬다.

회사는 외부 지식 네트워크의 도움으로 2년 넘게 걸리던 제품개발 기간을 1년으로 단축할 수 있었다. P&G는 2003년 기업전략의 일부로 '열린 혁신'을 채택한다.

이 회사가 내건 전략은 R&D가 아닌 C&D(Connect & Development) 전략, 즉 외부 기술과 아이디어를 회사 제품 개발로 연결하는 '연결·개발' 전략이었다.

2000년 최고 경영자가 된 앨런 래플리 P&G 회장은 내부 R&D투자를 무한정 확대함으로써 성장 목표를 달성하는 데는 한계가 있다는 판단을 내리고 신제품 중 50%는 사내 R&D활동을 통해, 나머지 50%는 외부 지식네트워크를 활용해 개발하기로 결정한다. 이렇게 해서 2년 만에 외부 아이디어와 기술로 200개 품목이 태어났다. 이는 전체 신상품 중 35%에 해당한다.

P&G 사내 R&D인력은 7,500명. 하지만 P&G는 사내 연구원만큼 실력을 갖춘 외부 글로벌 연구자 150만 명과 공급업체에서 일하는 연구원 5만 명을 활용해 제품개발을 하는 'C&D전략'을 펴고 있다.

신지식경영 시대에 기업들은 외부 기술과 아이디어, 지식을 활용해 혁신을 이끌어내는 '열린 혁신'의 주역이 돼야 한다.

'C&D전략'은 일종의 개방형 신기술, 신상품 개발 모델로 외부 기술과 아이디어를 내부 R&D역량과 연결해 새로운 창조물을 만들어 내는 혁신모델이다.

게다가 실패 위험을 줄이면서 적은 비용으로 높은 성과를 얻을 수 있는 장점이 있다.

특히 웹2.0 시대 도래로 글로벌 지식 네트워크를 통해 대학과 기업, 연구소 등에서 도출된 아이디어와 기술을 찾고 활용하는 것이 매우 용이해졌다.

창조형 지식을 통한 혁신은 '글로벌 지식 네트워크'를 얼마나 잘 활용하느냐에 달려 있다는 것이다.

출처: 매일경제, 2007.3.

지식창조활동은 기업의 내부에서뿐만 아니라 외부와의 관계에서도 이루진다. 그리고 이를 활성화하기 위해서는 지식을 공유하려는 조직문화가 형성되어야 하며, 지식의 활용을 위해서는 개인과 조직의 지속적인 학습이 필요하다.

2.1.2 지식의 공유

지식공유(Knowledge Sharing)는 조직구성원 상호간에 지식을 교환하는 모든 활동을 의미한다. 그리고 지식공유는 지식의 획득과 활용을 위한 기반으로 많은 지식의 공유는 유용하고 가치 있는 양질의 지식을 생산할 수 있다.

정보의 기술을 통해 지식공유를 원활하게 할 수는 있지만, 개인의 암묵지는 형식화가 어렵고 자발적인 참여가 없으면 공유가 어렵다. 그러므로 지식공유를 활성화하기 위해서는 민주적이고 열린 조직문화가 조성되어야 한다.

아이디어의 개방적 공유

아이디어는 많으면 많을수록 좋을 것이다. 그런데, 이것이 집단 지성으로 효과를 보기 위해서는 보다 적극적이고 개방적으로 아이디어들이 공유될 수 있게 해야 한다.

피앤지(P&G)社의 경우를 보자. 회사는 전 세계 9개국에 흩어져 있는 R&D 센터직원 7,500여 명이 업무상의 문제점이나 개선 아이디어를 내부의 웹사이트에 등록하여 공유함으로써 문제 해결에 나서고 있다. 이는 전문적인 지식만을 공유하는 기존의 시스템에서 한 차원 더 업그레이드한 모습이다. 또한, 미국의 마스터카드(Mastercard)社는 보다 적극적인 아이디어 공유의 장을 만들어 집단 지성을 활용하고 있는 회사로 유명하다. 회사는 이를 통해 인재를 길러내는 것으로 잘 알려져 있다. 회사가 2009년에 도입한 '역동적 전략'이라는 프로그램은 전 세계를 7개 네트워크로 나누고, 각 네트워크별로 전문가를 둔 후 해당 지역의 기술 동향, 소비자 행동패턴 등을 직원들이 연구하게 했다. 이 프로그램에 참여한 직원들은 1년에 2번씩 본사 임원들과 함께 모여 지식을 공유하는 자리를 가지게 된다. 그 결과, 회사의 경영진들은 휴대폰을 통한 비용 지불 방식이 소비자들에게 얼마나 각광받고 있는지 경쟁사보다 좀 더 빨리 인식하여 이를 사업 기회로 연결할 수 있었다고 한다.

출처: 김현기(2010), "소통(疏通)에 능한 기업," LGERI 리포트.

어려운 용어를 쉽게 … '한의학 온톨로지 구축'

한국한의학연구원(원장 김기옥)은 어렵고 복잡한 한의학 용어를 사람의 의도대로 컴퓨터가 이해할 수 있는 '한의학 온톨로지'를 구축했다고 21일 밝혔다.

이번에 구축된 온톨로지는 한의대에서 다뤄지는 지식을 대상으로 약재, 처방, 침구경혈, 병증 간의 관계 등 7만여 건에 달하는 정보가 포함돼 있다.

특히 약재의 경우 한국과 중국, 일본 등의 대표적 약재 800여 개에 대한 효능, 치료정보, 독성정보 등이 수록돼 있다.

예를 들어 약재에 흔히 쓰이는 감초를 온톨로지로 활용하면 감초의 동의어, 감초의 화학성분, 감초가 사용되는 처방, 감초의 부작용 등 감초와 연관된 정보를 제공해 준다.

송미경 정보연구센터장은 "한의학 온톨로지 구축으로 한의학 정보를 보다 손쉽게 표준화된 방법으로 이용할 수 있게 됐다"면서 "앞으로 한의학에 관련된 유용한 정보를 표준화하고 세계화하는 데 노력해 나가겠다"고 말했다

출처: 디지털 타임즈, 2010.12.

2.1.3 지식의 저장

지식의 저장활동은 조직의 외·내부에서 획득한 지식을 내부에 축적하여 조직구성원들이 언제든지 사용하도록 지원한다. 저장된 지식을 좀 더 효율적으로 관리하기 위해서 지식관리시스템을 사용하게 된다. 그리고 많은 양의 정보와 진부화된 지식을 검토하고 분류하기 위해 지식전문가 집단의 지원이 필요하다.

2.1.4 지식의 활용

지식경영활동의 궁극적인 목적은 지식의 활용을 통한 부가가치창출에 있다. 그러나 지식을 사용하지 않으면 진부화 되어버리기 때문에 조직구성원들의 지식활용을 적극적으로 권장해야 한다.

2.2 지식경영활동의 성공요인

국내·외 기업들은 지식경영활동이 지속적인 경쟁력을 가져다 준다 하여 실

행하였지만, 많은 기업들이 실패하였다. 이는 지식경영활동을 위해 필요한 요소들을 간과했기 때문이다. 다음은 성공적인 지식경영활동을 위한 몇 가지 요소들에 대해 설명하였다.

2.2.1 전략과의 연계

지식을 창조하여 부가가치를 창출하기까지는 많은 비용과 시간이 필요하다. 그런데 기업의 경영전략과 무관하게 지식경영활동을 하게 된다면 모든 것이 낭비가 된다. 경영전략은 기업의 중·장기적인 목표를 설정하고, 이를 달성하기 위해 활동방향을 제시하고, 내부자원을 적절하게 배분하는 것이다. 그러므로 경영전략과 연계하여 필요한 지식을 획득하여 사용하는 것이 효율적이다. 그리고 무엇보다 경영전략의 최고 의사결정자인 경영자의 적극적인 관심과 예산지원이 뒷받침되어야 한다.

2.2.2 사람중심

지식은 개인으로부터 창조되며, 정보기술을 기반으로 한 상호간의 커뮤니케이션 활동을 통해 공유된다. 그리고 공유된 지식은 가공되어 새로운 암묵지와 형식지를 형성한다. 그러나 지식경영활동 과정에서 개인의 자발적인 의지가 없으면 실행될 수 없다. 개인이 지식을 생성하기 위해서는 비용을 포함한 많은 노력이 들기 때문에, 형식지와 암묵지를 조직이나 다른 개인과 공유할 때는 충분한 신뢰가 형성되어야 한다. 그리고 조직이 개인에게 강압적으로 지식을 공유하도록 강요하더라도, 암묵적인 지식의 경우 개인은 의도적으로 전부가 아닌 일부만을 공유할 수도 있다.

또한 많은 양의 정보와 지식을 관리하기 위해 정보기술을 사용하지만, 사용자에게 어렵게 느껴진다면 최신의 정보기술도 아무런 의미가 없다. 그러므로 지식경영 활동에 사람을 중심을 두고 실천방안들을 마련해야 할 것이다.

2.2.3 학습권장

학습은 개인과 조직에서 이루어지는데, 개인의 학습은 단독으로 새로운 사실들을 경험하면서 지식을 축적한다. 그러나 조직학습은 조직내 개인 간 또는 조직 간에 지식을 공유하는 상호작용을 통해 전체가 이해하고 지식을 축적하게 된다. 조직학습 과정에서는 암묵지의 형식지화를 통해 공동의 목표에 적합한 지식을 이해하고 활용하는 것이 매우 중요하다. 또한 조직학습 과정에서는 지식공

경쟁력의 원천은 집단지성의 활용

캐나다의 금광 개발회사인 골드코프(Goldcorp)는 50년 이상 채굴하던 온타리오주 레드레이크 광산이 고갈되면서 위기를 맞았다. 1999년 맥이웬 사장은 우연히 리눅스 사례를 접했다. 소스코드를 전 세계 개발자들에게 공개해서 단기간에 운영체제 개발에 성공한 리눅스의 방법을 응용, 돌파구를 찾기로 결심했다. 골드코프는 2000년 3월 50년간 축적해온 모든 지질 관련 데이터를 57만5,000달러의 상금을 걸고 웹사이트를 통해 전 세계 지질전문가에게 공개했다.

전 세계에 있는 1,000여 명의 지질전문가들이 데이터를 분석해서 결과를 보내왔다. 참가자들은 레드레이크 광산에서 110곳의 후보지를 찾아냈고 이 가운데 80%에서 금이 발견됐다. 총량이 220t에 달했다. 광산회사의 핵심 자산이자 극비사항이 지질데이터인데, 골드코프는 이것을 공개하고 회사 외부의 집단지성을 활용한 덕분에 돌파구를 찾을 수 있었다.

이노센티브(www.innocentive.com)는 기업이 필요로 하는 외부지식을 찾아서 연결해주는 업무 자체가 사업인 기업으로, 알래스카의 유조선 기름유출 후속처리 문제를 해결하면서 유명해졌다. 1989년 엑손모빌 소속 유조선 발데스 호가 좌초해서 많은 양의 기름이 유출됐는데, 물과 얼음이 엉켜서 굳어버리는 바람에 기름을 분리해서 정화하지 못하고 있었다. 화학자들이 17년 동안 풀지 못한 난제는 2007년 이노센티브 웹페이지의 문제해결 요청란에 올라왔고, 수천 건의 아이디어가 몰리면서 3개월 만에 풀렸다. 놀랍게도 해답은 미국 시멘트 회사에 근무하는 전문가가 냈다. 시멘트가 굳지 않게 저어주듯이 굳어버린 기름도 같은 방식으로 해결된다는 아이디어였다.

외부의 집단지성을 내부화할 수 있는 것은 PC-스마트폰과 인터넷 덕분이다. 네트워크에 연결된 전 세계 사람들은 지식과 아이디어를 상호교류하는 일종의 단일 신경망을 형성하고 있다. 이런 배경에서 형성되는 집단지성을 위키피디아는 자기진화적 사이버 백과사전으로 구현했고, 골드코프와 이노센티브는 외부지식을 내부자산으로 활용한 사례다. 프록터앤드갬블(P&G)이 1999년부터 연구·개발(R&D: Research&Development)의 개념을 연결·개발(C&D: Connect & Development)로 바꾼 배경도 같은 맥락이다. 이 회사는 당시 내부에는 9,000여 명의 과학자가 있지만 외부에는 150만 명의 과학자가 있고, 이들의 아이디어와 지식을 내부화해 활용하면 차별적 경쟁력을 확보할 수 있을 것이라는 결론에 도달했다. 현재 P&G 제품 가운데 외부 협력으로 개발된 제품 비중은 60%를 웃돈다.

출처: 한국경제신문, 2011.5.19.

고객의 지식

고객과 협력하는 시스템은 고객의 아이디어를 제품에 반영할 수 있는 지혜를 제공한다.

신상품에 대한 의견청취는 아이디어 단계를 넘어 진행중인 프로젝트에 대한 중간 점검자로서 중요한 역할을 할 수 있다.

나이키는 스포츠 선수들과 파트너십을 맺어 의류와 시계, MP3플레이어, 심장박동 모니터 등 다양한 제품에 대한 소비자 관심을 불러일으키고 있고 제품을 혁신시켜 나가고 있다.

연간 매출이 무려 4억 달러에 달한다.

출처: 매일경제, 2007.3.

유뿐만 아니라 지식이 융합되어 더 많은 부가가치를 창출할 수 있는 기회가 발생한다. 그러므로 지식경영활동의 효율적 운영을 위해서는 기업 내의 학습을 권장해야 한다.

2.2.4 정보기술

정보기술은 초기에 거액의 투자비용을 지불해야 하지만, 지식근로자에 비해 많은 양의 지식을 신속하게 처리할 수 있도록 도와준다. 또한 정보기술은 지식을 이용하는 집단에게 가상의 공간을 제공하여, 원활한 지식창조활동과 집단지성을 형성하는 데 도움을 준다.

기업은 정보기술의 발달로 지식의 발생지를 지식내부에서뿐만 아니라 외부의 고객과 공급자들까지 확대하여 관리해야 한다. 그러므로 기업은 고객과 공급자의 지식을 획득할 수 있는 네트워크를 형성하고, 그들의 지식을 통해 부가가치를 창출할 수 있도록 노력해야 한다.

2.2.5 조직문화

조직문화는 조직구성원들의 행동양식에 영향을 미칠 수 있는 조직 내의 공유가치라고 할 수 있다. 공유가치에는 신념, 이념, 규범 등이 포함되어 있어 개인뿐만 아니라 조직 전체의 행동에 영향을 미치게 된다.

지식공유는 개인 간 그리고 조직 간에 정보기술을 통해 원활한 지식교환을 목적으로 한다. 그러나 개인의 경우에는 암묵지를 형식화시키는 어려움과 함께 지식공유에 대한 보상이 공정하지 않아 꺼리게 된다. 즉 지식공유에 자발적이지 않게 되는 문제점이 발생한다. 그리고 조직에 내재되어 있는 지식을 조직 간에 공유하는 경우에도 부서간 이기주의로 인해 공유가 쉽지 않다. 그러므로 지식공유가 개인의 경쟁력뿐만 아니라, 조직, 더 나아가서는 기업역량의 강화라고 인식할 수 있는 조직문화를 형성해야 한다. 또한 지식공유를 활성화시킬 수 있도록 동기부여할 수 있는 공정한 평가와 보상에 대한 제도가 마련되어야 한다.

컴퓨터 애니메이션 업체 픽사(Pixar)의 조직문화

컴퓨터 애니메이션 업체 픽사(Pixar)는 1995년 세계 최초로 '토이 스토리'라는 장편 애니메이션 영화를 내놓은 것을 필두로, 지난 15년 동안 8편의 애니메이션 영화를 성공시켰다. 그 과정 속에서 10여 개의 특허를 출원했으며, 중요한 것은 픽사에서 만든 모든 영화가 스토리, 배경, 캐릭터를 내부에서 직접 만들어낸 것이라는 점이다. 이를 통해 회사는 집단 창의성의 대명사로 알려지기 시작했다.

여기에는 픽사의 3가지 조직 운영 원칙을 눈여겨볼 필요가 있다.

첫째, "누구에게나 다른 사람들과 의견을 교환할 수 있는 자유가 있다." 둘째, "누구라도 자유롭게 아이디어를 제공할 수 있어야 한다." 셋째, "업계에서 일어나는 혁신 내용에 해박해야 한다." 이 세 가지 원칙을 토대로 회사는 지위고하를 막론하고 모든 직원이 서로를 돕는 독특한 협력 문화를 구축하고 있다. 이런 픽사의 문화를 가장 잘 보여주는 것이 바로 '두뇌위원회'와 매일 진행되는 '리뷰회의'이다.

먼저, 두뇌위원회는 픽사의 8명의 감독들과 제작자 그리고 회의에 도움이 되는 사람이라면 누구나 참여한다. 현재 영화 제작의 진척 사항을 확인한 이후, 참석자들은 2시간 동안 영화를 좀 더 괜찮게 만들기 위한 방법에 대해 격론을 벌인다. 두뇌위원회를 진행할 때에는 자존심 같은 건 버려야 한다. 누구도 상대가 기분 나빠할 것을 염려해서 예의와 격식을 차리지 않는다. 그러나, 모든 참가자가 서로를 신뢰하고 존경하기 때문에 놀라운 문제 해결 능력을 발휘하게 된다. 두뇌위원회에서 나온 의견과 아이디어는 아무런 강제성은 없다. 픽사에서는 이를 놓고 '서로 도움이 필요할 때 힘을 모으는 최고 영화 제작자들의 공동체'라고 부르고 있다.

일일리뷰회의 역시 픽사의 협력 문화를 대표한다. 매일 자신이 진행하고 있는 일의 진행 상황을 공유하고 도움이 필요한 사항을 요청하면, 동료 입장에서 건전한 피드백이 이루어진다고 한다. 픽사의 구성원들은 "두뇌위원회나 일일 리뷰회의를 통해 뭔가를 배우고 서로를 격려할 수 있게 된다"라고 한결 같이 말한다.

출처: 김현기(2010), "소통(疏通)에 능한 기업," LGERI 리포트.

참고문헌

강명주 · 노정구, 마케팅전략, 도서출판 대명, 2005.

강태영 · 김영훈 · 이원재, 창조경제, 이스라엘에서 배운다, 포스코경영연구소, 2014.1.24.

곽의영, 경영학원론(에센스), 학문사, 2000.

김광두 · 김영욱, 한국형 창조경제의 길, FKI미디어, 2013.9.2.

김남현, 신경영학원론, 경문사, 2000.

김세범 외, 경영학원론, 문영사, 2001.

나성린 · 최은수, 대한민국 창조혁명-전략세우기 편, 매경출판, 2013.10.30.

민경호, 경영학원론, 무역경영사, 2000.

반성식 · 이동명 · 이창원, 경영학원론, 도서출판 대명, 2005.

서인덕 · 김윤상, 경영학원론, 문영사, 1997.

신원무 · 이주인 · 허진, 디지털시대의 조직운영, LG경제연구원, 2000.

신유근, 경영학원론 — 시스템적 접근, 다산출판사, 2000.

신유근, 인간존중의 경영 — 조직행위론적 접근, 다산출판사, 1997.

신현우 · 이창원, 창업운영관리론, 대명, 2005.

양창삼, 조직혁신과 창조적 경영, 민영사, 1997.

양화섭, 경영학원론, 학문사, 2000.

UN, 창조경제 UN보고서, 21세기북스, 2013.11.30.

유필화 외 3인, 디지털시대의 경영학, 박영사, 2003.

이기돈 외, 경영학원론, 형설출판사, 2001.

이병찬 외, 생산운영관리, 형설출판사, 2000.

이호성 · 김진봉, "삼성전자(주)정보통신부문 지식경영시스템 구축방안 연구," (사)한국지식경영학회 지식경영연구, 제2권, 제1호, 2001.

임창희, 조직행동, 학현사, 1999.

조병완, 창조경제 이렇게 하면 된다, 서강애드넷, 2013.8.4.

존 호킨스, 김혜진 옮김, 창조경제(아이디어와 다양성이 만들어내는 전혀 다른 미래), FKI미디어, 2013.11.29.

지호준, 21세기 경영학, 법문사, 1999.

최수형 외, 지식경영시대의 경영학, 도서출판 대명, 2005.

최종태, 현대경영참가론, 경문사, 1988.

최종태, 현대노사관계론, 경문사, 1996.

최종태, 현대인사관리론, 박영사, 2000.

최종태, 현대임금관리론, 박영사, 1992.

최종태, 현대조직론, 경세원, 1997.

한은석, 창조경제 시대, 정책 패러다임이 변한다, POSRI 보고서, 2015.9.23.

Adams, J. S., "Toward understanding of inequity," *Journal of Abnormal & Social Psychology*, 1963, pp.422~436.

Blake, R. R. and J. S. Mouton, *Corporate Excellence through grid organizational development*, Houston: Gulf Publishing, 1968.

Carroll, A. B., *Business and society: Ethics & stakeholder management*, Cincinati: South-Western Publishing Co., 1989.

Davenport, T. and L. Prusak, *Working knowledge*, Cambridge, MA: Harvard Business School Press, 1998.

Donnelly, J. H., J. L. Gibbson, and J. M. Ivancevich, *Fundamentals of Management*, 7th ed., Homewood, IL: Irwin, 1990.

Emery, F. E. and E. L. Trist, "Socio-Technical System," in Churchman, C.W. & Verhulst, M.(ed.), *Management Sciences: Model and Techniques*, vol.II, Pergaman Press, 1960.

Fiedler, F. E., *A theory of leadership effectiveness*, New York: McGraw- Hill, 1967.

Hersey, P. and K. H. Blanchard, "So you what to know your leadership style?," *Training and Development Journal*, 1974 (February), pp.1~15.

Herzberg, F., B. Mausner, and B. Snyderman, *The motivation to work*, New York: Wiley, 1959.

Herzberg, F., *The Managerial choices: To be effective or to be human*, Salt Lake City: Olympus, 1982.

Maslow, A., *Motivation and personality*, New York: Harper & Row, 1954.

MeGregor, D., *The human side of enterprise*, New York: McGraw-Hill, 1960.

Mintzberg, H., *The Nature of Managerial Work*, New York: Harper & Row, 1973.

Nonaka, I. and H. Takeuchi, *The knowledge creating company*, New York: Oxford University Press, 1995.

Prusak, L., *Knowledge in Organizations*, Boston, MA: Butterworth-Heiemann, 1997.

Robbins, S. P. and M. Coultar, *Management*, Prentice Hall, International, Inc., 1996.

Robbins, Stephen P. and David A. Decenzo, *Fundamentals of Management*, Englewood Cliffs, N. J.: Prentice Hall 1995.

Robinson, A. and S. Stern, *Corporate creativity: How improvement and innovation actually happen*, Berrett-Koehler Publishers, Inc., 1997.

Susman, G. I., "Work Groups: Autonomy, Technology, and Choice," in Goodman et al.(eds.), *Technology and Organizations*, San Francisco: Jossey-Bass Publishers, 1990, pp. 87~108.

Tichy, N. M. and E. B. Cohen, *The leadership engine*, Harper Collins Publishers, 1997.

Vroom, V. H., *Work and motivation*, New York: Wiley, 1964.

Weick, E., *The Psychology of Organization*, Addison-Wesley Publish Co., Inc., 1979.

Werther, W. B. & K. D. Davis, *Human Resources and Personnel Management*, New York: McGraw-Hill, Inc., 1996.

Woodward, J., *Industrial organization: Theory and practice*, London: Oxford University Press, 1965.

Zack, M. H., "Developing a knowledge strategy," *California Management Review*, 1999, 41/3, pp.125~145.

찾아보기

【저자 약력】

최수형 경영학박사
부산대학교 경영학과 부교수
부산대학교 산학협력단 산학사업부장, 산학교육부장 역임

추교완 경영학박사
창원대학교 경영학과 교수

김학수 경영학박사
경남대학교 경영학과 교수

창조경제시대의 **경영학**

초판 인쇄 2016년 2월 24일
초판 발행 2016년 2월 29일

지은이 최수형 · 추교완 · 김학수
펴낸이 박노일

총괄기획 김중용
편 집 심성보

펴낸곳 피앤씨미디어
경기도 고양시 일산동구 강송로 153 310-1501
등록 제396-2012-000203호
전 화 070)7550-3758 팩 스 02)718-8554
홈페이지 www.pncmedia.co.kr 이메일 pnc@pncmedia.co.kr
ISBN 979-11-5730-277-2 93320

정 가 27,000원